张 亮
刘冰菁　◎ 主编

恩格斯研究指南

江苏人民出版社

图书在版编目(CIP)数据

恩格斯研究指南 / 张亮，刘冰菁主编. -- 南京：江苏人民出版社，2020.9(2021.6 重印)
 ISBN 978-7-214-25509-9

Ⅰ.①恩… Ⅱ.①张…②刘… Ⅲ.①恩格斯(Engels，Friedrich 1820－1895)-思想评论 Ⅳ.①A811.63

中国版本图书馆 CIP 数据核字(2020)第 175396 号

书　　名	恩格斯研究指南
主　　编	张　亮　刘冰菁
责任编辑	陈　颖　戴亦梁
装帧设计	赵春明
责任监制	陈晓明
出版发行	江苏人民出版社
地　　址	南京市湖南路 1 号 A 楼，邮编：210009
网　　址	http://www.jspph.com
照　　排	江苏凤凰制版有限公司
印　　刷	苏州市越洋印刷有限公司
开　　本	718 毫米×1000 毫米　1/16
印　　张	23　插页 3
字　　数	298 千字
版　　次	2020 年 9 月第 1 版
印　　次	2021 年 6 月第 2 次印刷
标准书号	ISBN 978-7-214-25509-9
定　　价	78.00 元

(江苏人民出版社图书凡印装错误可向承印厂调换)

代序：马克思恩格斯研究的思想史方法及其限度[①]

张 亮

20世纪30年代，也就是马克思逝世半个世纪后，西方"马克思学"的学术发展日趋规范，其思想史研究方法逐渐达到西方学院化研究的普遍水平，先后发展出文献考订法、基于文本的思想阐释法、差异分析法等具有自身特殊性的规范化研究方法，并在近40年中表露出一种明显的方法论的"解释学转向"。[②] 历史地看，这些思想史研究方法不仅推动了西方"马克思学"的规范化发展，而且通过学术竞争的方式，客观上对苏东以及中国的马克思恩格斯研究的科学发展发挥了促进作用。中国的马克思恩格斯研究之所以能在50年左右快速度过"学徒"期，达到今天的科学化水平，从某种意义上讲，与这些方法的"磨刀石"作用有直接关系。不过，值得注意的是，不少国内同行似乎并没有意识到"学徒"期已经结束，依旧亦步亦趋地追随、应用这些方法，仿佛我们曾经是因而将永远是"学徒"！也就是说，中国学术界必须尽快克服不合时宜的"学徒"心态，基于自身足以和西方学界平等对话的科学研究成果，批判

[①] 原文刊载于《探索与争鸣》2020年第6期，标题为《马克思恩格斯研究的思想史方法及其限度——与西方"马克思学"的批判对话》，此处作为本书代序略有修改。

[②] 张亮：《西方"马克思学"研究方法的历史演替及其当代走向——纪念马克思诞辰200周年》，《山东社会科学》2018年第1期。

继承这些方法,形成具有中国特色的科学方法体系,不负世界马克思主义学术界的期待,将中国建成21世纪国际马克思恩格斯科学研究的新中心!

一、过犹不及:文献考订方法及其"神话"

巧妇难为无米之炊。没有充分可靠的文献,再优秀的思想史研究者也只能枉自嗟叹。19世纪90年代初以后,随着欧洲工人阶级政党取得越来越大的政治成功,国际社会主义阵营以及资产阶级学术界都产生了越来越强烈的马克思和马克思主义研究需要,首当其冲的拦路虎就是缺乏必要的马克思文献。作为一位严谨的科学真理探索者,马克思总是以极为苛刻的标准对待自己的作品,因此生前公开出版的著作并不多,但他留下了六大箱手稿遗产。这些手稿遗产的保存状况并不理想,以至于恩格斯花了一年时间,才把它们连同马克思的藏书初步整理清楚。[①] 1911年,奥地利马克思主义者以及当时流亡奥地利的俄国马克思主义学者梁赞诺夫联名提出"维也纳计划",倡议根据马克思的手稿遗产,运用文献考订方法编辑出版高质量的马克思著作全集,但被德国社会民主党人婉拒。在后者看来,较之于现实的政治斗争,整理、出版这些手稿并不具有最高的优先性。十月革命胜利后,在列宁的支持下,梁赞诺夫终于有机会实现自己当年的学术理想,领导实施《马克思恩格斯全集》历史考订版(MEGA1)的编辑出版工作。[②] MEGA1的方法论基础是文献考订方法,就是希望"通过清晰的编排,准确地再现马克思和恩格斯的全部思想遗产",其应当"提供的是……全部以手稿形式遗留下来的未发表的著作、全部发表过的文章和未完成稿","除了

[①] 《马克思恩格斯全集》第36卷,人民出版社1975年版,第129页。
[②] 赵玉兰:《梁赞诺夫与〈马克思恩格斯全集〉历史考订版的渊源》,《中国社会科学》2010年第6期。

发表马克思和恩格斯本人的全部书信外,还发表第三者写给他们的全部书信","全部著作和书信都以原著文字发表"。① 就这样,凭借 MEGA1 的横空出世,文献考订方法,这一起源于18世纪末19世纪初的西方古典学研究、过去主要运用于马丁·路德、康德等德国"古典"时代大思想家著作编辑出版的规范化方法,被史无前例地运用到了马克思恩格斯这两位具有巨大现实性的伟大思想家身上。

在马克思恩格斯研究中,文献考订方法是一项基础性的方法。只有在运用它编辑整理出来的可靠文本系统基础上,科学的马克思恩格斯思想史研究才不是空中楼阁。具体说来,文献考订方法需要完成下列工作。第一,马克思手稿的文字识别。马克思的书法不仅具有19世纪的特征,而且富于个性,极难识别。只有经过专业人士审慎的识别,马克思的手稿才能从看得见的"天书"转变为可阅读的文本。第二,马克思散乱手稿的文本结构恢复。马克思手稿有的是成本的,有的则是未装订的散页,后者的文本结构很容易被破坏。只有经过仔细的考订,后者被破坏的文本结构才能得到不同程度的恢复,便于思想史研究者使用。第三,马克思手稿创作时序的确定。越是到思想发展的关键时刻,马克思的创作活动就越活跃,会在较短时间内经历剧烈而复杂的变化,留下系列手稿。对于思想史研究来说,这些手稿的创作时序无疑非常重要,但马克思本人通常无暇也无意专门标记它们,只能通过精细的比较鉴别加以确定或大致推定。第四,文稿真实归属的考订。马克思恩格斯曾匿名或者未署名发表过一些文章,出于友谊和相互帮助的需要,他们还曾相互代笔并发表过一些文章,且未留下明确的交代。哪些匿名或未署名文稿是马克思恩格斯创作的?某些署名文稿的实际作者究竟是马克思还是恩格斯?这些都只有经过深入的考订方能确定。第五,历史性的名词、术语、概念等的考订。马克思的手稿创作是历史性

---

① [俄]梁赞诺夫:《〈马克思恩格斯全集〉历史考订版第1版前言》,《马克思主义研究资料》第29卷,中央编译出版社2015年版,第221页。

的。随着时间的流逝,手稿中涉及的许多人物、著作、器物、事件等会被人淡忘甚至遗忘,术语、概念等含义会发生或小或大的改变。只有经过必要的考订,这些历史性的名词、术语、概念才能从理解的障碍甚至陷阱,变成理解准确的多元坐标系。

文献考订方法是马克思主义者倡导的,但后来似乎变成了西方"马克思学"的"专利"。第二次世界大战前,西方"马克思学"总体上不怎么关注文献考订方法,一则MEGA1当时的流传不广泛,限制了西方学界对这一方法的了解,二则当时的西方"马克思学"还没有或不愿承认马克思是一位伟大思想家,从内心里排斥用这种过往都是应用于伟大思想家的方法来对待马克思恩格斯的文本。第二次世界大战后,随着苏联马克思主义取得越来越大的成功,西方"马克思学"开始重视这一方法,甚至力图通过运用这一方法达成反对苏联马克思主义的目的。标榜自己是梁赞诺夫MEGA1学术传统继承人的马克西米里安·吕贝尔就曾直言不讳地说,他之所以要为梁赞诺夫传统即文献考订方法申辩,是因为"我(吕贝尔——引者注)把它理解为对各种蒙昧主义理论体系的传播在理论上所做的自卫还击"①。20世纪70年代,苏联和民主德国启动新的《马克思恩格斯全集》历史考订版(MEGA2)的编辑出版工作,但西方"马克思学"却拒斥这一运用文献考订方法的最新科学成果,理由是该方法被意识形态渗透了。然而,当苏东剧变、MEGA2的话语权转移到西方"马克思学"手中后,我们看到,西方"马克思学"却极力标榜文献考订方法是真正的科学方法,同时试图贬抑老MEGA2,将自己塑造为文献考订方法的唯一合法"传人"。②

---

① Maximilien Rubel, "Preface to the English Edition", in Maximilien Rubel, *Marx, Life and Works*, trans. by Mary Bottomore, New York: Facts On File, Inc., 1979.
② [德]明克勒:《从柱顶圣人到经典作家——对〈马克思恩格斯全集〉历史考订版(MEGA2)的回顾与前瞻》,《马克思主义与现实》2013年第5期。

从梁赞诺夫到西方"马克思学",从 *MEGA1* 到老 *MEGA2* 再到新 *MEGA2*,一个世纪多以来,文献考订方法不断证明自己不可撼动的基础性地位与作用,同时也让我们看到,这一方法也有其不可超越的界限,一旦越界就会膨胀为新的"神话"。首先是文本即目标神话。就像烹饪一样,无论如何强调食材品质的重要性,食客们都清楚,食材再好,也不天然就是美食。无论如何肯定其重要性,我们都必须看到,文献考订方法只是一项重要的基础加工方法,其使命就在于为后续的深加工提供合格乃至优质的原料。但在某些西方"马克思学"家及其国内追随者那里,马克思恩格斯研究的目标不是思想而是文本,仿佛只要有了考订精良的文本,思想就自然呈现了,只要确定了文本的创作过程,思想的发生过程就不言自明了。其次是文本结构与历史重建的完全可能性神话。马克思手稿当然存在客观的、唯一的历史与结构。但这种客观唯一的历史与结构能否得到有效重建,既取决于方法是否科学,也取决于手稿保存现状是否允许。历史地看,马克思恩格斯那些保存现状较好的手稿都已经得到了有效重建,且在学术界形成共识,剩余极小部分保存现状不好的手稿在客观上都不具备有效重建的基础。然而,某些西方"马克思学"家及其国内追随者却偏执地相信,所有手稿的有效重建都是完全可能的!许多无谓的争论因此而生。最后是文献考订的绝对客观性神话。文献考订工作是由具体的学者承担的,无论如何克制,后者的政治与学术态度、立场都不可能完全不影响其工作。就此而言,文献考订无法做到绝对客观。冷战结束前,西方"马克思学"家抨击苏东学者的文献考订有意识形态性,因而是不科学、不值得信任的。可如今,某些西方"马克思学"家及其国内追随者却标榜自己的工作是绝对客观的,成果是不容置疑的,仿佛他们生活在意识形态真空中似的。

二、适可而止:基于文本的思想阐释方法及其限度

基于文本的思想阐释是近现代西方哲学史和文学史的基本研究方法。该方法把哲学和文学文本从本质上看作世界观或信念的陈述,研究者的任务就是发掘、阐释包含在文本中的世界观或信念,以及它们的形成与发展。这一方法看起来很学术、很"高大上",其实有非常基础、平常的应用:基础教育中的阅读理解,用的就是这种方法! 当然,两者的差别是巨大的。首先,哲学史和文学史研究面对的文本更多样、更复杂,除了公开出版物,还有手稿、笔记、书信、对话访谈记录等未完成、非公开的文本,包含在这些文本中的世界观或信念往往是含糊的、碎片化的甚至是矛盾冲突的,总之,不是轻而易举就能完整把握的。其次,哲学史和文学史的理解主体具有更强的主体性,他们不像未成年人那样犹如一潭清澈的池水,简单地反映、接受文本的倒影,而是像成分不同的酸液,要把文本按照自己的方式进行清洗,然后建构出自己认同的思想世界来。最后,哲学史和文学史研究受时代潮流的影响更深入。例如,弗里德里希·荷尔德林被遗忘了近一个世纪后才被重新发现,列入德国历史上伟大诗人的行列;英国小说家戴维·劳伦斯的《查泰莱夫人的情人》出版后长期被斥为"色情小说",但最终成功在世界文学史上找到了自己的位置。上述原因最终导致基于文本的思想阐释是一种看似简单然则只有经过长期训练才能掌握的精妙"技艺"。

西方"马克思学"对基于文本的思想阐释方法的引入、运用经历了一个较为复杂的变化过程。十月革命前,除了极个别可以使用马克思恩格斯手稿的第二国际理论家外,绝大多数一般研究者都不得不借助前人的阐发,对相当有限的马克思恩格斯文本进行再阐释,在这种条件下,基于文本的思想阐释显然不具有太大的现实性。十月革命后,在苏联的大力推动下,马克思恩格斯文献的编辑出版进入一个新时代,越来

越多的文献从上锁的密室来到研究者的案头,不断丰富着思想阐释的文本来源,MEGA1的出现更是使文本的质量得到有力保障。与此同时,经过30多年的发展,进入20世纪30年代以后,西方"马克思学"的规范化程度也发生质的变化,少数学者开始自觉地要求直接基于马克思恩格斯的文本对他们的思想进行阐释,若干至今仍具有学术价值的论著随之出现,如悉尼·胡克的《对卡尔·马克思的理解》(1933)、《从黑格尔到马克思》(1936),以赛亚·伯林的《卡尔·马克思的生平与环境》(1939)等。第二次世界大战结束后,基于文本的思想阐释方法在西方"马克思学"研究中日益普及,并与越来越丰富的马克思恩格斯文本相结合,产生了丰富的学术成果,推动西方"马克思学"走向全盛。从文本中研究者究竟希望阐释出什么呢?一般说来,研究者是希望阐释出文本作者客观的因而也应当是唯一确定的世界观或信念及其发展变化。不过,在学术史上存在一种颇为普遍的现象,就是一门学术研究经过长期成熟发展后会出现所谓的"解释学转向",即研究者不再执着于文本中曾经存在过的那个思想世界,而更在意自己对那个思想世界的主体建构,用中国哲学的话讲,就是从"我注六经"走向"六经注我"。就西方"马克思学"而言,这种转向大约出现于20世纪80年代初,至90年代以后变得逐渐清晰可辨。

20世纪90年代末,南京大学张一兵教授针对国内已有的基于教科书原理体系阐释马克思文本的传统研究方法,提出"回到马克思"的口号,①主张基于文本阐释马克思的思想,在国内学界产生广泛影响,引领、推动国内马克思主义研究方法的根本转变。从根本上讲,"回到马克思"倡导的文本学研究方法是中国传统优良治学方法的当代创造性继承和转化,与西方"马克思学"基于文本的思想阐释方法确有殊途同归之妙。两者的分野在于,前者具有更强的自我反思精神,拒绝把自己

---

① 张一兵:《回到马克思——经济学语境中的哲学话语》,江苏人民出版社1999年版。

绝对化,从而能够发现后者不能完全自觉的各种界限。

第一,任何阐释都具有内在的不可逾越的"理解的前结构"。基于文本的思想阐释能够通达文本的绝对客观性吗?绝大多数西方"马克思学"家往往不思考或者回避思考这个问题。20世纪的科学哲学家早就发现,即便是单纯的观察这种经验活动都"渗透着理论",①更何况阐释这种理性建构活动呢?就其本质而言,基于文本的思想阐释同样是一种具有主体性的再建构活动,渗透在这种再建构活动中的"理解的前结构"是不可扬弃、不可逾越的,会内在限定人们对马克思恩格斯文本所提出的"总问题",进而大致决定再建构出的思想图景的基本轮廓与趋势。例如,人们通常以为自己面对的是马克思恩格斯的一个一个文本,而事实上人们是以对马克思恩格斯思想发展的总体模型为中介去面对这些文本的。作为"理解的前结构"的总体模型不同,人们解读出来的思想及对它们的判定也就不同。同样的《1844年经济学哲学手稿》,在相信马克思思想发展是一个线性进化过程的苏联学界眼中,和在与苏联学界截然相反、认为马克思思想发展是一个不断倒退和退化过程的西方"马克思学"眼中,形象、地位自然是不同的。为什么我们会认为《1844年经济学哲学手稿》是马克思主义形成过程中的一个高峰,但其本身却是不成熟的、过渡性的?说到底,是因为我们认同的马克思思想发展模式更辩证也更符合伟大思想家的一般发展规律:马克思主义的形成是一个基于两条不同逻辑的多次结构突变过程,《1844年经济学哲学手稿》是这种突变过程中的最高峰,但马克思主义在形成之后的发展则具有更典型的累积进化特征。

第二,思想阐释必须基于文本,但绝不是说文本越多就一定越好。不少西方"马克思学"家及其中国追随者都有文本崇拜心理,一心想占有更多的文本,以为这样就能更好地阐释马克思恩格斯的思想及其变

---

① [美]N.R.汉森:《发现的模式》,邢新力等译,中国国际广播出版社1988年版,第22页。

化。对于思想阐释而言,文本越多就一定越好吗?这要看文本的类型。马克思恩格斯数量庞大的文本遗产可以分四种类型。一是马克思恩格斯本人生前的公开出版物。这类文本清晰、稳定地展现了马克思恩格斯在特定时间点的思想图景,是人们对他们进行思想阐释的标准剖面。不过,这类文本有点像大海上的冰山,不仅数量少,而且只能看见复杂、庞大过程的局部(特定阶段的思想发展终点)。二是前者的过程性文献,如手稿、准备材料等。这类文本虽然是未完成的,表达的清晰性和思想结构的稳定性也不如前者,但却在基本确定的框架中展现了马克思恩格斯思想发展更丰富、更生动的细节,更便于观察他们的思想生成过程与机制。三是马克思恩格斯的摘录、笔记和批注等自由探索型文本。在这类往往是高度碎片化的开放式文本中,处于理论突破前夜的马克思恩格斯进行着自由而艰难的思想探索,璀璨的思想闪光不时划过黑暗的夜空,令人着迷。它们为何以及如何出现?相互间是否存在联系?若存在,那又是何种联系?这些曾经客观存在过的原因事实上已经退隐到文本碎片间的黑暗中,较难甚至很难再确定把握。四是马克思恩格斯的书信(包括马恩所写的书信以及别人写给他们的书信)。这类文本通常是依附性的,其可利用程度与依附其上的前三类相关文本的保存状况有关。研究马克思恩格斯的思想形成与发展,当然应当基于确定性探索可能性与未知,在充分依靠第一类文本的前提下,综合使用四类文本。但不少西方"马克思学"家及其中国追随者往往不重视甚至不信任乃至排斥第一类文本,迷信、片面倚重第三类文本,结果只能是占有的越多,想象的无限可能性越多,但方位感和确定性越丧失,与其他研究者达成共识也越困难。

第三,思想阐释需要回到社会历史语境,但历史事实的细节也绝非越多越好。马克思恩格斯的思想是在具体的社会历史语境中创造、发展起来的,所谓文本也都是在这种社会历史语境中被创作出来的。因此,要想更好地把握文本,不能仅仅以文本为中心,还需要回到文本得以创作的历史语境中去。怎样才能回到过去的社会历史语境呢？这就需要基于充分历史细节的历史语境重建。第二次世界大战后，西方"马克思学"在这个方面做了很多工作，也取得很好成绩。不过，近年来，尤其是进入21世纪以来，一些西方"马克思学"家对马克思恩格斯时代的历史细节尤其是私人生活史表现出了越来越强的探求冲动，仿佛这样的历史事实越多越有利于阐释思想似的。这种冲动显然是偏执的。就像历史语境主义思想家昆廷·斯金纳指出的那样，"所有的哲学文本，不管它们有多么抽象，都是一种论战性的介入，都是在参与当时存在的辩论。……如果所有哲学文本都是一种朝向公共领域的社会行动，那么我们最终得到的不是某个个别作家的文本，而是话语。要理解其中一个文本就必须同时理解其他所有文本。"①回到社会历史语境，关键是回到马克思恩格斯与那个时代的思想关系。在马克思恩格斯时代的无穷历史事实中，只有那些与这种思想关系有内在联系的历史事实才是真正有价值的，也才是越多越好的。

第四，思想阐释需要激发主体性，但决不能经由主体性走向主观主义。20世纪80年代以后，西方"马克思学"的"解释学转向"悄然出现。这在很大程度上与解释学、后现代主义思潮等对西方"马克思学"的方法论影响有关。"解释学转向"的亲历者特瑞尔·卡弗就说："伽达默尔和利科的解释学、德里达的解构，以及剑桥的'情境主义者'，都极大地改变了对文献的理解方式，也同时改变了对作者意图、语言本身的地位和重要性以及书写者本人角色的看法等。对马克思的阐释工作有必要与这种后现代思想时代保持同步。"②就打破文本中心主义、更强激发研究者的阐释主体性而言，西方"马克思学"的"解释学转向"确实发挥过

---

① [英]昆廷·斯金纳著，李强、张新刚主编：《国家与自由：斯金纳访华讲演录》，北京大学出版社2018年版，第8页。
② [美]卡弗：《政治性写作：后现代视野中的马克思形象》，张秀琴译，北京师范大学出版社2009年版，第2页。

积极作用。不过,当这种转向越走越远时,我们看到,以马克思恩格斯为中心的思想史研究和以自我为中心的思想创造、"照着讲"和"接着讲"的应有界限被突破,应当"照着"马克思恩格斯"讲"的舞台,变成了不同的"马克思学"家放飞自我、肆意"接着讲"的秀场。也就是说,激发主体性原本是为了更好地通达客观性,结果,主体凸显了,客体却被遮蔽了。这种主观主义显然不是人们想要的。

三、不语怪力乱神:差异分析方法及其限度

差异分析方法是一种主要由西方"马克思学"发展出来的、用于解释马克思恩格斯思想关系的思想史研究方法。简单地讲,这一方法就是同中挑异,通过罗列对比马克思恩格斯在具体观点表述层次上的差异,否定马克思恩格斯思想的内在同一论,隐射或引申出马克思恩格斯存在差异乃至对立的结论。与科学技术的发展方式不同,哲学社会科学的创新发展较少通过合作方式完成,像马克思恩格斯这样全面深入的理论合作无疑是空前的。那么,应当怎么看待马克思恩格斯的这种合作关系呢?"横看成岭侧成峰,远近高低各不同。"选择不同的视角,自然会看到不同的景观。马克思的女婿保尔·拉法格等在马克思恩格斯教导下成长起来的马克思主义者大多坚信,马克思和恩格斯是一个不可分割的整体,恩格斯"是马克思的 alter ego[第二个我]"[①]。资产阶级学者则更希望看见两者的差异,甚至臆想两者基于伟大友谊的伟大合作的"虚假性":"1844 年以来,关于凶恶的恩格斯诱骗善良的马克思的小品文多得不胜枚举。它们与另一类关于阿利曼——马克思把奥尔穆兹德——恩格斯诱离正路的小品文交替出现。"[②]尽管伯恩施坦在 19 世纪

---

① [法]保尔·拉法格:《忆马克思》,载中共中央马克思恩格斯列宁斯大林著作编译局编《回忆马克思》,人民出版社 2005 年版,第 200 页。
② 《马克思恩格斯全集》第 36 卷,人民出版社 1974 年版,第 14 页。

末、卢卡奇在20世纪20年代初就以不同方式提出马克思恩格斯关系问题,但西方"马克思学"真正开始关注这个问题进而发展差异分析方法,却是20世纪30年代以后的事情了。那时候,以苏联的巨大成功为背景,形成中的斯大林主义不断强化自己在国际马克思主义阵营中的领导地位,给第二国际社会民主主义、新兴的第四国际托洛茨基主义带来巨大压力,后两者也不断采取行动,力图通过指认恩格斯是斯大林主义、苏联马克思主义的直接源头来否定后者的理论正统性。这种拍口袋(恩格斯)打驴(斯大林主义)的伎俩很快在受后两者影响的西方"马克思学"家那里得到应用,进而在20世纪60—80年代成为一种相当流行的研究方法。

西方"马克思学"对差异分析方法的应用大致经过三个阶段。第一阶段是局部的差异分析,代表人物是悉尼·胡克。胡克的马克思研究受到卢卡奇和柯尔施的重要影响,重视对马克思辩证法的阐释,反对恩格斯的自然辩证法。在1933年的《对卡尔·马克思的理解》中,他只是含蓄地指出,"必须将那种把辩证法用于自然的企图看作同自然主义者的出发点相矛盾的而予以排除,马克思本人从未谈到一种自然辩证法"①。在1940年的《理性、社会神话与民主》中,他则聚焦自然辩证法,不仅认为马克思恩格斯对辩证法的理解不同,而且认为恩格斯对辩证法术语的使用本身就是含混矛盾的,最终将矛头直指苏联马克思主义的辩证唯物主义理论体系,认为"从历史和从分析上来说,相信自然辩证法,这是从普罗提诺到黑格尔的每一形而上学唯心主义体系的中心学说。盛行于今天的辩证唯物主义的差不多每一个变种,都是由有政治动机的形而上学唯心主义在现代科学的肌体上所产的私生子"②。在20世纪60年代以前,西方"马克思学"对差异分析方法的应用主要集中

---

① Sidney Hook, *From Hegel to Marx : Studies in the Intellectual Development of Karl Marx*, New York: Reynal & Hitchcock, 1936, p.75.
② [美]胡克:《理性、社会神话与民主》,金克等译,上海人民出版社1987年版,第224页。

在辩证唯物主义领域,较少涉及历史观和政治经济学。

第二阶段是系统的差异分析,代表人物是吕贝尔和诺曼·莱文。进入20世纪60年代以后,西方"马克思学"在马克思恩格斯关系问题上的认识经过量的积累开始发生质变,由局部差异论走向全面差异或对立论。当时有不少著名的西方"马克思学"家表达过近似的观点,其中影响最大的当属吕贝尔1970年的《"马克思神话",或者恩格斯,马克思主义的创立者》。① 该文不仅将西方"马克思学"的恩格斯研究推向一个全新阶段,而且也将西方"马克思学"对马克思恩格斯的差异分析从局部推向全面。1975年,莱文出版《可悲的骗局:马克思反对恩格斯》一书,全面系统阐发了自己关于马克思主义和恩格斯主义对立论的观点,在国际学界引起轰动,也激励了更多西方"马克思学"家运用差异分析方法去找寻马克思恩格斯的系统差异。不过,系统的差异分析显然过于激进,真正能观察到底的,恐怕唯莱文一人而已。

第三阶段是解释学的差异分析,代表人物是特瑞尔·卡弗。按照西方"马克思学"的既有观点,马克思要么是被恩格斯欺骗了,要么是因为经济原因被迫对恩格斯的背离、篡改保持沉默。随着研究的不断推进,人们逐渐发现,这两种看似言之凿凿的观点其实都经不住严谨的思想史拷问。于是,20世纪80年代以后,一方面,马克思恩格斯一致论开始复兴,另一方面,马克思恩格斯差异论、对立论开始变得温和。这一时期最有代表性的马克思恩格斯对立论著作当属卡弗的《马克思与恩格斯:学术思想关系》(1983)。在这本书中,卡弗不仅承认马克思恩格斯的合作关系、恩格斯对马克思的影响,观点表达温和化了,而且开始对差异分析方法进行解释学的改造,强调马克思恩格斯关系问题其实是一个解释学问题,力图将人们关注的差异、对立由文本的客观世界转

---

① [法]吕贝尔:《吕贝尔马克思学文集(上)》,曾枝盛译,北京师范大学出版社2009年版,第43—52页。

移到研究者的主观世界中去。①

在马克思恩格斯的思想史研究中,差异分析方法的出现无疑是具有合理性和必要性的,毕竟马克思主义是由马克思恩格斯这两个独立的思想主体合作共同创立和发展出来的,人们需要引入一种不同于研究单个主体的新方法来解决这一新课题。在 20 世纪马克思恩格斯研究史上,该方法的学术贡献也是不容否定的。它犹如一条鲶鱼,以引发学术争论的方式激活了学术界,激励研究者们不断开辟研究马克思恩格斯关系的新角度、不断解决同时代学者提出的新问题,推动我们对马克思恩格斯关系的认识不断走向深入和全面。但是,不管在国际学界,还是在国内学界,差异分析方法事实上都常常受到诟病。个中的原因并不复杂,就是西方"马克思学"家在运用该方法时,往往语不惊人死不休,刻意突破该方法应当固守的一些界限,炮制出一系列耸人听闻的观点,招致人们的质疑与反对。

第一,不应以"有罪推定"为前提。世界上没有两片完全相同的树叶,更不可能有两个完全相同的人。马克思恩格斯存在差异是必然的,比较这些差异也是合理的,问题的关键在于比较的前提是什么。很清楚,从悉尼·胡克以降,西方"马克思学"是以恩格斯的"有罪推定"为前提进行比较的:马克思恩格斯不仅存在差异,而且是本质上不同的两条理论和政治路线的差异。在他们看来,马克思恩格斯的关系犹如"冬虫夏草":冬天(19 世纪),马克思是活的虫体,恩格斯是寄生其上的真菌;夏天(20 世纪),恩格斯的路线(真菌)反客为主扼杀了马克思的路线(虫体),冒名顶替成为影响巨大的思想力量。有了这种刻板印象,西方"马克思学"自然像丢了斧子的"邻人",怎么看恩格斯都像偷斧子的"邻人之子"。然而,等找到斧子后,丢斧子的"邻人"再看"邻人之子","动作

---

① [美]特瑞尔·卡弗:《"马克思和恩格斯",还是"恩格斯对马克思"?——在东京弗里德里希·恩格斯国际研讨班上的演讲》,见本书第 272 页。

态度,无似窃斧者。其邻之子非变也,己则变之。变之者无他,有所尤矣。"也就是说,真正有问题的不是恩格斯,而是被"有罪推定"蒙蔽的西方"马克思学"家!

第二,不应无视时代发展的历史变量。1845年共同创立马克思主义之后,马克思恩格斯的思想发展并没有"终结",而是继续保持与时代的批判对话关系,因时而化,不断发展:1849年流亡英国之前是一个时期,他们主要基于欧洲大陆的资本主义发展和社会主义运动进行批判思考;1883年马克思逝世前是第二个时期,此时他们思考的社会历史基础从总体上转换为了维多利亚时代的英国;在1883—1895年这第三个时期里,资本主义经济、政治、社会发展在整个西欧取得巨大成功,工人阶级运动也蓬勃发展起来,这个"新时代"构成了晚年恩格斯理论思考的社会历史基础。有鉴于此,对马克思恩格斯进行差异比较,必须把历史变量充分考虑进去,否则就会出现"关公战秦琼"式的闹剧。但大多数西方"马克思学"家缺乏这种历史意识,只愿意聚焦直接的观点表达进行形而上学的抽象比较。

第三,不应无视马克思恩格斯的理论分工。20世纪30年代以后,随着相关文献的不断出版公开,西方"马克思学"对马克思恩格斯的哲学论述进行了大量比较,结果发现:1848年以后,马克思很少讨论哲学问题,从基本体系到主要观点,人们所熟悉的马克思主义哲学主要源于恩格斯的论述。怎么解释这个现象?大部分西方"马克思学"家接受了具有阴谋论色彩的差异论或对立论,认为这只能说明马克思主义是由恩格斯"发明"的,马克思不是苏联意义上的"马克思主义者"。到了70年代以后,逐渐有西方"马克思学"家觉得阴谋论站不住脚,开始回归常识,承认马克思恩格斯存在理论分工,很多理论表达的差异应当是由不同的分工任务决定的。事实正是如此!1849年以后,马克思主要承担发展马克思主义的理论创新工作,面对的主要是同时代的资产阶级学术界;与此同时,恩格斯则肩负起了指导国际社会主义运动的重任,主要面向工人阶级群众,开展了大量卓有成效的马克思主义大众化普及化工作。对象不同,需要不同,马克思恩格斯的内容选择和讲述方式自然不可能相同。由是观之,绝大多数所谓差异都能得到合理的说明。

第四,不应恶意揣测人性。马克思恩格斯的伟大友谊令所有知情人感动。马克思女儿爱琳娜·马克思就曾说:"关于我父亲和恩格斯之间的友谊,我和其他许多人都已经谈过。这种友谊将来一定也会像希腊神话中达蒙和芬蒂亚斯的友谊那样,成为一种传奇。"①令人遗憾的是,西方"马克思学"对这种伟大友谊一直心存恶意,想方设法加以诋毁。过去,西方"马克思学"主要是在马克思恩格斯的经济往来上做文章,近半个世纪则转到了恩格斯对马克思著作手稿的编辑出版上来,甚至有学者提出《资本论》第二、三卷近乎恩格斯的伪作,应当彻底推翻!难道晚年恩格斯花费10年时间去编辑出版《资本论》第二、三卷等马克思著作,却不希望真实再现马克思的思想?这显然不符合人性人情的常识!

四、展望具有中国特色的马克思恩格斯思想史研究方法体系

新中国成立后,系统化的马克思恩格斯思想史研究在我国悄然扎根,经过近30年的缓慢孕育,最终在改革开放后破土而出,迅速成长、成熟起来。70多年来,我们植根中国悠久的学术研究传统,始终以开放的姿态向国际先进同行学习,不断开拓创新,用了50年左右时间快速度过"学徒"期,成为当前国际马克思恩格斯思想史研究领域中的核心参与者。环顾当今大势,世界正经历"百年未有之大变局",世界马克思主义发展格局正在进行重大调整,繁荣发展马克思主义的重任已不可

---

① 爱琳娜·马克思·艾威林:《弗里德里希·恩格斯》,载中共中央马克思恩格斯列宁斯大林著作编译局编《回忆恩格斯》,人民出版社2005年版,第43页。

避免地落在中国身上。"江河万里总有源,树高千尺也有根。"发展马克思主义离不开对马克思恩格斯思想的完整准确理解。深入推进中国的马克思恩格斯思想史研究,奋力开创具有中国特色的马克思恩格斯思想史研究新篇章新境界,历史地成为当代中国马克思主义研究者的一项神圣使命。在充分吸收借鉴包括西方"马克思学"在内的国际先进经验的基础上,创新具有中国特色的马克思恩格斯思想史研究方法体系,也就成为当下一项亟待完成的重要工作。

第一,这个研究方法体系应以马克思主义信仰为基。"笃信好学,守死善道。"中国传统治学之道崇尚知行合一,主张笃信笃行,推进坚定信仰基础上的扎实学术研究。20世纪80年代后,随着马克斯·韦伯"价值中立"说的传入,有人开始怀疑这种传统,仿佛只有去信仰、去意识形态的研究才是真正科学的。这是对韦伯观点的误解。"价值中立"绝不是要求学者放弃自己的社会理想,以超然物外的绝对客观性进入研究领域,而只是要求暂时停止价值判断,以严谨的科学态度从事社会科学研究,负责任地作出自己的行为选择。我们的思想史研究过程应当"价值中立",即排除任何基于价值观的学术成见对研究活动的干扰,尽可能完整准确地把握马克思恩格斯的思想及其过程。"燕雀安知鸿鹄之志哉?""大贤之深谋远虑,岂庸人所及哉!"不理解、不认同马克思主义革命信仰的人,永远不可能真正进入马克思恩格斯的伟大心灵!只有以坚定的马克思主义信仰为基,这个研究方法体系才能点石成金,成为打开思想之门的钥匙。

第二,这个研究方法体系应当能够引导我们回到思想得以生成的完整历史。"意识在任何时候都只能是被意识到了的存在,而人们的存在就是他们的现实生活过程。"[1]要想真正准确把握思想,我们就必须能够回到思想得以生成的"现实生活过程",即马克思恩格斯思想的时代

---

[1] 《马克思恩格斯选集》第1卷,人民出版社1995年版,第72页。

生活中去。能够回到的历史越相关越完整,我们对思想的把握就会越准确越深入。因此,这个研究方法体系应当能够引导我们回到四重完整历史,即以物质生产方式变革为核心的社会史、与前者相伴而生的科学观念文化史、马克思恩格斯投身其中的无产阶级运动史以及他们创造思想的个人心灵史。

第三,这个研究方法体系应当能够指引我们把握文本中的思想。文本是思想的栖居之所。不见文本,岂能见思想? 不过,我们必须明白,"筌者所以在鱼,得鱼而忘筌"。我们的目标是文本中的思想,而非文本本身。西方"马克思学"的教训已经充分说明,文本具有魅惑力,能够像塞壬的歌声那样迷惑船员的心灵,让后者丧失前进的动力。是买椟还珠、迷失在文本之海,还是以文本为舟、抵达思想的彼岸? 这取决于我们的选择。因此,这个研究方法体系应当像奥德赛那样,不仅要能引导我们发现文本、走向文本,更要能引导我们从文本走向思想、透过文本发现思想。

第四,这个研究方法体系应当能够照亮思想的当下。马克思恩格斯的思想是活在当下中国的活思想。"马克思主义的命运早已同中国共产党的命运、中国人民的命运、中华民族的命运紧紧连在一起,它的科学性和真理性在中国得到了充分检验,它的人民性和实践性在中国得到了充分贯彻,它的开放性和时代性在中国得到了充分彰显!"①因此,这个研究方法体系不仅要能照亮思想的历史,还要能为思想的当下提供光明。具体地说,一是有助于史论结合,为马克思主义原理的当代研究传播学习提供帮助;二是有助于观照现实,为发现中国问题、解决中国问题提供支撑;三是有助于创新继承,为我们像马克思恩格斯那样创新理论、发展马克思主义提供指引。

---

① 习近平:《在纪念马克思诞辰200周年大会上的讲话》,《人民日报》2018年5月5日第2版。

目 录

001 | 恩格斯、现代性与古典社会理论　［美］道格拉斯·凯尔纳　刘冰菁 译

019 | 恩格斯的《国民经济学批判大纲》(1843)和马克思主义资本主义批判的起源　［英］格雷戈里·克雷斯　顾梦婷 译

050 | 英国工人阶级状况：一百五十年以来　［英］安妮·丹尼希　赵立 译

087 | 作为意识形态的"真正的"社会主义——论马克思恩格斯意识形态批判的建设性作用　［德］克里斯丁·维克维尔特　冯泽坤 译　刘健 校

112 | "社会主义的芜菁田"：年轻的弗里德里希·恩格斯与共产主义的可行性　［英］大卫·利奥波德　陈辞达 译

148 | 恩格斯《自然辩证法》的意图　［土耳其］康加恩　刘冰菁 译

178 | 恩格斯：精神分析视角　［英］珍妮特·塞耶斯　刘翰林 译

200 | 恩格斯的《家庭、私有制和国家的起源》中理论化的男性　［美］特瑞尔·卡弗　向玉竹 译

214 | 马克思、恩格斯与浪漫主义作家 [法]罗伯特·塞尔 [法]迈克尔·罗伊 赵英晖 译

233 | 恩格斯与革命战略的矛盾 [英]劳伦斯·王尔德 刘翰林 译

254 | 恩格斯对《资本论》第二卷和第三卷的编辑 [德]蕾吉娜·罗特 姜颖 译 徐洋 校

272 | "马克思和恩格斯",还是"恩格斯对马克思"?——在东京弗里德里希·恩格斯国际研讨班上的演讲 [美]特瑞尔·卡弗 张亮 译

282 | 恩格斯和"修正主义"的根源:一个再评价 [加]保罗·凯洛格 向玉竹 译

300 | 作为马克思经济学解释者的恩格斯 [英]克里斯多夫·亚瑟 孔智键 译

335 | 索　引

恩格斯、现代性与古典社会理论

[美]道格拉斯·凯尔纳*
刘冰菁** 译

  弗里德里希·恩格斯和卡尔·马克思是最早一批系统性地反思现代社会的学者,他们针对现代性展开了批判话语,并建立了独特的现代社会理论问题式。但是在社会理论的经典叙事中,马克思总是作为现代社会理论问题式的主要创建者被广泛引用,恩格斯常常是被忽略的。人们认为,无疑马克思最早提出了现代性理论和批判的社会理论,将现代社会的兴起同资本主义的出现联系起来思考。实际上,恩格斯先于马克思关注前现代社会与现代社会之间的差异,关注资本主义创造崭新的现代世界的作用。在这篇文章中我们会看到,从1830年末到1840年间,恩格斯不仅在揭示现代世界的特征上发挥了主导作用,他更促使马克思去观察资本主义在建构现代社会中的积极作用。因此,我认为,恩格斯先于马克思分析了现代社会的历史独创性及其与传统社会的断裂。对恩格斯早期作品的研究、对他与马克思最初合作的考察,将为我们提供审视马克思和恩格斯关系的全新观点,并促使我们重新思考恩

---

* 道格拉斯·凯尔纳(Douglas Kellner),美国加州大学洛杉矶分校(UCLA)教授,主要研究领域为批判理论、当代文化和传媒研究,主要著作有《后现代主义》《媒体文化》等。本文选自《马克思之后的恩格斯》(*Engels After Marx*),曼彻斯特大学出版社1999年版。
** 刘冰菁,哲学博士,南京大学马克思主义学院助理研究员。研究方向:马克思主义哲学、国外马克思主义哲学。

格斯在两人确立共同的理论和政治立场中的作用。当然,这些分析也将证明,马克思、恩格斯对现代社会的批判理论和对资本主义的政治经济学思考,仍是他们对当代思想的主要贡献。

许多研究马克思和恩格斯关系的学说总将晚期恩格斯的科学主义作品和马克思的哲学作品相对比,以此来强调两人之间的差异。但是,马克思和恩格斯都致力于现代性理论研究,也都共享着对现代世界的重要观点,尽管两人后期在理论和方法上的侧重点有所不同。艾尔文·古尔德纳(Alvin Gouldner)①所开展的研究的重要性便在于,他强调了恩格斯在马克思理论形成中的重要作用,并且捍卫恩格斯并不是粗暴地简化了马克思的思想。布鲁斯·玛兹丽施(Bruce Mazlish)②也肯定了恩格斯的重要贡献。不过,乔治·里希特海姆(George Lichtheim)③、诺曼·莱文(Norman Levine)④及其他学者将马克思与恩格斯尖锐地对立起来,攻击恩格斯降低了马克思思想的水准。虽然他们不同观点的背后是认识论方法的根本差异,但将恩格斯的独特贡献及其对马克思现代性理论的影响一笔带过,这仍是一种错误的行为[关于恩格斯生平与时代的讨论,参见史蒂文·马库斯(Steven Marcuse)的《恩格斯,曼彻斯特与工人阶级》(*Engels, Manchester, and the Working Class*)⑤、特瑞尔·卡弗(Terrell Carver,亦译特雷尔·卡弗)的《弗里德里希·恩格斯:他的生平及思想》(*Friedrich Engels, His Life and Thought*)⑥、里格比(S. H. Rigby)的《恩格斯与马克思主义的形成:历史,辩证法与革命》(*Engels and the Formation of*

---

① Alvin Gouldner, *The Two Marxisms: Contradictions and Anomalies in the Development of Theory*, New York: Seabury, 1980.
② Bruce Mazlish, *A New Science: The Breakdown of Connections and the Birth of Sociology*, New York: Oxford University Press, 1989.
③ George Lichtheim, *Marxism: A Historical and Critical Study*, New York: Praeger, 1961.
④ Norman Levine, *The Tragic Deception: Marx Contra Engels*, Oxford: Clio, 1975; *Dialogue Within the Dialectic*, London: Allen & Unwin, 1984.
⑤ Steven Marcuse, *Engels, Manchester, and the Working Class*, New York: Vintage, 1974.
⑥ Terrell Carver, *Friedrich Engels, His Life and Thought*, New York: St. Martin's, 1989.

Marxism: History, Dialectics, and Revolution)①、汉利(J. D. Hunley)的《弗里德里希·恩格斯的生平和思想：一种再评价》(The Life and Thought of Friedrich Engels: A Reinterpretation)②]。

恩格斯及其对现代的寻找

恩格斯的父亲在德国巴门(Barmen)和不莱梅(Bremen)、英国的曼彻斯特都设有工厂，因而恩格斯在德国刚开始工业化进程时就能体验到什么是现代世界。在恩格斯最初的作品中，他见证了德国兴起的新工业社会，看到了工业带来的现代形式，如城市化、建筑、文化和思想。在1839年的德国报纸上发表的《伍珀河谷来信》(Letters from Wuppertal)中，恩格斯描述了伍珀河谷(Wuppertal Valley)新出现的工业情况，一开始映入眼帘的就是被"许多使用土耳其红颜料的染坊"③污染的伍珀河。在发表揭露现代工业社会状况的作品时，恩格斯年仅19岁。恩格斯本身就涉猎广泛、自学成才，还富有强烈的文学抱负，因此在巴门读书期间和在柏林服役期间，他花了大量时间在学习和写作上。恩格斯早期很多作品都收录在CW2④中，我的研究将基于这些文献展开。

随后，恩格斯描述了埃尔伯费尔德镇的境况，并将其与隔壁的巴门镇——也就是恩格斯的故乡——相对比。他赞美巴门"新式的、盖得别致的、高大而坚固的建筑"⑤，这里"没有埃尔伯费尔德那种既不是旧式也不是新式、既不美观又不显得滑稽的蹩脚房子"⑥。到处是新盖的石

---

① S. H. Rigby, Engels and the Formation of Marxism: History, Dialectics, and Revolution, Manchester: Manchester University Press, 1992.
② J. D. Hunley, The Life and Thought of Friedrich Engels, A Reinterpretation, New Haven: Yale University Press, 1991.
③ 《马克思恩格斯全集》第2卷，人民出版社2005年版，第39页。
④ 指 Karl Marx Frederick Engels, Collected Works, Volume 2, Moscow: Progress Publishers, 1975.
⑤ 《马克思恩格斯全集》第2卷，人民出版社2005年版，第40页。
⑥ 《马克思恩格斯全集》第2卷，人民出版社2005年版，第40页。

头房子、笔直的公路、绿色草地和花园,巴门教堂是"按高雅的拜占庭风格建造得十分别致的建筑物"。① 恩格斯总结道,"这里的景致要比埃尔伯费尔德多彩多姿得多了;有漂白工厂的绿色草地,有新式的房子,有一段小河,有许多临街花园,——这一切打破了一种单调的气氛。由此也会使你产生疑问,该把巴门看做一个城市还是看做各种建筑的简单堆积。它也只是被城市公共机关连在一起的许多居民点的结合体"②。

因此,恩格斯是通过多样的新式现代建筑、工厂和小镇来标志这个崭新的现代世界的。同时,他也描绘了醉汉们到晚上11点钟酒馆关门的时候就从店里拥出来,睡倒在路旁的水沟里。恩格斯认为这是由他们在工厂工作的恶劣条件导致的,新工业中的工人们是非常悲惨的:"在低矮的房子里,吸进的煤烟和灰尘多于氧气,而且大部分人从6岁起就在这样的环境下生活,这就剥夺了他们的全部精力和生活乐趣。单干的织工从早到晚蹲在自己家里,躬腰曲背地坐在织机旁,在炎热的火炉旁烤着自己的脊梁。因此,这些人不是信奉神秘主义就是酗酒。"③同样的,"在当地的皮匠……但用不了3年,他们的肉体和精神就会被毁掉;5个人中有3个人死于肺结核"④。总而言之,"下层等级,特别是伍珀河谷的工厂工人,普遍处于可怕的贫困境地;梅毒和肺部疾病蔓延到难以置信的地步;光是埃尔伯费尔德一个地方,2500个学龄儿童中就有1200人失学,他们在工厂里长大,——这只是便于厂主雇用童工而不再拿双倍的钱来雇用被童工代替的成年工人"⑤。

可以说,在1839年初,恩格斯强烈谴责了工人阶级所处的糟糕的工作和生活境况,认为这是现代工厂发展应该被批判的地方。在《伍珀河谷来信》和恩格斯接下来几年发表的其他文章中,恩格斯极其详细地

---

① 参见《马克思恩格斯全集》第2卷,人民出版社2005年版,第40—43页。
② 《马克思恩格斯全集》第2卷,人民出版社2005年版,第43页。
③ 《马克思恩格斯全集》第2卷,人民出版社2005年版,第44页。
④ 《马克思恩格斯全集》第2卷,人民出版社2005年版,第44页。
⑤ 《马克思恩格斯全集》第2卷,人民出版社2005年版,第44页。

描述了"现代"文学、文化和当下的思潮,将"现代"文学潮流同启蒙批判运动、"青年德意志"(Young Germany)提倡的当代文学等同起来,后者被恩格斯赞扬为反抗基督教虔敬派思想和落后德国文学的先锋。在恩格斯早期的大量报刊文章和作品中,恩格斯将自己展现为一名和马克思一样的现代性的支持者和现代思想的捍卫者,当然同时他也尖锐地批判了现代社会对工人阶级的恶劣影响。

1842年,恩格斯前往英国学习经营工业生产的商业知识,在他父亲在曼彻斯特开办的工厂中工作,那是当时发达资本主义社会的工业中心。在那里,恩格斯不仅直接体验到了工业生产的全新模式以及与其相伴随的生活方式,还刻苦地研究了德国、法国、英国社会主义和英国政治经济学。在《大陆上社会改革运动的进展》中,恩格斯指出新的共产主义思想"不是英国或任何其他国家的特殊状况造成的结果,而是从现代文明社会的一般实际情况所具有的前提中不可避免地得出的必然结论"[①]。

实际上,众所周知,恩格斯先于马克思转向了共产主义,那是1842年莫泽斯·赫斯(Moses Hess)帮助恩格斯转变信仰的结果。当时,马克思还只是一名形式上的激进民主主义者,他自己也承认那时候他并没有充分了解共产主义思想[②]。但在1843年初,恩格斯就已经开始在报刊上发表文章宣传共产主义思想,也积极参加了许多会议、开展演讲。

对恩格斯来说,英国政治经济学呈现了新的资本主义经济的运作状态,为其提供了意识形态的合法性。在1843年秋天,恩格斯开始撰写一篇关于现代经济学理论的文章,并且寄给了马克思和卢格(Ruge)以便能够发表在即将出版的《德法年鉴》(*Deutsch-Französische Jahrbücher*)上。

[①] 《马克思恩格斯全集》第3卷,人民出版社2002年版,第474页。
[②] 参见David Riazanov, *Karl Marx and Friedrich Engles*, New York: Monthly Review Press, 1973, p. 43; Terrell Carver, *Friedrich Engels, His Life and Thought*, New York: St. Martin's, 1989, p. 95。

《德法年鉴》旨在发表德法最优秀的激进理论家的作品,以掀起一股推动社会变革的新潮流。《德法年鉴》第一期也是唯一一期,便发表了"来自曼彻斯特的恩格斯"的《国民经济学批判大纲》(Outlines of a Critique of Political Economy;Umrisse zu einer Kritik der Nationalökonomie)。

在这部作品中,恩格斯剖析了现代工业社会中的私有权、竞争、贸易和危机等。虽然他的研究不够完整,也充满了道德主义情怀,但其中不乏关于现代资本主义经济的精彩见解,透露出他激进的社会批判和改革的倾向。恩格斯一开始便将政治经济学的产生同工业的发展挂起钩来,认为政治经济学将资本主义社会关系合法化了,"国民经济学的产生是商业扩展的自然结果,随着它的出现,一个成熟的允许欺诈的体系、一门完整的发财致富的科学代替了简单的不科学的生意经"①。

在《国民经济学批判大纲》中,恩格斯揭示了商业体系和"新的经济学"②之间的完美对应。新的体系假设了**"私有制的合理性"**③,并发展为商业体系。竞争是经济学家们的"主要范畴,是他最宠爱的女儿,他始终娇惯和爱抚着她"④。但是竞争导致私有财产的垄断,并且制造了内部充满冲突和危机的经济体系。面对这种全新的市场经济,恩格斯的批判是高度道德说教式的。在他看来,马尔萨斯(Malthus)的人口论是"迄今存在过的体系中最粗陋最野蛮的体系,是一种彻底否定关于仁爱和世界公民的一切美好言词的绝望体系;这些前提创造并发展了工厂制度和现代的奴隶制度,这种奴隶制就它的无人性和残酷性来说不亚于古代的奴隶制度"⑤。商业贸易更是一种"合法的欺诈"⑥,它的辩护者们辩称商业体系具有文明开化的美德,对此恩格斯轻蔑地回答道:

---

① 《马克思恩格斯全集》第3卷,人民出版社2002年版,第442页。
② 《马克思恩格斯全集》第3卷,人民出版社2002年版,第444页。
③ 《马克思恩格斯全集》第3卷,人民出版社2002年版,第443页。
④ 《马克思恩格斯全集》第3卷,人民出版社2002年版,第458页。
⑤ 《马克思恩格斯全集》第3卷,人民出版社2002年版,第444页。
⑥ 《马克思恩格斯全集》第3卷,人民出版社2002年版,第447页。

你们消灭了小的垄断,以便使一个巨大的根本的垄断,即私有制,更自由地、更不受限制地起作用;你们把文明带到世界的各个角落,以便赢得新的地域来扩张你们卑鄙的贪欲;你们使各民族建立起兄弟般的关系——但这是盗贼的兄弟情谊;你们减少了战争次数,以便在和平时期赚更多的钱,以便使各个人之间的敌视、可耻的竞争达到极端尖锐的地步!你们什么时候做事情是从纯粹的人道出发,是从普遍利益和个人利益之间的对立毫无意义这种意识出发的呢?你们什么时候讲过道德,什么时候不图谋私利,不在心底隐藏一些不道德的、利己的动机呢?①

作为一位左派黑格尔主义者,恩格斯强调了竞争和垄断、供应和需求、财富和贫穷、公共利益和个人利益之间的一系列矛盾,指出这些矛盾终将导致商业体系的危机,"经济学家用他那绝妙的供求理论向你们证明'生产永远不会过多',而实践却用商业危机来回答,这种危机就像彗星一样定期再现,在我们这里现在是平均每五年到七年发生一次。八十年来,这些商业危机像过去的大瘟疫一样定期来临,而且它们造成的不幸和不道德比大瘟疫所造成的更大"②。虽然恩格斯看到兴起的工业社会充满了内在的不稳定性和危机倾向,但他并没有认识到商业机制或倾向将会带来一种渐进的社会变革,他仅仅发出了这样的警告:"但是,只要你们继续以目前这样无意识的、不加思索的、全凭偶然性摆布的方式来进行生产,那么商业危机就会继续存在;而且每一次接踵而来的商业危机必定比前一次更普遍,因而也更严重,必定会使更多的小资本家变穷,使专靠劳动为生的阶级人数以增大的比例增加,从而使待雇劳动者的人数显著地增加——这是我们的经济学家必须解决的一个主要问题——,最后,必定引起一场社会革命,而这一革命,经济学家凭

---

① 《马克思恩格斯全集》第3卷,人民出版社2002年版,第448—449页。
② 《马克思恩格斯全集》第3卷,人民出版社2002年版,第460—461页。

他的书本知识是做梦也想不到的。"①

1843年,恩格斯还另外撰写了对托马斯·卡莱尔(Thomas Carlyle)《过去和现在》(Past and Present)的评论,题为《英国状况》(The Condition of England)。与这一时期恩格斯的其他作品一样,《英国状况》也将现代和前现代社会进行了对比。这篇评论显示出此时的恩格斯在专心致志地研究现代工厂体系和探索工业社会的发展。此外,恩格斯对英国的其他研究——比如《英国状况:十八世纪》(The Condition of England: The Eighteenth Century)和《英国状况:英国宪法》(The Condition of England: The English Contitution)——透露出英国出现的现代经济、国家的结构和条件。除了研究现代社会的工业生产和政治宪法,恩格斯还关注英国工人阶级的新生活并积累了许多材料,最终在1845年出版了《英国工人阶级状况》(Die Lage der arbeitenden Klasse in England(The Condition of the Working Class in England)。在这些极具开创性的研究中,恩格斯确信,英国工人阶级的历史是与17世纪下半叶蒸汽机和"棉花加工机"②的发明紧密关联在一起的。这些技术引发了工业革命,生产出新劳动工具、新工业、新社会结构、新的生活与工作条件。

大卫·梁赞诺夫(David Riazanov)认为"'工业革命'的术语属于恩格斯"③。但是,迪克·斯特鲁克(Dirk J. Struik)在梁赞诺夫再版的马克思和恩格斯经典著作研究中发现:"至少最早在1820年,法国就已经开始使用'工业革命'的术语,类似于1789年的'法国大革命'。恩格斯是在1844—1845年间启用'工业革命',他很可能是在法国文学中习得了该术语,随后第一次在德语中使用。奇怪的是,直到1884年经济学家阿诺德·汤因比(Arnold Toynbee)使用了'工业革命',英语中才出现这个词汇的身影。但汤因比是知晓马克思的《资本论》(Das Kapi-

---

① 《马克思恩格斯全集》第3卷,人民出版社2002年版,第461页。
② 《马克思恩格斯文集》第1卷,人民出版社2009年版,第388页。
③ David Riazanov, *Karl Marx and Friedrich Engles*, New York: Monthly Review Press, 1973, p. 14.

tal)的,后者是在德语语境中使用了'工业革命'。"①

恩格斯认为:"工业革命对英国的意义,就像政治革命对法国,哲学革命对德国一样。1760年的英国和1844年的英国之间的差别,至少像旧制度下的法国和七月革命的法国之间的差别一样大。但是,这种工业变革的最重要的产物是英国无产阶级。"②但恩格斯对英国产业革命的分析是从进入工业革命之前的英国开始的,他描述了前工业时代英国纺纱工人的生活状况。这其实为区分前现代社会和现代社会提供了一种模式,后来的经典社会理论也都采纳了这种区分方式。恩格斯描述道,在工业革命之前,英国的纺纱工人们都在家中工作,"颇为愉快地度过时光"。他们有着稳定的家庭结构,拥有自己的生产工具,空闲时"到自己的园子或田地里做些有益于健康的工作"③,这既是运动也是休闲。不过,恩格斯并没有美化英国工人过去的工作状况,他仍指出工人们缺乏教育、政治意识和精神生活,简言之,少有机会能过上更好的生活。有些文本批评家认为,恩格斯"片面地呈现了那时英国工人阶级的状况,过度强调了在工业化之前工人的美好生活以及机器引入后对他们的影响"④。但是,在下面列出的选段中我们将看到,恩格斯确实把过去的工人状况理想化了,但我认为他在某种程度上使用了辩证法模型来分析工业革命的得失,后来马克思和恩格斯在《共产党宣言》(*Manifesto of the Communist Party*; *The Communist Manifesto*)及其他作品中确立了这种辩证法的模型。比如,恩格斯写道,过去工人们"在自己的平静、刻板的生活中感到很舒服,如果没有工业革命,他们是永远不会脱离这种生活方式的。诚然,这种生活很惬意,很舒适,但到底不

---

① David Riazanov, *Karl Marx and Friedrich Engels*, New York: Monthly Review Press, 1973, p. 223.
② 《马克思恩格斯文集》第1卷,人民出版社2009年版,第402页。
③ 《马克思恩格斯文集》第1卷,人民出版社2009年版,第389页。
④ J. D. Hunley, *The Life and Thought of Friedrich Engels, A Reinterpretation*, New Haven: Yale University Press, 1991, p. 16.

是人应该过的。他们确实也不算是人,而只是一部替一直主宰着历史的少数贵族做工的机器。工业革命只是使这种情况发展到极点,把工人完全变成了简单的机器,剥夺了他们独立活动的最后一点残余。但是,正因为如此,工业革命也就促使他们去思考,促使他们去争取人应有的地位。像法国的政治一样,英国的工业和整个市民社会运动把最后的一些还对人类共同利益漠不关心的阶级卷入了历史的旋涡"①。

在这里可以发现,恩格斯是认可工业革命的,后来在《共产党宣言》和其他作品中他与马克思同样认可了资本主义和资产阶级的出现。工业革命摧毁了传统社会浪漫般的条件,强迫无产阶级迈入现代工业社会。在将无产阶级推入历史的旋涡的同时,工业革命也给他们带来了实现人类解放的可能性,带来了将人类潜能发挥到极致的可能性。这样的辩证视角——同时看到破坏性的影响和解放的可能性——是马克思、恩格斯往后的作品中都坚持的内容。

当然,此时恩格斯的人本主义情怀也是十分明显的。其实,青年马克思和恩格斯正是这样批判了资本主义现代性,揭露它给人们带来的伤风败俗、人性堕落及其他压迫。工业革命最先导致了资产阶级与无产阶级相对立的阶级结构。恩格斯写道:"上面已经指出,工业如何把财产集中到少数人手里。工业需要大量的资本,它用这些资本来建立庞大的企业,从而使从事手工业的小资产阶级破产,它用这些资本来使自然力为自己服务,以便把个体手工业工人从市场上排挤出去。分工,水力特别是蒸汽力的利用,机器装置的应用,这就是从上世纪中叶起工业用来摇撼世界基础的三个伟大的杠杆。"②

"摇撼"一词暗示现代工业产生的破坏,但恩格斯也强调了技术、科学和工业在现代社会生产上的积极影响。在早期的作品中,恩格斯都高度称赞了科学和工业的进步性。他展示珍妮纺纱机如何带来了新的

---

① 《马克思恩格斯文集》第1卷,人民出版社2009年版,第390页。
② 《马克思恩格斯文集》第1卷,人民出版社2009年版,第406页。

劳动分工,催生了纺织羊毛、亚麻、棉花和蚕丝的工厂。蒸汽机的发明提供了新的动力来源,也开启了进行批量生产的制造业和工厂体系。工厂体系使农业机械化,大规模的种植因而变得可能,这就挤掉了小农,迫使他们到新兴的城市工厂里谋生。

在《英国工人阶级状况》中,恩格斯呈现了工业革命和资本主义催生了新的制造业形式、新的劳动分工和新的社会分化。原材料和燃料的开采需要催生了新的矿业,如煤矿、炼铁等。制铁业开辟了崭新的建筑活动比如造桥以及生产钉子和螺丝等新产品。另外,类似海上贸易的新产业迅速发展,随之而来的是新的交通和通信方式的发展,比如公路、桥梁、运河、铁路等。但是,恩格斯关注的是作为新工业革命的象征的城市,以及在城市中心出现的新社会结构。

在概要性地描述了伦敦和其他大城市后,恩格斯聚焦到了他所在的曼彻斯特,这座英国的第二大城市和世界工业的中心①。恩格斯详细呈现了曼彻斯特的结构,它的阶级分化、工人阶级糟糕的工作和生活条件。对恩格斯来说,阶级分化和冲突"最充分地反映了流行在现代市民社会中的一切人反对一切人的战争"②。这场战争不仅是社会不同阶级之间的战争,"而且也在这些阶级的各个成员之间进行;一个人挡着另一个人的路,因而每一个人都力图挤掉其余的人并占有他们的位置"③。在下一节里,恩格斯明确这是现代社会特有的阶级问题带来了新的对立与冲突:

> 在这个国家里,社会战争已经全面爆发。每个人都只顾自己,并为了自己而反对其他一切人。他是否要伤害其余所有被他看做死敌的人,那纯粹取决于自私自利的打算,就是说,看怎样才对他

---

① 想要进一步查看关于曼彻斯特和恩格斯关于它的研究,可参见 Steven Marcuse, *Engels, Manchester, and the Working Class*, New York: Vintage, 1974。
② 《马克思恩格斯全集》第2卷,人民出版社1957年版,第359页。
③ 《马克思恩格斯全集》第2卷,人民出版社1957年版,第359页。

最有利。没有人还想通过和平的方法来和自己的同伴达成谅解，一切分歧都要用威吓、自卫或法庭来解决。一句话，每个人都把别人看做必须设法除掉的敌人，或者最多也不过把别人看做一种可供自己利用的手段。而且这个战争，正如犯罪统计表所表明的，一年比一年更加激烈、残酷和不可和解了。敌对的方面已渐渐划分成相互斗争的两大阵营：一方面是资产阶级，另一方面是无产阶级。[1]

然而，恩格斯看到了工人阶级在竞争中争取到的联合，他对无产阶级的革命潜能保持着积极的态度。在《英国工人阶级状况》中，恩格斯特别描述了资本主义的周期性危机，这也是为什么他相信资本主义体系的崩溃是不可避免的原因。这可以说是马克思主义的革命观点的先声；因为此时的恩格斯就已经断言，如果当下趋势继续的话，"商业危机依然存在，它将随着工业的发展和无产阶级人数的增加而日益严重，日益可怕。随着小资产阶级的不断破产，随着资本迅速向少数人手里集中，无产阶级的人数将按照几何级数增长，使整个民族，除了少数百万富翁，很快都成为无产阶级。但是，在这种发展的进程中必将有这样一个阶段到来，那时无产阶级将看到，他们要推翻现存的社会权力是多么容易，于是革命就跟着到来了"[2]。

几乎在同一时刻，马克思和恩格斯得出了相同的结论，即无产阶级是一个革命的阶级，只不过此时的马克思仍有些脱离实际，他的无产阶级概念明显带有黑格尔主义色彩，而相比之下恩格斯提出的无产阶级是更社会学和政治学的范畴。恩格斯非常自信地认为，"革命就会到来，这次革命将是过去任何一次革命都不能相比的……以上得出的这些结论都是确凿无疑的……革命必然到来，要找到一个和平解决问题

---

[1] 《马克思恩格斯文集》第1卷，人民出版社2009年版，第446页。
[2] 《马克思恩格斯文集》第1卷，人民出版社2009年版，第496页。

的方法,现在已经太晚了"①。不过后来恩格斯谴责了这样的过度乐观主义的看法,但实际上他和马克思一直都坚持认为革命必然到来。

因此,恩格斯属于第一批试图揭示现代社会结构的社会理论家,既刻画了它的根本冲突,也预测了它的最终失败。恩格斯的自信让人惊奇,他充满自信地试图揭示英国工人阶级的整体境况,试图全面勾勒工人阶级的工作和生活状况,使现代社会的阶级结构图穷匕见。此外,恩格斯的分析并不是静态的,他展示了处于冲突中的各个阶级如何努力争取社会的控制。对此,史蒂文·马库斯②指出,从恩格斯对英国工人阶级的研究中可以发现,出现了一种特别的现代思考模式:从现象的本质特征,在区分表象和现实的基础上,形成对当代社会结构的全面且系统的分析。

马库斯还认为,恩格斯最先全景式地再现了关于"贫困的文化"。为了能够把握新工业城市的宏观结构,恩格斯揭示了相邻地域间的多样关联,从而描摹出城市的独特结构,这可以算是最早关于城市社会学的作品。为了触摸现代工业社会罪恶的核心,恩格斯一头扎进了对工人糟糕的工作和生活状况的研究,试图从中找到线索。他用他的眼睛、鼻子、耳朵与脚来丈量英国工人阶级的可怕处境,将其作为未来现代工业社会的模型来参考,马克思后来在《资本论》中也是这么做的。在展示社会巨大的复杂性时,恩格斯使用了黑格尔的辩证法来思考,将各个部分联系在一起从而通向整个的社会体系。对恩格斯来说,辩证法是在找出关联,他也极有把握地揭示了工业社会的本质结构。而且,恩格斯的这些思考是极其系统化的,他是从总体的角度分析各个部分,展现各个部分如何构成了现代工业社会的有机组成部分。

当然,恩格斯也对现代工业社会持有批判的观点,他以惊人的细节展现了无产阶级的恶劣的工作与生活条件。他的批判总体上是道德说

---

① 《马克思恩格斯文集》第1卷,人民出版社2009年版,第496—497页。
② 参见 Steven Marcuse, *Engels, Manchester, and the Working Class*, New York: Vintage, 1974, pp. 177ff. 。

教式的,并没有像马克思在《1844年经济学哲学手稿》(*Economic and Philosophical Manuscripts of 1844*)中分析劳动时提出异化、人的本质等概念。恩格斯谴责了资产阶级的贪婪和冷酷,也记述了一群工人如何成为资产阶级的同伙,他们点点头然后说:"and yet, there is a great deal of money made here(但是在这里到底可以赚很多钱)。再见,先生!"①而且,恩格斯看到了未来革命中必来的惩罚,这也是他与马克思终其一生想要揭示的内容。

马克思、恩格斯与现代性

虽然在前现代与现代的历史中,有着像马基雅维利、维柯(Vico)、孟德斯鸠、卢梭、孔多塞(Condorcet)、亚当·斯密、孔德(Comte)、圣西门(Saint-Simon)和黑格尔这样显赫的思想家,但卡尔·马克思和他的同路人弗里德里希·恩格斯才是最早对现代性提出系统的社会理论的思想家,他们开启了与经典社会理论相关的思想模式。虽然过去的思想家们曾经分析过现代社会和过去社会的区别、转向新的现代社会的变动历史阶段及其重要特征,但是只有马克思和恩格斯才提供了关于现代性产生的全面的历史分析,系统地分析了现代社会特有的结构、过程、冲突和进步潜力等。马克思、恩格斯将对资本主义社会构型的历史经验分析、系统的概念化理论与彻底的社会批判相结合,基于严格的理论分析与坚实的历史基础,揭示了新兴的社会冲突和分裂,同时也包括现代性带来的社会联合模式。

此外,马克思、恩格斯最先在社会理论中形成了独特的解放传统,他们是从更高的历史可能性和发展趋势的角度来批判地审视现代社会结构的。在马克思主义的视角中,现代性的破坏性和压抑性特征将在

---

① 《马克思恩格斯文集》第1卷,人民出版社2009年版,第477页。

更高层级的社会发展中被克服。因此,启蒙思想家、实证技术的社会理论家孔德、圣西门都支持现代性,都假设了一个乌托邦的未来,在其中技术精英将会推动社会进步、解决所有的社会问题。但是,马克思主义理论则指认了现代性带来的各种社会危机和压迫,并且看到了解决问题的方法来自社会进步的更多潜能,这是现代社会的内在特征而不是从外部强加的、简单的规范性理想。

在马克思主义理论中,现代性的动力来自资本主义生产方式,它的经济发展形塑着社会、政治和文化生活,最终导致一种全新的现代社会形态。因而,对经典马克思主义来说,是资本主义生产方式催生了一个崭新的现代世界,这是与过去的封建世界完全决裂的存在。在马克思主义理论中,现代性的概念是在有关资本主义的理论中确立起来的,因为资本主义既是现代世界的命运,也是现代性形成的动力所在。

在这篇文章中我们已经看到,恩格斯先于马克思建构了区分现代和前现代社会的经典分析模型,为此他提出了政治经济学批判大纲,批判了资本主义社会并从中看到了超越资本主义社会、进入社会主义社会的趋势。在1840年代马克思与恩格斯的合作文本中,两人共同专注于此。1845年,马克思因为在激进的流亡者报纸上发表文章而被驱逐出巴黎,搬去了布鲁塞尔,这也是他与恩格斯开始合作的地方。他们一起前往英国,实地考察新的工厂、新的工业下的生活和工作条件。在返程后,他们于1845—1846年合作撰写了《德意志意识形态》(The German Ideology),但终生未公开发表。不过,在这部作品中,他们开始对现代世界的起源进行分析,并初步形成了历史唯物主义观点。不仅如此,他们在《德意志意识形态》中最先提出了关于现代社会形成的差异化结构的想法,以及全新的协作模式,这使这部著作不容小觑。另外,马克思与恩格斯合作出版了《神圣家族》(The Holy Family)(1845),针对布鲁诺·鲍威尔(Bruno Bauer)和他们过去的同伴——青年黑格尔派发起了批判,认为他们是伪激进的唯心主义者。马克思后来还出版了《哲学的贫困》(The Poverty of Philosophy；Misère de la philosophie)(1846)批判蒲鲁东(Pierre-Joseph Proudhon)的经济学理论,他认为这位法国学者陷入了黑格尔的唯心主义泥淖中,所以将具体的经济学现象(马克思和恩格斯想要分析的对象)都神秘化了。

而此时马克思、恩格斯的历史视域直到在《共产党宣言》中才展露无遗,体现在他们分析现代性的起源和历程时所采纳的独特叙事形式里。他们在1848年初发表的《共产党宣言》里就预测到了不久之后欧洲爆发的一系列革命。在这里,马克思与恩格斯将前资本主义社会与新现代社会进行了对比,"一切等级的和坚固的东西都烟消云散了,一切神圣的东西都被亵渎了。人们终于不得不用冷静的眼光来看他们的生活地位、他们的相互关系"①。

但是,标准的《共产党宣言》英文译本(除了卡弗在1996年翻译的版本)没有将德文隐含的内涵表达清楚。这里的翻译应该是:过去一切的等级、社会阶层(Stände),都和坚固的东西一样消失了。这个观点是非常重要的,因为这将马克思、恩格斯同黑格尔区别了开来。黑格尔相信,社会阶层具有重要作用,即将个体融入现代社会中,相反,马克思与恩格斯认为,这些组织正在瓦解。因此,黑格尔最终提出了将现代和前现代的组织、概念相融合的政治学说,但马克思、恩格斯却形成了一个彻底的现代社会概念。在文中他们写道,过去的社会等级秩序与阶级都在瓦解,使工人直接面对着资产阶级,没有任何其他阶级的介入(卡弗的译本将这里译为"一切固定的和等级的东西都烟消云散了")。《共产党宣言》第一节的标题是"资产者和无产者",其中最重要的内容之一便是,在资产阶级时代,阶级对立被简单化了,"整个社会日益分裂为两大敌对的阵营,分裂为两大相互直接对立的阶级:资产阶级和无产阶级"②。两大阶级对立的观点源自恩格斯的《英国工人阶级状况》,并且

---

① 《马克思恩格斯文集》第2卷,人民出版社2009年版,第34—35页。
② 《马克思恩格斯文集》第2卷,人民出版社2009年版,第32页。

这一观点作为关键要点将持续出现在他们的作品中(虽然在一些作品中他们会采纳更复杂的阶级分析理论)。因此不得不承认,尽管马克思因其独特的表达和历史叙事方式而备受称赞,但《共产党宣言》中的一些观点确实在恩格斯的早期作品中就已经得到了呈现[伯曼(Marshall Berman)①将《共产党宣言》视作社会现代性的奠基性文献、重要的现代主义文本;卡弗②则认为,比起马克思,这里面的历史性内容更像是来自恩格斯早期的作品]。

当一切互相依赖的坚固联系都消失了,个体就会成为能够自由竞争和交换的人。这就导致了一种完全失和、互相冲突的社会秩序,正如恩格斯在他的早期作品中所描述的那样。确实,对恩格斯和马克思来说,现代资本主义社会因不平等、阶级冲突和危机趋势而分裂,并形成了一种本质上便不稳定的社会秩序,充斥着冲突、危机和被推翻的危险。启蒙时代渴望进入文明的更高阶段,马克思与恩格斯也沿着这种思想认为,在工人阶级得到胜利后,统治的资产阶级与被压迫的无产阶级之间的冲突将会得到圆满解决,随后而来的会是一种平等、公正、民主的社会秩序,彻底实现启蒙时代、法国大革命、社会主义传统的共同理想,推动现代性进入文明的高级阶段。所以,马克思主义非常认同启蒙传统的乐观信念,那就是现代社会正处在向前进步的历史过程中,而人类必将克服它的局限性、解决它的问题,迈入人类历史的更高阶段。

为了彻底研究资本主义,马克思和恩格斯是根据英国社会,即当时最先进的资本主义社会,来揭示现代社会秩序的内在动态规律的,但他们对其他国家即将发生的变化也胸有成竹。马克思和恩格斯不仅亲身

---

① Marshall Berman, *All that is Solid Melts into Air : The Experience of Modernity*, London: Verso, 1982. 参见[美]马歇尔·伯曼《一切坚固的东西都烟消云散了:现代性体验》,徐大建、张辑译,商务印书馆 2003 年版。

② Terrell Carver, *Marx and Engels : The Intellectual Relationship*, Bloomington: Indiana University Press, 1983. 参见[美]特雷尔·卡弗《马克思与恩格斯:学术思想关系》,姜海波、王贵贤等译,中国人民大学出版社 2016 年版。

体验了第二次工业革命(包括它的机械化、大工业、科学技术与劳动过程的紧密结合、白热化的帝国主义竞争和现代国家)——那本来就是从英国开始,很快便席卷欧洲大陆和美国的革命,而且也亲身经历了工人运动的兴起,见证了工人们愈来愈诉求更为平等的政治与社会重建,甚至他们自己还成了工人运动的领导者。

因此,马克思主义理论带有着明显的现代憧憬,期待进步、自由、民主、社会经济与个体的发展。从某种程度上来说,经典马克思主义的优势与局限主要关系到它对时代进步性的期待与信任。马克思和恩格斯相信,时代处在进步之中,这终将导致一个民主的社会主义社会的诞生,彻底实现现代性的承诺。马克思主义将前资本主义社会和资本主义社会相对比进行的分析,为马克思、恩格斯的现代性概念的形成提供了基础;他们也展现了从资本主义向社会主义转变的历史过程,后者将彻底实现现代性的潜力,创造更高阶段的文明。马克思主义理论的永久贡献在于它的社会历史分析方法(这为经典社会理论树立了典范)以及它对现代社会的结构、冲突和潜能的洞见。

当然,马克思和恩格斯的成熟作品才全面呈现了他们关于现代社会的详细观点。比如,他们在应用黑格尔的辩证法方法、在现代科学方法上的重要差异,他们在认识论和方法论上的区别等,都在文献研究中得到了说明,也是本书其他篇章的主题。但是,关于早期恩格斯以及他最初与马克思合作的研究揭示出,恩格斯理应受到更多赞誉,特别是他作为经典社会理论的创立者之一对马克思主义理论的决定性贡献。

恩格斯的《国民经济学批判大纲》(1843)和马克思主义资本主义批判的起源

[英] 格雷戈里·克雷斯[*]
顾梦婷[**] 译

I

作为马克思或恩格斯对国民经济学的核心概念与假设进行考察的第一次尝试,《国民经济学批判大纲》却出人意料地被忽视了。当然,人们早已认识到,对于恩格斯理论上的发展而言,他在曼彻斯特所做的第一次长期停留(1842年11月至1844年8月)与马克思居留于巴黎一样重要;正是在曼彻斯特,恩格斯第一次真正地了解到了工厂制度和它最大的受害者,正如他在1885年所说的那样,"我在曼彻斯特时异常清晰地观察到……经济事实,至少在现代世界中是一个决定性的历史力量"。也正是在这里,恩格斯为他在1845年出版的第一本书——《英国工人阶级状况》收集了资料,这本书仍是19世纪早期恶魔般的资本主

---

[*] 格雷戈里·克雷斯(Gregory Claeys),伦敦大学皇家霍洛威学院教授,2015年入选欧洲人文和自然科学院院士。主要从事政治思想史的研究,代表著作有《马克思和马克思主义》《社会达尔文主义:权利崇拜和"适者生存"》《组织、财富和未来社会:从道德经济到社会主义》等。本文选自期刊《政治经济学史》(*History of Political Economy*)1984年第16卷第2期。

[**] 顾梦婷,哲学博士,苏州大学马克思主义学院师资博士后。研究方向:国外马克思主义、马克思主义哲学史。

义的经典写照。因此,对于恩格斯的传记作家及追溯马克思主义起源的历史学家而言,这一时期被证明是一个持存的兴趣来源。① 但是,这些叙述不过是对恩格斯在这段时期所说的话,特别是关于他的文章和新闻工作的一个总结。此外,一些更专业的评论也有助于将恩格斯置于当时曼彻斯特的社会历史中,但是除了将各种影响归因于当时的时代精神外,这些评论也未能够对恩格斯在那里的活动所带来的智力结果进行充分探讨。相较于恩格斯后来的那些著作,我们对青年恩格斯所知尚少。②

最重要的是,那些在之前的分析中被忽略或误解,而我们在这里将要讨论的是,恩格斯的第一篇有关国民经济学的著作在知识上受到他经常接触的英国欧文派社会主义者的影响的程度。恩格斯认为,他们有关经济问题的观点高于当时任何其他现存的社会主义学派。在这时给恩格斯留下了深刻印象的皮埃尔·约瑟夫·蒲鲁东的《什么是财产?》(What Is Property?),在其他地方基本不受关注,其可能影响只有在恩格斯有关曼彻斯特的语境中才能被看到。必须强调的一点是,恩格斯在曼彻斯特的理论发展,不仅仅是语言上对一系列现实经验的理论化,也不仅仅是由德国引入的大量假设的集合,其还在很大程度上

---

① Friedrich Engels, "History of the Communist League", in R. Livingston, ed. , *The Cologne Communist Trial*, London, 1971. 参见《马克思恩格斯全集》第 28 卷、人民出版社 2018 年版,第 274 页。关于恩格斯在曼彻斯特,参见 Auguste Cornu, *Karl Marx et Friedrich Engels, leur vies et leur oeuvre*, Paris, 1955, 3: 172 – 186; Horst Ullrich, *Der junge Engels*, Berlin, 1961, 2: 1 – 165; W. O. Henderson, *The Life of Frederick Engels*, London, 1967, 1: 20 – 73; Gustav Meyer, *Friedrich Engels, Eine Biographie*, Cologne, 1975, 1: 119 – 150; Gareth Stedman Jones, "Engels and the genesis of Marxism", in *New Left Review*, 1977, p. 106。

② 参见如 W. O. Henderson and W. H. Chaloner, "Friedrich Engels in Manchester", in *Memoirs and Proceedings of the Manchester Literary and Philosophical Society* 98, 1956 – 57, pp. 13-29; 同上, "Engels and the England of the 1840s", *History Today* 4, 1956, pp. 448 – 456; Steven Marcus, *Engels, Manchester, and the Working Class*, London, 1974; 以及尤其是 Harry Schmidtgall 最近的 *Friedrich Engels' Manchester - Aufenthalt* 1842 - 1844 (Schriften aus dem Karl-Marx-Haus, Trier, no. 25, 1981),这篇文章对恩格斯在曼彻斯特时期的社会历史作了相当大的扩展,并普遍认为在恩格斯的早期社会主义思想中欧文的背景被低估了,尽管它没有像我在这里所做的那样对恩格斯的国民经济学进行仔细的考察。

接受了现存的对资本主义工业发展的批判性叙述,以及(他自己对国民经济学并不熟悉)英国社会主义者在反对正统经济学的解释时的关键立场。

毫无疑问,恩格斯在这一时期的主要理论文章《国民经济学批判大纲》(1843,以下简称《大纲》)在那时是为马克思所承认的,并由于其与古典政治经济学范畴对抗的深度和重要性,成了德国共产主义重要的新的出发点。它几乎立刻帮助马克思本人深入其中,甚至到1859年马克思回忆起恩格斯青年时期的文章时仍然认为它是"辉煌的"①。然而,用乔治·拉比卡(Georges Labica)的话说,这篇文章"没有得到应有的关注。它遭受了一种特殊的命运,它没有被青年马克思的问题所掩盖……它被简化为对后来作品的一个简单'预期',就好像它本身没有内在价值",即便是这样,对于唯物史观的起源而言,它仍是"我们能够预见科学到来的一个文本"。②

我在这里所作的阐释分为四个部分。第一,对恩格斯所接受的欧文主义者的观点作一个表层的分析,并简要介绍恩格斯对于英国在历史发展中的作用的先入之见的性质。第二,我将在这里集中而详细地比较恩格斯的《大纲》、约翰·瓦茨(John Watts)的《政治经济学家的事实与虚构》(*The Facts and Fictions of Political Economists*)(1842)——欧文主义者对恩格斯所熟悉的这一时期的国民经济学所作的主要的批判,以及蒲鲁东的《什么是财产?》(1840)。从本质上来说,人们会认为,恩格斯的主要观点大部分来自瓦茨(瓦茨对欧文主义的早期传统依次进行了总结)而不是蒲鲁东,虽然他以一种独特的新黑格尔主义的方式来表达这些观点。第三,同样重要的是,恩格斯在强调交换和竞争的同

---

① "Contribution to a Critique of Political Economy. Preface", in *Marx-Engels Collected Works* (*MECW*, London, 1975 -), vol. 15(即将出版)。马克思关于《大纲》的笔记在 *MECW* 3: 375 - 376,这些是在他写作《1844年经济学哲学手稿》之前不久写的。《大纲》在后者中被引用,参见 *MECW* 3: 232。

② 参见 Georges Labica, *Marxism and the Status of Philosophy*, Sussex: Harvester Press, 1980, pp. 128n, 112 - 113。

时,也接受了欧文派国民经济学的核心概念在分析中的中心地位,因此,他将欧文派的批判结构——集中于经济体系的特征——纳入自己的阐述。在一些重要的方面,恩格斯也未接受瓦茨和蒲鲁东的观点,也正是在这里,其自身观点的独立性能够被加以评定。恩格斯对欧文主义的热情逐渐减弱的一些迹象也会被加以考察,特别是在他认为必须以一场暴力革命来实现社会全面转型的情况下。第四,对恩格斯在《大纲》中的观点和马克思在《1844年经济学哲学手稿》中对国民经济学的第一次认真思考之间可能存在的关系进行简要的叙述。

II

毫无疑问,恩格斯打算在1842年11月抵达英国后尽快与英国社会主义者接触。这时他**恰好**(显然是在6月)转向了共产主义,这是他在科隆(Köln)拜访莫泽斯·赫斯后的结果,他已达到了(用赫斯的话来说)"革命的第一个纪元"而不再是"一个热情十足的共产主义者"。① 赫斯最早发表在他的《欧洲三头政治》(Die Europäische Triarchie)中的主要信念之一是,现代革命的形式在德国是哲学的,在法国是政治性的,在英国是实践的和社会性的。这个"三头政治"的概念是由恩格斯带来的,在他从英国传来的最早的报告中可以明显看出,在英国,任何革命都必然是社会性的而不是政治性的。这也意味着,任何一个年轻的共产主义者都应该找到并理解这样一种革命的代理人,以及那些已经将其社会性本质充分理论化的人。②

---

① 参见 Moses Hess, *Briefwechsel*, E. Silberner (ed.), The Hague, 1959, p. 103 (Hess to Berthold Auerbach, June 19, 1843);评注见 A. Cornu, *Moses Hess et la Gauche Hégélienne*, Paris, 1934, pp. 64–65。
② 参见 M. Hess, *Die Europtiische Triarchie*, Leipzig, 1841;同样可见 Hess, "Philosophie der Tat", in T. Zlocisti (ed.), *Sozialistische Aufsutze*, Berlin, 1921, esp. pp. 60–78;评注见 A. Cornu, *Karl Marx et Friedrich Engels*, 3:175。恩格斯的话参见 "The Internal Crises", MECW 2:374(《马克思恩格斯全集》第3卷,人民出版社2002年版,第411—412页)。

尽管这些最初的报告只提到了宪章派,但是到了1843年恩格斯就能够为其德国的读者就英国社会主义者作出一些详细的评论,显而易见的是,实际上他在曼彻斯特的每个星期天都会去欧文派的科学院(社会主义讲座和会议会在那里举行)。恩格斯在《伦敦来信》(Letters from London)中指出,社会主义不是一个封闭的政治党派,但就总体而言,其得到了下层中产阶级和无产阶级的支持。恩格斯声称,曼彻斯特有8000名注册的共产主义者(他将这个术语用作"社会主义"的同义词),且一半的工人阶级分享了他们对于财产的看法。这里的社会主义讲师——约翰·瓦茨——恩格斯将其描述为"一个卓越的人物,他才气横溢,写过几本关于上帝的存在和国民经济学方面的小册子"。另一位讲师,查尔斯·南威尔(Charles Southwell)也因他的无神论信仰受到了恩格斯的赞扬,显然,恩格斯——他在1840年转向黑格尔的泛神论时,略显艰难地对其年轻时的带有局限性的巴门虔诚主义的残余做了告别——对许多欧文主义者强烈的反宗教态度表现出了相当大的钦佩。①

直到1843年11月,我们才再次听到恩格斯的消息(不幸的是,这一时期的所有通信几乎都已遗失),当时他开始向欧文派的主要期刊《新道德世界》(The New Moral World)提交文章。第一篇是《大陆上社会改革运动的进展》,此文重复了与共产主义演变相关的三头政治概念,考察了当时存在的各种欧洲集团。然而,在所有这些人中,包括圣西门主义者、傅立叶主义者、巴布主义者、蒲鲁东、魏特林(Weitling)和伊加利亚派,恩格斯(一般代表德国共产主义者发言)给予了欧文派最高的赞扬:

> 至于我们这个党派的学说的各个部分,我们同英国社会主义者一致的地方比同其他任何党派一致的地方要多得多。他们的体系和我们的一样,也是在哲学原则上建立起来的;他们和我们一

---

① 参见《马克思恩格斯全集》第3卷,人民出版社2002年版,第432页。评论见H. Schmidtgall, *Friedrich Engels*, pp. 51-60。

样,也反对宗教偏见,而法国人反对哲学,并且把宗教一起带进计划中的新的社会,使它永远存在下去。法国共产主义者只是在我们的发展的初级阶段帮助了我们,我们很快发现,我们比自己的老师知道的更多些;但是我们还要多多向英国社会主义者学习。我们的基本原则固然给我们提供了一个比较广泛的基础,因为这些原则是我们从包罗人类全部知识领域的哲学体系中得出的,不过在有关实践、有关影响现存社会的**实际**状况方面所做的一切,我们发现,英国社会主义者远远超过了我们,所以要做的就很少了。我想顺便提一下,我接触了一些英国社会主义者,几乎在每一个问题上,我都同意他们的看法。①

然而,即使在这里,恩格斯也没有完全不去批评欧文(Owen)派,特别是在欧文及其一些追随者的反民主声誉方面。提到宪章派的传教士(被称为宪章派讲师)贝尔斯托(Bairstow)和欧文主义者瓦茨在这个问题上的争论时,恩格斯强调,社会党人必须向工人阶级表明,土地合作社"不会将人类置于一个'铁定的专制主义'之下",并且,"真正的自由和平等只有在合作社的安排下才能够实现,这样你就能够让他们站在你的一边"。但是,几个月后,恩格斯将社会党人的"全部缺点"描述为他们"只知道唯物主义,连德国哲学也不了解",作为英国人,他们"纯粹注重实践"且对理论太过失望。② 但是,对实践的强调也有其自身理论方面的原因,这一原因在恩格斯看来就是,欧文主义者的社会主义在革命运动的发展中起到了至关重要的作用。更具体地说,是欧文派的国民经济学的相对成熟吸引了1843年年底前的恩格斯。

---

① 《马克思恩格斯全集》第3卷,人民出版社2002年版,第493—494页。
② 参见《马克思恩格斯全集》第3卷,人民出版社2002年版,第523页。

Ⅲ

本节将对恩格斯的《大纲》中的几个主要经济学说的起源进行探讨。因此,我在这里的目的不仅仅是"反驳"恩格斯的独创性,因为他对于自己的作品并没有这样的主张。实际上,在 1845 年末,恩格斯写道,法国人和英国人在 10 年前、20 年前甚至 40 年前所说的,德国人只是在最近"终于知道一鳞半爪,并把这些话黑格尔化了,或者至多也只是落在人家后面重新发现了它,却又把它当作崭新的发现,用坏得多、抽象得多的形式公诸于世",并补充道,"我自己的作品也不例外"。①

即便如此,我们也必须考虑这样一种可能性,即在《大纲》时期,恩格斯所做的事情至少与他的一些社会主义前辈有所不同,尽管这并不一定意味着恩格斯的分析更加准确或清晰。但是,在这种情况下,马克思在《神圣家族》(写于 1844 年秋)中关于恩格斯对蒲鲁东的批评这种关系的评价是重要的。蒲鲁东的《什么是财产?》是"根据国民经济学的观点对**国民经济学**"所作的批判,其对私有财产作出的考察"在国民经济学中引起革命,并且第一次使国民经济学有可能成为真正的科学"。但是,马克思补充道,"因为该书的主旨是批判国民经济学。——因此,通过对**国民经济学**,其中包括对蒲鲁东所了解的国民经济学的批判,蒲鲁东的著作才能被科学地超越"。马克思暗示,恩格斯已经开始了这一点:"蒲鲁东本人还没有把私有财产的各种进一步的形式,如工资、商业、价值、价格、货币等等,像《德法年鉴》那样看做私有财产的形式(见弗·恩格斯的《国民经济学批判大纲》)"。②

---

① 参见《马克思恩格斯全集》第 42 卷,人民出版社 1979 年版,第 319 页。25 年后,恩格斯重读《大纲》,再次抱怨整本书都是以黑格尔式的晦涩方式写成的("Engels to Wilhelm Liebknecht, 13 April 1871"), *Marx-Engels Werke*, Berlin, 1964 - 1971, 33: 208。
② 参见《马克思恩格斯文集》第 1 卷,人民出版社 2009 年版,第 255—256 页。

以上部分已经指出了对瓦茨的《政治经济学家的事实与虚构》与《大纲》的关系进行考察的原因。恩格斯(在1843年5月)对"社会主义者以及部分宪章派的有说服力的经济论文"的评价,似乎很可能主要指的就是瓦茨,此外,恩格斯似乎没太读过有着英国激进和社会主义传统的国民经济学的主要著作,如格雷(Gray)、汤普森(Thompson)、霍奇金(Hodgskin)、埃德蒙兹(Edmonds)、布雷(J. F. Bray)(实际上,他写的是书,而不是小册子或"短文")的著作。在《大纲》中,恩格斯也评论说,在垄断者和私有财产反对者之间的辩论中,"正如英国社会主义者早就在实践中和理论上证明的那样,反对私有制的人能够从经济的观点比较正确地解决经济问题"。关于生产力的潜在增长以及社会主义条件下对其加以调节的能力,恩格斯还建议他的读者"参看英国社会主义者的著作并部分地参看傅立叶(Fourier)的著作"。①蒲鲁东对于《大纲》论点的可能贡献的**初步证据**,主要在于恩格斯对蒲鲁东《什么是财产?》的评论(1843年10月,或者说在《大纲》形成前一个月左右):"这是共产主义者用法文写的所有著作中最有哲学意义的作品;如果我希望有一本

---

① 参见《马克思恩格斯全集》第3卷,人民出版社2002年版,第425、446、462页。然而,傅立叶并不是《大纲》的主要来源。恩格斯在这方面对他的钦佩主要是指傅立叶的"自由劳动"及协作生产组织的理论,因为(正如恩格斯在1843年10月所说的)傅立叶实际上并没有试图废除私有财产,而是"经过改良的旧竞争制度,以比较自由的原则为依据的济贫法-巴士底狱!"("The Progress of Social Reform on the Continent",*MECW*3:380;《马克思恩格斯全集》第3卷,人民出版社2002年版,第479页)当时,恩格斯可能熟悉的傅立叶的著作是 *Théorie des quatre mouvements*, *Théorie de l'unité universelle*,以及 *Le Nouveau Monde industriel et sociétaire*,这些后来都被重印在了 *Euvres complètes de Charles Fourier*(Paris, 1842)上,傅立叶关于商业的主要评论(他对国民经济学本身几乎没有什么可说的)在这本书的1:195-277,3:216-39和4:141-212上。恩格斯在《大纲》中的一些观点的另一个可能来源是共产主义裁缝威廉·魏特林(*Guarantien der Harmonie und Freiheit*, Vivis, 1842)。恩格斯认为,魏特林是德国共产主义的奠基人,但是,尽管后者确实有助于恩格斯政治思想的形成,*Guarantien* 中的经济思想与《大纲》中的经济思想却几乎没有相似之处。不管怎样,魏特林对贸易的批判,都深深地归功于欧文和傅立叶(参见,如 *Guarantien*, pp. 137, 203, 223-235 of the Berlin 1908 ed., ed. Franz Mehring)。恩格斯关于魏特林的看法,见 *MECW*3:401(《马克思恩格斯全集》第3卷,人民出版社2002年版,第487页),4:614-615(《马克思恩格斯全集》第42卷,人民出版社1979年版,第319—320页)。关于瓦茨的《政治经济学家的事实与虚构》对于恩格斯的重要性,施密特加尔(Schmidtgall)给出了类似的结论,并且没有发现恩格斯对欧文主义作家进一步阅读的证据(参见 Schmidtgall, *Friedrich Engels*, pp. 23-28)。

法文书译成英文,那就是这本书。这本书用丰富的智慧和真正的科学研究阐明私有权以及这一制度所引起的后果即竞争、道德沦丧和贫困,这种把智慧和科学研究在一本书中结合起来的做法,是我从来没有见过的。"①

那么,让我们来考虑一下恩格斯是如何使用这些资源的。我的观点将集中在对《大纲》有关价值、租金和人口理论的阐释上,然而,所有这些都是恩格斯试图从国民经济学的核心范畴——竞争——中推导出来的,这些将在最后加以讨论。对于这其中的每个范畴,我都将对恩格斯的观点加以介绍,然后将这些观点与瓦茨的相关理论进行详细比较,以及在一定程度上涉及蒲鲁东。不过,首先,让我简单地总结一下全文。

《大纲》的根本目的是对经济理论中的竞争概念进行一个长期的批判,并在较小的程度上同样对自由贸易的经验实践进行批判。这一文本从对重商主义的国民经济学产生的简要回顾开始,然后对科学的主要概念,包括贸易、价值、租金、竞争和垄断、人口,最后是(非常简短地)机器,进行了详细阐述。恩格斯的中心主题是,尽管国民经济学确实代表了商业体制的进步,但就其实践而言更充分地揭示了私有财产的矛盾,尽管如此,后者仍然是经济学家理论主张的基础且因此使得他们的许多核心论点都失效了。恩格斯对国民经济学的批判方法是"研究它的基本范畴,揭露自由贸易体系所产生的矛盾,并从这个矛盾的两个方面作出结论"②。

除了竞争概念本身(将在下面进行讨论),恩格斯讨论的第一个主要范畴是价值。价值可分为抽象(或实际)价值和可交换价值。恩格斯所想表明的是,对于这些范畴的任何抽象定义都是不正确的,除非它包

---

① 《马克思恩格斯全集》第 3 卷,人民出版社 2002 年版,第 483—484 页。赫斯可能把蒲鲁东推荐给了恩格斯,因为他自己有兴趣将蒲鲁东的想法和费尔巴哈的想法结合起来。见赫斯的"Philosophie der Tat", in *Sozialistische Aufsätze*, pp. 115 - 116.
② 《马克思恩格斯全集》第 3 卷,人民出版社 2002 年版,第 446 页。

含了竞争的概念。在让-巴蒂斯特·萨伊（Jean-Baptiste Say）的定义中，任何实际价值都是由物品的效用来测定的。恩格斯认为，首先，"物品的效用是一种纯主观的根本不能绝对确定的东西"；其次，"根据这种理论，生活必需品应当比奢侈品具有更大的价值"。对于麦克库洛赫（McCulloch）和李嘉图（Ricardo）而言，抽象价值是由生产费用决定的，因为如果把竞争关系撇开，没有人会把物品卖得低于它的生产费用。但是对于恩格斯来说，一谈到"卖"，就要立即引入商业和交换的概念，这就再次使得"实际价值"的抽象概念成为不可能。[1]

因此，在萨伊那里，之所以引入竞争（根据恩格斯），是因为在私有制下，竞争是使"比较客观地、似乎能大体确定物品效用大小"成为可能的唯一办法。但是，只要容许有竞争，生产费用也就随之产生，因为没有人会卖得低于他自己在生产上投入的费用。恩格斯是通过将价值定义为"生产费用与效用的关系"来使争论双方达成统一的。他认为："价值首先是用来决定某种物品是否应该生产，即这种物品的效用是否能抵偿生产费用。然后才谈得上运用价值来进行交换。如果两种物品的生产费用相等，那么效用就是确定它们的比较价值的决定性因素。"

据恩格斯的说法，这个看法是"交换的唯一正确的基础"。但是，任何交换的当事人都不能决定所涉及物品的效用，这样总会有一人受骗。也不能在交换的当事人无法知悉的情况下，以某种外部的方式来决定。这将是一种"**强制**进行，并且每一个人都会认为自己受骗了"。事实上，"不消灭私有制，就不可能消灭物品固有的实际效用和这种效用的规定之间的对立，以及效用的规定和交换者的自由之间的对立；而私有制一旦被消灭，就无须再谈现在这样的交换了。到那个时候，价值概念的实际运用就会越来越限于决定生产，而这也是它真正的活动范围"[2]。

因此，恩格斯否认，在竞争制度下，除了由竞争所决定的价值外还

---

[1] 参见《马克思恩格斯全集》第3卷，人民出版社2002年版，第451页。
[2] 《马克思恩格斯全集》第3卷，人民出版社2002年版，第451—452页。

有其他任何形式的价值存在,也即除了反映在**价格**中的价值外还有其他任何价值存在。那么,关于恩格斯自己的价值概念的来源,我们应当说些什么?他对萨伊的讨论和批判几乎与蒲鲁东相似,只是蒲鲁东继续接受将"时间和费用的成本"作为"事物的绝对价值"。蒲鲁东还认为,社会应该"调节最稀有的物品的交换和分配,像它对最通用的东西一样,使得每个人都可以分享一份";只有在一定规模的社会中,才能奖励不同形式的行业并为特定的产品支付报酬,"所以,只有在最强大的社会中,才能实现最高的职能"。因此,蒲鲁东也默认了类似的"生产决定论",就像恩格斯一样,将"客观"社会效用这一本质上公共的政治概念与萨伊的主观效用任意并置,换句话说,这是一个基于社会需要(很可能通过民主协商加以评估)而不是市场需求的概念。恩格斯和蒲鲁东将"实际价值"和"可交换价值"进行了比较,以表明交换中给出的不是真正的等价物,而是市场价格。因此,即使是在竞争性的交换形式中,恩格斯在本质上提出了与价格相分离的价值定义,其被更明确地定义为劳动力和生产成本,而不是效用。①

对于约翰·瓦茨而言,效用是"唯一的正义准则……'最大多数人的最大幸福'",因此这是公正交换的唯一标准。这也是关于效用的完全公共性的概念,其基本意思是"只有使群众的利益得到商讨,才能得到繁荣"。交易中的不诚实发生在没有交换等价物时,由于利润,"这个未获得的财富分配"介入了。但是,瓦茨并没有提供任何基于对象内在效用的狭义的价值定义。他的核心论点是"劳动是所有财富的源泉",但这句话不是关于价值的必要的、唯一的陈述,且事实上在《政治经济学家的事实与虚构》中它很少被用来阐述价值理论;这是一个更为典型的关于创造财富,以及关于生产者(而不是"闲人"

---

① 参见 Pierre-Joseph Proudhon, *What is Property? An Inquiry into the Principle of Right and of Government*, New York, 1970, pp. 136–139; MECW3: 427(《马克思恩格斯全集》第3卷,人民出版社2002年版,第451—452页)。

或者非生产性劳动者）这样做的权利的欧文主义的理论。对于瓦茨而言，广义上的效用意味着产生"最大数量必要的和理想的财富"。这也要求某种形式的需要层次的社会认同。但除此之外，瓦茨没有给出有关实际或绝对价值的定义，甚至对于诸多他没有提及的欧文派经济学家而言，都不知劳动时间与材料成本的结合。可以说，这种价值的定义是在瓦茨的阐释中得到假设的，或者至少劳动时间这个元素被默认地包括在内。然而，更可能的是，如果说恩格斯在阐述自己的价值观念时有任何东西起源于瓦茨，那就是瓦茨对社会效用的看法有助于平衡蒲鲁东的"时间和费用的成本"。蒲鲁东拒绝了萨伊的由主观性决定效用的观点，他自己也没有使用"效用"这个词，尽管正如我们所看到的，他确实坚持了一种观点，即生产的社会决定是必要的。另一方面，恩格斯在与蒲鲁东的批判相当接近之后，在其价值观念中包含了"效用"，不过，这不是萨伊的观点，而更接近瓦茨的观点。①

就价值而言，恩格斯对地租这个范畴的处理采用了两个定义，且实现了二者的辩证统一。李嘉图曾声称，地租是支付租金的土地收入与值得费力耕种的最坏的土地收入之间的差额。然而，亚当·斯密的定义（1842年由反谷物法同盟盟员托·配·汤普森上校提出异

---

① 参见 John Watts, *The Facts and Fictions of Political Economists : Being a Review of the Principles of the Science, Separating the True from the False*, Manchester, 1842, pp. iv - v, 6, 13, 19, 28 - 29, 40。这些事实和臆想是根据瓦茨于1842年9月至11月间在曼彻斯特科学馆所作的七次演讲得出的。瓦茨自己所使用的资料的来源还不清楚，因为该书中没有引用欧文社会主义传统的著作，也没有文本参考，但他对实用性的强调可能来自威廉·汤普森。参见后者的 *An Inquiry into the Principles of the Distribution of Wealth*, London, 1824, pp. 17 - 20, 和 *Labour Rewarded*, London, 1827, pp. 3, 19 - 20, 30, 41。"劳动是所有财富的源泉"的观点是欧文经济著作的基础，并在欧文的"Report to the County of Lanark"(in John Butt, ed., *A New View of Society and Other Writings*, London, 1977, p. 246)中第一次被详细阐述。另一个关于该观点的著名的陈述参见 Thompson, *Inquiry*, pp. 6 - 17。也参见 Weitling, *Guarantien*, pp. 155 - 63。欧文主义中关于劳动这一概念的含义，见笔者的"The Role of 'Unproductive Labour' in the Formation of Early British Socialist Theory: From Godwin to 1850"(in Istvan Hont, ed., *After Adam Smith : Essays on the Development of Political Economy in the Early Nineteenth Century*, Cambridge, 出版日期不详)。

议并改进),将地租视为谋求使用土地者的竞争与可支配的土地的有限数量之间的关系。① 恩格斯把这两个定义叫做"同一个对象又有了两个片面的因而是不完全的定义"。地租的正确定义应当是"土地的收获量即自然方面(这方面又包括**自然的**肥力和**人的**耕作即改良土壤所耗费的劳动)和人的方面即竞争之间的相互关系"。在这个定义形成的过程中,蒲鲁东似乎没有起到任何作用;他也发现了李嘉图的定义以及[布坎南(Buchanan)那里]斯密的定义的不充分,但他太专注于权利和正义问题,以至于不能获得关于地租的任何实证的定义。然而,瓦茨的定义与恩格斯的基本相同。地租是"最好的土地和最差的土地之间的产量差异;而且,如果马尔萨斯所说的增长率是真的,那么它必然随着人口的增长而不断增加,除非我们必须耕种这样的土地,否则只会有地衣和苔藓给我们带来困境"。必须将竞争(正如我们将看到的,人口是其中的一个重要因素)和有差异的生产率结合起来对地租作出解释。②

恩格斯还在他关于地租的讨论中,对从生产者那里获取劳动产品的方法作了几点评论。用恩格斯的话来说,地主以两种方式"进行掠夺"。首先,通过对其开发(利用)的土地加以垄断,"他利用人口的增长进行掠夺,因为人口的增长加强了竞争,从而抬高了他的土地的价值。他把不是通过他个人劳动得来的、完全偶然地落到他手里的东西当作他个人利益的源泉进行掠夺"。其次,通过出租他的土地,"靠最终攫取他的佃户的种种改良的成果进行掠夺"。下面有一条非常有趣的评论

---

① 参见 MECW3:428(《马克思恩格斯全集》第3卷,人民出版社2002年版,第454—455页)。恩格斯对李嘉图和汤普森的比较显然直接取自John Wade 的 *History of the Middle and Working Classes*, London, 1833, p. 308,这在《大纲》的其他地方也同样被引用(MECW3:433;《马克思恩格斯全集》第3卷,人民出版社2002年版,第461页)。

② 参见《马克思恩格斯全集》第3卷,人民出版社2002年版,第455页。Proudhon, *What is Property?* pp. 159-164; Watts, *Facts and Fictions*, pp. 41-42. 1862年,马克思写信给恩格斯,赞扬了其对李嘉图地租理论的批判。参见 *Marx-Engels Selected Correspondence*, Moscow, 1953, p. 165 (August 9, 1862)(《马克思恩格斯文集》第10卷,人民出版社2009年版,第193页)。在欧文那里,没有这样的地租理论,实际上,这是欧文在经济调查中最薄弱的领域之一。

值得在这里引用,因为它将恩格斯的立场与这一时期的许多激进主义者和宪章派的修辞主义者作出了区分:

> 认定土地占有者的获得方式是掠夺,即认定人人都有享受自己的劳动产品的权利或不播种者不应有收获,这样的公理并不是我们的主张。第一个公理排除抚育儿童的义务;第二个公理排除任何世代的生存权利,因为任何世代都得继承前一世代的遗产。确切地说,这些公理都是由私有制产生的结论。要么实现由私有制产生的一切结论,要么抛弃私有制这个前提。

这似乎有些矛盾,由于恩格斯刚刚接受了这样一种观点,即地主**抢劫**了租户的种种改良成果,例如,增加权利是租户的正当要求。现在,他似乎完全排除了关于这种经济权利的话语。①

然而,事实上,恩格斯似乎将这种狭隘的经济权利的主张置于更广泛、更普遍的人权和义务框架之下,特别是那些合法地不能劳动的人的权利和义务,尽管这种想法没有被详尽阐述。此外,在确定"私有财产的后果"这一经济主张时,恩格斯正在做更为重要的事情,那就是表明对资本主义的激进批判本身往往与国民经济学假设以及由此产生的私有财产紧密相连。他认为,接受私有财产的前提至少包括国民经济学的一些理论和私有财产制,二者不能相互脱离。

这个章节详细阐述了瓦茨(他批评国民经济学,以含蓄地希望孩子们能够自力更生,从而成为理性的经济代理人)和蒲鲁东(他抨击法国宪法将财产定义为"享受劳动成果的权利"),但暗中批评了二者,尤其是瓦茨。瓦茨经常使用圣经中的短语,比如,"若有人不肯工作,就不可吃饭。"而尽管有这样的见解,恩格斯还是保留了这些公理背后的学说,

---

① 参见《马克思恩格斯全集》第3卷,人民出版社2002年版,第455—456页。

因为这些理论给了他一种定义工人阶级的抽象产品的方法。仅仅几个段落之后,他评论道,"贷款生息,即不花劳动单凭贷款获得收入,是不道德的,虽然这种不道德已经包含在私有制中,但毕竟还是太明显",在后来的几页纸上他还补充道,竞争造成的价格持续波动迫使每个人成为一个投机者,"可以在他们未曾播种的地方有所收获;可以以牺牲他人为代价来使自己富有"。因此,认为以活动和"运动"来标识的劳动(恩格斯在某种意义上将它们作为同义词使用)是"财富的源泉"(恩格斯只在加引号的情况下用过一次这个短语,尽管这是瓦茨《政治经济学家的事实与虚构》中的基本概念),**由于活动**应得到更大的回应,它仍然是《大纲》中一个潜在的假设,就像对蒲鲁东那样。①

恩格斯不支持"劳动产品权"这个说法还有一个原因,那就是不可能精确地确定出这个产品中的劳动份额。生产成本包括土地、劳动力和资本,事实上,恩格斯批判国民经济学像其他激进的经济学家之前所做的那样,没有将"精神要素"包括在这些成本中。在这一点上,恩格斯遵循了蒲鲁东的观点,坚持认为三个要素是不可分割的,它们的重要性是不可比拟的。没有第四个共同的、外部的标准可以用来对它们加以判断;在目前的制度下,只有竞争能做到这一点,因此"没有一个固定的尺度来确定劳动在生产中所占的比重"。只有当私有制被废除,"劳动

---

① 参见 Watts, *Facts and Fictions*, pp. 16, 6; Proudhon, *What is Property?* p. 167; MECW3: 430, 434, 431。William Godwin 的 *Enquiry Concerning Political Justice* 有可能同样是恩格斯反对每个人都有权获得其全部劳动成果这一观点的来源之一。Godwin 运用财产管理的概念,认为"获得全部劳动产品的权利"实际上是"一种篡夺",因为它与给予那些更需要帮助或道德价值更高的人的义务相冲突(1798 ed., Isaac Kramnick ed., Harmondsworth, 1976, pp. 710-711)。我们知道恩格斯在这个时候已经非常认真地阅读了 *Political Justice*(*Letters of the Young Engels*, 1838-45, Moscow, 1975, p. 227),可能在瓦茨的鼓动下,1842 年初,在第三版再版第一次发行时,瓦茨在曼彻斯特就这个内容作了一系列讲座(*New Moral World* 10, no. 37, March 12, 1842, p. 296)。要澄清 Godwin 在这个问题上的立场,请参阅笔者的 "The Effects of Property on Godwin's Theory of Justice", *Journal of the History of Philosophy*, 1984。

就会成为它自己的报酬",才能明确劳动对于决定生产的意义。①

《大纲》中有五分之一的篇幅旨在对马尔萨斯的"人口理论"进行阐述与批判。然而,不仅仅是对马尔萨斯主义赤裸裸的野蛮行径的恐惧驱使恩格斯(以及其他许多人)走到了这一步,尽管他并不羞于谴责"这种卑鄙无耻的学说,这种对自然和人类的恶毒污蔑"。人口总是对生存手段施以压力的观点也是"贸易自由体系的拱顶石,这块石头一旦坠落,整个大厦就倾倒"。因为竞争在这里既然已经被证明是痛苦、贫穷和犯罪的根源,那么谁还敢对竞争赞一词呢?原因很简单:作为市场上的一种商品,劳动力必须依靠需求来维持工资,因此市场上的劳动力太多("人口过剩")意味着就业竞争的加剧,从而导致了工资降低且更为普遍的贫困。因此,马尔萨斯主义者也可以从竞争的角度来解释日益加剧的痛苦,在供求模式下,只有这种竞争是完全存在于劳动者之间的竞争。②

恩格斯对马尔萨斯的反驳仅仅基于对生产力和人口的关系的其他解释,尤其是阿奇博尔德·艾利生(A. Alison)的《人口原理》(*The Principles of Population, or The Principles of Population and Their Connection with Human Happiness*, 2 vols.)(恩格斯引用)中所包含的内容,这显然也是瓦茨反对马尔萨斯的主要来源。③ 如果英国能够种植足够的玉米来养活六倍于目前的人口,人口的任何增长将同时提高生产力,而"这种无法估量的生产能力,一旦被自觉地运用并为大众造福,人类肩负的劳动就会很快地减少到最低限度"。然而,艾利

---

① 参见《马克思恩格斯全集》第3卷,人民出版社2002年版,第453、458页。Proudhon, *What is Property?* pp. 165-167. 关于计算个人劳动的全部产出的不切实性,参见 Thompson, *Labour Rewarded*, p. 115. Thomas Hodgskin 也强调了发明的"精神要素",恩格斯可能已经知道了这一点,尤其可见 *Popular Political Economy*, London, 1827, pp. 45-52.
② 参见《马克思恩格斯全集》第3卷,人民出版社2002年版,第465—466页。
③ 参见 A. Alison, *The Principles of Population and Their Connection with Human Happiness*, 2 vols., London, 1840. 1: 33-35. 在《大纲》这一节的少数引文中(恩格斯没有提供引文),MECW 的编辑提到了艾利生(1: 548),尽管同样的引用也在瓦茨那里(p. 21)。但是,恩格斯显然是遵循了艾利生对生产力增长潜力的估计("六倍或更多")而不是瓦茨的"四倍或五倍",见 MECW3: 440。

生的不足之处在于,他对自己的批评还不够深入;他没有对导致马尔萨斯坚持他的原则的因素加以研究,因此最终接受了马尔萨斯的结论。在将艾利生带到这个问题上来之时,恩格斯非常密切地关注了瓦茨。人口增长并没有比生活资料的增长来得快,而是快于就业手段。后者扩张得不够快是因为"经济学家所说的需求不是现实的(wirkliche)需求,他所说的消费只是人为的消费(eine künstliche)。在经济学家看来,只有能够为自己取得的东西提供等价物的人,才是现实的需求者,现实的消费者。但是,如果事实是这样:每一个成年人能够生产出多于他本人所消费的东西;小孩像树木一样能够绰绰有余地偿还花在他身上的费用——难道这不是事实?——,那么就应该认为,每一个工人必定能够生产出远远多于他所需要的东西,因此,社会必定会乐意供给他所必需的一切;同时也应该认为,大家庭必定是非常值得社会向往的礼物"①。

因此,相较马尔萨斯主义将竞争解释为人口过剩的作用,在这种情况下,对关键产品的需求必然会超过供给,恩格斯继瓦茨之后,将其解释为由于市场无法满足所有现有消费者的实际需求,无法扩大这种需求以满足不断增长的生产能力而产生的一种竞争形式。因此,人口的增长也是"迄今为止由竞争的规律来调节,因而也同样要经受周期性的危机和波动",恩格斯补充道,"这是事实,确定这一事实是马尔萨斯的

---

① 《马克思恩格斯全集》第3卷,人民出版社2002年版,第464—467页。参见 Watts, *Facts and Fictions*, p. 14;"事实是,人口的增长确实快于就业手段,但原因是,所寻求的需求不是自然需求;这是由于人们的需求而产生的,而且是无限的;因此,如果这是所寻求的需求,就不可能缺乏就业,但是我们奢侈地等待的要求是一种虚构的要求,它必须是从人们那里积累起来的;它必须是人们交换已经拥有的东西的能力。为市场上的商品腾出更多的空间……如果考虑到道德经济体系下的自然需要或自然需求,则应当计算每个人的劳动可能产生的结果;如果发现一个个体的劳动足以供给这个个体的消费,社会就会安排适当地照顾所有人:所有人都会吃饱穿好,受过教育,他们的相互关系和他们的愿望都会得到考虑;因为人们会知道,整个社会都是胜利者;然后我们就会明白,人性就像地球,一开始需要一笔支出,但会全额支付利息"。这个观点最初是由约翰·格雷提出的,参见 *Lecture on Human Happiness*, London, 1825, pp. 48-59, 以及 *The Social System*, Edinburgh, 1831, pp. 40-56。有关这一时期英国的低消费主义的观点,参见 Michael Bleaney, *Underconsumptionist Theories: A History and Critical Analysis*, London, 1976, pp. 22-61;以及 Maxine Berg, *The Machinery Question and the Making of Political Economy 1815-1848*, Cambridge, 1980, esp. pp. 95-97。

功绩"。因此,与国民经济学的其他关键概念一样,人口也有竞争的概念隐藏于其后。①

然而,恩格斯的批判不仅要将竞争作为国民经济学的核心范畴——作为经济学家"最宠爱的女儿,他始终娇惯和爱抚着她"②,而且审视了竞争本身,并表明竞争在道德上是不充分的,在概念上是自相矛盾的。在这里,恩格斯发展了两种形式的批判:一种是外在的,本质上是道德的;另一种是以自己的方式对待竞争,试图证明它的不可能性,因为它必然产生自己的对立面——垄断。在道德方面,恩格斯外在的观点本质上是一种自然主义的人道主义,他虽然没有明确阐述积极道德行为的理论,但认为理想的道德人性为自私的制度所支配。国民经济学本身是"从商人的彼此妒忌和贪婪中产生的","在额角上带有最令人厌恶的自私自利的烙印"。③ 在以廉价买卖为目的的贸易中,每笔交易都会产生截然相反的利益,不信任、秘密和虚伪自然随之而来。因此,"合法欺诈"是贸易的本质。年幼的孩子被强行送去劳动,家庭因此遭受破坏。相互的对立使"每一个人隔离在他自己的粗陋的孤立状态中"④。犯罪,也是受竞争影响的,且随着工厂制度的拓展,犯罪也从未停止过。

正像瓦茨那样,恩格斯认为竞争的本质是利益的分离(利益隔离),它"构成贸易自由体系的基础"。通过私有财产和竞争来反对普遍利益和个人利益是"徒劳的"。在这一点上,恩格斯的道德批判和(我们将看到的)经验批判是完全重叠的,我们可以清楚地看到"普遍利益"的含义:"每一个竞争者,不管他是工人,是资本家,或是土地占有者,都**必定**希望取得垄断地位。每一个较小的竞争者群体都必定

---

① 《马克思恩格斯全集》第3卷,人民出版社2002年版,第466页。
② 《马克思恩格斯全集》第3卷,人民出版社2002年版,第458页。
③ 参见《马克思恩格斯全集》第3卷,人民出版社2002年版,第442页。
④ 《马克思恩格斯全集》第3卷,人民出版社2002年版,第459页。

希望为自己取得垄断地位来对付所有其他的人。竞争建立在利益基础上,而利益又引起垄断。简言之,竞争转化为垄断。……竞争的矛盾和私有制本身的矛盾是完全一样的。单个人的利益是要占有一切,而群体的利益是要使每个人所占有的都相等。因此,普遍利益和个人利益是直接对立的。"①

这种"利益对立"的话语并没有出现在蒲鲁东那里,而是欧文社会分析的主要内容之一。② 但是,很难确切地说恩格斯所说的"普遍利益"是指每个人拥有同等的财产(每个人都拥有相同的数量)。或许就像瓦茨一样,恩格斯假定公有制、平等分担劳动,以及平等交换,直到财富过剩到不再需要交换为止。尽管恩格斯未能利用瓦茨的核心概念,即劳动是所有财富的源泉,但他确实(正如我们所看到的那样)接受了一个基本的观点,即在某种意义上,报酬(至少最初)应当与劳动成正比,因此,拥有同等数量的报酬取决于从事同等的劳动。在这一方面,恩格斯也很有可能受到蒲鲁东关于财产平等的必要性立场的影响,在这种情况下,是劳动的结果而非劳动时间得到了报酬。③

因此,恩格斯在道德层面上对竞争的描述是建立在一个关于普遍利益的理想概念之上的,即不存在严重不平等(最好尽可能平等)的劳动,但懒惰是不可能的,经济关系不受自私的支配,交换建立在"道德基础"之上,生产是由普遍同意决定的,劳动变成了"自由的人类活动",以及主观的竞争(跟随傅立叶的观点)被"简化为基于人性的效法精神"。打通《大纲》的另一个简明入口是,新黑格尔主义认为,历史的目标是"人类与自然及自身的和解",即"这个世纪正在发生的伟大变革",竞争

---

① Watts, *Facts and Fictions*, p. 30;转引自《马克思恩格斯全集》第 3 卷,人民出版社 2002 年版,第 459 页。
② 参见例如 Watts, *Facts and Fictions*, p. 30,以及更早的 Owen, "Report to the County of Lanark", in Butt (ed.), pp. 269 - 270; Gray, *Lecture on Happiness*, pp. 38, 48; Thompson, *Inquiry*, pp. 381, 491; J. F. Bray, *Labour's Wrongs and Labour's Remedy*, Leeds, 1839, pp. 108 - 130。
③ 参见 Watts, *Facts and Fictions*, pp. 20, 22, 54; Proudhon, *What is Property*? pp. 97, 127。

的发展是通过"所有部门利益的消除"来增进的。与此相关的还有费尔巴哈(Feuerbach)对自我异化的极度不道德性的评论。这些方面结合在一起构成了"纯粹人类的、普遍的基础"。恩格斯声称,只有从这个基础上才能对国民经济学进行批判。①

恩格斯对竞争的逻辑发展和经验发展的讨论致力于证明竞争必然会产生垄断,即使就其本身而言,换言之,"自由竞争"也是不可能的,"必须一方面恢复垄断,另一方面废除私有财产"。正如我们所看到的,每一个竞争对手都希望在市场上占有垄断地位,从而提高自己的地位。这主要是关于竞争转化为垄断的心理层面。在更自然的层面上(在恩格斯看来),竞争确保了供给和需求永远不会完全协调,价格和需求处于"过度刺激和衰退的不断交替中,这种交替阻碍了一切进步",在这种交替中,"资本对资本、劳动对劳动、土地财产对土地财产的竞争;同样的,这些元素中的任何一个都对其他两个报以反对"。②

"力量较强的在斗争中取得胜利。"这其中,劳动力是最弱的,它的工资被压低到了维持生计的水平。弱者发现自己被强者驱赶出市场,相应地,"较大的资本把较小的资本,较大的土地占有把小土地占有从市场上排挤出去"。结果是:

> 在通常情况下,按照强者的权利,大资本和大土地占有吞并小资本和小土地占有,就是说,产生了财产的集中。在商业危机和农业危机时期,这种集中就进行得更快。……这种财产的集中是一个规律,它与所有其他的规律一样,是私有制所固有的;中间阶级必然越来越多地消失,直到世界分裂为百万富翁和穷光蛋、大土地

---

① 参见 MECW3:434-435,431,429,421。参见 Watts, *Facts and Fictions*, p. 22,在 Owen 那里:"它不是创造了富地主、穷资本家和工人,而是逐步消灭各种阶级和宗派,使人们只知道人。"因此,假设恩格斯的观点完全是费尔巴哈的观点是有误导性的,就像 Labica(*Marxism*, p. 119)和 G. Therborn(*Science, Class and Society*, London, 1976, p. 347)所做的那样。

② 参见 MECW3:421,432-433,440。

占有者和贫穷的短工为止。任何法律,土地占有的任何分割,资本的任何偶然的分裂,都无济于事,这个结果必定会产生,而且就会产生,除非在此之前全面变革社会关系、使对立的利益融合、使私有制归于消灭。①

当然,这一观点在后来的马克思主义的历史发展观中起到了关键作用,我们将很快从恩格斯关于社会变革的变化的观点中来对这一点加以考察。

就财产日益集中这一理论的来源而言,很明显,蒲鲁东在这里几乎没有产生作用;他最接近的概念是,商业危机的频率和强度将与资本家获得的金额(以利息的形式)构成比例,这与恩格斯的理论是完全不同的。然而在瓦茨那里,我们也发现了"我们贸易制度和竞争性社会的趋势,以及任何形式的利益分配,都是使一个阶级富裕,另一个阶级贫穷,最终使穷人沦为农奴"的观点,因为资本家和地主的利益都是以牺牲劳动为代价的。对于瓦茨而言,自由贸易也是一种手段,使少数人能够"垄断财富,控制世界上的劳动者;他们得到的是少数的暴君和奴隶的世界"。产品的价格将会降低,但随着地主和非生产者份额的上升、生产者份额的下降,积累的过程将继续有增无减。自由贸易的进步意味着竞争扩大到了整个世界市场,那些能够以低于竞争对手的价格出售的人就能够从竞争对手那里抢占市场,迫使后者从事不同的贸易,或者,以英国为例,迫使其他制造业国家恢复以农业为主的生产。②

然而,瓦茨和恩格斯对这一过程的论述有几个重要的区别。第一,

---

① 参见《马克思恩格斯全集》第3卷,人民出版社2002年版,第470页。
② 参见 Proudhon, *What is Property?* p. 193; Watts, *Facts and Fictions*, pp. 30, 43-44, 5. 在 *The Holy Family* (MECW, 4:14)中,恩格斯说"愚蠢的宪章派"以为他们知道财产的集中,而社会主义者则说他们早就说过了。有关欧文主义者先前关于集中的观点,参见 Owen, *The Addresses of Robert Owen*, London, 1830, p. 19. 另一个这种类型的早期声明是 Thomas Rowe Edmonds 的 *Practical Moral and Political Economy* (London, 1828, pp. 128-130)。

恩格斯特别关注私有财产的集中，并将这一过程视为"私有财产的内在（固有的）过程"，而瓦茨的分析主要在于机器的进步对于现有经济体系的影响，事实上，引入节省劳动力的改进措施是其论点的一个关键部分。恩格斯只在《大纲》的最后一段讨论了机器，且在这里，其本质上是对恩格斯观点的附带和说明，它更依赖于私有财产概念的辩证发展（如我们所见，马克思认为这是最值得称赞的），而不是对经济历史和经验理论本身的把握。从这个意义上来说，恩格斯的论述比瓦茨更具哲理而缺少历史性。第二，与此相关的是，恩格斯关于集中的论述，比瓦茨的提法更强有力；恩格斯认为集中是一种"规律"（制定法），而在瓦茨看来，这是"我们贸易体系的趋势"，自由贸易的倡导者认为他们可以"自己垄断市场"。对于恩格斯来说，竞争"仅仅是自然规律，而不是思想规律"，是"以当事人的无意识为基础的自然规律"。恩格斯仍然不排除"社会条件的彻底转变"会阻碍完成集中过程的可能性。但他对这一过程的描述肯定比瓦茨更加严谨和自信，不难看出，这主要是因为恩格斯在分析国民经济学概念以及其在经济发展中的运用时运用了辩证法。①

Ⅳ

上文已经指出，恩格斯 1843 年的国民经济学主要归功于欧文主义，尽管他的论点在某些方面也受到了蒲鲁东的一些提法的启发。在《大纲》中，恩格斯（像拉比卡和其他许多人推测的那样）并没有"超越他最好的社会主义前辈"，他基本采纳了欧文主义者的国民经济学的结论，尽管这些结论是以辩证的方法获得的，因此加强了某些提法（如集中的问题），并使得他能够发展自己的一些最初的立场（例如，在价值问

---

① 参见 MECW, 3: 433-444; Watts, *Facts and Fictions*, pp. 57-59, 30。施米特加尔倾向于强调瓦茨立场的心理方面，参见 Schmidtgall, *Friedrich Engels*, p. 30。

题上)。① 然而,总的来说,恩格斯在 1843 年 11 月时对国民经济学并不熟悉。他曾看到亚当·斯密的《国富论》(Wealth of Nations),但直到(1844 年或 1845 年)与他的来自布拉德福德(Bradford)的德国朋友格奥尔格·韦尔特(Georg Weerth)一起研究后才仔细研读。② 因此,恩格斯的批评很大程度上是建立在其他人的批评的基础之上,而不是建立在他自己的研究的基础之上的。正是在这里,他特别感谢瓦茨对欧文主义者 20 多年的国民经济学的文本所作的总结。

仅仅凭借《大纲》就可以推断,恩格斯对前马克思主义时期的社会主义的贡献远大于一般人所认为的。在他的社会理论的其他领域——特别是在他的政治领域,以及他在 1843—1844 年间逐渐转向的革命无产阶级作为社会变革的代理人的观念——毫无疑问,这一遗产主要来自非欧文主义者的来源——魏特林、蒲鲁东和像哈尼(Harney)这样的社会主义宪章派人士。走上这条革命政治道路意味着,恩格斯开始将欧文主义者对和平社会变革的设想视为在他自己新的出发点之后的倒退。③

这种对欧文主义的祛魅——这可能是之前没有对恩格斯这一时期思想的欧文主义者的来源进行认真考虑的主要原因——在 1844 年末

---

① 参见 G. Labica, *Marxism*, pp. 112-113。拉比卡还假设《大纲》"归功于"傅立叶,尽管这种解释没有得到证实。
② 参见 Georg Weerth, *Sämtliche Werke*, Berlin, 1956, 5: 157。韦尔特于 1843 年 12 月抵达布拉德福德,此后不久与恩格斯交上了朋友。他还对工人阶级运动感兴趣,写了一些关于工业条件和宪章派主义者的文章,所有这些都在他的 *Sämtliche Werke* 第 3 卷中。关于韦尔特在英国,见 Florian Vassen, *Georg Weerth*, Stuttgart, 1971, pp. 15-19。
③ 1845 年 2 月 8 日,恩格斯在爱北斐特发表讲话,赞同欧文关于共产主义组织的建议,"因为这些主张最实际、最完善"(*MECW*, 4: 252;《马克思恩格斯全集》第 2 卷,人民出版社 1957 年版,第 612 页)。在 1847 年 10 月撰写的《共产主义原则》中,恩格斯还列入了一项条款,主张"在国有土地上建筑大厦,作为公民公社的公共住宅。公民公社将从事工业生产和农业生产,将把城市和农村生活方式的优点结合起来,避免二者的片面性和缺点"(*MECW*, 6: 351;《马克思恩格斯文集》第 1 卷,人民出版社 2009 年版,第 686 页),这可能是受到欧文计划的启发。然而,在"原则"的最终草案——《共产党宣言》——中这被简化为一个"把农业和工业结合起来;通过把人口更平均地分布于全国的办法逐步消灭城乡差别"(*MECW*, 6: 505;《马克思恩格斯文集》第 1 卷,人民出版社 2009 年版,第 53 页)的计划。在那之后,这些想法似乎基本上被遗忘了,直到恩格斯在 *Anti-Dühring* (Moscow, 1975, pp. 310-314, 348)中再次向他们致敬。

和1845年初最明显。然而,在《大纲》出版后的一年里,恩格斯继续为《新道德世界》撰写关于大陆发展的文章,为他的欧洲读者撰写英国社会主义。关于后者,他最长的一篇文章是《现代兴起的今日尚存的共产主义移民区记述》(Beschreibung der in neuerer Zeit entstandenen und noch bestehenden kommunistischen Ansiedlungen;Description of Recently Founded Communist Settlements Still in Existence),其中包括了对汉普郡(Hampshire)的协和派欧文主义者社区的一个较长的描述,以及对财产共有计划的高效和道德性的辩护。①

然而,到目前为止,他在这一时期关于欧文主义者最具启发性的评论是在1844年9月至1845年3月写成的《英国工人阶级状况》中。很明显,在过去的一年里,对于欧文主义存在的缺陷,恩格斯变得更为挑剔。现在,他指出了他自己的观点与欧文主义者之间的主要分歧。这些都清楚地表明了恩格斯新的出发点。第一,他说,英国的社会主义产生于欧文,一个工厂主,且因此"在形式上仍然以很宽容的态度对待资产阶级,以很不公平的态度对待无产阶级"。因此,他的阶级出身使其无法"与工人阶级完全融合"。第二,社会主义者是如此的"温顺随和",以至于他们接受了现存的秩序,因为除了赢得公众舆论外他们拒绝了其他所有的改变方法,尤其是拒绝将"阶级仇恨,这个使工人更接近目标的唯一的道德激励"视为无效。第三,他们"看不见社会制度的这种瓦解中含有进步成分……他们不承认历史的发展,所以他们打算一下子就把国家置于共产主义的境界,而不是进一步开展政治斗争以达到国家自行消亡的目的"。他们没有将自己的观点建立在对生产增长和阶级对立的分析的基础之上,而是"只承认心理的发展,只承认和过去毫无联系的抽象的人的发展。可是整个世界,包括每一个单个的人在内,都是立足于过去的基础之上的。所以他们太学究气、太形而上学

---

① 参见MECW,4:223-227。

了,他们是不可能有所作为的"。现在所需要的是带有物质力量的宪章派与社会主义的结合,以及"真正的无产阶级社会主义"的发展,在这里,"清除了资产阶级成分的"宪章运动的某些部分已经很明显了。现在,恩格斯总结道,英国社会主义的发展落后于法国(例如其政治中的三权分立概念),且"应当暂时回到法国的立场上来,以便将来再超过它"。①

然而,在劳动组织的问题上,恩格斯仍然赞成欧文在1844—1845年(实际上直到1848年)的社群主义计划。在1845年初,恩格斯写信给马克思,说他打算在写完《英国工人阶级状况》一书后,写一本关于"英国和英国社会主义的发展史"的书,但没有任何结果。②《德意志意识形态》赞扬了瓦茨的《政治经济学家的事实与虚构》,但后来又说:"在英国谁会去相信欧文的计划呢……"到1847年初,马克思已经把无产阶级的发展与社会主义的乌托邦形式并列起来,后一个观点在《共产党宣言》(1848)中被嘲笑为"袖珍版的新耶路撒冷"以及"空中楼阁"。马克思在《哲学的贫困》(1847)中对蒲鲁东进行了批判,也攻击了一些欧文主义的作家,而马克思主义政治经济学在这一时期的迅速发展,意味着恩格斯后来几乎很少再回想起《大纲》的起源以及欠缺之处。正如他在1871年提醒李卜克内西(Liebknecht)的那样,它唯一的价值是"作为历史文献"③。

然后,尽管有这样的评论,《大纲》在马克思主义形成中的重要性仍不应被低估。不论对于马克思还是恩格斯而言,这是第一次对共产主义社会经济规律的**必要的**历史性、经验性发展的**陈述**。恩格斯写道:

---

① 参见《马克思恩格斯文集》第1卷,人民出版社2009年版,第471—472页。虽然欧文主义并没有强调马克思和恩格斯后来强调的历史发展的中心地位,但是,恩格斯在这里的第三点还是有些夸张,因为欧文主义者大体上还是同意历史观的,并认为,只有引进大规模的机器生产,社会主义才有可能,然而,在那以后,向社会主义转变的时刻与生产发展没有特别的关系,只与公众接受社会主义的思想有关。笔者对此曾发表过简短的评论,参见"Mechanical Political Economy", *Cambridge Journal of Economics* 5, 1981: 264-266。
② 参见《马克思恩格斯全集》第47卷,人民出版社2004年版,第336页。
③ MECW, 5: 212, 461; 6: 172, 516, 138-143; *Werke*, 33: 208, April 13, 1871. 尽管如此,马克思在《资本论》第1卷中五次引用了《大纲》,见 pp. 168, 253, 267, 787, 1007, Harmondsworth: Penguin, 1976。

"竞争法则产生了革命。"德国共产主义不再以青年黑格尔派的哲学和法国政治理论为基础；在寻求经济学的帮助时，它确实开始呈现出一种全新的形式。就这一时期发生在"乌托邦"和"科学"社会主义之间的任何一种"断裂"来说，对《大纲》重新加以思考有助于澄清这样一个事实：这种"断裂"不是发生在以"纯粹的道德"为基础的社会主义形式和以经济因素为基础的社会主义形式之间，而是发生在不是基于无产阶级的历史条件所提供的革命道路的社会主义形式——将无产阶级仅仅看作贫困者，而不是社会转型的工具，和接受工人阶级这样一种积极的、具有历史必然性角色的社会主义形式之间。①

因此，最重要的是，这种区分的性质是政治的，而不是经济的甚至历史的。恩格斯在早期马克思主义政治经济学中发现的经济基础，在欧文主义者的国民经济学中几乎是现成的。他在《大纲》中增加了一种更为强烈的历史必然性，一种黑格尔式的分析方法（正如他所承认的那样，这种分析方法既增加又减少了他表述的清晰性）。与他的大多数前辈相比，他更倾向于明确地拒绝使用"劳动权利"这一话语，这反过来又是基于对私有财产概念的一种极其明确的逻辑阐述。在接下来的几年里他又增加了一点，即对于资本主义秩序的崩溃不可避免地带有暴力性质的最终信念，以及无产阶级将在其中承担的角色的全部观点。没有《大纲》的基础，恩格斯的发展不会在这一时期变得如此迅速，而且可能还会有很大的不同。

V

最后，我想就恩格斯在《大纲》中的观点与马克思第一次在《1844年经济学哲学手稿》中广泛地讨论政治经济学之间的可能关系给出一点

---

① 参见 MECW3：433。见 A. Cornu, "La participation de Friedrich Engels à l'élaboration du matérialisme historique, 1842-1846", *La Pensée 153*, 1970: 3-9; *Karl Marx and Friedrich Engels*, p. 186。

看法,这本身并非易事。我们知道,马克思在1843年秋天开始了自己的政治经济学研究。但是,马克思也给我们留下了一篇7000字的关于詹姆斯·穆勒(James Mill)的《政治经济学原理》(*Elements of Political Economy*)的评注,这就促使了这项任务的完成。该文章出现在他的《巴黎笔记》(*Paris excerpt-books*)中,早于他对《大纲》所做的笔记,这就意味着他在阅读后者之前就已经读过穆勒。① 这至少给了我们一些方法去评估马克思的观点是否在读完《大纲》之后发生了变化,并且是如何发生变化的。

当然,显而易见的是,从对穆勒的评注到撰写《1844年经济学哲学手稿》之间的几个月中,马克思的阅读使其对政治经济学有了更为复杂的理解。在前面的笔记中,马克思几乎完全专注于对费尔巴哈和赫斯的关注,将思辨和分析的人本主义应用于政治经济学的基本范畴,特别是货币,马克思认为货币是"事物完全凌驾于人之上"的例证。② 利己主义、自私的需要和自私的交换是人类政治经济运动的结果。当价值存在于物品中时,人本身是没有价值的,取而代之的是被贬低、羞辱和基本尊严的被剥夺。③ 只有人类"以人的身份从事生产",我们只有在生产中将自己的个性、特征客体化,才能够满足人的本质需要,产品的交换才能符合我们共同本质的标准。因此,工作必须(傅立叶主义之方式)是"生活的**自由表现**,因此是对**生活的享受**",而这是以不存在私有财产为前提的。④

在这些笔记中,"竞争"和"垄断"都是最短暂的表象;马克思只告诉我们,"私有财产的最初定义是垄断;因此,一旦私有财产获得政治结

---

① 这些注释的顺序见 *MECW*3:596, n. 48 和 610, n. 136。关于《1844年经济学哲学手稿》中经济方面的评论,见例如,G. Labica, *Marxism*, pp. 245-275; Istvan Mészáros, *Marx's Theory of Alienation*, London, 1972, pp. 76-84; Ernest Mandel, *The Formation of the Economic Thought of Karl Marx*, New York, 1971, pp. 27-40; John Torrance, *Estrangement, Alienation and Exploitation: A Sociological Approach to Historical Materialism*, London, 1977, pp. 159-187。
② *MECW*3:221。(《马克思恩格斯全集》第42卷,人民出版社1979年版,第30页)
③ Ibid., 220, 224, 226-227.
④ Ibid., 227-228.

构,这就是垄断的结构。完成了的垄断是竞争。"①因此这是对这两个概念极其抽象的处理,虽然它们必然以一种恰当的辩证方法并置在一起,但不论较之于之前的《黑格尔法哲学批判》(Critique of Hegel's Philosophy of Right)(1843)还是之后的《1844年经济学哲学手稿》及后来的文本而言,它们缺乏生命、活动或历史。它们在这里是私有财产的要素甚至是它的来源——但它们并不构成其现象运动或本质的基础。

另一方面,《1844年经济学哲学手稿》清楚揭示了穆勒笔记以来马克思在政治经济学领域中的阅读程度和进展。文本中出现了大量的引用,被引用的权威主要包括亚当·斯密(在 Gamier 的译本中),但也有威廉·舒尔茨(Wilhelm Schulz)、尤金·布雷特(Eugène Buret)、康斯坦丁·佩克库尔(Constantin Pecqueur)、李嘉图和其他一些激进分子、经济学家和经济史学家。因此,关于《大纲》与《1844年经济学哲学手稿》的关系,首先要指出的是,马克思有他自己的知识储备,并基于此为政治经济学提供了一个批判性的视角。②

第二点是《1844年经济学哲学手稿》中那些对恩格斯的核心话题——竞争和垄断——的讨论是对《国富论》中具体段落的评论,恩格斯在撰写自己的著作时显然没有读过这些段落,因此这给了马克思一个不同的研究视角。这就意味着——这也许是关于这两本著作之间总体关系的一个关键点——马克思能够通过对国民经济学中的个别学说提供较之于恩格斯更为详细的理论分析,从而在恩格斯的结论的基础上进一步加以扩大,而恩格斯更专注于一口气处理整个问题。

因此,在资本积累问题上,马克思完全同意恩格斯关于资本集中的进步趋势的观点。竞争"只有在资本成倍增长的情况下才有可能发生,而且是由许多人控制的"。但竞争的"自然过程"是把财富集中在少数

---

① Ibid.,221.(《马克思恩格斯全集》第42卷,人民出版社1979年版,第30页)
② 关于手稿本身的排列方式,见 MECW3:598-599, n.54。

人手中,大资本积累的速度无论如何都会比小资本更快。① 恩格斯的观点在这里被完全接受,所不同的是,例如,在《1844年经济学哲学手稿》中,马克思更为详细地阐述了大资本较之小资本的诸多优势。② 在有关地租的性质上,马克思也将斯密的主张,即(除其他因素外)地租的多少取决于土地的肥沃程度,同他所说的"现实生活中产生的土地租金"相对比,后者中的"现实生活"基本就是恩格斯在《大纲》中的描述:"地租是通过**租地农场主**和**土地所有者之间的斗争**确定的。在国民经济学中,我们到处可以看到,各种利益的敌对性的对立、斗争、战争,被承认是社会组织的基础。"③

因此,马克思在这里超越了恩格斯,主要在于他更为详细地讨论了为什么地主的利益不是整个社会的利益,以及农业的资本化是如何逐步发生的,以至于最终只剩下两个社会阶层,即资本家和工人。④ 一旦工资水平降到足够低的水平,对于马克思而言后者也"必然导致革命"。但是,恩格斯将集中的过程描述为既产生了大地主又产生了大资本家;马克思认为,事实上,前者将被并入后者中。因此,马克思的模式,在某种意义上更清楚地说,是一种工业的、两个阶级的模式,而恩格斯的是一种三个阶级的经济发展模式(尽管马克思仍然称现存的终极阶级是"有产者"和"无产的工人")。⑤

《1844年经济学哲学手稿》中最强大、最具探索性的部分,当然——包括在其基础上建立声誉的部分——不涉及对政治经济学主要学说的推论性解释,而是发展了对"异化劳动"的分析,或分析了工人失去劳动成果和人的本质的过程。虽然恩格斯对费尔巴哈的思想有一定的了解和关注,但马克思无情地发展了这样一个观点,即人的力量异化为上

---

① 参见 MECW3:251。也可见 Umrisse,441。
② 参见 MECW3:251-254。
③ 《马克思恩格斯全集》第3卷,人民出版社2002年版,第254页。
④ 参见 MECW3:263-266,285。
⑤ 参见 MECW3:266,270。也可见 Umrisse,434,441。

帝,显然与现有的劳动过程,以及资本家与地主对劳动产品的私人占有是平行的。① 很少有人能够以哲学的敏锐性或精确的基础,对部分由斯密、弗格森(Ferguson)、穆勒所指出的有关市民社会进步的悖论——劳动分工增加了整个社会的财富,工人阶级的愚蠢和兽性也随之在不断增加——加以发展。(正如苏格兰人没有)对私有财产的特殊性质做到一样。②

毫无疑问,即使马克思在写作《1844年经济学哲学手稿》之前没有读过《大纲》,他对异化的分析也不会有所不同。但可以肯定的是,马克思关于异化的替代观点确实与《大纲》有关。马克思认为恩格斯所取得的成就(我们应该记得,蒲鲁东没有做到)是对"私有财产的各种进一步的形式,如工资、商业、价值、价格、货币等"这些范畴的理解。这是恩格斯强有力的地方,只有他一个人(就他本人而言)看到,在国民经济学的关键术语定义中,"竞争无处不在"③。

这一观点对于马克思关于异化的替代观点的重要性,明显地体现在《1844年经济学哲学手稿》对蒲鲁东的指摘中(在这里,是马克思而非恩格斯首先发展了对社会主义经济理论现有形式的批判)。蒲鲁东要求工资平等,而在马克思看来,这"只能使今天的工人对自己的劳动的关系变成一切人对劳动的关系。这时社会就被理解为抽象的资本家"④。工资仍然是"异化劳动的直接结果",因此如果不是私有财产的实际延续的话,也与私有财产的概念性存在联系在了一起。蒲鲁东无法跨过国民经济学的范畴。因此,他只否定了私有财产的"客观方面"——资本,作为结果,他假设了一种"粗陋的共产主义",一种"从想

---

① 参见 MECW3:272 ff.。
② 见 Ronald Meek, "The Scottish Contribution to Marxist Sociology", in John Saville (ed.), *Democracy and the Labour Movement*, London, 1954, pp. 84-102;也可见 Norman Levine, "On the Disjunction between Marx and the Scots: Was There A Scottish Contribution to Marxist Sociology?"Paper delivered to the Seminar on Political Economy and Society, 1750 - 1850, Research Centre, King's College, Cambridge, Nov. 1981。
③ 《马克思恩格斯文集》第1卷,人民出版社2009年版,第256页。
④ 《马克思恩格斯全集》第3卷,人民出版社2002年版,第278页。

像的最低限度出发的平均主义",其中,"共同性只是**劳动**的共同性以及由共同的资本——作为普遍的资本家的**共同体**——所支付的**工资**的平等的共同性"。①

蒲鲁东在这一方面的局限性本质上是法国式的,而恩格斯则具有德国特点。法国人的立场是政治性的,因此"平等,作为共产主义的基础"是"共产主义的**政治**的论据"。而德国人试图通过在德国占主导地位的**形式**——自我意识和哲学——来消除隔阂。因此,蒲鲁东对劳动与资本的经济关系的理解可能有限。尤其是,他没有看到**劳动**必须"被理解为私有财产的本质"②。恩格斯将国民经济学的范畴作为私有财产的影响而对其加以批判,然而,这意味着有可能摆脱那种仅仅否定私有财产的共产主义形式,而走上"人的不再以宗教的扬弃为中介的积极的自我意识"的社会主义道路。因此,马克思在这里用"社会主义"来定义人类进步的最高阶段,即共产主义之前的阶段。③

马克思在《1844年经济学哲学手稿》中有关蒲鲁东的评论,只是在《神圣家族》和《哲学的贫困》中进行更为持久的分析的先兆,之后是在1848年的《共产党宣言》中出现了与现有社会主义形式更为戏剧性的分离。这种疏离的一个重要方面是,指责社会主义者(蒲鲁东主义者和欧文主义者一样)的实践纲领在本质上未能摆脱私有财产制度的内在逻辑。马克思意识到,恩格斯的背离是从《大纲》开始的,且马克思很快就发展了这种观点,以便更为清楚地将自己具体的社会主义理想进行归类。

---

① 参见《马克思恩格斯全集》第3卷,人民出版社2002年版,第278、295—296页。
② 《马克思恩格斯全集》第3卷,人民出版社2002年版,第347、352页。
③ 参见《马克思恩格斯全集》第3卷,人民出版社2002年版,第311页。

英国工人阶级状况：一百五十年以来

[英]安妮·丹尼希*
赵立** 译

1842至1844年，恩格斯在欧门-恩格斯家族企业工作期间为写作《英国工人阶级状况》收集研究资料。1844年秋季，恩格斯返回巴门。同年11月，恩格斯在写给马克思的信中说："我正埋头钻研英国的报纸和书籍，为我写那本关于英国无产者状况的书搜集材料。"[1]《英国工人阶级状况》于1845年6月在德国第一次出版，并且"在社会主义的圈子里获得了极大的认可"[2]。回顾这一文本，这里不仅有恩格斯发表的关于他所目睹并谴责的英国资本主义社会压迫无产阶级的评论，更是包含了恩格斯所传递的"希望与信仰的感觉"[3]。对于许多工人来说，这是他们第一次意识到工人阶级运动的可能性。然而，蕴含于这一文本内的"革命性的结论"被资产阶级评论家所批评，尽管他们承认恩格斯的观察准确。德国经济学家希尔德布兰特（Hildebrand）辩称恩格斯对于

---

* 安妮·丹尼希（Anne Dennehy），写作本文时为英国布里斯托大学社会医学系的在读研究生（1996年）。本文选自亚瑟主编的《今日恩格斯：一百周年的评价》（*Engels Today：A Centenray Appreciation*），麦克米伦出版公司1996年版。
** 赵立，哲学硕士，南京大学哲学系博士研究生。
[1] 《马克思恩格斯全集》第47卷，人民出版社2004年版，第328页。
[2] K. Marx and F. Engels, *The Holy Family* (1845), in *Collected Works*, Vol. 4, London：Lawrence & Wishart, 1975, p. 701.
[3] K. Marx and F. Engels, *The Holy Family* (1845), in *Collected Works*, Vol. 4, London：Lawrence & Wishart, 1975, p. 701.

"英国资产阶级社会的描述""细节无误但整体有误"。①

《英国工人阶级状况》的英文版于1887年在纽约首次出版,在这一版中恩格斯增加了一个"后记",说明随着宪章运动的衰退和"英国工人阶级运动中改良派暂时占了上风"②,他于1845年所期盼的社会革命没有爆发。1892年在英国出版的版本缺少了德国版和美国版的序言,但是却包含1887年版的"后记"。德文第二版也于1892年出版,不过这一版的新序言和同年出版的英文版极为相似。1844年恩格斯在致马克思的信中写道,他试图单独出版一份英文序言"致大不列颠工人阶级",并寄给"英国的政党领袖、著作家和议员们"③。然而,这一英文"序言"只存在于1845年和1892年的德语版中,在美国和英国出版时却被删除了。

《今日恩格斯》是为纪念恩格斯逝世100周年所作。但是1995年有着双重的重要意义。因为恩格斯的经典著作《英国工人阶级状况》出版至今也已有150年了。当然,在过去的150年中,科技与物质方面已经取得了相当大的进步。因此许多人认为这一情况使得马克思、恩格斯对于资本主义社会的分析过时了。例如,达伦多夫(Dahrendorf)认为在过去的100年间社会的进步已经驳倒了马克思的阶级理论。他指出,"公民的社会权利……包括养老金、失业救济金、公共医疗保险和法律援助,以及最低工资和最低生活标准"④。达伦多夫以无可置疑的语气接着说,"过去一个世纪的社会进步在改变这一问题和削弱阶级冲突

---

① 参见 K. Marx and F. Engels, *The Holy Family* (1845), in *Collected Works*, Vol. 4, London: Lawrence & Wishart, 1975, p. 702。
② K. Marx and F. Engels, *The Holy Family* (1845), in *Collected Works*, Vol. 4, London: Lawrence & Wishart, 1975, p. 702.
③ 《马克思恩格斯全集》第47卷,人民出版社2004年版,第328页。
④ R. Dahrendorf, *Class and Class Conflict in Industrial Society*, London: Routledge & Kegan Paul, 1965, pp. 62-63.

的强度方面贡献良多"①。尽管有很多方面显示了"社会进步",但是今日的不平等状况依然和 150 年前一样显著。这一点在 1994 至 1995 年间与恩格斯在 1844 至 1845 年间所使用的相同来源的资料上表现得最为明显,即恩格斯在 1844 年与马克思的通信中提到的"报纸和书籍",一如随后用来比较的现代资料。这些现代资料不仅显示了当代的人们和 150 年前的人们过着同样糟糕的生活,而且更是揭示了在现代社会的大部分地区依然存在着日益扩大的鸿沟,这种鸿沟既延续了不平等也加剧了不平等。当代英国社会的这种持续的不平等似乎可以归结为普遍存在的阶级结构和社会关系,而这种结构和关系使得社会主导阶级的统治及其对于弱势阶级的排斥永久化。因此,恩格斯的方法和解释在当今依然有着重要的意义,尤其是对于努力追随恩格斯未竟事业的我们来说更是如此。

达伦多夫提及了过去 100 年间的改革以及这些改革为大多数民众带来的改善。然而,绝大多数的改革不过是对长久存在的不平等状况的回应,而且,在之前保守党政府执政的 15 年中这种不平等状况愈加明显。1962 至 1992 年间担任保守党国会议员的伊安·吉尔莫(Ian Gilmour)曾经写道,"保守党从未寻求促进社会平等……另一方面,也很少会刻意加剧社会不平等"②。接着吉尔莫强调了从第二次世界大战到战后英国福利国家建成期间,社会政策带来的改善。吉尔莫提出,保守党政府直到 1974 年还在施行社会政策,因为市场力量会导致"不可接受的社会后果",而"保护社会结构的最佳方法是改善最低收入人群的状况"。③ 与此相反的是,吉尔莫认为,在撒切尔执政期间,最低收入

---

① R. Dahrendorf, *Class and Class Conflict in Industrial Society*, London: Routledge & Kegan Paul, 1965, p. 61.
② I. Gilmour, *Dancing with Dogma: Britain under Thatcherism*, London: Simon & Schuster, 1993, p. 128.
③ 参见 I. Gilmour, *Dancing with Dogma: Britain under Thatcherism*, London: Simon & Schuster, 1993, p. 130.

人群的状况和贫困问题不再是优先考虑的问题,"新右派一直以来对相对贫困的观点持怀疑态度"①。

汤森德(Townsend)在他对当代英国贫困状况的权威研究中,将相对贫困定义为缺乏"社会广泛使用的生活条件和便利设施"②。在过去的15年中,受到相对贫困影响的人口比例与日俱增。相当数量的专业、独立的慈善政治组织——例如英国医学协会(British Medical Association)、国家儿童之家(National Children's Homes)与运输和普通工人工会(Transport and General Workers Union)——在他们近来的研究结果中证明了这一观点,这些研究结果都将在下文中被提及。在1992年之前担任政府官员的吉尔莫说:"相对贫困是真实的,而且确实将越来越多的人民排除在分享国家共同生活之外。不幸的是,在撒切尔时代的英国,绝对贫困也是真实存在的。一个显见的事实是,虽然绝对贫困的规模不再如维多利亚时代那样,但是绝对贫困从未被消灭。"③恩格斯在为《英国工人阶级状况》德文第一版所写的序言中说,他更喜欢使用来自资产阶级的资料以便用其"亲口说出来的话"打击资产阶级④,150年后的今天去做同样的事情似乎更合适了。

在我们这个"后现代"的时代,许多批评家将其称为后马克思主义的时代,有人宣称《英国工人阶级状况》这样的文本在"无阶级"社会中已经不再适用了。格拉斯(Geras)质疑提出这一观点的人,尤其是当他们宣称自己为后马克思主义者时。他认为这一标签只能用作"提醒我们这些后马克思主义者源于马克思主义"⑤。格拉斯称后马克思主义

---

① I. Gilmour, *Dancing with Dogma : Britain under Thatcherism*, LondonI : Simon & Schuster, 1993, p. 135.
② P. Townsend, *Poverty in the United Kingdom : A Survey of Household Resources and Standards of Living*, London : Penguin, 1979, p. 31.
③ I. Gilmour, *Dancing with Dogma : Britain under Thatcherism*, London : Simon & Schuster, 1993, p. 139.
④ 参见《马克思恩格斯文集》第1卷,人民出版社2009年版,第387页。
⑤ N. Geras, "Post Marxism", *New Left Review*, No. 163, 1987, p. 43.

"智力贫乏"①。这一描述可能适用于那些选择阅读《英国工人阶级状况》,但是却没有考虑恩格斯的方法是如何以历史的方式传达给我们的,而反过来认为这一文本与20世纪的英国无关的人。这种对《英国工人阶级状况》的解读忽视了资本主义制度的历史倾向及其内部的结构性制约,而正是这些制约加剧了当代英国的不平等状况,包括阶级不平等以及与阶级相关的更广泛的社会关系的不平等。

格拉斯将马克思主义解读为一种事关解放和"反对一切形式的压迫包括性别、民族、种族、宗教以及经济上的压迫"②。赖特(Wright)认同这一观点并指出无阶级运动是重要的,并且亲身参与到"阶级相同斗争"(class-like struggles)③运动中。伍德(Wood)指出,除了经济地位之外,大部分人还会依据性别和种族与他人共享集体认同。伍德接着驳斥了拉克劳和墨菲等"后马克思主义者"的观点,后者认为阶级利益只有在被政治表达并受到话语建构的影响时才会存在。基于拉克劳和墨菲的观点否认阶级、种族或性别不平等的存在,就是否认现实。恩格斯在《英国工人阶级状况》中讨论、描述和分析了由于阶级、种族和性别造成的不平等,而这种不平等在恩格斯写作和成为政治表达的主题之前就已经存在了。基于同样的理由,恩格斯的方法所揭示的不平等仍然存在于当代社会,无论这些不平等是否由工人阶级话语所建构。

恩格斯的《英国工人阶级状况》以及150年前所采用的研究方法揭露了资本主义社会的结构性不平等,这些不平等为他的理论提供了依据,例如,不平等在贫困问题和最富有者与最贫穷人口生活水平的两极分化等问题上表现得很明显。这些社会问题在我们走近21世纪的时候依然和19世纪时一样普遍。恩格斯在1842至1844年间使用的方法所揭示的与今天极为相似的社会不平等的持续存在,证明了《英国工

---

① N. Geras, "Post Marxism", *New Left Review*, No. 163, 1987, p. 43.
② N. Geras, "Post Marxism", *New Left Review*, No. 163, 1987, p. 80.
③ E. O. Wright, *Interrogating Inequality*, London: Verso, 1994, p. 65.

人阶级状况》中的主题。他对社会的唯物分析以及拒绝抽象理论的研究方法在许多方面依然适用于20世纪90年代的英国。

迈向"对现实生活的认识"

恩格斯的文本可以被解释为对英国工人阶级的精神、身体和心理状况的描述性研究(有实证数据支持),但正如我们将要看到的,恩格斯要告诉读者的不止于此。查罗纳(Challoner)和亨德森(Henderson)宣称恩格斯的文本显示了其在使用资料时的"革命性偏见"[①]和选择性。但是哪有什么研究或批判性写作没有某种形式的偏见呢?大部分人都会认同这一点,甚至是查洛纳和亨德森自己。恩格斯的结论和理论解释或许可以被描述为"革命性的",但它们是恩格斯的研究方法的结果,而非预先设想的革命理论。

恩格斯没有寻求"切合"他的观点的社会条件进行理论分析。他的早期作品既早于他与当时"激进"思想家的接触,也早于其社会主义理论的形成。我们将看到,恩格斯年轻时的生活经历和观察说明了他的理论是如何被"现实",也即被那些生活在其中的人所描述的"现实"情况所启发的。因此,恩格斯的研究起点不是理论,而是资本主义社会的原始经验数据。正是这些数据为他后来与马克思合作完成阶级和社会分析理论提供了依据。基于对"现实生活的认识"[②],恩格斯从1842到1844年观察并描绘了英国的"现实的人"[③]。他对于生活的分析不是抽象的而是具体的。威尔逊(Wilson)认为恩格斯这样做也为马克思提供

---

① W. H. Challoner and W. O. Henderson, "Friedrich Engels and the England of the 'Hungry Forties'", in Hartwell et al. (eds), *The Long Debate on Poverty*, Institute of Economic Affairs, 1972, p. 183.
② F. Engels, *The Condition of the Working Class in England*, London: Penguin Classics, 1987, p. 27.
③ K. Marx and F. Engels, *The Holy Family* (1845), in *Collected Works*, Vol. 4, London: Lawrence & Wishart, 1975, p. 93.

了巨大帮助:"或许这一时期恩格斯对于马克思最大的帮助就是将马克思置于现实的工厂中,从而填补了马克思对于无产阶级的抽象认识。"①

恩格斯后来提到,在其写作期间"还没有现代的国际社会主义。我这本书只是体现了它的胚胎发展的一个阶段"②。然而,在这一时期,不仅仅是社会主义尚处于萌芽发展阶段,马克思同恩格斯也尚未创立历史唯物主义。马克思同恩格斯不断通信交换意见,从而得出了"同我(指马克思——译者注)一样的结果,当 1845 年春他(指恩格斯——译者注)也住在布鲁塞尔时,我们决定共同阐明我们的见解与德国哲学的意识形态的见解的对立"③。在此,马克思指的正是恩格斯在《英国工人阶级状况》中得出的结论,以及他们在 1845 至 1846 年间合作完成的著作《德意志意识形态》。

黑格尔对于当时的哲学尤其是德国哲学产生了巨大的影响。但是马克思、恩格斯从黑格尔的唯心主义历史概念中超脱出来并引入了他们对于历史的唯物主义解释。这是基于恩格斯在《英国工人阶级状况》中所使用的奠基于社会实际物质条件的社会分析,而非黑格尔的抽象方法。在《神圣家族》中,马克思、恩格斯指出:"历史什么事情也没有做……它并'没有在任何战斗中作战'!创造这一切、拥有这一切并为这一切而斗争的,不是'历史',而正是人,现实的、活生生的人。"④他们在《德意志意识形态》中阐释了历史唯物主义概念,提出:"我们开始要谈的前提不是任意提出的……而是一些只有在臆想中才能撇开的现实前提。这是一些现实的个人,是他们的活动和他们的物质生活条件,包括他们已有的和由他们自己的活动创造出来的物质生活条件。"⑤

恩格斯在《英国工人阶级状况》中的意旨尽管不是通过理论术语表

---

① E. Wilson, *To the Finland Station*, Fontana, 1967, p. 149.
② 《马克思恩格斯文集》第 1 卷,人民出版社 2009 年版,第 370 页。
③ 《马克思恩格斯全集》第 31 卷,人民出版社 1998 年版,第 413—414 页。
④ 《马克思恩格斯文集》第 1 卷,人民出版社 2009 年版,第 295 页。
⑤ 《马克思恩格斯文集》第 1 卷,人民出版社 2009 年版,第 516—519 页。

达的,但是可以被视为对唯心主义和意识形态分析的决定性突破,而且也是通向历史唯物主义观点的重要转变。所以,恩格斯的文本显然是在迈出构建基于"现实生活的认识"①的社会唯物分析过程中的一步。恩格斯的目标在"致大不列颠工人阶级"中得到了清楚的表达,恩格斯称其力求"真实地描述你们的状况……我想要的不限于和我的课题有关的纯粹抽象的知识……我很想观察你们的日常生活……这样一来我在了解你们的实际生活时度过了许多愉快时光……同时有很多机会来观察你们的敌人——资产阶级"②。尽管恩格斯写作《英国工人阶级状况》时仅有24岁,但这并不是他第一次观察当时普遍存在的不同的生活状况。为了理解是什么促使恩格斯以如此的热情描写英国工人阶级,我们有必要考虑一下他的生活和成长经历,从中我们可以看出他的理论是如何在观察现实的过程中生发的。恩格斯的早期著作显示了他作为一名年轻人对于现实和"理念"相冲突的认识。因为"理念"仅仅有益于社会中的权贵并维持社会现状。例如,作为控制社会的一种形式的宗教,尤其是加尔文教,在恩格斯的成长过程中扮演了重要的角色。

"害群之马"

恩格斯出身于德国一个富有的加尔文教家庭。在他出生之时,他的父亲写信给他的妹夫卡尔·施奈斯拉格(Karl Snethlage)说,"我们为这个孩子的出生感到满心欢喜"③。恩格斯的家位于伍珀河谷,也正是在这里,恩格斯第一次见识了那些缺乏生活物资的人的生活条件。这些人依赖他人的人性来获取公平的工资和希冀得到的对待。恩格斯

---

① F. Engels, *The Condition of the Working Class in England*, London: Penguin Classics, 1987, p. 27.
② 《马克思恩格斯文集》第1卷,人民出版社2009年版,第382—383页。
③ K. Marx and F. Engels, "Friedrich Engels Senior to Karl Snethlage, 1 December, 1820", in *Collected Works*, Vol. 2, London: Lawrence & Wishart, 1975, p. 578.

对他所观察到的不平等现象的反应,尤其是在其早期著作中,对一个有着优越背景和履历的年轻人来说是难以预见的。所以,当恩格斯的父亲在1842年写给施奈斯拉格的信中改变口吻时就不令人惊讶了,他在信中写道:"家族中有这样一个儿子就像羊群中有一只黑羊那样令人难以忍受。"①

正是伍珀河谷"虔诚者"的虚伪使得恩格斯谴责了养育他的社会阶层,也正是恩格斯的这一举措使得他的父亲给他打上了"害群之马"的标签。青年恩格斯对工业化、资本主义以及那些在资本主义社会中的人的生活状况进行了猛烈的抨击。恩格斯基于自身观察的早期著作《伍珀河谷来信》是极佳的例证。这个著作在1839年首次发表于《德意志电讯》(Telegraph für Deutschland)。

当恩格斯仅仅19岁时,他就斥责道:"下层等级,特别是伍珀河谷的工厂工人,普遍处于可怕的贫困境地……光是埃尔伯费尔德一个地方,2500个学龄儿童中就有1200人失学,他们在工厂里长大,——这只是便于厂主雇用童工而不再拿双倍的钱来雇用被童工代替的成年工人。"②宗教教义和宗教实践的现实与基督教的宗教理想相矛盾,恩格斯无法接受虔信派给工人们最低工资的理由。这些虔信派工厂主声称这一行为既仁慈又正确,因为他们的行为可以避免工人们花钱喝酒。在这些早期著作中,恩格斯要么在文章中署名"X"要么使用笔名F. 奥斯瓦尔德(F. Oswald)。很显然,如果恩格斯在《伍珀河谷来信》中署了真名,那么对于恩格斯和他的家庭来说将会特别麻烦。尽管这些著作都是匿名的,但是恩格斯的父母还是很快就意识到了他们儿子的非传统观点。在恩格斯的许多传记中都有关于家庭纷争的详尽记载。然而,也正是在离开了他熟悉的家庭环境之后,恩格斯的思想才变得愈加清

---

① K. Marx and F. Engels, "Friedrich Engels Senior to Karl Snethlage, 5 October, 1842", in Collected Works, Vol. 2, London: Lawrence & Wishart, 1975, p. 586.
② 《马克思恩格斯全集》第2卷,人民出版社2005年版,第44页。

晰成型。

1841年,恩格斯选择去柏林服一年兵役,而且因为他本质上是个自学成才的人,他也花时间在大学中学习了哲学。在大学里恩格斯结识了青年黑格尔派的成员,并了解了费尔巴哈的《基督教的本质》(The Essence of Christianity)。恩格斯说:"魔法被破除了;'体系'被炸开并被抛在一旁……这部书的解放作用,只有亲身体验过的人才能想象得到。"①因此,恩格斯在柏林的岁月对他的一生产生了深远的影响。1842年他的父亲在写给施奈斯拉格的信中说:"现在所有人都在宣扬进步,而旧的信仰和旧的精神都被扔进了垃圾堆,因此一颗年轻而有活力的心是多么容易被引诱啊!"②

在同一时期,赫斯出版了《欧洲三头政治》。恩格斯直到1842年才见到赫斯,但是卡弗和汉利认为正是赫斯使得恩格斯转向了共产主义。然而,卡弗确实澄清了这样一个事实,即当时共产主义"并不比私有财产共同体意味着更多,而只是共产主义理论家由私有财产共同体发展出的截然不同的乌托邦方案而已"③。直到1848年,马克思、恩格斯形成了他们的共产主义理论,才批判了这种源于无产阶级不发达时期的"乌托邦方案"。用恩格斯父亲的话来说,恩格斯现在已经"被引诱"了,他那年轻而有活力的头脑致力于追求进步。

1842年,恩格斯与马克思进行了有据可查的第一次不顺利的会面。然而,恩格斯的坚韧不拔使他成为一位能干、多产的作家和知识分子;他与马克思一样,希望理解和解释这个充满不平等和对立的世界。具有讽刺意味的是,正是恩格斯的父亲无意中给了他这个"害群之马"创作他最著名作品的机会,从而巩固了他与马克思的关系。1842年10

---

① 《马克思恩格斯文集》第4卷,人民出版社2009年版,第275页。
② K. Marx and F. Engels, "Friedrich Engels Senior to Karl Snethlage, 5 October, 1842", in *Collected Works*, Vol. 2, London: Lawrence & Wishart, 1975, p. 587.
③ Carver, *Friedrich Engels, His Life and Thought*, London: Macmillan, 1991, p. 96.

月,恩格斯的父亲再次写信给施奈斯拉格,表示要将恩格斯送去英国,希望在那里"能够给他大量的工作……我将非常小心地在没有人注意的情况下监视他,以免他踏出危险的一步"①。具有讽刺意味的是,正是恩格斯在资本主义企业的工作经历,使他基于早期在德国的观察得出了更广泛的理论结论,并且他于1842至1844年期间在英国的研究达到了顶峰。

恩格斯在英国踏出了"危险的一步"

恩格斯在英国期间是一位多产的作家,在此期间,他定期为马克思担任编辑的《莱茵报》撰稿,这在某种程度上有助于他们形成早期的知识分子间的关系。恩格斯早期源自现实的批判理论或者可以被理解为实践理论的发展,使得恩格斯"牢牢置身于人类活动的世界"。当把恩格斯在1842至1844年间的著述与《英国工人阶级状况》结合起来考虑时,这一点就更加明显了。恩格斯的研究数据从逻辑上指向了涉及人类活动的现实情况和工人阶级对自身状况的反抗的结论与理论解释。恩格斯对资本主义社会背景下工人阶级的状况进行了研究,得出的结论都是基于他的研究数据的。1844年,恩格斯在对卡莱尔(Carlyle)的批判中写道,"我们最需要的不是空泛的结论,而是研究。结论要是没有使它得以成为结论的发展过程,就毫无价值"②。在恩格斯1845年的著作中,他的研究数据清晰地指向他对英国状况尤其是工人阶级状况得出结论的原因。

纵观恩格斯对卡莱尔的批判,他认为:"英国状况对历史和所有其他国家都有不可估量的意义,因为在社会关系方面,英国无疑地远远超

---

① K. Marx and F. Engels, "Friedrich Engels Senior to Karl Snethlage, 5 October, 1842", in *Collected Works*, Vol. 2, London: Lawrence & Wishart, 1975, p. 586.
② 《马克思恩格斯全集》第3卷,人民出版社2002年版,第511页。

过了所有其他的国家。"①恩格斯关于英国工人阶级对其他不发达资本主义国家的重要性的论证,贯穿于整个《英国工人阶级状况》,尤其体现在其德文第一版序言中。英国的状况对恩格斯具有重大的历史意义。但是对于加剧英国工人阶级状况恶化的不平等,恩格斯认为:"要消除祸害,就必须找出它的原因。"②

在《英国状况》的系列文章中,恩格斯明确指出,工人阶级史这门学科因为太宏大而不能作为社会史的一部分。在《英国工人阶级状况》中,恩格斯认为,作为英国的重要组成部分"英国工人阶级的状况……不久我就有必要单独调查这件事了"③。因此,恩格斯在1842—1844年间的文章是在他收集材料的同时写成的,这些材料也被用于他1845年出版的著作中。恩格斯在这一时期的写作集中体现了他对资本主义社会物质资料与社会关系、阶级结构与阶级冲突的思考,以及通过群众运动发现社会罪恶根源与社会变革可能性的需要。依照恩格斯的说法,工人们"依然有未来……英国的解放将来自他们"④。

"可信的来源"和"个人的观察"

恩格斯在序言和"致大不列颠工人阶级"的宣言中概述了使他能够"观察你们的日常生活,同你们谈谈你们的状况和你们的疾苦,亲眼看看你们为反抗你们的压迫者的社会统治和政治统治而进行的斗争"⑤的研究方法。正是1842至1844年间恩格斯在英国观察和描写的"现实

---

① 《马克思恩格斯全集》第3卷,人民出版社2002年版,第524—525页。
② 《马克思恩格斯全集》第3卷,人民出版社2002年版,第517页。
③ F. Engels, *The Condition of the Working Class in England*, London: Penguin Classics, 1987, p. 29.
④ K. Marx and F. Engels, *The German Ideology* (1845-46), in *Collected Works*, Vol. 5, London: Lawrence & Wishart, 1976, p. 446.
⑤ 《马克思恩格斯文集》第1卷,人民出版社2009年版,第382页。

的人"以及他的研究方法使他获得了"对现实生活的认识"①,而这奠定了后来他对社会进行唯物分析的基础。为了不依靠抽象理论达到这一认识,恩格斯使用了"必要的可信的来源"和"个人的观察"。后者是必需的,因为"各种官方的和非官方的文件"②并不充分。因为这些文件太抽象,远离工人阶级的现实,而且大部分文件是由"你们的敌人"③——资产阶级——书写的。恩格斯家族在曼彻斯特拥有商业利益或许只是个巧合,因为在这时"只有在英国,才能搜集到这样完整的并为官方的调查所证实的必要材料,这正是对这个问题进行比较详尽的阐述所必需的"④。

恩格斯在著作中大量使用了诸如蓝皮书这样的官方报告和文件。但是这些报告和调查委员会对于改变社会不平等的状况却毫无作为。这些"散发出霉味的蓝皮书"对于他们的调查对象和那些真正想要描述绝大多数"生而自由的不列颠人"⑤状况的人来说,既不是"易读的"也非可用的。这些报告过于抽象,而且远离工人阶级的现实状况。例如,它们往往是肤浅的,只触及社会问题的表面,因为对那些撰写这些文件的人来说,为了找出不平等的原因而深入研究资本主义社会的结构并不符合他们的利益。然而,恩格斯深入了问题的核心并在真实生活的基础上建构了真实的历史。正如马克思和恩格斯在《德意志意识形态》中所说的,"全部人类历史的第一个前提无疑是有生命的个人的存在……他们的活动和他们的物质生活条件"⑥。

恩格斯所引用的"可信的来源"并没有考虑或尝试揭示结构上的限

---

① F. Engels, *The Condition of the Working Class in England*, London: Penguin Classics, 1987, p. 27.
② 《马克思恩格斯文集》第1卷,人民出版社2009年版,第382页。
③ 《马克思恩格斯文集》第1卷,人民出版社2009年版,第383页。
④ 《马克思恩格斯文集》第1卷,人民出版社2009年版,第385页。
⑤ 《马克思恩格斯文集》第1卷,人民出版社2009年版,第383页。
⑥ 《马克思恩格斯选集》第1卷,人民出版社2012年版,第146页。

制,而正是这些限制使得工人阶级每天都在为生存而斗争。恩格斯提道,"无产者除了自己的两只手什么也没有,昨天挣的今天就吃掉……没有丝毫的保障可以使自己能够获得最必要的生活必需品"①。纵观全文,恩格斯还使用了另外的书面材料——媒体。恩格斯引用了《泰晤士报》(The Times)、《曼彻斯特卫报》(The Manchester Guardian)和诸如激进的宪章派的出版物《北极星报》(The Northern Star)上刊登的社会问题、通信和法庭诉讼记录,所有这些出版物对于恩格斯的批判来说都是可利用的。恩格斯向那些不同意他观点的人发出挑战,要求他们证明他的不准确,但是要"拿出像我所引用的这样可靠的证据"②——这一挑战时至今日都是具有法律效力的,包括恩格斯的年代和20世纪90年代。

宪章派的资料和工人阶级的反抗

从恩格斯1842—1844年和1845年的著作中可以明显看出他是一位狂热的宪章派崇拜者。他经常参加宪章派在曼彻斯特科学馆的讲座,也在去利兹(Leeds)旅行的时候经常与《北极星报》的编辑朱利安·哈尼(Julian Harney)会面。宪章派尤其是那些和恩格斯有私人往来的宪章派成员,对于恩格斯的关于工人阶级反抗现存状况和阶级团结的需要的理论的政治方面有着特别重要的意义。在《英国工人阶级状况》中,恩格斯宣称绝对有必要去"了解无产阶级的状况","同时给那些认为社会主义理论有权存在的见解提供坚实的基础"。③ 因此,他的观察早于他和/或马克思对社会主义理论的阐述。但恩格斯明确指出,在有理论之前必须有引出理论结论的事实,而这些事实又反过来导致行

---

① 《马克思恩格斯文集》第1卷,人民出版社2009年版,第429页。
② 《马克思恩格斯文集》第1卷,人民出版社2009年版,第386页。
③ 参见《马克思恩格斯文集》第1卷,人民出版社2009年版,第385页。

动——实践,比如宪章派的政治行动和其他工人阶级运动。宪章派是构成恩格斯信息网络的重要组成部分,它帮助恩格斯补充并证实了他的观察。

恩格斯也使用了由他自己的社会观察和信息网络所补充的"可信的来源"。这些观察揭示了英国工人阶级生活的真实物质条件。有众多传记和文本证实,恩格斯的信息网络对他1845年的著作有着特别重要的意义。例如,有充分的证据表明恩格斯到达曼彻斯特后不久就与玛丽·白恩士(Mary Burns)相识,并建立了密切的关系。据威尔逊说,玛丽·白恩士是爱尔兰的一名工厂工人,受雇于欧门-恩格斯公司。玛丽早已强烈谴责工人阶级所忍受的状况,而这一状况还在被资本主义制度继续强化。玛丽极有可能是恩格斯在曼彻斯特的信息网络中的一员。恩格斯这一时期的私人信件已经不可见了,但是居住在布拉德福德的另一位德国"激进派"作家格奥尔格·韦尔特的著作留存了下来,并且提供了有关恩格斯从他人那里获得有关英国工人阶级现实状况的一手资料的信息。惠特菲尔德(Whitfield)提到恩格斯拜访了当时在布拉德福德做职员的韦尔特。

恩格斯通过在布拉德福德与韦尔特的交流,接触到了通常不会被19世纪的"绅士"看到的情况。肯普-阿什拉夫(Kemp-Ashraf)指出,"布拉德福德加上恩格斯是促使韦尔特成熟的刺激因素"[1]。在布拉德福德有一个特别的"刺激因素"似乎对恩格斯和韦尔特都很重要,那就是约翰·利特尔·麦克米肯(John Little McMichan)博士的研究。肯普-阿什拉夫将麦克米肯描述为"最宝贵的一手资料来源"[2],因为麦克

---

[1] P. M. Kemp-Ashraf, "George Weerth in Bradford", in I. and P. Kuczynski (eds), *A Young Revolutionary in 19th Century England : Selected Writings of George Weerth*, Berlin: Seven Seas Books, 1971, p. 171.

[2] P. M. Kemp-Ashraf, "George Weerth in Bradford", in I. and P. Kuczynski (eds), *A Young Revolutionary in 19th Century England : Selected Writings of George Weerth*, Berlin: Seven Seas Books, 1971, p. 196.

米肯带着韦尔特目睹了布拉德福德的工人家庭的贫困程度。不过,颇具讽刺意味的是,尽管麦克米肯和韦尔特是亲密的朋友,但他们在政治上却是对立的。麦克米肯是一个激进的保守党人!

恩格斯和他的批评者

正是恩格斯在《英国工人阶级状况》中的研究方法,使他得出了关于资本主义制度中固有的、现在仍然存在的结构性不平等的结论。恩格斯观察到的现实生活以及在此基础上得出的逻辑推论,使得恩格斯有机会回击批评者对他1845年著作的批评。例如,查罗纳和亨德森称恩格斯的观察生动,"可能准确"但需要"修正"。[1] 他们认为恩格斯使用的语言具有误导性,尤其是当他描述自己没有去过的地区的情况时更是如此。比方说,恩格斯写到诺森伯兰(Northumberland)和达勒姆(Durham)的矿区时称,"在这个地区,我们又找到了我们在城镇中已经熟悉的寄宿处和睡觉的地方"[2]。恩格斯以第三人称写作并在他的著作中带领读者经历了一段可以被描述为跟随资本主义在英国发展的旅程,而不是一段地理旅程。

恩格斯在序言中先发制人地说明他在选择资料来源时是有选择性的,"我总是宁可利用**自由党人**的证据,以便使用自由资产阶级亲口说出来的话来打击自由资产阶级"[3]。这些自由党人的证据很难被称为"革命性的"。维持现状符合资产阶级的利益,而正是资产阶级创造了这些证据,尽管它们的产生并不是为了揭示社会秩序的结构限制以及由此

---

[1] 参见 W. H. Challoner and W. O. Henderson, "Friedrich Engels and the England of the 'Hungry Forties'", in Hartwell et al. (eds), *The Long Debate on Poverty*, Institute of Economic Affairs, 1972. p.182.
[2] F. Engels, *The Condition of the Working Class in England*, London: Penguin Classics, 1987, p. 249.
[3] 《马克思恩格斯文集》第1卷,人民出版社2009年版,第387页。

造成的资本主义社会普遍存在的不平等。恩格斯对于现实生活的观察揭露了这些结构性的不平等,同时他的研究也确证了他年轻时在伍珀河谷对资本主义社会的观察。1845年,他的结论引出的理论分析推进了揭示资本主义社会固有的结构性不平等的历史进程。

全球资本主义

首先,这些结构强化了社会秩序和英国无产阶级的恶劣状况,恩格斯认为这是"无产阶级状况的典型形式"①。然而,德国也是资本主义国家,尽管并不发达,而《英国工人阶级状况》正是恩格斯对其"德国同胞"②的警告。在德文第一版(1845)的序言中,恩格斯重申了他对抽象理论的批判:"德国的理论家对现实世界了解得太少,以致现实的关系还不能直接推动我们去对这个'丑恶的现实'进行改革。"③恩格斯认为英国工人阶级的悲惨处境最终也会在德国出现,因为德国和英国"的社会制度从根本上说是相同的","这种社会制度迟早会发展到在北海彼岸已经达到的那种极端的地步"。④ 正如卡弗所定义的那样,共产主义在德国已经存在,而德国的社会主义也是如此,只不过它建立在"理论前提"而非现实基础之上。但是如果不了解资本主义社会的历史发展趋势和英国工人的真实状况,那么德国工人的状况将无可避免地变得和英国一样极端。正如恩格斯所言,资本主义的历史趋势将"产生同样的结果"⑤。

恩格斯的"致大不列颠工人阶级"是一个战斗宣言。如恩格斯所说,他的这一著作并非是像蓝皮书那样的官方文件,而是以"易读"的散

---

① 《马克思恩格斯文集》第1卷,人民出版社2009年版,第386页。
② 《马克思恩格斯文集》第1卷,人民出版社2009年版,第382页。
③ 《马克思恩格斯文集》第1卷,人民出版社2009年版,第386页。
④ 参见《马克思恩格斯文集》第1卷,人民出版社2009年版,第386页。
⑤ 《马克思恩格斯文集》第1卷,人民出版社2009年版,第386页。

文形式写作并且让每一个读到它的工人都对其中描写的状况感到熟悉。它的受众是"认识到自己的利益和全人类的利益相一致的人,是伟大的人类大家庭的成员"①——英国工人。恩格斯认为这些利益是普遍的阶级利益,工人阶级的任何集体行动都会被其他资本主义社会尤其是德国所监视。恩格斯的文章也许只是针对他的德国同胞,但是资本主义很快就越过大西洋抵达了美国,在那里工人阶级在同样的资本主义制度中产生,但是却通过"阶级相同斗争"意识到了他们的处境。

考虑到工人阶级运动和阶级意识的发展,美国版的序言(写于1885年,出版于1887年)就具有了特殊的意味。恩格斯认为,与欧洲资本主义国家一样,经济条件、生产和贸易的变化将不可避免地导致"全国范围的工人阶级运动"②。在美国,正是黑奴的解放和制造业的兴起提高了工人阶级的觉悟。这一解放作为"阶级相同斗争"改变了"基本的阶级关系"。③ 美国工人阶级逐渐意识到他们形成了"美国社会的一个新的、独特的阶级……无产者的阶级"④。这进而导致了一个为工人阶级发声的政治纲领的形成。恩格斯再次重申团结的必要性:"工人群众感到他们……必须作为一个与其他阶级对立的阶级团结起来……并把它体现在新的工人政党的纲领中"⑤。

恩格斯在1892年版的英文版序言中分析和描述了英国资本主义制度和工人阶级近50年来的历史发展。例如,工会对雇主来说变得更易接受,因为据恩格斯所说,雇主很快发现罢工"是实现自己目的的强有力手段"⑥。因为罢工和就业法案[如《十小时工作制》(*Ten Hours*

---

① 《马克思恩格斯文集》第1卷,人民出版社2009年版,第384页。
② F. Engels, "The Labour Movement in America. Preface to the American Edition", in *The Condition of the Working Class in England*, Moscow: Progress Publishers, 1973, p. 17.
③ 参见 E. O. Wright, *Interrogating Inequality*, London: Verso, 1994。
④ 《马克思恩格斯全集》第28卷,人民出版社2018年版,第424页。
⑤ 《马克思恩格斯全集》第28卷,人民出版社2018年版,第425页。
⑥ F. Engels, *The Condition of the Working Class in England*, London: Penguin Classics, 1987, pp. 35 - 36.

Bill）]造成的时间损失对小的厂商来说意味着无法承担的成本；大的厂商则从这些变化中受益，因为这些变化成为"加速资本集中在少数人手中的一种手段"。①

过去的许多年来，英国一直处于"制造业垄断"的地位。但是资本主义的本质使它总是在寻求新的市场。正如美国版序言所说，全球资本主义正在全球许多社会创造新的社会秩序，同时也创造了竞争。全球资本主义持续十年的危机和日益激烈的竞争加剧了"停滞、困境、资本过剩、失业人口过剩"②。正是资本主义的这种历史趋势使得恩格斯认为"英国将再次出现社会主义"③。

资本主义的结构和工人阶级的处境

1892年，恩格斯在为德文第二版写的序言中写道，"英国工人运动又向前迈进了一大步"④。恩格斯指的是英国最近的那次议会选举，工人们"公开以社会主义者的身份参加"⑤，并赢得了三个席位。恩格斯认为，现在的选举不再只是保守党和自由党之间的竞争了，工人政党作为第三个党派加入了这一竞争。恩格斯乐观地认为："英国的工人政党将会完善地组织起来，足以很快地结束那两个轮流执政并以这种方式使资产阶级统治永存的旧政党的跷跷板游戏。"⑥或许是因为工人阶级政治运动取得的微小胜利，恩格斯在最后的序言（德文第二版）的结尾与他在1845年的开场白极为类似。对于工人阶级来说，向前迈进的唯一

---

① 参见 F. Engels, *The Condition of the Working Class in England*, London: Penguin Classics, 1987, pp. 35 - 36。
② F. Engels, *The Condition of the Working Class in England*, London: Penguin Classics, 1987, p. 44.
③ F. Engels, *The Condition of the Working Class in England*, London: Penguin Classics, 1987, p. 45.
④ 《马克思恩格斯文集》第1卷，人民出版社2009年版，第379页。
⑤ 《马克思恩格斯文集》第1卷，人民出版社2009年版，第380页。
⑥ 《马克思恩格斯文集》第1卷，人民出版社2009年版，第381页。

途径就是:团结起来,为改变现状而斗争。

自1845年到1892年,英国资本主义社会已经发生了许多变化。在英文版序言中,恩格斯向读者介绍马克思的《资本论》第一卷中"已经详细描述了1865年前后,即英国的工业繁荣达到顶点时的英国工人阶级状况"①。恩格斯注意到"本书所描写的情况,至少就英国而言,现在在很多方面都已经成为过去"②。恩格斯接着说蒸汽机和机器"同1850—1870年这20年间生产的巨大飞跃比起来……就微不足道了"③。然而,当恩格斯提到1845至1892年间的变化时,他并没有怀疑1845年的文本与时代的相关性或价值。恰恰相反,他在资本主义制度历史发展的背景下解释了这些变化。例如,这一时期的英国工人阶级仍然处于"悲惨的"状况中,而造成这种悲惨状况的原因"应当到**资本主义制度本身**中去寻找"④。

在1845年写作的导言中,恩格斯对英国资本主义社会进行了理论分析。在工业革命期间,无产阶级由于"机器的使用"⑤而诞生。工业资本主义社会创造了工人阶级存在的先决条件。英国工人阶级"仅仅靠工资生活,没有一点财产,甚至连名义上的财产(一块租来的土地)也没有,于是他们就变成了**无产者**"⑥。随着机器的采用,工人之间的社会关系发生了变化。恩格斯提到纺织工人和织布工曾经的合作关系以及"他们之间还不可能发生激烈的竞争"⑦。这一合作关系随着机器化的推广而烟消云散。之前工人们有自由和选择的因素,所以他们"愿意做多少工作就做多少工作,但是仍然能够挣得所需要的东西"⑧。但是恩

---

① 《马克思恩格斯文集》第1卷,人民出版社2009年版,第370页。
② 《马克思恩格斯文集》第1卷,人民出版社2009年版,第365—366页。
③ 《马克思恩格斯文集》第1卷,人民出版社2009年版,第374页。
④ 《马克思恩格斯文集》第1卷,人民出版社2009年版,第368页。
⑤ 《马克思恩格斯文集》第1卷,人民出版社2009年版,第402页。
⑥ 《马克思恩格斯文集》第1卷,人民出版社2009年版,第391页。
⑦ 《马克思恩格斯文集》第1卷,人民出版社2009年版,第388页。
⑧ 《马克思恩格斯文集》第1卷,人民出版社2009年版,第389页。

格斯并没有将过去的理想浪漫化,他将工业革命前的工人描述为"只是一部替一直主宰着历史的少数贵族做工的机器。产业革命只是使这种情况发展到极点,把工人完全变成了简单的机器"①。

工业化也造成了城市人口的迅速增长,这对工人阶级的状况产生了深刻的影响。交流方式发生了革命性的变化,尤其是在工作场所的联系,由此恩格斯指出,"只是现在无产阶级才能组织自己的独立运动"②。恩格斯认为独立的工人阶级的集体行动"要不了多久(这个时刻人们几乎可以算出来)就必然会爆发为革命,同这一革命比较起来,法国第一次革命和1794年简直就是儿戏"③。

恩格斯写作的时候正处于一个快速变革的时代,在《英国工人阶级状况》中他提出了连续性和变化的问题。机械与工业化的相互作用并未同时影响整个英国社会;因此,恩格斯在此所指的是工业化和无产阶级化的过程,在这个过程中,生产关系和资本主义制度造成了阶级社会。在《社会主义从空想到科学的发展》(*Socialism from Fantacy to Science*;*Socialism:Utopian and Scientific*)一书中,恩格斯将这一过程解释为社会的经济发展以及由此导致的生产和交换的变化,这些变化造成了社会的分裂和"不同阶级之间的斗争"。④

在《英国工人阶级状况》的序言和导言中,恩格斯讨论了社会的物质组织形式——从农业到工业。他分析了资本主义社会和现实的人类个体之间相互依赖的关系,这些关系自始至终都是用阶级话语来解释的。《英国工人阶级状况》是关于随着阶级关系的产生和工人阶级对资本主义社会发展状况的反抗所产生的对立和不平等的研究。序言和导言中所提出的大量社会问题,特别是结构限制的持久性继

---

① 《马克思恩格斯文集》第1卷,人民出版社2009年版,第390页。
② 《马克思恩格斯文集》第1卷,人民出版社2009年版,第403页。
③ 《马克思恩格斯文集》第1卷,人民出版社2009年版,第404页。
④ 参见 F. Engels, *Socialism:Utopian and Scientific*, Bookmarks,1993,p. 37。

续贯穿全文,这些限制强化了社会金字塔顶端的繁荣和下层的贫穷。通过使用我们当代英国社会中所有人都能获得的"可信的来源"和观察资料,我们才有可能评价"《英国工人阶级状况》在今天和150年前一样重要"这一观点。

恩格斯的著作与20世纪90年代英国的关系

恩格斯对狄更斯(Charles Dickens)时期的英国进行了形象刻画,并将这个时代的肮脏归因于资产阶级和工人阶级之间的剥削和矛盾关系。但是,像恩格斯这样的阶级分析在我们所谓的后现代"无阶级"社会中又可以告诉我们什么呢?在过去的15年里,阶级话语变得更加落伍而马克思、恩格斯的著作又在很大程度上被抛弃了;但是经济状况的不平等仍像以往一样严重。正如恩格斯在评论持续存在的剥削例子时所说:"同一个经济必然性在一个地方产生了这些东西,在另一个地方也会再产生它们。"①如果我们抛弃了马克思、恩格斯的著作,我们就会忽视诸如《英国工人阶级状况》等著作的人道主义目标。恩格斯在他的著作中使用"工人阶级"一词来描述那些为了购买生活资料而出卖劳动力的雇佣工人。那些在社会中"出卖"劳动力以购买生活资料的人经历了相同的状况,因此具有同样结构的阶级地位。但是谁又是当代英国社会的工人阶级呢?

在20世纪90年代的英国,有很多工人具有和恩格斯时代的工人同样的不安感,恩格斯说"他(工人)地位不稳定,必须靠工资糊口,简言之,这使他成为无产阶级"②。通过在20世纪90年代的英国运用恩格斯在1842至1844年间使用的研究方法,我们有可能去评估恩格斯(和马克思)的工人阶级概念与当代的相关性。当代有大量资料显示,有相

---

① 《马克思恩格斯文集》第3卷,人民出版社2009年版,第307页。
② F. Engels, *The Condition of the Working Class in England*, London: Penguin Classics, 1987, p. 143.

当庞大数量的工人正在经历不安感,而且毫不夸张地说,这些工人仅仅只能勉强糊口。1994年,赫顿(Hutton)写了一篇名为《勉强糊口》的文章,强调英国至少有50%的家庭处于危险状况——如果这些家庭的顶梁柱生病、失业或负债的话。因为他们的平均储蓄还不到450英镑,而在1991至1992年间居民的平均周收入约为250英镑。

尤其是在过去的15年里,政府的法律导致以前享有长期稳定就业、养老金和许多其他附加福利的大部分人口变为无产阶级。但是这些工人是中产阶级还是工人阶级?阶级界限又在哪里?马克思认为那些被雇佣担任监督者和管理者的人只是"一种特殊的工人"①。他还表示"中间的和过渡的阶层也到处使界限规定模糊起来"②。——但是在我们的社会中,这些界限已经清晰地呈现了出来。当我们回顾19世纪40年代和20世纪90年代的情况与斗争时,我们可以看到二者之间有许多惊人的相似之处,而这可以追溯到恩格斯写作和对社会展开分析的时代。

在《英国工人阶级状况》中,恩格斯不止描述了阶级关系,还对跨越阶级的更广泛的社会关系发表了评论,比如种族和性别造成的不平等。赖特认为不能总是将斗争归结为阶级斗争,我们应该在所有的阶级分析中考量基于种族、性别或少数族裔利益的非阶级运动的斗争。这些群体参与了"系统地改变基本阶级关系的斗争"③。

在19世纪40年代,恩格斯就已经谴责了职场对女性的性骚扰,职场女性缺乏照顾孩子的时间,女性职工的低工资,以及"庞大的工联。这是那些全部使用或主要使用**成年男子**劳动的生产部门的组织"④将女人和儿童排除在外。同样的问题一直持续至今。正如英国工商业联合会总干事霍华德·戴维斯(Howard Davies)所说,"在过去20年里,欧

---

① 《马克思恩格斯文集》第5卷,人民出版社2009年版,第485页。
② 《马克思恩格斯文集》第7卷,人民出版社2009年版,第1001页。
③ E. O. Wright, *Interrogating Inequality*, London: Verso, 1994, p. 65.
④ 《马克思恩格斯文集》第1卷,人民出版社2009年版,第375页。

洲的就业增长完全是由女性带来的……这一趋势在英国尤为明显"①。尽管如此,或许也正因如此,戴维斯还提到了低收入、兼职工作和"新贫困人口"②中女性比例过高的问题。

150年来,种族歧视和少数族裔的边缘化问题仍然存在。恩格斯在19世纪40年代详细讨论了移民、种族歧视和种族主义问题。他多次提到他那个时代最突出的少数族裔——爱尔兰人。恩格斯称爱尔兰人承受着最糟糕的工资、住房和工作条件。今日,英国的许多少数族裔依然在经历类似的状况。和当代社会一样,恩格斯时代的少数族裔群体是最有可能经历贫困和边缘化的群体之一。在20世纪90年代,有技能的少数族裔女性依然比技能较差的白人女性更有可能失业或从事低薪工作。正因如此,黑人女性会经历一种"双重偏见"③,而黑人企业家得到资金支持和建议的可能性要远低于白人企业家。

现在,越来越多的英国人由于工作转为雇用临时工制而感受到不安和贫困,而100年前也是如此。在著作首次出版大约50年后,恩格斯写道,英国工人阶级所经历的状况有了许多改善,但是"谈到广大工人群众,他们的穷困和生活无保障的情况现在至少和过去一样严重"④。

20世纪90年代的必要的可信来源

> 那些通常在最萧条时期都能就业的人,现在备受缺少工作和工资降低的痛苦。
>
> ——《英国工人阶级状况》

---

① Davies, "Women Set the Agenda for Nineties Job Market", The Observer, 1994.
② Davies, "Women Set the Agenda for Nineties Job Market", The Observer, 1994.
③ L. Jury, "Ethnic Women Suffer Double Bias", The Guardian, 1994.
④ 《马克思恩格斯文集》第1卷,人民出版社2009年版,第375页。

按照艾略特(Elliott)的说法,工资委员会的废除导致工资不断下降,以便与某些行业的低价相竞争。在以女性为主要雇员的洗衣行业,工资委员会的解散使得不再有"对数千名低收入女工的保护",并鼓励了那些寡廉鲜耻的雇主以最低工资水平进行商业竞争。一位继续维持洗衣行业工资委员会制定的工资标准的雇主评论道,"降低工资并不会让你创造更多财富"①。商店雇员工会副秘书长提到一个时薪3.7英镑的售货员在商店工作23年后失业。在工资委员会被解散后,她只能面试一个时薪1英镑的职位。② 正如赫顿所言:"我们无须再抨击工会和解除对劳动力市场的监管。因为英国就没有这方面的监管,在国际劳工标准排行榜上与美国一起排名垫底。"③

1980年、1982年和1988年出台的《就业法》规定了在采取罢工行动之前必须进行无记名投票,限制工人在工作场所组织纠察队,倒闭的商店不再能够让雇员加入工会,以及第二次罢工行动不再合法。如果不遵守这些规定,工会的基金将会被扣押。然而在恩格斯的时代,工会最重要的一个职能就是行动起来,如果"有一个或几个业主拒绝支付联合会所规定的工资,那就派一个代表团去见他们,或者送一份请愿书……如果这样做仍没有结果,联合会就下令停工,所有的工人都回家"④。

不安感的幽灵正困扰着英国。

——格雷(Gray)(《卫报》1994年7月18日)

社会中有这样一些在劳动力市场的边缘活动的群体。他们拥有的就业技能已经过时(通常也没有代表为他们发声),而他们仅有的就业

---

① L. Elliott,"Think Tank's Mixed Message for Government", *The Guardian*, 1994.
② 参见 L. Elliott,"Think Tank's Mixed Message for Government", *The Guardian*, 1994。
③ W. Hutton,"Victorian Values All Too Evident in Income Pattern", *The Guardian*, 1994.
④ 《马克思恩格斯文集》第1卷,人民出版社2009年版,第452页。

经验建立在偶然的、脆弱的基础之上。因此,许多人在低薪、剥削性的临时就业和失业救济金之间的不断过渡中艰难求生。工党议员艾伦·米尔本(Alan Milburn)强调了在低收入人群中日益增长的"迫使百万绝望的人从事第二份工作"①的趋势。恩格斯在1845年也提到了那些因低收入而被迫从事不止一份工作的工人。他引用的一位纺织工人这样描述他的工作生活:"贫穷逼着我这样干,上星期一我早上两点钟就起来,差不多干到半夜,其余的几天从早上六点钟一直干到深夜十一二点钟。"②赫顿暗示道,"我们在收入分配和工作模式方面正在倒退回19世纪"③。

但是不安感甚至会影响到那些受过教育的人,对于教师和讲师来说也不再有稳定的就业了。在1994年11月,米克尔(Meikle)警告说,如果不接受要求更高的短期合约,"数百名大学讲师面临着裁员"④。略举数例,教师、银行雇员以及那些在医疗服务和媒体行业工作的人都在就业立法审查期间经历着更高的不安感和失业率。多尼根(Donegan)提到一位自20世纪90年代初搬到伦敦以来一直没有一份"真正的工作"的电视电影导演。"他说,电视行业已经没有工作了,只有偶尔的一天或一周才会有一份合同。"多尼根认为,有晋升空间和养老金的稳定工作"早已是过去时了",而英国广播工会的一位发言人曾表示,在20世纪90年代,很难找到一个拥有"持续合同"的人。广播行业的员工"非常害怕有权续签合同的经理。因为他制造了大家的不安感"⑤。恩格斯认为,正是这种不安感使得工人成为无产阶级。

但是失业者又怎样呢?根据恩格斯的说法,150年前的失业者"想

---

① A. Milburn, "Low Pay Forces Desperate One Million to Take Second Jobs", *The Guardian*, 1994.
② 《马克思恩格斯全集》第2卷,人民出版社1957年版,第477页。
③ W. Hutton, "An End to the Rule of Fish Market Economics", *The Guardian*, 1994.
④ J. Meikle, "Hundreds of College Lecturers Facing Redundancy", *The Guardian*, 1994.
⑤ L. Donegan, "Lecturer Given Lesson on Jobs", *The Guardian*, 1994.

要一份工作、贫穷且饥饿"①。对于当代社会中长期失业的人群来说,情况可能极为相似。

> 我不需要去描述失业人群中普遍存在的贫困和痛苦。济贫金是远远不够的。
>
> ——《英国工人阶级状况》
>
> 当乐施会帮助其他国家的穷人时,却不知英国也需要救济。
>
> ——米克尔(《卫报》1994 年 8 月 2 日)

加尔布雷斯(Galbraith)指出,在 20 世纪,那些在"幸运之土"领取福利的失业者会受到"来自政府的援助所产生的反复评议造成的人格受损"②。从 1996 年起,失业超过六个月的人如果想继续得到"政府的援助"就必须满足某些条件。例如,失业者将被要求"采取措施比如参加课程或改善形象来提高就业能力"③。如果他们不这样做就有失去政府福利的风险,那些拒绝接受"福利工作人员的合理指导"④的失业者也是如此。

1994 年,约瑟夫·朗特里基金会(Joseph Rowntree Foundation)的报告宣称,1986 年出台的《社会保障法》"通过降低失业者的福利待遇,加大了失业者和其他申领者之间的收入差距"⑤。1834 年政府也试图减少对失业者福利待遇的"慷慨"。这一年新出台的《济贫法》取代了 1601 年颁布的旧法案。恩格斯说这是由于相信"救济金鼓励懒惰,促进

---

① F. Engels, *The Condition of the Working Class in England*, London: Penguin Classics, 1987, p. 115.
② J. K. Galbraith, "Towards a New World Deal", *The Guardian*, 1994.
③ D. Brindle, "New Benefit Rules to Put Pressure on Jobless", *The Guardian*, 1994.
④ D. Brindle, "New Benefit Rules to Put Pressure on Jobless", *The Guardian*, 1994.
⑤ Joseph Rowntree Foundation, "The Effects of the 1986 Social Security Act on Family Incomes", *Social Policy Research Findings*, no. 54, 1994.

'过剩'人口的增长"①。新《济贫法》的出台是因为人们认为旧的《济贫法》使"国家破产"②。济贫法委员会的报告称旧的《济贫法》"是一种全国性的制度,它使勤劳而诚实的人沮丧,使懒惰、放荡和轻浮的人受到保护;……并使纳税人破产;此外,它给私生子的抚育费无疑是在为私生子发奖金"③。相同的论调在今日依然在"重弹"。

> 这个结论是马尔萨斯本人提出的:慈善事业和济贫金实在是毫无意义,因为它们只会维持"多余的人"存在。
> ——《英国工人阶级状况》

> 好好表现——否则就会失去失业救济金。
> ——贝文思(Bevins)(《观察家报》1994年12月4日)

1992年,社会保障部大臣彼得·利利(Peter Lilley)宣称他列了"一份怀孕的年轻女性名单,以便使其不在获得公益住房名单内"④。1993年,也就是在新《济贫法》出台160年后,时任劳工部大臣的戴维·亨特(David Hunt)表示:"我们希望人们自己去工作,而不是用纳税人的钱去帮助自己,因为纳税人的钱是他们无权享受的。"⑤几个月后,阿兰·邓肯(Alan Duncan)(保守党议员、社会保障特别委员会成员)提出,"社会保障体系正在失去最广泛的民众支持,因为它似乎没有满足应得之人,呃,穷人的需要"⑥。

如果恩格斯能对过去20年的社会保障改革发表评论,他的观点会与160年前对《济贫法》的看法一样。今日,同样的政治说辞依然盛行,

---

① 《马克思恩格斯文集》第1卷,人民出版社2009年版,第486页。
② 《马克思恩格斯文集》第1卷,人民出版社2009年版,第486页。
③ 《马克思恩格斯文集》第1卷,人民出版社2009年版,第486页。
④ M. Durham, "Benefits of Tory Morality", *The Observer*, 1993.
⑤ M. Durham, "Benefits of Tory Morality", *The Observer*, 1993.
⑥ M. Durham, "Benefits of Tory Morality", *The Observer*, 1993.

那些颁布社会政策的人,无论是1833—1834年的《济贫法》专员还是20世纪80年代到90年代的社会保障委员会,似乎都相信救济穷人会助长他们的懒惰和消磨他们工作的动力。

不安感、失业和贫困的后果贯穿恩格斯的整部著作。恩格斯认为,这些状况导致了穷人思维、身体和精神的疾病,从而引起了自杀率的上升;当饥饿者被迫偷取食物时,社会秩序也将崩溃;贫民窟里充斥着各式各样的疾病。恩格斯多次引用了维多利亚时代的医生詹姆斯·凯(James Kay)博士和皇家医师学院(Royal College of Physicians)的报告。当然,他也引用了韦尔特和麦克米肯在布拉德福德的观察来补充这些报告。很多在那一时期普遍存在的穷人的疾病,以及社会上最贫困人口发病率和死亡率的增加,被恩格斯记录了下来。

> 他们虚弱的体质无法抵抗疾病……因此,他们过早衰老,然后早早过世。在这一点上,死亡率统计提供了不容置疑的证据。
> ——《英国工人阶级状况》

> 贫困被认为是50年来人类寿命首次下降的原因。研究表明穷人的寿命越来越短。
> ——杰瑞(Jury)(《卫报》1994年4月29日)

值得注意的是,今天在《英国医学杂志》(*British Medical Journal*)上仍然可以看到类似的争论和讨论。例如,德拉莫斯(Delamothe)认为"穷人用生命偿还他们的贫穷"[1],而威尔金森(Wilkinson)提出"致命的贫困"[2]。从1980年发表的《布莱克报告》(The Black Report)到20世

---

[1] Delamothe, "Poor Britain Losing Out", *British Medical Journal*, Vol. 305, 1992, pp. 263 - 264.
[2] R. G. Wilkinson, "Income Distribution and Life Expectancy", *British Medical Journal*, Vol. 304, 1992, pp. 165 - 168.

纪 90 年代的许多报告,在过去的 15 年中,可以很明显地看到那些社会中的边缘群体因为不平等待遇而付出了高昂代价。1993 年,主持 1980 年调查的道格拉斯·布莱克(Douglas Black)爵士抨击政府"试图摧毁医疗服务"①的行为,并呼吁福利国家价值观的回归。威尔金森认为,"穷人用健康为日益加剧的社会不平等付出了代价"②,自 1980 年代以来,这种不平等变得更加明显。比如,最贫穷人口的死亡率是较富裕人口的五倍,而另一个迹象是贫困地区婴儿死亡率的上升。1993 年,戴维-史密斯(Davey-Smith)和艾格(Egger)报告称,财富和健康方面的社会经济差异是"撒切尔时代的遗产"。

在思考当代英国社会状况的时候,我们很难避开撒切尔主义的具体细节。当然,自恩格斯那个时代以来,社会状况发生了许多变化和改善,但这些改善大多源自战后为社会普遍提供福利的解决方案,而不是选择性地消除贫困。福利国家奠基于"绝不再来(Never Again)"的原则之上,并且消除了《济贫法》的污名。③ 然而,在 1995 年,我们看到了"利利'回归《济贫法》'的福利转向"④的宣言。我们不能将过去 15 年来对政府政策作出的夸张解读,全部归罪于《英国医学杂志》、约瑟夫·朗特里基金会、国家儿童之家和传媒等机构。

政府在 20 世纪 80 年代到 90 年代的政策尤其忽视了对健康状况有深远影响的结构性限制。政府已经签署了参加世界卫生组织到 2000 年实现"全民健康"的项目,这一项目旨在为健康领域带来公平。然而,正如医学杂志所指出的那样,这一目标并未达成。政府为实现"全民健康"所采取的唯一行动,是向社会上最贫穷的人发出说教性的公文。因

---

① D. Black,"Black Returns to Fray in Defence of NHS",*The Guardian*,1993.
② R. G. Wilkinson,"Divided We Fall: The Poor Pay the Price of Increased Social Inequality with Their Health",*British Medical Journal*,Vol. 308,1994,pp. 1113 - 1114.
③ 参见 P. Hennessy,*Never Again*,Vintage,1993。
④ D. Brindle and M. White,"Lilley 'Returning to Poor Law' with Benefits Shift",*The Guardian*,1995.

此,健康的差距变得更加两极分化,造成社会上最贫穷的人的处境更为恶化的结构性限制仍然存在。

  正是在最需要营养的时候只能吃半饱的孩子们必然十分虚弱,必然患严重的瘰疬和佝偻病。

——《英国工人阶级状况》

基础福利不会为儿童购买济贫院的饮食。

——布林德尔(Brindle)《卫报》1994年2月1日

  卫生部发布的健康饮食目标是面向全体国民的,但事实上对社会中的大部分人来说是不可能达成的。工作不稳定、失业、无家可归、低收入和缺乏基础设施,都限制了食品消费的选择。恩格斯提醒人们注意健康饮食的必要性以及营养不良对健康状况的影响。他指出,工人们即使知道"饮食是万恶之源"①,他们通常也无力改善自己的状况。恩格斯反问道:"只要他们不能采取不同的生活方式,他们又怎么能获得更适当的生活方式呢?"②

  1994年,慈善机构巴纳多斯(Bamardos)进行的一项研究发现,在肯辛顿(Kensington)比在英格兰北部缺乏便利设施的地方购买食物更便宜。对少数民族居住区的公共汽车服务的放松管理使居民的贫困更加严重,因为没有私人交通工具的民众无法享受诸如食品市场之类的便利设施。③ 1993年,在曼彻斯特的一处"拥挤"住宅区,儿童协会开始以1.40英镑的价格提供圣诞晚餐,以满足此处许多买不起食品的居民的需求。大多数家庭都渴望吃到更健康、更有营养的食物。然而,如果

---

① F. Engels, *The Condition of the Working Class in England*, London: Penguin Classics, 1987, p. 132.
② F. Engels, *The Condition of the Working Class in England*, London: Penguin Classics, 1987, p. 132.
③ M. Wainwright, "Estate Families Feel Squeeze of London-plus Costs", *The Guardian*, 1994.

他们付不起40分钟烤马铃薯的电费,或者可能付不起社会基金的贷款来购买炊具,那么外卖薯条就是他们唯一能够饱腹的熟食。1994年,有报道称,"申请贷款购买床和炊具等必需品的领取救济金的民众正以每周近10万人的速度被拒之门外"①。因此,正如恩格斯所言,有大量居民无法采用"更适当的生活方式"。

1991年,国家儿童之家向在中心登记的家庭发出了354份调查表,就营养、饥饿、收入和贫困问题展开调查。结果显示,当一个家庭的每周预算用光时,母亲通常是挨饿的那个人。然而,有时候会出现食物不够孩子吃,或者食物不适合孩子吃而被拒绝的情况。因此,出现过在一个月内50%的儿童(都在5岁以下)在挨饿的情况。这些接受调查的父母很清楚地知道在他们预算极低的食谱中缺乏新鲜的水果和蔬菜。调查结果显示,41%的孩子饮食"不健康",24%的孩子饮食"非常不健康",而调查中没有一个孩子的饮食"营养均衡"。② 这些缺乏的食物可以预防许多种疾病,特别是癌症、妇女骨质疏松症、心脏病和中年糖尿病。正如恩格斯在1845年观察到的情况:

> 如果一个星期的工资不到周末就花光了,那末常常就是一家人在一星期的最后几天完全吃不到东西,或者只能吃到为了免于饿死所必需的那一点点。这种生活方式自然会引起很多疾病。只要疾病一发生……社会的残酷性也特别鲜明地暴露出来:社会正是在自己的成员最需要它援助的时候抛弃了他们,让他们去受命运的摆布。
>
> ——《英国工人阶级状况》

---

① A. McSmith,"Poor Fall Through Final Safety Net",*The Observer*,1994.
② 参见 National Children's Home,*NCH Poverty and Nutrition Survey*,NCH Publication,1991.

当因为缺乏营养而引发的疾病在自幼营养不良的成人身上出现时,财富和健康方面的社会经济差异也会显现。

你们可以活着,但是,你们活着只是为了对所有那些也有可能成为多余者的人起警示作用。

——《英国工人阶级状况》

波尔蒂略抨击了无赖和不负责任的人。

——温特(Wintour)(《卫报》1994年4月23日)

洛瑞(Lowry)认为"受害者应受谴责综合征"是当代英国最严重的病症。主流医学和社会学的证据揭示了对利己主义的狂热和对集体责任的诋毁是徒劳的。它还展示了政府关于我们应该追求的理想的花言巧语,是如何将当代社会的许多民众排除在外的。正如恩格斯150年前所说,"无产阶级的贫困程度已经恶化到缺乏最基本的生活必需品,即匮乏和饥饿的地步"①。与150年前一样,食物和良好健康的基本要求是"最基本的生活必需品"的一部分。历史似乎一再重演着社会中生活最贫困的人所经历的生活物资匮乏的情况。在1852年,马克思提出历史可能会重演——第一次是悲剧而第二次是闹剧。在恩格斯那个时期,维多利亚时代自助的"价值观"和马尔萨斯的小册子认为下层社会的存在是必要的,因为这样的话,上层社会的人就会害怕堕落,而这对于很大一部分民众来说是一场人间"悲剧"。滑稽的是现在的政府却在纵容提倡自助的政治辞令。

《自助》一书的作者塞缪尔·斯迈尔斯(Samuel Smiles)认为"来自外界的帮助往往让人软弱,但来自内心的帮助总是让人充满活力"②。

---

① F. Engels, *The Condition of the Working Class in England*, London: Penguin Classics, 1987, p. 143.
② S. Smiles, *"Self-Help"*, London: Penguin, 1986, p. 10.

基思·约瑟夫(Keith Joseph)为斯迈尔斯 1986 年出版的《自助》一书撰写了前言,他写道,英国的福利国家制度已变得适得其反,削减了人们工作和储蓄的动力。据约瑟夫所说,这本书是"为我们的时代发声:它向我们,政府、被政府管理的人、雇主和雇员传达了一个信息,无论工作还是失业都需要牢记在心"[1]。在 20 世纪 90 年代,很少有需要帮助的人因为外界的帮助而变得软弱无力。反而倒是低福利水平产生了消极影响,导致英国贫困人口、流浪汉和街头乞丐增加。

> 在伦敦每天有 5 万人早上起床,却不知道晚上该在何处入睡。
> ——《英国工人阶级状况》

> 仅仅 18 个月后,政府就主动终止了对自己提出的"露宿者"计划的支持。
> ——约翰逊(Johnson)(1994)

1994 年的预算降低了申请人和那些寻求帮助支付抵押贷款利息的人可获得的住房福利水平。儿童贫困行动组织(The Child Poverty Action Group)发现,具有讽刺意味的是,原本积极鼓励人民拥有住房的政府却撤回了援助。住房慈善机构认为这将导致"无家可归的家庭数量的增加"[2]。恩格斯在 1845 年的著作中提到了无家可归的问题以及那些为了生存被迫乞讨的人。他描述了一个家庭"在繁忙的街道上占据了自己的位置,一言不发,让自己无助的样子为自己辩护",而其他人则"在街上唱着乞讨的歌"。[3] 恩格斯引用了一位"太太"写给《曼彻斯特卫报》编辑部的信,她抱怨道,尽管她已经为慈善事业作出了贡献并捐助

---

[1] K. Joseph, "Foreword", in Smiles, S., *Self-Help*, London: Penguin, 1986, p. 16.
[2] Hunter, "Disaster as Safety Net is Withdrawn", *The Guardian*, 1994.
[3] 参见 F. Engels, *The Condition of the Working Class in England*, London: Penguin Classics, 1987, p. 120。

了不少钱,她却依然被"大批乞丐"纠缠,"企图用他们那褴褛的衣服和生病的样子,或者用令人作呕的未愈合的伤口和残废的肢体,以常常是极端无耻和令人讨厌的方式来唤起过路人的同情"。①

1994年,约翰·梅杰(John Major)轻松地响应了恩格斯时代的那位"太太",当时他声称乞讨是"多余且无礼的",从而表达了"这个国家数百万人"的感受。他继而提到英国"称职"地预先打造了阻止任何乞讨需求的社会保障安全网。② 杨(Young)回应道,"梅杰真是厚颜无耻"。杨接着说:"虽然有些人沦为乞丐,但没人能怀疑绝大多数人都是被迫成为乞丐的⋯⋯打开右派的议程,可以看到福利支出的预算极多。但是依然不能阻止他们把道德上的耻辱之水浇在无家可归的人身上。"据1994年的统计估算,每年有14.5万户家庭宣布无家可归。然而,这并没有告诉我们每个家庭中有多少人,以便我们估算无家可归者的真实人数。1994年出台的新住房规定也加大了无家可归者被正式认定为无家可归者的难度,例如:"为了被认定为无家可归者,整个家庭将被迫睡在门廊。"③

恩格斯的唯物分析与当代社会的关系

在当代英国,据估计至少有三分之一的儿童生活在贫困中,低收入家庭往往无法负担相当于19世纪穷人的家庭饮食,而在撒切尔执政期间,"最贫困家庭"的收入下降了14%。④ 爱丁堡公爵(The Duke of Edinburgh)曾称绝对贫困已不复存在。但是,如果公民无法负担最基本

---

① 参见《马克思恩格斯文集》第1卷,人民出版社2009年版,第479页。
② 参见 D. Harrison, V. Dodd, and M. Durham, "Major Chases Votes in New Attack on Beggars", *The Observer*, 1994。
③ P. Wintour, "Families Must Sleep Rough to be Seen as Homeless", *The Guardian*, 1994.
④ 参见 D. Brindle, "Poorest Families' Income Fell 14 Percent Under Thatcher", *The Guardian*, 1993。

的生活必需品,那么贫困的绝对程度又是如何呢?也就是说,当我们的健康或技能下降时,我们的住所、食物、工作的权利和尊严如何保障?真正的贫困和相对的贫困一如150年前一样普遍。19世纪恩格斯的研究方法暴露出的不确定性、不安全感和不平等的幽灵等社会弊病在今日仍然盛行。正如唐尼森(Donnison)所说:"损害我们健康的不是贫困而是不平等。"①在我们庆祝《英国工人阶级状况》出版150周年之际,对其进行重新评估是一个有价值的项目,尤其是在我们接近21世纪时资本主义经济发展仍然未能创造一个更加公平的社会的背景下。

在20世纪90年代使用恩格斯的"必要的资料"有力支持了以下这一论点,即恩格斯的文本、研究方法和对社会的唯物分析在今天仍然有效。20世纪90年代正如1845年一样,对社会的唯物分析揭示了"英国历史发展的必然结果"②。恩格斯的研究批判了抽象的理论文本的肤浅性,同样的批评也适用于今天。例如,考虑一下20世纪90年代的健康饮食运动,这些运动在理论上是正确的,但在实践中对于很大一部分人来说却很难实现。恩格斯的方法揭示了创造和再造需求的社会的结构,因为"同一个经济必然性在一个地方产生了这些东西,在另一个地方也会再产生它们"③。

恩格斯在1845年提出,"为了一方面给社会主义理论,另一方面给那些认为社会主义理论有权存在的见解提供坚实的基础……了解无产阶级的状况是十分必要的"④。或许,在20世纪90年代的英国也需要这样做。运输和普通工人工会最近发表了它们对财富、健康和福利等方面的社会经济差异现实的回应。它们的研究结果表明:

---

① D. Donnison,"Riches to Die for",*The Guardian*,1994.
② 《马克思恩格斯文集》第1卷,人民出版社2009年版,第498页。
③ 《马克思恩格斯文集》第3卷,人民出版社2009年版,第307页。
④ 《马克思恩格斯文集》第1卷,人民出版社2009年版,第385页。

> 这份报告展示了近年来英国社会的贫困、不安感和不平等的广度和深度在不断扩大。与此同时,战后建立的社会保障形式已被系统侵蚀,在逐步重构社会供给的过程中反映和巩固了当代社会的碎片化和分层……很清楚的是,只有社会重建才能够打击这些社会罪恶,并在20世纪末发生变化的世界中实现真正的社会安全。
>
> ——运输和普通工人工会(1994年)

因此,恩格斯的政治理论在今日仍然具有现实意义,在我们即将迈入21世纪之际,通过运用恩格斯的研究方法来指导社会主义理论或许有可能为大多数公民创造一个更加公平的社会。

在20世纪90年代运用恩格斯的研究方法支持了这样一种观点,即对社会进行唯物分析仍然是揭露发达资本主义社会的结构性不平等,并驳斥肤浅的不考虑现实的抽象概念的一种手段。

作为意识形态的"真正的"社会主义

——论马克思恩格斯意识形态批判的建设性作用

[德] 克里斯丁·维克维尔特[*]

冯泽坤[**] 译 刘健[***] 校

可以说,在对马克思的一种思想进行自由修订的过程中,人们在先前理论的历史成就的基础上创造了新的理论,在此过程中,他们自己也生产出了新理论得以产生的社会条件[①]。同时,他们也放弃了业已成为认知障碍的理论的前提和轮廓。在德国三月革命前的时期,这种知识上的根本变革是很突出的。它带领马克思和恩格斯克服了意识形态批判的瓶颈,并穿过这一瓶颈,抵达《德意志意识形态》的手稿。在手稿中,他们将后黑格尔哲学批判为**意识形态**,并反过来构想了唯物主义的历史观。在这里,**意识形态批判的作用**不单纯是一种外部动力;更确切地说,它催生了概念上的转变过程,在此过程中,既定的意识形态研究方法与其自身的前提和观点形成对立。它们在**理论构建**方面具有积极作用。在马克思和恩格斯随后的发展以及他们理论的接受史中,这种

---

[*] 克里斯丁·维克维尔特(Christine Weckwerth),德国哲学家,主要研究黑格尔哲学、费尔巴哈哲学、马克思哲学等,著有《作为现象学的形而上学:关于黑格尔精神现象学的起源与结构研究》《导读费尔巴哈》。本文选自国际马克思恩格斯基金会学术刊物《马克思恩格斯年鉴》(*Marx-Engels Jahrbuch*)2017—2018 年卷。

[**] 冯泽坤,南京大学哲学系硕士研究生。

[***] 刘健,德国弗莱堡大学文学博士,南京大学外国语学院助理研究员。

[①] 原文引用参见 Karl Marx, "Die moralisierende Kritik und die kritisierende Moral", in *MEGA* 1 I/6, S. 306;马克思《道德化的批评和批评化的道德》,载《马克思恩格斯全集》第 4 卷,人民出版社 1958 年版,第 322—356 页。

作用则退居幕后:他们的**意识形态批判**常常不被视为一种**自我反思**和**理论建构**的方法,而仅仅是作为一种暴露其理论与政治反对者的机制。需要指出的是,恩格斯后来的评论也为这一解释作出了贡献。根据这一解释,马克思在 1845 年春天——也就是在起草《德意志意识形态》手稿之前——就已经"大致完成了阐发他的唯物主义历史理论的工作"。① 因此历史唯物主义就像机械降神(Deus ex Machina)一般,进入了世界舞台。

自 1930 年代以来,《德意志意识形态》的流传手稿已作为完整的、统一的著作被编辑,其中,历史唯物主义的典范被从起先零散保存的"费尔巴哈"一章中精选出来,这些都在编辑领域为这个意外降临的神话打下了基础。② 以《马克思恩格斯全集》(历史考证版)为基础的新版《德意志意识形态》打破了这种编辑惯例,并首次按照撰写和传播的本真形式呈现了包含在项目中的手稿。有鉴于这一新版本,在下文中,我们通过分析对"真正的"社会主义的批判来详细探讨**意识形态批判**的建设性作用。为此,本文首先概述《德意志意识形态》手稿的起草过程,继而揭示马克思和恩格斯对"真正的"社会主义的反对意见——这种反对意见在对意识形态的指控中达到了顶峰。在此基础上,本文将阐明这些手稿中使用的意识形态概念以及**意识形态批判**的建设性作用。

一、论《德意志意识形态》手稿的撰写过程

在马克思对黑格尔的法哲学进行批判性考察,以及马恩共同起草《神圣家族》之后,在《维干德季刊》(*Wigand's Vierteljahrsschrift*)上发表的布

---

① Friedrich Engels, "Zur Geschichte des Bundes der Kommunisten", in *MEGA* 2 I/30, S. 97. 参见恩格斯《关于共产主义者同盟的历史》,《马克思恩格斯全集》第 28 卷,人民出版社 2018 年版,第 274 页。

② 编辑历史见引文,*MEGA* 2 I/5, S. 784-793。

鲁诺·鲍威尔和麦克斯·施蒂纳(Max Stirner)的两篇文章①促使马克思和恩格斯重新考察后黑格尔哲学,并间接重新考察了黑格尔的哲学。围绕黑格尔的遗产之战对他们而言显然还没有结束。对于马克思来说,此问题有时甚至比他计划实施的政治和国民经济学批判更为重要。在这种情况下,由赫斯于1845年11月议定的季刊的资助承诺便起了催化剂的作用。② 马克思和恩格斯与赫斯一道首先对青年黑格尔哲学和宗教社会主义进行了全面攻击。马克思和恩格斯在得到资助承诺后中断了已经开始的对鲍威尔的《路德维希·费尔巴哈的特征》(Charakteristik Ludwig Feuerbachs)的批判,并转向施蒂纳于1844年10月发表的《唯一者及其所有物》;与此同时,赫斯开始为计划的季刊撰写对阿诺德·卢格的批判,并且把自己在《社会明镜》(Gesellschaftsspiegel)上发表的一篇论文的部分内容修订为一篇关于宗教社会主义者格奥尔格·库尔曼(Georg Kuhlmann)的文章。此外,格奥尔格·韦尔特、卡尔·路德维希·伯奈斯(Karl Ludwig Bernays)、威廉·魏特林和罗兰特·丹尼尔斯(Roland Daniels)的文章也都应被列入季刊。③

在他们始于1845年10月的鲍威尔批判中,马克思和恩格斯已然勾画了人类历史社会化的总体模式,马克思的《1844年经济学哲学手稿》《关于费尔巴哈的提纲》(Thesis on Feuerbach)和马克思、恩格斯合著的《神圣家族》为此奠定了理论路线。根据这一模式,人类历史应从"直接生活的物质生产"中推断出来,而国家的行为,"不同的理论产物和形式,宗教、哲学、道德等",则可以通过与生产方式相联系的资产阶

---

① Bruno Bauer, "Charakteristik Ludwig Feuerbachs", in *Wigand's Vierteljahrsschrift*, Bd. 3, Leipzig, 1845, S. 86-146; Max Stirner, Recensenten Stirners. Ebenda, S. 147-194. 马克思在1844年11月就已经计划在巴黎的《前进!》评述施蒂纳的文章《唯一者及其所有物》(*Der Einzige und sein Eigenthum*),参见《马克思致亨利希·伯恩施太因(1844年12月2日)》,《马克思恩格斯全集》第47卷,人民出版社2004年版,第332页。(MEGA 2 III/1, S. 257)
② 参见 MEGA 2 I/5, S. 739-747。
③ 参见 MEGA 2 I/5, S. 756-762; Galina Golowina, "Das Projekt der Vierteljahrsschrift von 1845/1846", in *Marx-Engels-Jahrbuch* 3, Berlin, 1980, S. 263-270。

级社会的交往形式得到解释(第45页)。① 马克思和恩格斯也将这种历史观描述为唯物主义的世界观。② 他们将物质生活的生产和意识的生产把握为一个历史—社会现实的现象,而它们彼此之间具有特殊联系。在意识形态生产方面,他们在《德意志意识形态》的"施蒂纳章"中首次更确定地——更确切地说是结合施蒂纳的"教阶制"概念(第61—66页)③——反思了意识过程。值得注意的是,他们在《德意志意识形态》的手稿中并非以固定的意识形态概念为前提,而是在论述中发展这一概念。施蒂纳的观点将他们引向了作为后黑格尔哲学核心的表象性的意识形式问题,从而超越了施蒂纳、鲍威尔和费尔巴哈对意识过程的聚焦。他们按照《唯一者及其所有物》的论述方式,在所提出的唯物主义模式下,不仅发展了意识形态的概念,而且进一步发展了关于各个主题领域(历史时代、财产等)的历史观。

还在撰写"施蒂纳章"时,他们于1846年2至3月决定在"引言"和"I. 费尔巴哈"一章中归并他们的实证观点和对费尔巴哈的批判,他们分离了已写成的部分手稿,包括"施蒂纳章"中有关意识形态的段落,把它们放到对鲍威尔和施蒂纳的批判之前。④ 在此期间,他们同时还作出决定,将对后黑格尔哲学的考察扩展到对基于费尔巴哈的"真正的"社会主义的研究。由于他们对同时代理论的批判性评述已经增长到无法将他们的手稿在一卷中出版的程度,他们便自此一直在筹划两卷本的季刊。他们在从1846年4月中旬至5月下旬考察"真正的"社会主义的同时,还完善了对付印稿"莱比锡议会"和"II. 圣布鲁诺"中的青年黑

---

① 下文中括号标示的页码出处为 MEGA 2 I/5。此处参见《马克思恩格斯文集》第1卷,人民出版社2009年版,第544页。
② 在"施蒂纳章"中,马克思、恩格斯提到"通向一条唯物主义的、非无条件的,而是将现实物质条件视为经验现实的,因此也是真正批判性的世界观的道路"(MEGA 2 I/5, S. 291)。但"唯物主义的世界观"概念并没有出现在《德意志意识形态》的手稿中。
③ 参见《马克思恩格斯文集》第1卷,人民出版社2009年版,第550—555页。
④ 从对鲍威尔和施蒂纳的批判中分离出来的手稿以"费尔巴哈卷帙"为题放在了 MEGA 2 I/5,参见第16—123页,撰写历史参见第832—848页。

格尔哲学的批评,后者是他们中断的鲍威尔批判的新版本。特别是在对"真正的"社会主义的批判中,意识形态的概念得到了进一步发展。除了未完成的"费尔巴哈章"以外,可以假定所列手稿,包括赫斯、韦尔特、丹尼尔斯和伯奈斯的文稿,在1846年5月底已被运送到季刊的出版地威斯特法伦(Westfalen)。

在直到1846年7月中旬的这段时间里,马克思和恩格斯写了两份隶属于"费尔巴哈章"的誊清稿的片段,在其中他们根据当时的劳动分工程度概述了所有权形式的历史(第129—134页)①,并再次研究了"道德、宗教、形而上学和其他意识形态"与有关社会现实的相应意识形式之间的关系(第135—139页)②。与此同时,他们还专门讨论了科学与意识形态之间的关系,在这里他们从矛盾的意义上把握这种关系。从1846年6月初至7月中旬,他们为计划中的"费尔巴哈章"起草了三个记录下来的章节开头,其中,他们把后黑格尔哲学与意识形态等同起来,从而将意识形态概念置于中心位置。③ 当他们的出版项目在1846年夏天失败时,他们决定在单独的两卷或一卷出版物中出版为季刊撰写的手稿。马克思在专为两卷出版物起草的"序言"中宣布,他将揭露青年黑格尔学派所进行的与"思想的统治"的虚假斗争,他认为此斗争反而显示出"德国现实状况的可悲"(第3页)④。恩格斯从1847年1月至4月/5月撰写了"真正的"社会主义论文集合的最后一篇文章,这也构成了《德意志意识形态》的最末撰写的手稿(第602—643页)。最迟在1847年12月,马克思和恩格斯努力尝试发表他们的《德意志意识形态》的手稿。之后他们放弃了发表意图,将手稿听凭"老鼠的牙齿去批

---

① 参见《马克思恩格斯文集》第1卷,人民出版社2009年版,第520—523页。
② 参见《马克思恩格斯文集》第1卷,人民出版社2009年版,第523—526页。
③ 这一点从三个章节开头的标题就可以看出:"I. 费尔巴哈 A. 一般意识形态,特别是德意志意识形态";"1. 意识形态,特别是德国哲学";"I. 费尔巴哈,正如德意志意识形态家们所宣告的",参见 MEGA 2 I/5, S. 4, 8, 12。
④ 参见《马克思恩格斯文集》第1卷,人民出版社2009年版,第510页。

判",正如马克思后来讽刺地指出的那样。① 马克思在 1847 年 4 月上旬发表的《驳卡尔·格律恩》(Erklärung gegen Karl Grün) 中只提到了"德意志意识形态"这个标题。② 这一迹象让我们看到,此时意识形态批判问题对马克思、恩格斯而言具有中心性的价值。

上文概述的撰写过程清楚地表明,《德意志意识形态》的文本集合的核心关切并不是论述一个基本完成了的历史理论。相反,马克思和恩格斯在其中更加遵循批判性出版物的陈述方式,而不是遵循自己的体系分类。在这样做的过程中,他们遇到一些棘手问题,而这些问题依靠鲍威尔的自我意识原则、施蒂纳的无中介个体的方法或是"我—你—统一"的费尔巴哈人类学都无法被解决。他们在唯物主义模式下发展起来的对人类历史的实证解释,形成了对青年黑格尔派哲学和"真正的"社会主义的批判的特定回应。他们以事实的历史进程为参照,将历史—社会现实构想为一个对象性中介的关系的整体,并且以具有身体需要性的、互动的诸个体的实践—对象性活动为基础来理解上述整体。这一客观变化使他们将后黑格尔哲学视为**一种意识形态**,也使得**意识形态批判**促进了他们历史观念的进一步发展。在这方面,《德意志意识形态》手稿的撰写过程已经表明,**意识形态批判**与**理论建构**之间有着不可分割的联系。

二、对作为意识形态的"真正的"社会主义的反对意见

我们应该首先以对所谓的"真正的"社会主义③的批判为出发点,来

---

① 参见 MEGA 2 II/2, S. 102;《马克思恩格斯全集》第 31 卷,人民出版社 1998 年版,第 414 页。
② 完整标题为"德意志意识形态(对费尔巴哈、布·鲍威尔和施蒂纳所代表的现代德国哲学以及各式各样先知所代表的德国社会主义的批判)",参见 Karl Marx, "Erklärung gegen Karl Grün", in Trier'sche Zeitung, Nr. 99, 9. April 1847, S. 3 (MEGA 1 I/6, S. 260)。在该文中,马克思申明,鉴于格律恩的最新指摘,《对真正的社会主义的批判》的第四章将单独出版。参见《马克思恩格斯全集》第 4 卷,人民出版社 1958 年版,第 44 页。
③ "'真正的'社会主义"这一概念,可能是马克思、恩格斯从格律恩处采引而来的。Karl Grün, Die Bielefelder „Monatsschrift". Erstes Heft. Programm der Redakzion, in Neue Anekdota, Darmstadt, 1845, S. 185.

研究马克思和恩格斯的意识形态批判的形式。这种批判预先设定了他们的历史观念的实证解释,以及对意识形态概念的确定的语义学上的占用。① 马克思和恩格斯总体上将"真正的"社会主义理解为德国的一种文学运动,这种运动将从法国和英国共产主义中摘引的观念,与德国哲学的前提尤其是黑格尔和费尔巴哈的哲学联系起来,但它缺乏与法国和英国相当的社会基础。② 这种标签化显然迎合了例如卡尔·格律恩(Karl Grün)或莫泽斯·赫斯这样的德国社会主义者的自我理解。赫斯指出,"只有在社会生活中应用费尔巴哈人本主义",才能在共产主义意义上取得实践成果。③ 格律恩也表达了相似的观点。④ 赫斯和格律恩都将社会主义视为一种实践导向的理论,旨在"扬弃无产阶级、劳动的组织化、社会化",为此,它不仅需要针对社会的科学,而且需要感性、感觉、痛苦意识和审美的中介。⑤

马克思和恩格斯在这里反对自我指涉的历史过程的论证模式。青年马克思呼吁无产阶级和哲学的结合,同时也努力为共产主义观点建构一个坚实的哲学论证框架。⑥ 在这方面,他的《1844 年经济学哲学手

---

① 参见该年鉴中乌尔里希·帕格尔(Ulrich Pagel)的论文。
② 此观点也见于以《真正的社会主义》为题的文章片段中,由于该片段信息量较大,可将其视为对《真正的社会主义》一文的引用,以及季刊文章集合的最后一篇文献。
③ 参见 Moses Hess, "Über die sozialistische Bewegung in Deutschland", in *Philosophische und sozialistische Schriften 1837 - 1850*, Eine Auswahl, Hrsg. und eingel. von Wolfgang Mönke. 2. , bearb. Aufl. Berlin, 1980, S. 293;另见 *MEGA 2* I/5, S. 551. 28 - 30, 1626. 在《德意志意识形态》中,马克思、恩格斯对赫斯这一季刊的最初理论同盟进行了含蓄而间接的批判。在共同研究的进程中,赫斯与马克思、恩格斯最初的立场渐行渐远,逐渐转向经济学问题。参见 *MEGA 2* I/5, S. 1656.
④ 针对费尔巴哈将神学融入人类学的主张,格律恩写道:"人们只要将费尔巴哈的所有言论变成现实,我们就进入社会主义了。"Karl Grün, "Feuerbach und die Socialisten", in *Deutsches Bürgerbuch für* 1845, Darmstadt, 1845, S. 68.
⑤ 参见同上书,第 63、64、66、73 页。
⑥ 马克思生动地将哲学比作人类解放的"头脑",将无产阶级比作其"心脏"。(Karl Marx, "Zur Kritik der Hegelschen Rechtsphilosophie. Einleitung", in *MEGA 2* I/2, S. 183) 恩格斯将这一时期的共产主义称作"新黑格尔派哲学的必然产物",参见恩格斯《大陆上社会改革的进展》,《马克思恩格斯全集》第 3 卷,人民出版社 2002 年版,第 492 页。(Friedrich Engels, "Progress of Social Reform on the Continent", in *MEGA 2* I/3, S. 509)

稿》试图在后黑格尔时期的异化和对象化辩证法框架内重构共产主义和社会主义涉及的解放和财产问题。他以劳动及其对象性形式即财产为基础,将共产主义定义为"对私有财产的积极的扬弃",代表"对人的本质的真正占有"。① 在共产主义社会中,需求和技能的发展如诸个体的相互交换一样成为目的本身。马克思认为,为了实现这样的社会,需要采取"现实的共产主义行动"②。历史上发生的事情是哲学这种"超越"历史的意识已经预料到的。③ 在此,马克思从对事实历史的哲学反思中得出结论。在《德意志意识形态》手稿中,马克思和恩格斯特意对这种哲学内在的论证模式进行了根本的批判。通过这种方式,他们也与自己先前的立场拉开距离,这意味着他们的**意识形态批判**可以被视为一种间接的自我批判,或者用马克思的话来说,是一种对他们"从前的哲学信仰"④的清算。

为了把握表现形态各异的同时代的德国社会主义,马克思和恩格斯在《德意志意识形态》手稿中对不同的主题领域(哲学、历史学、宗教)⑤以及不同的地方学术圈子进行了研究。与他们同时代的有社会主义倾向的学者成了他们批判的对象,例如莫泽斯·赫斯、约瑟夫·魏德迈(Joseph Weydemeyer)、奥托·吕宁(Otto Lüning)或赫尔曼·克利盖(Hermann Kriege),他们有时会与后者合作,有时也会批判发

---

① 参见 Karl Marx, "Ökonomisch-philosophische Manuskripte", in MEGA 2 I/2, S. 263。与此相对,马克思将社会主义理解为一个发达的社会形式,这一形式不再需要上述负面的中介。参见同上书,第 274 页。马克思的共产主义、社会主义概念与"粗糙的"共产主义和法国早期社会主义区分了开来。
② 同上书,第 289 页。参见《马克思恩格斯文集》第 1 卷,人民出版社 2009 年版,第 232 页。
③ 参见同上。
④ Marx, "Zur Kritik der politischen Ökonomie", in MEGA 2 II/2, S. 101/102. 在"施蒂纳章"中,马克思和恩格斯将马克思早年在《德法年鉴》上发表的文章称作"哲学成语学"(philosophischer Phraseologie)(MEGA 2 I/5, S. 291)。(参见 Zwi Rosen, *Moses Hess und Karl Marx. Ein Beitrag zur Entstehung der Marxschen Theorie*, Hamburg, 1983, S. 115 - 120)
⑤ 据推断,在两个未发表的关于"真正的"社会主义的章节中,马克思和恩格斯研究了经济、诗学和散文。参见 MEGA 2 I/5, S. 757/758。

表自己文章的杂志和报纸。① 批判所倾向的主题包括：德国社会主义者对法国共产主义和社会主义的接受，关于生产和消费或劳动和享受的统一，财产问题，以及将宗教用于社会主义目的的讨论。恩格斯在最后写的《"关于真正的社会主义者"手稿》中还探讨了德国社会主义者的文学和诗歌。在下文中首先研究其中主要针对此类社会主义的意识形态内容的事实性的反对意见（除去剽窃指控以外）。

马克思和恩格斯指责《莱茵年鉴》和卡尔·格律恩将法国共产主义和社会主义从其历史背景中分离出来，并将其解释为单纯的抽象理论或原则（第518—519页）。相较于将其视为某些确定历史关系的表达，他们将这些方向视为教条主义的体系，并与之斗争（第521—522页）。② 他们对这里所说的**去历史化**或**去语境化**，即"所有划时代体系的真正内容"是"时代的需要"（第522页）提出异议，并因此联结了黑格尔的思想。③ 所有这些体系都"基于一个国家的整个先前发展，阶级关系的历史形态及其政治，道德，哲学和其他后果"（第522页）。在这种背景下，他们将傅立叶、欧文和卡贝（Cabet）的体系解释为文学作品——"大众小说"——一种"尚未开始运动的无产阶级的意识"，这种意识被解释为"诗意的精神""商业计算"或"钻法律空子的对需要改造的（zu bearbeitend）阶级的观念的依恋"（第521页）。如此，他们给法国和英国早期的社会主义清理出了积极的、真实的内容以及实用的组成部分["改造"（Bearbeitung）]。与他们对"真正的"社会主义者的**去历史化**的批判一致的是，他们认为，**去历史化**将特定的个人的关系混淆为"整个

---

① 在《德意志意识形态》手稿中，由赫尔曼·皮特曼主编的《莱茵年鉴》(*Rheinischen Jahrbüchern*)《市民志》以及由赫斯修订并刊登过马克思、恩格斯文章的《社会明镜》均受到批判。
② 在此，马克思和恩格斯引用了泽米希（Semmig）的评论，即"共产主义者擅长列举体制或者现有的社会秩序（Cabets Ikarien, la Félicité, Weitling），然而所列举的所有秩序都是教条且专制的"。(参见 Hermann Semmig, "Communismus, Socialismus, Humanismus", in *Rheinische Jahrbücher zur gesellschaftlichen Reform*, Bd. 1, Darmstadt, 1845, S. 170)
③ 在《哲学史演讲录》中，黑格尔把哲学称作"时代的思想"以及"时代实质的知识"。

人类的关系",将特定个体的思想混淆为"整个人类的思想"①(第 516 页)。他们也将这种不适当的普遍主义观点归因于德国社会主义的先驱费尔巴哈,认为他不负责任地忽视了历史关系和由其决定的人的需要(第 19—20 页)。他们将费尔巴哈对宗教的批评应用于他自己的哲学,他们指责其将人类本质从其具体的承担者身上分离。

此外,马克思和恩格斯还批评"真正的"社会主义者的缺点,即以被认为是优越的德国哲学意识来衡量法国的社会主义和共产主义。② 例如,关于赫尔曼·泽米希(Herman Semmig)批评法国人,他们讽刺地评论道,"费尔巴哈哲学不是他们整个运动的最后之点"(第 520 页)③。"真正的"社会主义者首先从一个事实中抽离(哲学)抽象,然后解释说,这一事实是基于这种抽象的(第 542 页)。④ 在此,我们可以看到一种对历史社会现实的不可接受的哲学标准化的反对意见,马克思和恩格斯借助财产问题对此进行了例证。德国社会主义者,例如赫斯或受他影响的泽米希,区分了"真正的""虚假的"或"所谓的"财产。赫斯将前者归因于与合作者一起有机地成长的财产的表象,而对后者,他把它归为私有财产,将其确定为"转让的财产"甚或是"被高价卖出的生活活动"。⑤ 赫斯以基于人类学的自由的自身能动性以及为他人生产为价值

---

① 在《共产党宣言》中,马克思和恩格斯指责"真正的"社会主义者不是代表"无产者的利益",而是想代表"一般人的利益",因此他们的主体概念是属于"云雾弥漫的哲学幻想的太空"。(参见《马克思恩格斯文集》第 2 卷,人民出版社 2009 年版,第 58 页;MEGA 1 I/6, S. 550)
② "他们将特定历史环境决定的意识与其环境分割开来,并将其真实的,即绝对的德国哲学意识下衡量。"(MEGA 2 I/5, S. 516)
③ 马克思和恩格斯在此指涉的是泽米希的论断:"法国人似乎没有理解自己的天才。为此德国科学来帮助他们,在社会主义中,在理性中更甚,才有最理性的社会秩序。"[MEGA 2 I/5, S. 518; Semmig, "Communismus, Socialismus, Humanismus", S. 168]
④ 马克思在黑格尔处就已经发现了类似理念与现实的倒置。参见 Karl Marx, "Zur Kritik der Hegelschen Rechtsphilosophie", in MEGA 2 I/2, S. 9/10。在《神圣家族》中,马克思将此理论特征称为"思辨猜想性建构的秘密"(MEGA 1 I/3, S. 227 - 232)。
⑤ 参见 Hess, Moses, "Über die Noth in unserer Gesellschaft und deren Abhülfe", in Philosophische und sozialistische Schriften 1837 -1850, S. 321/322; Moses Hess, Über das Geldwesen, Ebenda, S. 340, 343/344, 346; Semmig, "Communismus, Socialismus, Humanismus", S. 169。

标准,判断了实际的私有财产关系,并将此作为向共产主义社会过渡的合理性论证的基础。① 这种与人类历史相关的规范性观点也可以在马克思的《1844年经济学哲学手稿》中找到。在关于《德意志意识形态》的手稿中,"真正的"财产的表象现在被表明为一种抽象构造,其中,被贬低为虚幻形式的事实历史关系却未被发现(第530页)。对于马克思和恩格斯来说,这些关系中所包含的矛盾,例如私人所有者和失去财产的劳动者之间的矛盾,被消除或边缘化了(第529—530页)。

他们指责"真正的"社会主义者将历史—社会现实及其行为者**理想化和同质化**——一种观点,它与"原始现实"保持"适当的距离"(第520页)。另一个反对意见针对"真正的"社会主义者所断言的观点,即历史过程应被解释为意识过程,他们按照这一观点来整体把握德国哲学,例如他们在"施蒂纳章"中指出,"思辨的观念"或"抽象的观点""变成了历史的动力,因此历史也就变成了单纯的哲学史"(第179页)②。关于德国社会主义者,他们提到"对创造世界和破坏世界的概念的力量的哲学信仰"(第527页),因此,他们将德国社会主义者与(出于理性动机的)信仰特征联系起来。为了说明这种观点,他们以赫尔曼·泽米希为例。泽米希引证费尔巴哈和赫斯,认为"**新的人类**的社会秩序"出脱于宗教和政治幻想的幻灭。③ 正如马克思和恩格斯所援引的那样,"对人的本质的认识必然导致人的真实生活"(第528页)④。对泽米希和其他社会主义者而言,对人的本质的认识将会揭示出"人类的道义(sittlich)本

---

① 参见 Simon Derpmann, "Eigentumskritik bei Moses Hess", in *Die linken Hegelianer. Studien zum Verhältnis von Religion und Politik im Vormärz*, Hrsg. von Michael Quante und Amir Mohseni, Paderborn, 2015, S. 109 - 125。
② 《马克思恩格斯全集》第3卷,人民出版社1960年版,第131页。
③ 参见 Semmig, "Communismus, Socialismus, Humanismus", S. 171。
④ 同上书,第172页。恩格斯曾在《德法年鉴》中英雄所见略同地指出,"人只须认识自身,使自己成为衡量一切生活关系的尺度,按照自己的本质去评价这些关系,根据人的本性的要求,真正依照人的方式来安排世界,这样,他就会解开现代的谜语了"。(Friedrich Engels, "Die Lage Englands. I. 'Past and present' by Thomas Carlyle. London 1843", in *MEGA 2 I/3*, S. 533;参见《马克思恩格斯全集》第3卷,人民出版社2002年版,第521页)

性",而期待中的新社会应该建基于此。① 马克思和恩格斯认为这一观点是"博爱幻想"(第 517 页),他们发现费尔巴哈也抱有此幻想。②

马克思和恩格斯也指出了《莱茵年鉴》的另一作者鲁道夫·马特伊(Rudolph Matthai)对人类历史的**道德化**和**自然化**。马特伊将"自然的"即"理性的社会"归因于"**共同的,所有的共同的人类本性的意识**",并认为它的根基是"宇宙的有机统一体"。③ 马克思和恩格斯驳斥了这种将自然神秘化的观点。按照这种观点,自然被放置于人类关系愿望之下,以便将自然当作解释人类历史的理由(第 533、534 页)。在马特伊的解放概念中,他们发现了愿望性以及目的论的特征,这在自然过程中得到了保障。对他们而言,对历史的理想化—规范化的观察方式导致了"对现状的辩护"(第 574 页)。在这背后是他们的一个观点——这一观点已经在马克思的《关于费尔巴哈的提纲》中被提出,当着眼于意识的变化时,现状只被"不同地"解释,因此会勉强地被承认(第 7 页)。他们的理论批判直接转变为政治批判。④ 他们也指责卡尔·格律恩为此辩护的倾向(第 573、574 页)。格律恩从生产和消费的本质单一性出发,得出结论,对消费的真正本质的了解或通过洞察力变更消费者的行为导致了生产的改变。⑤ 格律恩用几个当代社会的单一事例表明生产和消费

---

① 参见 Semmig, "Communismus, Socialismus, Humanismus", S. 171。泽米希认为,该道义本性是人的自然属性,"因为只有自然的才是真的,而真的便是道义的"(同上书,第 171 页;参见 MEGA 2 I/5, S. 523)。赫斯将预见的共产主义社会类比为"哲学伦理的实践性展现,该伦理认为,唯一真实的享受,即所谓最高级的善,存在于自由的活动中"(Moses Hess, "Socialismus und Communismus", in *Philosophische und sozialistische Schriften 1837-1850*, S. 204)。
② 恩格斯在笔记中指责费尔巴哈的很多道义说教实际上是基督教思想,批评他在自然(性别)关系中确立你我关系。(参见 MEGA 2 I/5, S. 124, 127)
③ 参见 Rudolph Matthai, "Socialistische Bausteine", in *Rheinische Jahrbücher zur gesellschaftlichen Reform*, Bd. 1. Darmstadt, 1845, S. 159, 161。
④ 史蒂凡·科斯罗夫斯基将马克思、恩格斯的"德国社会主义"批判称为"带有政治倾向的意识形态批判"(Harald Bluhm, Kritik des "deutschen Sozialismus", in Karl Marx/Friedrich Engels, *Die deutsche Ideologie*, Hrsg. von Harald Bluhm, Berlin, 2010, S. 185)。
⑤ 参见 Karl Grün, "Feuerbach und die Socialisten", in *Deutsches Bürgerbuch für* 1845, Darmstadt, 1845, S. 191/192, 432-437。

的统一,并赋予该结论以普遍性(第 573 页),而他却忽略了"实际的生产和消费关系"及其事实上的差异(第 576 页)。按照马克思和恩格斯的观点,格律恩提出的教育消费者的解决性建议①,忽视了物质生产关系的自身动力,并包含了**对现状的辩护**。在这方面,他们认为不仅格律恩,甚至整个德国社会主义已经成了"反动派"(第 551、576、620 页)。对于他们来说,这尤其适用于反自由主义(第 619、617 页)。他们在《共产党宣言》中再次拾起了这种批评,指责"真正的"社会主义者作为资产阶级推动社会变革的批评家却支持着德国的专制主义。②

最后,他们在现存的《德意志意识形态》手稿的最后,在宗教和美学领域批判了德国社会主义。赫斯和恩格斯指责宗教社会主义者格奥尔格·库尔曼将社会主义建立在"神权等级制度"(第 597 页)之上,同时恩格斯指责德国社会主义文学和诗歌有一种苦难性的基本倾向。③ 在这种语境下,恩格斯认为恩斯特·德朗克(Ernst Dronke)把"对德国小资产阶级的苦难的催人泪下的描述"假冒为"社会主义宣传",尽管这种"悲惨场面"有"自由宣传"(第 634 页)背景。④ "真正的"社会主义"与一切为友",这表明了它并没有真正认清"资产阶级对无产阶级的进行着的直接剥削"(第 622 页)。这意味着恩格斯自己离开了"激情"和"渴望阶级仇恨"开始的那一面(第 622 页)。在德国社会主义者身上,恩格斯并没有发现热心于革命的文学和诗歌,取而代之的是抽象的和解倾向和拯救世界的热情,在其中他发现了肯定性的机会主义倾向。

---

① "如果你宣传消费者的社会自由,你就会得到生产的真正平等"(同上书,第 433 页;同参见《马克思恩格斯全集》第 3 卷,人民出版社 1960 年版,第 614 页;MEGA 2 I/5, S. 576)。
② 马克思和恩格斯将其称为"政府用来镇压德国工人起义的毒辣的皮鞭和枪弹的甜蜜的补充"。(参见《马克思恩格斯文集》第 2 卷,人民出版社 2009 年版,第 59 页;MEGA 1 I/6, S. 551)
③ 该批评见于"关于真正的社会主义者"手稿(MEGA 2 I/5, S. 602—643);同参见艾登·奥佛《阶级的诗学——浪漫主义的反资本主义以及无产阶级的诞生》,柏林,2017 年,第 166—176 页。
④ 恩格斯在此特指德朗克的《警察故事》(莱比锡,1846 年)。针对恩格斯对德朗克的贬低,艾登·奥佛合理地反驳道,德朗克以对社会阶级的精确描述反映了三月革命前无产阶级的状况。(参见艾登·奥佛《阶级的诗学》,第 183 页)

在放在前面的关于"真正的"社会主义的导论(第515—517页)中,马克思和恩格斯总括了他们对德国社会主义的意识形态的主要反对意见。从"真实的历史基础到返回意识形态的基础",它的代表"由于不知道真实的相互关系,便使用绝对的或另一种意识形态方法轻松地构建一个幻想的相互关系"(第516页)。马克思和恩格斯认为德国社会主义者的哲学建构没有智识上的失误;在他们看来,"真正的"社会主义是一个"无法回避的方向",其特征是落后的条件、未经训练的阶级关系,以及"德国的对现实的、有激情的、实践的政党斗争的缺乏"。(第517、522页)他们强调,作为这一方向的接受者,观念上在无产阶级和资产阶级之间摇摆的"小资产阶级"的哲学家,是"小资产阶级的意识形态家",后者同时表达了德国普遍的"共同"意识(第517页)。由此,他们将哲学社会主义与现实社会状况联系起来,并将其分配给特定的社会载体。他们认为,历史—社会现实并不仅仅是在其中如镜面般反映出来,而是以一种特定的方式进行了转变,这一点借助表现出的**去历史化**、**去语境化**、**理想化**、**标准化**等趋势可以看出。对于他们来说,这种转变是意识形态问题的关键(请参见下文)。

与法国和英国早期的社会主义形成鲜明对比的是,马克思和恩格斯否认"真正的"社会主义具有任何积极意义。①他们对这一方向的判决至少在马克思主义传统中是成功的。② 在重印《驳卡尔·格律恩》之际,社会主义者弗兰茨·梅林(Franz Mehring)被迫看到,例如赫斯、格律恩、奥托·吕宁或海尔曼·皮特曼(Hermann Püttmann)是劳动阶级的同情者。③在研

---

① 他们只对德国社会主义的起始阶段表示了赞同,比如在1843年由海尔维格主编的《二十一印张》中(*MEGA* 2 I/5,S. 551)。
② 在马克思主义传统中,"真正的社会主义"是对群体的贬低性称呼。参见 *Geschichtliche Grundbegriffe. Historisches Lexikon zur politisch-sozialen Sprache in Deutschland*, Bd. 5. Stuttgart,1984,S. 955。马克思和恩格斯指责的社会主义者便是这一群体,它们被认为没有理论发展。与之相对,赫斯在修订自己早期的实践哲学文章时发现了经济问题的意义,参见本书第93面脚注③。
③ 参见 Franz Mehring, Nochmals Marx und der "wahre" Sozialismus, in *Die Neue Zeit*, Jg. 14, Bd. 2,1896,Nr. 39,S. 398/399, 401。

究中,马克思和恩格斯对"真正的"社会主义的解释被等同于德国三月革命之前的事实上的社会主义运动,然而被忽略的是,两位解释者并不关心对此运动的阐述,而是重点要将此运动称为意识形态。对他们而言,"真正的"社会主义与唯物主义的历史观形成了鲜明对比,并因而成为一种建构。他们把早期社会主义运动的确定的实际趋势捆绑在一种特定的对社会的反映或者论证化类型中,并从与之相反的理论角度来观察和评估此类型。在我看来,马克思、恩格斯的这种类型是有根本性问题的,尽管马克思和恩格斯的批评在今天对于针对那些仅仅在主观性、主体间性或规范性方向上的研究来说,仍然有意义,然而,他们并没有从德国早期社会主义的异质性的表达形式和效果出发来公正对待德国的早期社会主义。这种对师法黑格尔和费尔巴哈的文学运动的规定只能代表一小部分作家,他们的实践活动、经验关系和针砭时弊的新闻出版也在基本的合理化方案之下被忽视了。①

根据马克思和恩格斯的解释,德国早期社会主义没有提供科学,而是提供了"阶级和解的感性伦理",例如"博爱的文学话语"。② 这种否定性判断被接受,但没有回溯到理论历史的语境中。他们的目的是,根据基于经验所构成的物质关系,将未来的共产主义社会建基于经济优先性上,③借此,他们将科学视为认识社会变革过程的一种极好的形

---

① 赫斯负责修订的《社会明镜》在第一册中表明将要发表"基于事实基础的"、描写社会生活黑暗面并提供解决方案的"具有普遍性的描述、数据性的笔记和有特点的情况'"。(An die Leser und Mitarbeiter des Gesellschaftsspiegels, in *Gesellschaftsspiegel*, Bd. 1, H. 1, Elberfeld 1845)基于该初衷,该期刊可与恩格斯的《英国工人阶级状况》相比较,《社会明镜》的第 3、4、5 册刊登了这篇文章的部分章节。以"无情揭露社会黑暗面"为己任的经验性记录,如文学表达和诗歌等,并不符合马克思、恩格斯"对社会主义进行哲学内部的论证"的指责。
② 参见 Philosophisches Wörterbuch, Bd. 2, Leipzig, 1976, S. 1126。恩格斯在《路德维希·费尔巴哈和德国古典哲学的终结》中也对此评价作出了贡献,他在文章中批评"真正的"社会主义是"令人厌恶的美文学"和"泛爱的空谈"。(参见《马克思恩格斯全集》第 28 卷,人民出版社 2018 年版,第 330 页;*MEGA* 2 I/30, S. 131)
③ 参见 *MEGA* 2 I/5, S. 25, 42, 44。

式。① 他们以尚待发展的社会科学的尺度来衡量实际的社会主义运动，在这种运动中，他们认为情感号召的或伦理的表达形式只有从属和消极作用。相反，受到批评的社会主义者有意识地考虑了出于道德动机的和诗意的文学表现形式的有效性，②他们不仅将其理解为对社会困境的一种表达，而且认为这是与贫困和压迫作斗争的"武器"。③ 马克思和恩格斯并不认为德国社会主义者使用这些"意识形态"形式能发展弱势的无产阶级的错误意识和自我意识，这与实践的社会主义运动相比是不完备的。④

同时，他们对"真正的"社会主义的批判包含了超出理论论证范围的实践政治动机。他们批评"真正的"社会主义者的决定是他们在布鲁塞尔成立共产主义通讯委员会的时候作出的。这个国际协会应该贯彻他们所倡导的对"真正的"社会主义和克里斯蒂安·魏特林的基督教共产主义的方向的反对。1846 年春天，他们有代表性地表示了对即将到来的共产主义哲学的"过滤"。⑤ 为了抑制其他方向的影响，他们确定了"真正的"社会主义者是反动方向的代表。因此他们将像卡尔·格律恩、莫泽斯·赫斯、奥托·吕宁或恩斯特·德朗克这样的同时代人视为

---

① 在一个后来被否决的章节中，马克思、恩格斯提到"历史科学"，并用其反对意识形态，他们将意识形态称为对历史歪曲了的解读或者抽象。[参见《马克思恩格斯文集》第 1 卷，人民出版社 2009 年版，第 516 页；*MEGA 2* I/5，S. 824/825 (Var. 8.6 – 7)]
② 比如德朗克在被恩格斯批评的《来自人民》的前言中将中篇小说称为可以"最明确"表现社会关系"真相"并由此作为"抽象论述"的形式。(Frankfurt a. M.，1846，S. V/VI)
③ 参见埃米尔·维乐尔对"苦难诗学"的论述："但我们也要看到有一种苦难的诗学，那是眼泪的诗学，因为任何形式的压迫与贫困都成了诗，而这个诗将成为对抗生死折磨的武器。"(Emil Weller，"Der allgemeine Besitz"，in *Rheinische Jahrbücher zur gesellschaftlichen Reform*，Bd. 1，Darmstadt，1845，S. 178)
④ 关于此问题，参见 Barrington Moore，*Ungerechtigkeit：Die sozialen Ursachen von Unterordnung und Widerstand*，Frankfurt a. M.，1987。据目前了解，马克思和恩格斯的批判遭到了德国学界的反对，比如赫尔曼·克利盖将他们称为"布鲁塞尔的批判家老爷"，批评他们只从事"学究的科学"，而不投身现实的共产主义运动。(参见 Hermann Kriege，"Die kommunistischen Literaten in Brüssel und die kommunistische Politik"，in *Der Volks-Tribun*，Nr. 26，27，Juni 1846)上述文章针对的是马克思、恩格斯在 1846 年 5 月以布鲁塞尔共产主义通讯委员会名义发布的，并在《人民论坛》上以《驱逐通告》为题发表的"反对战争的通告"。
⑤ 参见 Roland Daniels an Marx，7. März 1846，in *MEGA 2* III/1，S. 513。

反动派,尽管这些人本身由于其社会主义观点也与德国政府和审查机构不和。就这方面而言,他们的批判成了"混战中的批判"①,这种批判动用了剽窃指控或个人诽谤的手段,譬如,将对手指责为智力上无能或者与专制主义共谋。就这方面,在事实批评、纯粹的辩论和人身攻击之间的界限已经不清楚了。同样的,从这个角度来看,"真正的"社会主义也应被理解为一种建构,而不应等同于德国三月革命前的事实上的社会主义运动。但是,以我的观点看来,将马克思和恩格斯的观点的发展总体上归类为"政治的暴力历史"②显然是不正确的,因为他们的意识形态批判的例子表明,这种发展本质上是由理论原因驱动的。

三、论意识形态问题和意识形态批判的积极作用

与马克思和恩格斯的早期著作相比,《德意志意识形态》手稿中的意识形态批判体现出了一种创新。它们代替了唯心主义批判的位置。通过这一步骤,它们不再从哲学(青年黑格尔主义、人本主义人类学),而是从社会理论的角度来反思现存的哲学概念。如果"真正的"社会主义的例子涉及的是作为意识形态的具体意识形式,或是关于某些意识形态的模型,那么马克思和恩格斯的意识形态概念也应按照上述概念来理解。我们应该去追问,他们对意识形态的批评在其理论构建的哪些方面可以被当作一种积极的要素看待?

在对施蒂纳的批判文本中,他们首次更加明确地探讨了意识形态

---

① 马克思曾在《黑格尔法哲学批判》中使用过这一表达,参见 MEGA 2 I/2, S. 173;同参见 Matthias Bohlender, "Marx und die 'Kritik im Handgemenge'. Die Geburt des'kritischen Kommunismus'", in *Marx-Engels-Jahrbuch* 2015/2016, Berlin, 2016, S. 137-159。恩格斯将此论战推向了顶点,他对德国社会主义者从属的文人作出了如下评论:"当德国无产阶级与德国资产阶级以及其他有产阶级清算的时候,就算这种情况能够出现的话,那么无产阶级们会证明给文人老爷们——这个最卑鄙的出卖自己的阶级,他们怎么就'也是无产阶级了'。"(MEGA 2 I/5, S. 635)
② 此表述参见 Matthias Bohlender, "Marx und die 'Kritik im Handgemenge'", S. 139。

问题。① 施蒂纳认为,迄今为止的基督世界,都是由"对思想的依赖"塑就的,②而他们则反驳道,任何时代占据统治地位的思想,其实都是物质统治阶级的思想(第60页)③。根据他们的说法,这些思想的产生者是"活跃的概念意识形态家",他们"令这个阶级对自己的幻想转变成这个阶级的主要养料"(第61页)。因此,意识形态具有自我认识和合法化的功能。我们考察他们后来对"真正的"社会主义的解释就会发现,他们认为除了思想之外,意识形态还表现在情感诉求、虚构的叙述甚至信仰形式之中。他们又一次细化了他们最初的定义,他们如今认为刚取得统治的独立的"革命"阶级(第61—62页)④以及没有统治地位的小资产阶级均具有独立的意识形态(见第517页)。值得注意的是,在对施蒂纳的批判过程中,除了意识形态的概念外,他们还发展了小资产阶级的概念,他们用此概念不仅指涉施蒂纳,也指涉"真正的"社会主义者。⑤

马克思和恩格斯把"施蒂纳章"中关于意识形态的虚幻特征理解为阶级特有的自我关系和相应的世界关系,⑥并将其与普遍化的"现象"捆绑起来。"每一个企图取代旧统治阶级的新阶级,为了达到自己的目的不得不把自己的利益说成是社会全体成员的共同利益,就是说,这在观念上的表达就是:赋予自己的思想以普遍性的形式,把它们描绘成唯一合乎理性的、有普遍意义的思想"(第62—63页)⑦。这种普遍化的断

---

① 参见 MEGA 2 I/5, S. 61-66。马克思和恩格斯将此首次对意识形态概念的正面论述放入了计划的费尔巴哈章节中。
② 参见 Max Stirner, *Der Einzige und sein Eigentum*, Hrsg. und mit einem Nachwort vers. von Ahlrich Meyer. Durchges. und verbess. Aufl. Stuttgart, 1981, S. 72。
③ 参见《马克思恩格斯文集》第1卷,人民出版社2009年版,第550页。
④ 参见《马克思恩格斯文集》第1卷,人民出版社2009年版,第552页。
⑤ 关于"小资产阶级"这一概念,参见《费尔巴哈卷帙》,第82,85—86页;"施蒂纳章",第166,250,271,313,327,332,364,368,416,430,454/455,468,471,474页;"真正的"社会主义文章集合,517,530,613页;以及引文第754/755页。(MEGA 2 I/5)
⑥ 阿尔都塞在研究中核心考察了意识形态作为自我关系的问题,他指出,马克思所指的意识形态是"个体与其真实生存条件之间想象出来的关系"(Louis Althusser, "Ideologie und ideologische Staatsapparate", in *Pour Marx*, Hamburg, Berlin, 1977, S. 133)。
⑦ 《马克思恩格斯文集》第1卷,人民出版社2009年版,第552页。

定包含着攫取统治的愿望,统治阶级是从物质上实现此愿望。意识形态表现在一个阶级与另一个阶级的关系上(又见第229—230页)。他们强调,在"真正的"社会主义的情况下,要判断具体的理论、政治或道德的划分模式。虽然意识形态作为特定利益的普遍化隐含着虚幻的特性,但它们仍然在行动的实际层面有意义。① 在一段插入语中,马克思从"实际生活状况"、"职业"和"分工"等方面解释了意识形态家的幻想与法学家和政治家的幻想(第66页)②。在"费尔巴哈卷帙"(Konvolut zu Feuerbach)的最后的笔记中,他又提到这个想法,并指出"意识形态在阶级中的细分"是因为由"分工"导致的商业变得独立了——"每个人都认为他们的技艺是真实的"(第120页)。这里的分工造就的不仅是一种特殊的社会地位,还有以劳动分工为基础的相关的专门化,比如实际的生活关系,它们构成了意识形态的组成部分。随着劳动分工在历史上的形成,单独的社会文化领域以及相应的意识形式都有可能变得独立。③ 关于"真正的"社会主义的那一章还表明,对马克思和恩格斯来说,一个国家内不发达的经济条件或社会文化的不平等也决定了意识形态的出现。意识形态在这里可以被描述为一个升华的过程,在这个过程中,在哲学的、政治的、法律的、道德的、宗教的、美学的层面上超越了真实的历史条件,哲学、政治等方面的观点和相应的现实也同时得到了概括。

在批判了"真正的"社会主义之后,马克思和恩格斯在一份撰写好

---

① 在此语境下,马克思、恩格斯认为集体利益的幻象在一开始是"真实的",因为"革命"的阶级能够"以社会全体群众的姿态反对唯一的统治阶级",而他们为了"胜利"而利用的个体可以上升为统治阶级的一员。(参见 MEGA 2 I/5, S. 63;《马克思恩格斯文集》第1卷,人民出版社2009年版,第552页)因此,他们认为意识形态在一段时间内是非幻象的、实践的世界和自我的关系。如同伊格尔顿指出的那样,他们是在认识论和实践政治维度理解意识形态的。(Terry Eagleton, Ideologie: Eine Einführung, Stuttgart/Weimar, 2000, S. 96)
② 参见《马克思恩格斯文集》第1卷,人民出版社2009年版,第554页。
③ "分工只是从物质劳动和精神劳动分离的时候起才真正成为分工。从这时候起意识**才能**现实地想象:它是和现存实践的意识不同的某种东西;它不用想象某种现实的东西就能**现实地**想象某种东西。从这时候起,意识才能摆脱世界而去构造'纯粹的'理论、神学、哲学、道德等等。"(参见《马克思恩格斯文集》第1卷,人民出版社2009年版,第534页;MEGA 2 I/5, S. 31)

的副本(第 135—139 页)中就意识形态问题作了最后的陈述。他们把意识形态比作照相机(Camera obscura),在里面人和他们的环境颠倒了过来。① 根据他们的说法,这种"现象"产生于生活的历史过程,就像"物体在视网膜上的倒影是直接从人们生活的生理过程中产生的一样"(第 135 页)②。他们将意识形态的形成描述为一种必要的、非自愿的行为,并谈到意识形态的"反射""反响"或"升华"(第 136 页)③。在此之后,意识形态似乎是被动镜像过程的结果,这与之前对意识形态的积极作用的评论相矛盾。他们的照相机的图式,尤其应用于唯心主义的概念,即人类历史可以从思想中被解释,然而,相反,他们把思想分配给在真实的、实际的条件下相互作用的个人(第 135—136 页)。这表明人类可以选择逆转倒置。尽管马克思和恩格斯认为费尔巴哈对哲学的人类学扭转停留在意识形态层面,但他们也采用此方法,④因为他们也努力揭露客观社会思想意识中出现的内容,——其前提是,"虚假的观念是物质关系的'真理'的一部分"⑤。在这种情况下,他们设想了一种与意识形态相反的考察形式⑥,他们认为这是真正的实证的科学并将其追溯到

---

① 在《费尔巴哈卷帙》的最后笔记中,马克思引入了一段"为什么意识形态家要将一切颠倒"的文字并论述了意识形态的形成。(MEGA 2 I/5, S. 120/123)对这段评论的解释是,马克思会在费尔巴哈章中对已经提到的意识形态问题作更详细的论述。
② 《马克思恩格斯文集》第 1 卷,人民出版社 2009 年版,第 525 页。
③ 参见《马克思恩格斯文集》第 1 卷,人民出版社 2009 年版,第 525 页。
④ "我们只要经常将宾词当作主词,将主体当作客体和原则,就是说,只要将思辨哲学颠倒过来,就能得到毫不掩饰的、纯粹的、显明的真理"(Ludwig Feuerbach, "Vorläufige Thesen zur Reform der Philosophie", in Gesammelte Werke, Bd. 9. 2., durchges. Aufl. Berlin,1982,S. 244)。
⑤ Terry Eagleton, Ideologie : Eine Einführung, S. 87. 马克思和恩格斯在之后又提到了"倒置/扭转"这个隐喻。如马克思在《资本论》第二版的跋记中提到,要将黑格尔倒置的辩证法扭转过来,以便"发现神秘外壳中的合理内核"(Karl Marx, "Das Kapital. Kritik der politischen Ökonomie", Erster Band, Hamburg,1872, in MEGA 2 II/6,S. 709)。恩格斯后来也提到,他和马克思将"意识形态上的颠倒"的黑格尔辩证法重新扭转了过来。(参见《马克思恩格斯全集》第 28 卷,人民出版社 2018 年版,第 352 页;Engels, "Ludwig Feuerbach und der Ausgang der klassischen deutschen Philosophie", in MEGA 2 I/30,S. 148/149)
⑥ 第一种考察形式基于生动个体的意识,而第二种考察形式则基于"生动的个体本身"并将意识视为个体的意识。(MEGA 2 I/5,S. 136)

"人们实践活动和实际发展过程"(第 136 页)①中。

如果人们坚持自己的规定,那么主体方面的意识形态概念就代表了一种(理性的、情感的、幻想的,等等)表达,也同时代表了部分社会利益和观念方式合法化[的倾向],其中,这些社会利益和观念方式是由阶级地位、基于劳动分工的专业化、实践的生活状况和特殊的民族关系决定的,并且被一般化,变成了代表普遍利益的观点。在客体方面,该术语表达的是与主观表达相对应的现实概念,甚至被泛化为现实本身。② 对他们而言,"意识形态"并不像在法国的意识形态家那里一样代表认识论和语言学的研究计划,也不代表像拿破仑那样的脱离现实的猜测。③ 更确切地说,意识形态概念是要表达意识形式和社会现实之间的关系,其中在主体层面上的客观社会内容经历了特定的转变或变形过程。从这个层面讲,马克思和恩格斯的意识形态概念意味着一种关系,而不是社会意识形式本身。施蒂纳把假设的思维统治看作是一种个人可克服的迷信,④而他们把意识形态明确地理解为一种客观的社会关系,这种关系必然隐含一个表象特征。像劳动活动和社会条件一样,意识形态和现实的概念的表达也可以变得独立,并获得"永恒的真理"的表象。⑤ 根据马克思、恩格斯的论述,黑格尔和青年黑格尔派哲学正是以类似的理论独立化为标志的。当他们把哲学和其他社会文化现象

---

① 《马克思恩格斯文集》第 1 卷,人民出版社 2009 年版,第 526 页。
② 米克洛斯·阿尔马思将意识形态称为"类现实"。(Miklós Almási, *Phänomenologie des Scheins. Die Seinsweise der gesellschaftlichen Scheinformen*, Budapest, 1977, S. 240-272)
③ 参见 Brigitte Schlieben-Lange, *Idéologie. Zur Rolle von Kategori-sierungen im Wissenschaftsprozeß*, Heidelberg, 2000, S. 3/4; Ulrich Dierse, "Ideologie", in *Historisches Wörterbuch der Philosophie*, Bd. 4, Basel, Stuttgart, 1982, S. 159/160。马克思研读了意识形态研究项目创始人德斯蒂·德·特拉西的《意识形态的要素》,也了解拿破仑时期的意识形态概念的变化。该变化导致了意识形态概念的科学理论和政治意义的同一。(参见 Brigitte Schlieben-Lange, *Idéologie*, S. 36)
④ 参见施蒂纳《唯一者及其所有物》,第 76、77 页。
⑤ 在后来被删除的章节中,马克思、恩格斯提到,相对于之前的时代,"统治的概念"会被当作"永恒的真理"[*MEGA 2* I/5, S. 902,(Var. 62.22 1)]。

与意识形态等同起来,他们就会把它们解释为社会关系的虚幻表达,在这种社会关系中,它们的自身确定性必然会退居次要地位。在《德意志意识形态》手稿中,他们认为类似的哲学只能具有推导性的排序功能(第136页)。因此,他们没有公正对待青年黑格尔主义或德国社会主义,即没有将其作为一种哲学,但这也并非他们的意图。

马克思、恩格斯的意识形态概念是一种内在批判,它既是武器又是批判,既是政治或理论手段又是社会学意义的现实。① 对他们来说,把某种意识形态表达为一种确定的意识形式,意味着它是一种超越了特定的社会状况的集体的表达或正当化的形式,它必然有虚幻的时刻。这也就包含了一种相对化,同时也包括这种意识形态的幻灭,而幻灭又可以回溯到表象的起源机制。② 如果你问马克思和恩格斯的批判是以什么尺度为基础的,那么,他们会说自己指的是经验上可以被验证的条件(见第8、136页)。在这部分,他们列举了生命的物质存在、人类个体及其基本需要、基本(性别)社会关系和粮食或物质生活的生产(第8、11、26—28页)。虽然毫无疑问,若是没有工业化、无产阶级化、贫困化的视野和社会问题日益增长这些历史经验的视域,也就不存在这些基础的先决条件,但这些条件也被证明是与这些被批判的哲学的前提完全相反的。马克思、恩格斯不是从意识或自我意识出发,而是从人的物质存在和需要出发;不是从与自我指涉的个性出发,而是从基本的社会关系出发;不是从意识形态的生产出发,而是从物质生活的生产出发。这些前提包括存在、经济和生产的优先地位。马克思、恩格斯所提出的前提,显然是理论中介过程的结果,是他们区别于唯心主义和功利主义

---

① 参见 Helmuth Plessner, "Abwandlungen des Ideologiegedankens", in *Ideologie. Ideologiekritik und Wissenssoziologie*, Hrsg. und eingel. von Kurt Lenk. 6. Aufl. Darmstadt, Neuwied, 1972, S. 265。
② 他们的意识形态批判可以归于马克思的"真正的"批判;与"粗俗的"批判不同,"真正的"批判展示事物的"内在生成"(参见 Marx, Zur Kritik der Hegelschen Rechtsphilosophie, *MEGA* 2 I/2, S. 100/101)。

主体概念的中介过程。他们把唯心主义和功利主义的前提理解为意识形态的表现形式，从而理解为某种社会经济条件的表达形式，他们的批评源于一个核心人物，即分析意识形态形成的特定社会关系。

在《德意志意识形态》手稿中，他们运用自己的经济、哲学、政治、历史研究和经验，反对后黑格尔哲学，特别是施蒂纳的哲学，从而完成了这一任务。特别是，他们借用出自经济学理论的"劳动分工"概念来推断人类历史。① 他们从这个概念出发，进而研究生产力、生产工具、生产关系、交往关系、财产或阶级关系等决定因素。这种概念转换的一个例子是财产的概念，我们可以在施蒂纳的表达中找到它。在德国社会主义中，它作为意志行为的一种表达，是一种可自由获取的个人财产，德国社会主义理论借此概念向一个取决于各自的生产方式的、由对象调节的财产概念过渡（见第 115—120 页）。因此，马克思、恩格斯对意识形态的批判带来了一种"新的理论语言"②，他们认为这是一种意识形态语言的反模式。通过提出概念背景的翻转这一概念，他们引入的暗盒图式使得这个理论的构建过程显然变得微不足道。相反的理论前提推导出"历史材料"的结构性变化（第 136 页）。历史—社会现实的差异正出现在这里，该差异由于后黑格尔哲学中哲学—知识和实践—功利主义立场的泛化而变得扁平化。为了从暗盒中获取图像，一些原本只是模糊的或根本看不见的社会现象被锐化，同时先前可见的现象也变模糊了。

如果我们把马克思和恩格斯对意识形态的批判应用到他们在《德意志意识形态》中构建的历史观上，我们便不能忽视，该概念也是建立在普遍化的基础上的。它一方面是对物质生产领域的普遍化，另一方面是对共产主义观点的普遍化。他们自己并不追求"自由漂浮的知识

---

① 关于"分工"作为《德意志意识形态》的核心概念，参见 Gunnar Hindrichs, "Arbeitsteilige Subjektivität", in Karl Marx/Friedrich Engels, *Die deutsche Ideologie*, S. 117-132。
② 参见 Harald Bluhm, *Einführung. Die deutsche Ideologie. Kontexte und Deutungen*, S. 12, 16。

分子"(曼海姆)意义上的观点;而是自觉地把预期的社会科学放在为无产阶级运动服务的位置上,这给了他们特殊的社会地位。① 由此,他们的新历史观也就包含了实践的动机,这些动机以其普遍化的形式,在理论上要求获得权力。他们将意识形态(幻觉)和科学(真理)并列在一起掩盖了这样一个事实,即他们所渴望的实证科学具有不可避免的意识形态层面,因此也隐含虚幻的特性。他们特别地将19世纪40年代发展起来的科学概念从对意识形态的批判中忽略了。只要他们理解无产阶级的观点,即社会变革便是真理的保证,此种忽视对他们来说就是合理的。

在有限的时间内,意识形态批判在马克思、恩格斯的**理论构建**中是一个不可忽视的主要要素。② 与对布鲁诺·鲍威尔和施蒂纳的批判仍然是消极的相比,意识形态批判在《德意志意识形态》手稿中表露出了积极的认识论功能,其中也包括批判性的自我反思。它所带来的理论构建既没有穷尽于经验观察和概念形成,也没有穷尽于对现有概念关系的理论内在扭转;意识形态批判建立在特定的意识形态的基础上,在与现实历史世界的对抗中生成了一种积极的认识,这种认识基于修正的前提,揭示了人类历史社会化在寻求与意识密切相关的经济再生产时的结构和动力。就思想、观念或规范的有效性而言,这导致一种幻灭的倾向。虽然马克思和恩格斯的意识形态批判是对哲学的一种冒犯,但它可以与培根对偶像的批判、康德对理性的批判、黑格尔对新兴知识

---

① 如在《共产党宣言》中指出的那样,"共产党人是各国工人政党中最坚决的、始终起推动作用的部分;在理论方面,他们胜于其余无产阶级群众的地方在于他们了解无产阶级运动的条件、进程和一般结果"(参见 *MEGA 1 I/6*, S. 533;《马克思恩格斯文集》第 2 卷,人民出版社 2009 年版,第 44 页)。

② 我们可以将其看成是在马克思、恩格斯理论发展过程中的一个"科学理论的重要事件"(阿尔都塞),在此前后都存在着变形的过程。关于马克思理论的延续性和中断,参见 Michael Heinrich, *Karl Marx und die Geburt der modernen Gesellschaft. Biographie und Werkentwicklung*, Bd. 1,Stuttgart, 2018, S. 30/31, 373 - 380。

的现象学批判相提并论。① 但是,意识形态这一概念是支离破碎的,没有发展成系统的意识形态理论;他们并不关心意识的形式本身,而是关心其中所包含的社会性内容。早在1847年初的《哲学的贫困》中,马克思就讨论了蒲鲁东,而意识形态问题就在经济批判中被扬弃了。在对政治问题的批判的《政治经济学批判》(*Zur Kritik der politischen Ökonomie*)序言中,马克思又回到了这个问题,②他使用意识形态的概念来指代一个"中立的"上层建筑现象,而指出它虚幻的属性。由此,他主要在经济批判框架下对表象的意识形式进行批判。

尽管马克思、恩格斯的意识形态概念是碎片化的,但我认为它不仅仅具有理论历史意义。即使在今天这个经济和数字全球化的世界,获得社会现实的客观知识的途径也只能来自特定的、由意识形态决定的看法、图式、术语或价值观。如果我们按照马克思和恩格斯的理论来看,那么该途径只可能通过以社会理论为指向的,对异质社会和社会文化视角的批判与相对化来实现。然而,这是以假设存在一个在解释和意识过程之外的真实世界为前提的——在这个世界中,现代通信技术使得表达和实现集体利益以及看待事物方式的可能性倍增——因此也就增加了表象(仿冒品)生产的可能性。

---

① 参见 Herbert Schnädelbach, "Was ist Ideologie? Versuch einer Begriffserklärung", in *Das Argument*, Jg. 10. Sonderbd. 1969, Nr. 50, S. 71-92. 从黑格尔的经验现象学概念来看,马克思、恩格斯对社会的重新衡量可以说是对现象的出现的扭转,从而生成了新的知识—对象形式。(参见 Christine Weckwerth, "Zwischen Scheinkritik und Absolutheitsanspruch. Zur Eigentümlichkeit der philosophischen Wissensbildung in Hegels *Phänomenologie des Geistes*", in *Objektiver und absoluter Geist nach Hegel*, Hrsg. von Thomas Oehl und Arthur Kok, Leiden, Boston, 2018, S. 98-119)
② MEGA 2 II/2, S. 101. 参见《马克思恩格斯全集》第31卷,人民出版社1998年版,第413页。

"社会主义的芜菁田":年轻的弗里德里希·恩格斯与共产主义的可行性

[英]大卫·利奥波德*
陈辞达** 译

> 在他又一次走过耕作粗放的田地之后,看到一块管理得很好、可望获得大丰收的芜菁田,于是对他的朋友,当地的一个佃户说,如果这是社会主义者的芜菁田,那么看来会长得很好的。①
>
> ——恩格斯

导论

卡尔·马克思和弗里德里希·恩格斯所共有的成熟的公有社会主

---

* 大卫·利奥波德(David Leopold),牛津大学政治理论系的讲席教授,牛津曼斯菲尔德学院研究员,著有《威廉·莫里斯的无处可逃的新闻》《年轻的卡尔·马克思》《德国哲学、现代政治与人类繁荣》等。本文选自《政治理论》(Political Theory)期刊第40卷第3期(2012年6月)。
** 陈辞达,哲学硕士,北京大学哲学系博士研究生。
① 恩格斯:《现代兴起的今日尚存的共产主义移民区记述》,《马克思恩格斯全集》第42卷,人民出版社1979年版,第233页。恩格斯正在解释《晨间纪事报》中关于协和公社的报告,这是一个位于英格兰汉普郡的欧文主义公社,这篇报告是由"一个跟在犁后面吆喝的人(One Who Whistled at the Plough)"所写的。《现代兴起的今日尚存的共产主义移民区记述》的参考文献提供了两个页码,分别是 Marx Engels Werke (下文简称 MEW) (Berlin: Dietz Verlag, 1957 - 1968, 2, pp. 521 - 535) 和 Marx Engels Collected Works (下文简称 MECW) (London: Lawrence & Wishart, 1975 - 2005, 4, pp. 215 - 228)。

义思想被认为是一种压倒性的否定的观点。根据这一观点,有些人可能会惊讶地发现,年轻的恩格斯对于"计划性公社"有着浓厚的兴趣,并对这种公有社会的成员,特别是建立这些公社的公有社会主义者有着明显的同情。正是这种与成熟的马克思主义(Marxian)①观点相比之下的早期的例外,构成了我文中的主题。更确切地说,我所关注的是恩格斯的年轻的共产主义热情,正像他在1844年12月首次发表的《现代兴起的今日尚存的共产主义移民区记述》(*Beschreibung der in neuerer Zeit entstandenen und noch bestehenden kommunistischen Ansiedlungen*,简称为 *kommunistischen Ansiedlungen*)一文中所展现的那样。②

对于公有社会主义,我指的是那些提倡规划和创建"计划性公社"的各种社会主义,也就是个体为了某种共同目的而共同生活和工作的小型自发的移民区。③ 著名的公有社会主义者包括查尔斯·傅立叶和特定时期中的罗伯特·欧文。计划性公社通常在公有社会主义中扮演着双重角色:它们既是向社会主义社会过渡的手段,又是这种社会打算采取的最终制度形式。而成熟的马克思、恩格斯的论述与这两个在公有社会主义中的要素都是相敌对的。

就公有社会成员投入时间和精力来规划未来理想社会的制度和风气这一点而言,他们与马克思对于需要详尽"蓝图"的怀疑是相冲突的。在恩格斯后来的观点中,这些公有社会成员是受到了空想社会主义(Utopian socialism)"最坏"方面,即后者对"未来社会的规划"的提升和

---

① 我所用的"Marxian"是指马克思和恩格斯的观点,而非那些后来的马克思主义者的观点。
② 我更喜欢"移民区(settlements)"而不是"殖民地(colonies)"("Ansiedlungen"的 *MECW* 版的翻译)。后者具有不适当的欧文主义的关联(例如"home colonies"),并且误导性地暗示其与宗主国的关联。
③ 关于其更正式的定义,请参见萨金特(L. T. Sargent)的《重新审视乌托邦主义的三面》(L. T. Sargent, "The Three Faces of Utopianism Revisited", in *Utopian Studies*, vol. 5, no. 1, 1994, 14ff., and p. 30 n. 22);以及《21世纪的计划性公社理论》[L. T. Sargent, "Theorising Intentional Community in the Twenty-First Century", in Y. Oved and E. B. Rafael (ed.), *The Communal Idea in the Twenty-First Century*, Leiden: Brill, 2012]。

推动的影响。① 马克思和恩格斯对乌托邦描述的拒绝包括许多维度,但其中最著名的依据——可能源于黑格尔——声称,由于社会问题的解决是内在于历史进程的,因此乌托邦的蓝图完全没有必要。②

就公有社会成员在实践的公社案例中投入时间和精力来实现理想社会的情况而言,他们又陷入了与马克思对将小规模实验作为过渡手段的有效性的额外怀疑的冲突当中。这些社会主义者通常会想到他们的各种公社实验——傅立叶的"法郎吉"、欧文的"家园村"("home colonies"),等等——体现了一种渐进式策略,其利用范例的力量来传播移民区,直到非公社的环境被彻底吸收。马克思和恩格斯驳斥了那些"小型的试验"从而促成社会主义未来的尝试,并将它们视为"当然不会成功的"。③ 他们对这种失败的解释不在我这里的讨论范围之内,但他们提出的一个持续的建议是,公有社会主义的小岛将不可避免地被它们所处的更广泛的非公有的(资本主义的)海洋所侵蚀。④(之后我还会回到这个建议。)

成熟的马克思、恩格斯的对于公有社会主义的叙述,不应该与我在其他地方所称的成熟的马克思、恩格斯的对空想社会主义的描述相混淆。⑤ 这两个范畴并不是同义的。例如,亨利·德·圣西门是一个空想社会主义者而不是一个共产主义者。⑥ 此外,成熟的马克思、恩格斯的对空想社会主义的描述并非彻底消极的,其包含了一个批判和赞扬的

---

① 参见恩格斯《傅立叶论商业的片段》,载《马克思恩格斯全集》第42卷,人民出版社1979年版,第319页。
② 我指的是描述而不是赞同这一论点。参见 D. Leopold,"The Structure of Marx and Engels", in *History of Political Thought*, XXVI/3, 2005, pp. 465-466。
③ 参见马克思、恩格斯《共产党宣言》,载《马克思恩格斯文集》第2卷,人民出版社2009年版,第63页。
④ 参见马克思、恩格斯《共产党宣言》,载《马克思恩格斯文集》第2卷,人民出版社2009年版,第64—65页。
⑤ 对于后者,参见利奥波德的《马克思与恩格斯》("Marx and Engels's Considered Account")中的详细论述。
⑥ 我所谓的"空想的"社会主义,是指把对未来(美好)社会的详细描绘视为一项重要而合法的事业的社会主义。关于这一定义的阐述和辩护,参见利奥波德的《马克思与恩格斯》中的详细论述(第446—450页)。

结构性组合。通过注意两个区别可以辨别出这种结构。第一个是时间顺序的区别：一方面，在由傅立叶、欧文和圣西门三方领导所主导的最初一代空想社会主义者之间；另一方面，在随后的几代人之间，包括最初那一代的各种继承人、门徒以及追随者。第二个区别是实质性的：一方面，在空想社会主义著作的"批判性"维度之中关涉对现存社会缺陷的详尽描述；另一方面，则是它们的"系统性"维度，关涉对未来理想社会蓝图的详尽阐述。马克思和恩格斯对于空想社会主义的认可程度也遵循着这两个区别：首先，他们倾向于对最初的空想社会主义者相对大度，而对他们的继承者和后续模仿者更为不屑；其次，他们倾向于对空想社会主义著作中的批判性要素相对大度，而对它们的系统性维度更为不屑。因此，成熟的马克思、恩格斯的对于空想社会主义的观点，比起他们对于公有社会主义的成熟观点来说，被视为是更加均衡的，更少具有无情的批判性。

看起来似乎马克思要对成熟的、彻底否定的马克思恩格斯的公有社会主义观点负主要责任。青年马克思的观点不是我这里的主题，并且他与恩格斯的"联盟"在《现代兴起的今日尚存的共产主义移民区记述》一文写作时才刚刚开始（见下文）。然而，在马克思早期的传记中并没有类似的空想的时刻。在所谓手稿以及其他地方，他对共产主义的讨论常常是隐晦的，但公有社会主义成熟观点的基本要素在19世纪40年代早期就已经存在。[①] 年轻的马克思当然对于乌托邦主义的公有性维度没有类似的兴趣和同情。事实上，他确信基于"现成"系统的小规模实验在历史上是无关紧要的，这一观点早已确立。[②]

恩格斯后来也与马克思一样对这样的公有社会主义抱有敌意，但

[①] 关于这一主张的阐述和辩护，参见 D. Leopold, *The Young Karl Marx, German Philosophy, Modern Politics, and Human Flourishing*, Cambridge: Cambridge University Press, 2007, pp. 282 - 293。
[②] 参见《马克思致阿尔诺德·卢格》，《马克思恩格斯全集》第 47 卷，人民出版社 2004 年版，第 65 页。

这与他早先的热情形成了鲜明的对比。恩格斯年轻时对公有制的同情是短暂的,在 1844 年夏天到 1845 年春天之间持续了几个月,但它们在他的理智发展中形成了一个重要且鲜为人知的元素。

恩格斯是巴门领先制造商之一的新教家族中的长子,该镇与爱北斐特(Eberfeld)一起构成了普鲁士领土的制造中心。在 19 世纪 40 年代早期,恩格斯已经走向了他所特有的双重生活,将资产阶级的职业和激进的使命结合起来。① 除了循着传统的商业学徒制,恩格斯还追求着他激进的文学抱负,巴门的污染和庸俗成了他匿名新闻工作的长久目标。② 在追溯他早期从青年自由民族主义到共产主义的政治演变中,评论家们通常认为,恩格斯之所以失去原来的信仰,与黑格尔左派的接触以及与莫泽斯·赫斯的相遇都是关键性的影响因素。赫斯曾宣称恩格斯作为"一个极度渴望的共产主义者"的出现应该归功于他,但是,鉴于前者的哲学共产主义和后者随后的马克思主义观点之间的鸿沟,接受这种说法作为恩格斯的政治发展的定论是错误的。③

这里所强调的影响是指恩格斯从 1842 年 11 月开始在英格兰停留的 21 个月内,其在曼彻斯特的 Ermen and Engels 分店进行的进一步商业培训,这是一家棉花制造和漂白公司,部分归他父亲所有。在英格兰北部的停留使得恩格斯接触到了当时最先进的工业社会,以及在该地区蓬勃发展的社会主义(主要是欧文主义者)和宪章运动。

评论家们经常以恩格斯对于马克思主义的产生所作的贡献的视角,来审视这段旅居曼彻斯特的时光。在这种背景下,两个文本的意义得到了正确的强调:《国民经济学批判大纲》(*Umrisse zu einer Kritik*

---

① 参见 G. Stedman Jones, "Engels and the History of Marxism", in Eric J. Hobsbawm (ed.), *The History of Marxism*, volume one: *Marxism in Marx's Day*, Bloomington: Indiana University Press, 1982, p. 299。
② 参见恩格斯最著名的《伍珀河谷来信》,《马克思恩格斯全集》第 2 卷,人民出版社 2005 年版,第 39 页。
③ 参见 Moses Hess, *Briefwechsel*, E. Silberner (ed.), The Hague: Mouton & Co., 1959, p. 103。

der Nationalökonomie)和《英国工人阶级状况》(Die Lage der arbeitenden Klasse in England)。① 然而，对马克思主义新兴组成部分的某种目的论关注，很容易推导出恩格斯同时期观点的其他方面，包括被忽视或略去的其思想发展中对乌托邦的同情。

就在恩格斯在曼彻斯特的逗留接近尾声时，他开始收集有关公有移民区的信息，这为《现代兴起的今日尚存的共产主义移民区记述》提供了经验基础。这些信息主要（但不仅仅是）来自欧文主义者和宪章派的出版物，这些出版物是他正热切着迷的，并且偶尔也会致力于其中。② 1844年9月，他带着这些积累的材料回到了巴门。（正是在这次回程中，恩格斯在巴黎与马克思进行了重要的第二次会面。在这次会面中，他们发现了各自兴趣的紧密相似并达成了著名的合作。）

在1844年10月中旬的几天时间里，回到巴门的恩格斯写下了在这里构成我的主题的文本。《现代兴起的今日尚存的共产主义移民区记述》匿名发表在1845年的《德国公民手册》(Deutsches Bürgerbuch für 1845)上，但恩格斯随后公开证实了他的作者身份。③《德国公民手册》是由诗人和记者海尔曼·皮特曼编辑的新文学年刊，而这第一期还包括赫斯、一个新的激进者威廉·沃尔夫(Wilhelm Wolff)和诗人费迪南德·弗雷利格拉特(Ferdinand Freiligrath)的贡献。④ 当时，恩格斯认为《德国公民手册》代表了他自己所认同的新兴共产主义运动并推动了在普鲁

---

① 参见斯特德曼·琼斯(Stedman Jones)的《恩格斯与马克思主义史》(Engels and the History of Marxism)中的有趣论述。
② 关于恩格斯的资料来源于利奥波德的《所有的故事都是一样的：恩格斯与在美国和英格兰的公社移民区》(D. Leopold, "All Tell the Same Tale: The Young Engels and Communal Settlements in America and England", in Marx-Engels-Jahrbuch 2009, Berlin: Akademie Verlag, 2010, pp. 7-46)。
③ 参见恩格斯《共产主义在德国的迅速进步》，《马克思恩格斯全集》第2卷，人民出版社1957年版，第599页。
④ 《德国公民手册》1846年的第二期(最后一期)包含了恩格斯对傅立叶论贸易片段的翻译。

士允许被出版物的法律边界。① 然而,皮特曼随后与所谓的真正的社会主义联系在一起,他的各种出版活动成了马克思和恩格斯在现在被称为《德意志意识形态》的一组文本中所争论和关注的牺牲品。

可行性和同时期的移民区

恩格斯对公有移民区产生兴趣的原因,出现在他于1844年10月初写给马克思的第一封幸存的信件中。恩格斯通过证明共产主义在美国和英格兰的部分地区已经"付诸实践",来反驳在德国同时代人中普遍存在的对共产主义可行性的怀疑。② 值得注意的是,恩格斯在《现代兴起的今日尚存的共产主义移民区记述》中交替使用了"共产主义"和"社会主义"这两个术语,并将共产主义/社会主义定义为"以财产公有为基础的社会生活和活动"③。

可行性的问题涉及具体的社会和政治安排是否可能,特别是它们是否与已知的社会设计和人性相符。④ 严格意义上的可行性问题与期许性问题(即具体安排是否规范可取)以及可及性问题(即具体安排是否可以通过我们从我们目前所处的位置达到)不同。⑤ 这样理解下来,

---

① 参见《恩格斯致马克思(1845年1月20日)》,《马克思恩格斯全集》第47卷,人民出版社2004年版,第335页。
② 参见《恩格斯致马克思(1844年10月初)》,《马克思恩格斯全集》第47卷,人民出版社2004年版,第323页。
③ 恩格斯:《现代兴起的今日尚存的共产主义移民区记述》,《马克思恩格斯全集》第42卷,人民出版社1979年版,第221页。此外,还请参阅恩格斯《共产主义在德国的迅速进步》,《马克思恩格斯全集》第2卷,人民出版社1957年版,第599页。
④ 关于理想与可行性之间关系的某些自由主义观点,参见 D. Leopold, "A Cautious Embrace: Reflections on (Left) Liberalism and Utopia", in B. Jackson and M. Stears (ed.), *Liberalism as Ideology: Essays in Honour of Michael Freeden*, Oxford: Oxford University Press, 2012, pp. 9 - 33.
⑤ 关于邻近的区别,参见 A. E. Buchanan, *Justice, Legitimacy, and Self-Determination*, Oxford: Oxford University Press, 2004, p. 38 fn. 44; E. O. Wrigh, *Envisioning Real Utopias*, London: Verso, 2010, pp. 20 - 25。

所期许的安排可能可行,也可能不可行,而可行的安排可能是可及的,也可能不可及。

对于年轻的恩格斯来说,这一可行性问题具有相当显著的政治意义。① 他坚持认为,在德国建立共产主义的最大障碍并不是相信共产主义是不合期许的——事实上,据说大多数同时代人都接受它的期许性——而是普遍怀疑它的可行性。他们很乐于宣布共产主义是"某种十分美好的东西",但这些日耳曼怀疑论者接着说,"任何时候要使这类事情见诸实现是不可能的"。② 在《现代兴起的今日尚存的共产主义移民区记述》中,恩格斯在采用第二种策略之前,考虑了两种可能的反驳可行性担忧的策略。

第一种策略逐个确定了具体的可行性忧虑,然后依次对每个实际的或潜在的怀疑作出回应。例如,恩格斯认为当代对共产主义的可行性担忧主要由两个问题支配。被我称之为"肮脏的工作"的担忧坚持认为,在不担心失业和饥饿的情况下——并且已经放弃一种专制的直接干预——共产主义社会将无法找到准备好承担"卑贱的讨厌的体力劳动"的工人。③ 作为回应,恩格斯采取了两个举措:首先,由于共产主义对于机器的合理使用,这些工作可以"几乎完全免除"④;其次,少数仍将会存留在共产主义社会中的工作的地位将会改变,因为一旦"进入公社",它们将不再被视为"卑贱的"(niedrig)。⑤ 被我称之为"社会冲突"

---

① 关于可及性,参见恩格斯《在爱北斐特的演说》,载《马克思恩格斯全集》第 2 卷,人民出版社 1957 年版,第 614 页。
② 参见恩格斯《现代兴起的今日尚存的共产主义移民区记述》,载《马克思恩格斯全集》第 42 卷,人民出版社 1979 年版,第 221 页。
③ 参见恩格斯《现代兴起的今日尚存的共产主义移民区记述》,载《马克思恩格斯全集》第 42 卷,人民出版社 1979 年版,第 221 页。
④ 恩格斯:《现代兴起的今日尚存的共产主义移民区记述》,载《马克思恩格斯全集》第 42 卷,人民出版社 1979 年版,第 221 页。恩格斯没有注意到,他举的一个例子——纽约一家酒店的蒸汽清洁靴——让人对于共产主义是克服"肮脏的工作"问题的必要条件这一说法产生了怀疑。
⑤ 参见恩格斯《现代兴起的今日尚存的共产主义移民区记述》,载《马克思恩格斯全集》第 42 卷,人民出版社 1979 年版,第 221 页。

的问题主张,当公社的所有成员被理解为对这些资源拥有平等的要求时,对资源的争端是更可能和更严重的。① 作为回应,恩格斯再次采取了两项举措:首先,表明稀缺是导致资源严重纠纷的根本原因;其次,不将共产主义与稀缺性联系起来,而是将其与丰富性联系在一起,因此"没有任何争吵的理由了"。②

这种逐个分析的策略的核心缺点是它是开放性的。关于可行性的分歧似乎可能会持续,因为人们起码能想到新的担忧或是反驳之前的回答富于想象。当然,这意味着争端也可能会无限期地继续下去。例如,在对"肮脏的工作"问题的回应中,恩格斯对其所提出的关于某些工作的地位的可塑性的说法并没有进行明确阐述,而这本来可以消除怀疑论者的进一步反驳。反过来,恩格斯可以对任何关于地位的适当再阐释的可行性的担忧作出回应,但很难想象有一种回答不会引起可行性的怀疑论者的反驳。简而言之,这些关于可行性的逐个分析的分歧似乎缺乏任何决定性的解决方法。

令人高兴的是,恩格斯认为第二种策略能够决定性地战胜关于可行性的忧虑。这种强有力的策略是通过对那些证明共产主义"不仅是可能的,而且在美国的许多公社中以及在英国的一个地方已经真正实现"③的经验证据的粗暴诉求来进行的。简而言之,共产主义能够实现的证据就是它已经实现了。可行性的异议,无论其具体表述如何,似乎都"完全彻底地"被共产主义已经生效的证据所驳倒,实际上它们"颇有成效"。④

---

① 参见恩格斯《现代兴起的今日尚存的共产主义移民区记述》,载《马克思恩格斯全集》第42卷,人民出版社1979年版,第222页。
② 参见恩格斯《现代兴起的今日尚存的共产主义移民区记述》,载《马克思恩格斯全集》第42卷,人民出版社1979年版,第222页。
③ 恩格斯:《现代兴起的今日尚存的共产主义移民区记述》,载《马克思恩格斯全集》第42卷,人民出版社1979年版,第221页。
④ 参见恩格斯《现代兴起的今日尚存的共产主义移民区记述》,载《马克思恩格斯全集》第42卷,人民出版社1979年版,第221页。

在《现代兴起的今日尚存的共产主义移民区记述》中，恩格斯随后采用了这种强有力的策略，向之前对于这些移民区没有了解的德国读者提供了在美国和英格兰的公有移民区的证据，以便一劳永逸地回答他们对共产主义的可行性的疑问。他提到了大约 15 个不同的移民区，14 个在美国，1 个在英格兰。他谈到最多的是 3 个基督教分离主义（Separatist）①团体——震教徒（Shakers）、协和派（Harmonists）和分离派成员（Zoarites）——以及他们的 6 个移民区，但也提到了与各种欧文派、傅立叶派、基督教社会主义者和其他人有关的 9 个移民区。（要注意的是，在本文的正文中，我涉及的共产主义群体和移民区只是在《现代兴起的今日尚存的共产主义移民区记述》中被提及的。）

尤其是这些移民区的大小、位置、制度安排以及理智的（宗教的、道德的和政治的）许诺都各不相同。恩格斯适度地尝试承认这种多样性，例如，区分宗教与世俗公社。但是，这些广泛的类别忽视或略去了一些重要的差异。例如，他的宗教移民区既包括寻求与世界接触和改造世界的基督教社会主义者，也包括为了等待第二次降临而与世界分离的千禧年基督徒。恩格斯的真正兴趣显然在于这些公社的共同点，而不是它们之间的区别。

恩格斯确定了这些公社的三个共同特征。我们可以说，前两个特征构成了他对这些移民区的成功的描述，而第三个特征构成了他对这种成功的解释。这些移民区的成功是由公社的财富和居民的道德品质造成的。②恩格斯允许它们分享更多的特征——在某一点上，他乐观地提到了它们为智力发展提供的闲暇时间——但他真正感兴趣的是前两个。

恩格斯反复提醒人们注意这些公社的物质财富。例如，震教徒们

---

① "分离主义者"指的是与"世界人民"相分离的震教徒，以及与作为宗教复兴手段的路德教会相分离的协和派和分离派成员。
② 参见恩格斯《现代兴起的今日尚存的共产主义移民区记述》，载《马克思恩格斯全集》第 42 卷，人民出版社 1979 年版，第 233 页。

被描述为拥有"丰富的"耕地,"超出他们需要的"牲畜,以及"总是堆满了谷物的"粮仓。① 同样,协和派者的移民区在经济上据说"一切都很富裕充足"②。而分离派成员们所控制的资源似乎包括"一个麻纺厂、一个毛纺织厂、一个制革厂、一个铸铁厂、两个粮食加工厂、两个锯木厂、两台脱粒机以及许多各种各样的手工业作坊"③。

对于一些现代读者来说更令人惊讶的是,恩格斯反复提醒人们注意这些共产主义者的道德品质。例如,据说震教徒的现有移民区中不包含任何一名警官、士兵、律师或法官,然而他们"**从来没有一个人犯罪入狱**"④。他注意到,观察家们将分离派成员描述为"勤劳和正直的"⑤。更一般(且是不准确地)而言,恩格斯坚持认为,没有一个基督教分离主义者的公社的参观者"在背后说这些人的任何坏话"⑥。英格兰协和派的欧文主义公社的参观者同样被证实确认了其中成员的可敬的和良好的行为,其中有人评论道,这将是周围教区的荣耀,"如果一个教士管区的居民哪怕有一半象这些社会主义者那样品行端正"⑦。

简而言之,居住在共产主义移民区的个人"生活得更好",也就是说,更加富足,并且"是更好的、更有道德的人"。⑧ 鉴于这些都是比较性

---

① 参见恩格斯《现代兴起的今日尚存的共产主义移民区记述》,载《马克思恩格斯全集》第42卷,人民出版社1979年版,第223页。
② 恩格斯:《现代兴起的今日尚存的共产主义移民区记述》,载《马克思恩格斯全集》第42卷,人民出版社1979年版,第228页。
③ 恩格斯:《现代兴起的今日尚存的共产主义移民区记述》,载《马克思恩格斯全集》第42卷,人民出版社1979年版,第229页。
④ 恩格斯:《现代兴起的今日尚存的共产主义移民区记述》,载《马克思恩格斯全集》第42卷,人民出版社1979年版,第223页。
⑤ 恩格斯:《现代兴起的今日尚存的共产主义移民区记述》,载《马克思恩格斯全集》第42卷,人民出版社1979年版,第229页。
⑥ 恩格斯:《现代兴起的今日尚存的共产主义移民区记述》,载《马克思恩格斯全集》第42卷,人民出版社1979年版,第230页。对于不准确性,参见利奥波德《所有的故事都是一样的:恩格斯与在美国和英格兰的公社移民》,第41—44页。
⑦ 恩格斯:《现代兴起的今日尚存的共产主义移民区记述》,载《马克思恩格斯全集》第42卷,人民出版社1979年版,第233页。
⑧ 参见恩格斯《现代兴起的今日尚存的共产主义移民区记述》,载《马克思恩格斯全集》第42卷,人民出版社1979年版,第236页。

的判断,重要的就是澄清它们所依据的基准。通过与那些生活在更传统的财产制度下的不同地理位置的同时代人进行比较,就可以对公社安排的优越性进行评估。这也就是说,公社安排的优越性是相对于大量的"保留私人财产的邻居"①的匮乏的物质财富和低劣的道德品质来判断的。

反过来,共产主义的成功可以通过它们的经济安排,更准确地说,通过所有移民区都"建立在财产公有基础上"②来解释。恩格斯坚持认为:震教徒享有"最完全的财产公有的条件"③;协和派者移民区"在财产公有的基础上联合起来"④;而分离派成员在他们最初的(个人主义)的财产安排被证明有问题后,"**联合成一个财产公有的公社**"⑤;以及其他等等。⑥ 这些公社的财产安排正是被认定为造成共产主义者的财富和道德品质的原因。

对于《现代兴起的今日尚存的共产主义移民区记述》的宽广轮廓我们就说这么多。接下来,我将研究恩格斯的核心主张,即这些现存的公社移民区更为严密地证明了共产主义的可行性。将批判性的眼光集中于一个目标极其明显的是说服性和政治性的文本,可能会被认为是不合适的,但我的方法是按恩格斯自己的话来看待恩格斯。《现代兴起的今日尚存的共产主义移民区记述》旨在通过理性和经验证据,向不了解公社移民区的存在的同时代读者证明共产主义的可行性。在这个特定的文本中,修辞和分析模式的展开彼此之间并没有很大的差距,因而从

---

① 恩格斯:《现代兴起的今日尚存的共产主义移民区记述》,载《马克思恩格斯全集》第42卷,人民出版社1979年版,第236页。
② 恩格斯:《现代兴起的今日尚存的共产主义移民区记述》,载《马克思恩格斯全集》第42卷,人民出版社1979年版,第225页。
③ 恩格斯:《现代兴起的今日尚存的共产主义移民区记述》,载《马克思恩格斯全集》第42卷,人民出版社1979年版,第223页。
④ 恩格斯:《现代兴起的今日尚存的共产主义移民区记述》,载《马克思恩格斯全集》第42卷,人民出版社1979年版,第225页。
⑤ 恩格斯:《现代兴起的今日尚存的共产主义移民区记述》,载《马克思恩格斯全集》第42卷,人民出版社1979年版,第228页。
⑥ 参见恩格斯《现代兴起的今日尚存的共产主义移民区记述》,载《马克思恩格斯全集》第42卷,人民出版社1979年版,第231页。

事于后者并不意味着忽略前者。而且,我确实直接讨论了恩格斯的辩论策略,尤其是对他的对于可行性的担忧的强有力的策略的讨论(上文)。此外,认真对待恩格斯的论证并不是我这里唯一的目标。我还寻求:引起人们对恩格斯早期思想发展中鲜为人知的"共产主义时刻"的关注并提供一些特性描述;阐明19世纪的共产主义中的一些有趣的复杂性;并承认可行性问题的困难,抵制那种存在一个打败共产主义可行性怀疑的简单而"强有力"的策略的看法。

恩格斯的核心观点是,这些现存的公社移民区证明了共产主义的可行性。我在下文中概述了关于这一主张的七个关键问题,即恩格斯对共同财产的描述,他对公社成功的理解,他对公社困难的描述,他的欧文主义式热情,他的时机选择,他对宗教的理解,以及他的夸大的结论。在这些标题之下,我提出了两个主要问题。

财产共同体

恩格斯坚持认为,这些公社移民区都是以"财产共同体"为基础的,可以与它们周边环境中的私有财产安排进行集体式对比。这些主张引发了一些概念和实证问题。这里的一个概念性问题是,恩格斯对公有财产和私有财产的对比是否进行了充分的阐述。财产的概念是复杂的,涉及三个中心线索:"持有者"(谁可以拥有对象),"对象"(哪些实体能够被拥有),以及法律哲学家称之为"事件"的东西(恰好涉及哪些所有权)。各种各样的持有者——个人、公社、国家、法人或许人类——可能拥有自己的对象。各种各样的实体——自己、他人、土地和思想都将成为历史上有争议的例子——可能被拥有,也可能不被拥有。各种各样的所有权事件——占有、使用、管理、获得收入的权利,转让、放弃、排除、遗弃的权力,以及消费或毁灭的自由——可以通过许多不同的方式进行列举、阐述和组合(例如,个人可能有权获得收入,但不能转让)。① 考虑到这一复杂性,在两种显而易见的所有权类型之间没有残酷的选择。当然,对于启发式(或其他)目的,人们可以采用两种理想类型——我们分别将其标记为"公有"和"私有"属性——之间的对比。然而,为了理解这种对比中的利害关系,我们需要知道这些财产制度中的每一种潜在的持有者是什么,它允许拥有哪些实体,以及所有权所包含的事件。② 在恩格斯的案例中,无论是在《现代兴起的今日尚存的共产主义移民区记述》中还是在周边的文本中,都没有这种阐述。因此,两种所有权模式之间的这种对比包含了什么仍然是不清楚的。

这里的一个实证问题是,恩格斯选择的移民区是否如他所宣称的那样是"财产共同体"的范例。恩格斯的论证要求这种特性描述是准确的,因为这些移民区自称的繁荣不会对共产主义的可行性提供太多支持(正如《现代兴起的今日尚存的共产主义移民区记述》中所界定的)。然而,这些特定的移民区采用了许多不同的所有权安排,并非所有这些安排都被准确地描述为涉及"共同财产"。

恩格斯的移民区中的几个区是基于股份制安排的。例如,北安普顿协会(一个废奴主义者、基督徒、非抵抗的团体)的土地、丝绸厂和大多数其他建筑物都是由一个股东委员会所有,股东们不需要放弃超出这一投资以外的任何财产。共同体的管理最初是在股东(负责财务)和无论是否为股东的成员(负责日常运营)之间划分的。这种模式背后的目标是要实现作为一方的资本主义与作为另一方的社会和谐和道德之间的和解。③ 个体成员无须放弃他们自身的财产,并在他们离开时获得

---

① 关于所有权事件,参见 A. M. Honoré, "Ownership", in A. G. Guest (ed.), *Oxford Essays in Jurisprudence*, Oxford: Oxford University Press, 1961, pp. 107 - 147;以及 S. R. Munzer, *A Theory of Property*, Cambridge: Cambridge University Press, pp. 22 - 23.
② 对于恩格斯所忽视的那种阐述,参见赖特(Wright)的《想象真实的乌托邦》(*Envisioning Real Utopias*),第 113 - 117 页。
③ 参见 Clark, *The Communitarian Moment*, Ithaca: Cornell University Press, 1995, pp. 58, 100.

在其成员期间作出贡献的偿还。这些最初的安排后来有些激进化——引入了利润分红安排,工资被津贴取代——但用一个成员的话来说,建立"利益共同体——而不是财产共同体"①的目标仍然存在。

此外,恩格斯的移民区中有着几个复杂的财产安排,这些安排与私人和公有财产的简单对比相悖。例如,霍普代尔协会(一个基督教社会主义团体)的财产由三种不同形式精心组合而成。首先,土地、主要建筑物和工厂归一家股份公司所有,其中,个人持有股份(对其的使用和转让有一定的限制)。第二,有些房屋是个人拥有的私有财产(对其的使用和转让有一定的限制)。第三,资本和劳动力的回报超过 4% 的部分——"超额"利润——被视为共同财产,供整个公社使用和处置。这些复杂的三重安排既不是无意识的,也不是一些杂乱无章、自私自利的讨价还价造成的妥协的结果。相反,它们反映了一种蓄意保护公有和私有化安排的优势的尝试。正如霍普代尔协会 1844 年章程的"附录"所解释的那样,其目标是建立一个"其中财产是人人的福祉,而不伤害任何人;在这种制度中,迄今为止共同确保一个统一利益的所有益处,以及个人的利益,以保护个人权利不受社会暴政的侵犯"②的社会制度。

最后,恩格斯选择的移民区包括一些在教义上反对公有制所有权的移民区。例如,傅立叶主义在美国的主要发言人阿尔伯特·布里斯班(Albert Brisbane)感到遗憾的是,"联盟主义者"通常被与鼓吹"财产共同体的虚假原则"③的震教徒、协和派者以及其他人相混淆。在联合的规则中,联盟主义者寻求的是"所有个人权利——其中最根本的权利是财产权——将被神圣地尊重和严格地保护"④。他们的目标可能是消除对他

---

① 克拉克的《公有社会的时刻》(第 108 页)中所引用的威廉·巴西特(William Bassett)的话。
② Appendix to *The Constitution*, *By-Laws and Regulations of Fraternal Community Number One*, Hopedale, 1845.
③ A. Brisbane, *Association*, New York: Greeley & McElrath, 1843, p. 30. 美国傅立叶主义者更倾向于被称为"联盟主义者",以表明他们在接受傅立叶的联盟理论的同时,并没有接受他关于家庭、性和形而上学的更"投机"的观点。
④ A. Brisbane, *Association*, New York: Greeley & McElrath, 1843, p. 30.

人的"经济依赖",但他们认为这是通过扩大而不是消除"私人财产"①来实现的。(西尔瓦尼亚协会和社会改革联盟都是傅立叶主义的移民区。)

恩格斯对这些公社的经济特征的描述似乎存在缺陷。他没有充分阐述私有和共同所有权的概念的区分,也未能捕捉到这些移民区实际采用的财产安排的经验多样性和复杂性。

公社的成功

恩格斯坚持认为,这些同时代的移民区是成功的,它们的成功在于公社优越的经济财富,以及与它们的仍在私有财产制度之下劳动的邻居相比之下居民优越的道德品质。某种程度上的持久性似乎是取得成功的必要条件,但本身并不是成功的组成部分。这些不同的主张提出了某些关于正当性和证据性的问题。

一些关于正当性的怀疑涉及恩格斯对这些关于共产主义的成功的组成部分和先决条件的假设的处理,这些假设是明显的和无争议的。这当然不是现代的公社研究文献看待类似假设的方式。

财富和道德品质不会耗尽这里的可能性。公社居民区只要实现其成员自身的目标、接近客观的社会完善、持续时间长、人口增长、财富增长、力量增长、具有社会凝聚力、社会影响广泛、为成员的个人成长提供条件等,就被评判为是成功的。② 这些例子显然可以以各种方式加入或组合,以确认没有无争议的或公认的成功标准。

一些人还质疑持续性的作用,特别是试图否认公社不复存在必然是失败的标志。因此,"发展的共产主义"的支持者有时将移民区建设仅仅描述为更广泛发展中的一个阶段,通常是为确保运动的早期生存

---

① A. Brisbane, *Association*, New York: Greeley & McElrath, 1843, p. 9.
② 参见 J. Wagner, "Success in Intentional Communities: The Problem of Evaluation", in *Communal Societies 5*, 1985, pp. 89–100。

而采取的策略。① 同样,热衷于"经验主义者"观点的人可以坚持认为,社会实验只有在未能产生确定结果时才是失败的,当然,公社移民区的崩溃可以伪造或阐明某些假设。②

恩格斯将成功和持续性联系起来可能是正确的,而他特定的成功标准(财富和道德品质)可能是非常合理的。然而,比起恩格斯自己所提供的根据,这种联系和这些标准似乎需要更多的理由。一些关于证据性的怀疑涉及他按照他自己的标准证明他所选择的公社是成功的各种尝试。他的证据和他的解释在某些方面看起来都是有问题的。

并非恩格斯的所有证据看起来都是恰当的比较。例如,在讨论财富时,他提供了一些关于公社资源的描述,但没有确凿的证据表明那些仍然在私有财产制度下劳动的邻居的相对贫困。例如,除非我们对它们的邻居(一个适当划定的群体)所拥有的生产资料有所了解,否则知道分离派成员有一个麻纺厂、一个制革厂和两个锯木厂是没有帮助的。③ 这些证据可能难以获得,但只要这些证据缺位,恩格斯关于比较意义上的物质成功的说法就仍然得不到支持。

也不是恩格斯的所有其他证据都是无可置疑的。例如关于共产主义者道德优越性的证据,他认为(10 个)震教徒移民区中没有一个人犯罪入狱。④ 恩格斯大概是说,在当代刑事司法制度下,没有震教徒恶棍会受到惩罚(并且,举例来说,并非是震教徒恶棍一直成功逃脱了抓

---

① 参见 D. E. Pitzer, "Developmental Communalism: An Alternative Approach to Communal Studies", in D. Hardy and L. Davidson (ed.), *Utopian Thought and Communal Experience*, London: Middlesex Polytechnic, 1989, pp. 68 - 76; D. E. Pitzer, "Introduction", in D. E. Pitzer (ed.), *America's Communal Utopias*, Chapel Hill: University of North Carolina Press, 1997, pp. 3 - 13。
② 参见 A. E. Bestor Jr., *Backwoods Utopias*, Philadelphia: University of Pennsylvania Press, 1950, pp. 13 - 14, 15 - 16, 18 - 19, 69, 135, 152。
③ 参见恩格斯《现代兴起的今日尚存的共产主义移民区记述》,载《马克思恩格斯全集》第 42 卷,人民出版社 1979 年版,第 229 页。
④ 参见恩格斯《现代兴起的今日尚存的共产主义移民区记述》,载《马克思恩格斯全集》第 42 卷,人民出版社 1979 年版,第 223 页。

捕)。然而,据了解,这种说法是错误的。例如,在1835年,一位名叫内森·夏普(Nathan Sharp)的震教徒携一匹贵重的马、马具和随后估价约10000美元的现金潜逃。① 人们可能认为恩格斯无法获得这种证据,但这个特殊的例子恰恰是因为在他自己的资料来源之一,詹姆斯·西尔克·白金汉(James Silk Buckingham)的游记中出现而被提供的。②

这种夸大证据的主张的倾向也出现在其他地方。例如,恩格斯坚持认为共产主义和充裕性的联系得到了美国共产主义经验的证实;在存在了10年或15年之后,这些计划性公社被称为是"极其富有的",以至于它们的成员"想要得到的应有尽有,而且比它们能够消费掉的东西还要多"③。满足持续性约束的4个现存公社中的基督教分离主义者(2个震教徒村庄、经济的协和派者以及分离派成员)可能拥有许多精神和物质上的福祉,但他们的日常生活也涉及大量的经济紧缩、艰苦的体力劳动、文化同质性、独身和性别隔离、不自由的社会控制方法、统一的着装和全面的监管。认为这些生活包括人们可能(合理地)渴望的所有东西的提议似乎令人怀疑,因为人们可能(合理地)渴望更大的个人自主权、民主公社、休闲、性活动和融合、隐私、知识和文化多样性等。此外,考虑到物质财富,我们应该注意查尔斯·诺德霍夫(Charles Nordhoff)的当代评论。他提到分离派成员并评论说,尽管他们比他们的邻居生活得更好,但这仍是"根据德国农民的观念"的一种舒适的生活,即共产主义社会成员没有挨饿,他们从极端辛劳中解脱了出来。④

此外,我们可能会质疑恩格斯对他所提供证据的解释。例如,作为共

---

① 参见 S. J. Stein, *The Shaker Experience in America*, New Haven: Yale University Press, 1994, pp. 143-144。
② 关于白金汉,参见利奥波德的《所有的故事都是一样的:恩格斯与在美国和英格兰的公社移民区》,第30、43页。
③ 恩格斯:《现代兴起的今日尚存的共产主义移民区记述》,载《马克思恩格斯全集》第42卷,人民出版社1979年版,第222页。
④ 参见 C. Nordhoff, *The Communistic Societies of the United States*, New York: Dover, 1966, pp. 109-110 (1875年首次出版)。

产主义成员道德优越性的证明,我们被告知他们在没有警察和监狱的情况下进行管理,而这些却是他们的邻居仍然需要的。但是,我们可以在不接受其假定的含义的情况下认可这一事实的存在。没有警察和监狱可能并非个体共产主义社会成员优越的道德品质的证据,而是在这些移民区中所采用的其他的更不自由的社会控制方法的效力的证据。(例如,由震教徒所制度化的供认、同伴监督、全面的行为规则和对长辈的服从的体系。)①同样,作为共产主义社会成员的恶棍进入刑事司法系统的罕见性可能不是违法犯罪稀少的证据,而是许多共产主义社会成员与既定当局之间不稳定关系的证据。尤其是基督教分离主义者,他们更愿意按照他们自己的规则来处理异议,而不是利用既定的法律结构。②

恩格斯对公社成功的描述看来是有缺陷的。他不仅没有充分证明他的成功标准和持续性的作用,而且他的证据主张往往都是不准确的,并且可以采用另外的不同解释。

公社的困难

恩格斯认为,这些当代移民区几乎没有困难,而且这些很少的困难与它们的财产安排无关。这些说法都令人怀疑,并证实了他不愿批评共产主义者(除了在即将出现的宗教的问题上)。他不愿意承认这些移民区有任何不容易校正的困难,而我在这里提供了两个相比于恩格斯的不愿意的参照案例。恩格斯比他的消息人士,也比一些共产主义者更不情愿考虑公社的问题。

亚历山大·萨默维尔(Alexander Somerville)可以代表前者的基

---

① 例如,参见在安德鲁斯(E. D. Andrews)处重现的千禧年法则(Millennial Laws),*The People Called Shakers*,New York:Dover,1963,pp. 251 - 289。
② 震教徒的惩罚包括取消特权和转移到其他村庄。参见约瑟夫·斯林格兰(Joseph Slingerland)在 Stein 中的命运,*The Shaker Experience*,pp. 280,283 - 284,494 n. 83。

准。他是《晨间纪事报》(*Morning Chronicle*)(1842年12月13日)中的报告的匿名作者,该报告构成了恩格斯的主要的但非唯一的,关于英格兰汉普郡协和派的欧文主义移民区的信息来源。① 萨默维尔几乎不是一个敌对的证人——欧文派随后将他的叙述转载成了一本小册子——但他提出了一些相关的担忧,即欧文派对外部雇佣劳动的依赖,繁重农业劳作对于他们成员的不适当,以及在产生任何收入之前发生的他们的公社设施的支出。② 恩格斯既没有报告也没有回应这些担忧。

霍普代尔协会可以代表后者的基准。霍普代尔协会在它的章程的序言中对其准成员提出了警告,说公社生活"充满了负担、焦虑和辛劳",而只有"真挚的"和"忠实的"人才能"愉快地"③忍受这些东西。同样,恩格斯没有表达任何类似的认识,即认为公社生活在除了其优势之外可能还存在负担。此外,他不愿意承认任何可能与移民区的财产安排相关联的问题。然而,从方法论上讲,似乎没有充分理由提前排除财产关系作为公社困难的潜在来源;而且,从经验上讲,与独身和内部民主问题相比,财产关系确实成为许多公社困难的核心。④ 例如,在讨论基督教分离主义者所经历的困难时,要考虑到恩格斯在看待"财产的公有"时,将其视为像对于公社困难的一种可能解释一样隔离起来的、难以获得的倾向。

恩格斯承认震教徒在吸引新成员方面存在困难,但将此归咎于他

---

① 参见 A. Somerville, *The Whistler at the Plough*, London: Merlin, 1989, pp. 105-115。关于 Somerville,参见 Leopold, "All Tell the Same Tale", pp. 32-35, 39-40。
② 萨默维尔的报告出版为 *A Journey to Harmony Hal*, *Hampshire*, London: J. Wotham, 1842。绝妙的敌对证明可参见 R. J. Reid, *Exposure of Socialism : A Refutation of the Letter on Harmony Hall by "One who has Whistled at the Plough"*, London: W. Strange, 1843, p. 71。
③ "Prefatory Statement", *Constitution*, By-Laws and Regulations.
④ 在这里,我将广泛讨论成员之间以及成员与叛教者之间的内部争端。与非成员的冲突还涉及:兵役(或提供替代品)、离婚(当只有一个伴侣加入时),以及儿童契约。

们对于独身的神学上的启发性的承诺。① 相反,我们被告知他们的各种宗教观点"同财产公有的学说是毫无关系的"②。这最后一个说法似乎是不可信的,因为与其他基督教分离主义者一样,震教徒为"财产的共有"辩护,理由是他们因此遵循基督和早期基督教会的做法。③ 此外,财产是许多震教徒争议的核心,包括许多将公社财产暴露于分离主义者的主张之下的政治和法律的企图。④

恩格斯在对协和派者的描述中承认了1832年的分裂,这个分裂是由具有魅力的移民"莱昂伯爵"——实际上是伯恩哈德·穆勒(Bernhard Müller)——所领导的,他"煽动"了一些成员反对他们的精神领袖拉普(Rapp)。⑤ 然而,从这一描述中,人们永远不会意识到财产安排是这一争端的核心,并形成了许多长期存在的协和派者抱怨的主题。特别是,许多协和派者反对在1818年对于《债务书》(Book of Debts)的破坏,其中详细说明了其成员的个人贡献,以及据称用于确保在1826—1827年的《联盟条款》(Articles of Association)中达成的中止离开公社时返还财产的权利的协议。

最后,分离派成员被描绘为通过采纳"财产的公有"方式,已经从公社的困难中解脱出来,而他们最初的关于私有财产的承诺受到威胁说

---

① 关于震教徒的独身,参见 J. Crosthwaite, "A White and Seamless Robe, Celibacy and Equality in Shaker Art and Theology", in *Colby Library Quarterly* 25, 1989, pp. 188 - 198;以及 G. R. Wergland, *One Shaker Life. Isaac Newton Youngs*, *1793 - 1865*, Amherst: University of Massachusetts Press, 2006, pp. 3 - 7。
② 恩格斯:《现代兴起的今日尚存的共产主义移民区记述》,载《马克思恩格斯全集》第42卷,人民出版社1979年版,第230页。
③ 参见 Andrews, *The People Called Shakers*, pp. 97 - 103。
④ 参见 R. M. Stein, "A Sect Apart: A History of the Legal Troubles of the Shakers", in *Arizona Law Review* 23, 1981, pp. 362 - 387。
⑤ 参见恩格斯《现代兴起的今日尚存的共产主义移民区记述》,载《马克思恩格斯全集》第42卷,人民出版社1979年版,第225页。穆勒——不顾一切地宣称自己是弥赛亚和拥有点金石——领导了一个分离的团体("离婚"结算价为105000美元),并建立了"新费城社会"(New Philadelphia Society)。后者的失败被描述为与基本经济原则无关的"管理不善"的结果。

会使他们变得"一贫如洗"①。从恩格斯的叙述来看,人们永远不会意识到俄亥俄运河和伊利运河的修建在改变分离派成员早期经济命运中的核心的意外作用。② 恩格斯也不承认财产在随后的公社内部,以及在公社和分离主义者之间的争端中的作用。这些财产纠纷有时采取法律的形式,由前成员提起的诉讼最终到达美国最高法院,而当时该协会的协议条款得到了维护。③

恩格斯对公社困难的处理看起来是有缺陷的。与他的消息来源以及共产主义社会成员本身相比,他太不愿意承认公社的问题。并且在理论和实践上,他都不愿意考虑这些问题是否与他们的经济安排有关。

欧文主义的热情

在《现代兴起的今日尚存的共产主义移民区记述》一文中,恩格斯并没有明确地论述特定公有社会安排的相对优点,但是细心的读者会注意到,伴随着恩格斯对"宗教"移民区的敌意的,还有其对英国协和派欧文主义公社的热情。④ 这些欧文主义的倾向似乎与恩格斯的雄心壮志无关,因为他的样本中的所有公社似乎都不仅仅证明了共产主义的可行性,而且,在特定的公有社会安排之间作出决定对于他的直接受众来说也不是一个紧迫的问题。(恩格斯在其他地方解释说,现在判断德国是像英国人那样走一条公有社会的路线以达到共产主义,还是像法

---

① 恩格斯:《现代兴起的今日尚存的共产主义移民区记述》,载《马克思恩格斯全集》第42卷,人民出版社1979年版,第228页。
② 分离派成员赢得了一份建造运河的一部分的合同,使他们能够偿还贷款,随后将面粉和铁矿石运到报酬丰厚但地理位置遥远的市场。参见 K. M. Fernandez, *A Singular People*, Kent, OH: Kent State University Press, 2003, p. 7。
③ 在戈塞尔(Goesele)诉比勒(Bimeler)案中,55 U. S. 589(1852),法院将比勒描述为一个"正直和道德"的人,而分离派成员作为"道德的、宗教的和勤劳的人",他们通过"伟大的工业、经济、良好的管理和能源"比他们的邻居更繁荣。
④ 在其他地方,恩格斯赞同"罗伯特·欧文的提议(Vorschläge)是公有社会计划中"最实际和最完善的"。(参见恩格斯《在爱北斐特的演说》,载《马克思恩格斯全集》第2卷,人民出版社1957年版,第612页)

国人可能会做的那样走一条非公有社会的路线以达到共产主义,还为时尚早。①)然而,协和公社比这些免责声明可能暗示的要重要得多。这是唯一提到的可以预先对恩格斯的核心主张,即尽管公有社会的成功是现实的,但却是美国独特的条件和/或宗教热情的产物,作出明显回应的移民区。如果没有协和公社,恩格斯的经验证据似乎无法直接支撑他自己所支持的世俗欧洲共产主义。在这种情况下,我们可能会怀疑在协和公社中的这种自信的基础,以及后者作为基于共同财产的世俗公社的典范的适当性。

根据恩格斯的说法,持续性是公社成功的必要条件,但不是其中的一个组成部分。② 然而,协和公社是一个相对较新且未经验证的移民区:它始建于 1839 年;它的公社建筑直到 1841 年才开始建造;它尚未召集到超过 50 名成年成员;它的农业生产依赖外部的雇佣劳动;它在经济上依赖外部支持者的贷款和捐赠。③ 在这种情况下,人们可能会想要参考过去在美国和英国的欧文主义移民区的记录,作为未来可能蓬勃发展的指南。但是这记录读起来让人沮丧。早期的欧文主义公社往往很短命,在债务和分歧(关于经济和政治基础)的双重负担下瓦解了。④ 很难

---

① 参见恩格斯《在爱北斐特的演说》,载《马克思恩格斯全集》第 2 卷,人民出版社 1957 年版,第 613 页。
② 参见恩格斯《现代兴起的今日尚存的共产主义移民区记述》,《马克思恩格斯全集》第 42 卷,人民出版社 1979 年版,第 222 页。
③ 恩格斯建议公社"超过 100 名成员",但是罗伊尔(Royle)可信地证实其所拥有的成员人数在 1844—1845 年达到了 54 个成年人(总共 90 人)的高峰。(E. Royle, *Robert Owen and the Commencement of the Millennium*, Manchester: Manchester University Press, 1998, Appendix III, table 6, p. 251)
④ 在美国,印第安纳州新协和公社的实验(1825—1827)吞噬了欧文五分之四的财产,然后分崩离析。其他短命的美国欧文主义移民区包括 Yellow Springs, Greene County, Ohio (1825—1826); Franklin (or Haverstraw), Rockland County, New York (1826 年 5—10 月); Forestville (or Coxsackie), Greene County, New York (1825—1827); Friendly Association for Mutual Interests (or Valley Forge), Chester County, Pennsylvania (1826 年 1—9 月); 以及 Blue Spring, Monroe County, Indiana (1826—1827)。在英国和爱尔兰的欧文主义移民区包括 Cooperative and Economical Society, Spa Fields, Clerkenwell (1821—1823); Orbiston, Lanarkshire, Scotland (1826—1827); Ralahine, Cork, Ireland (1831—1833); Manea Fen, Cambridgeshire (1838—1841); 以及 Society of United Friends, Pant Glas, Merionethshire, Wales (1840—1840)。

知道恩格斯是否以及在多大程度上了解这些以前的尝试,或者他是否已经了解这些,但并未反思它们可能破坏他对于协和公社的热情的方式。但是,可以肯定的是,有关早期欧文主义移民区命运的信息是可以获得的,并且这个证据应该让他在认为下一个移民区的成功是理所当然的之前有所迟疑。①

此外,恩格斯将协和公社描述为基于共同财产的世俗公社中的两个要素都是有问题的。他将英国社会主义者描述为"几乎都不信教"②。然而,欧文主义运动在宗教上比这种描述更为复杂。③ 无神论者确实存在——查尔斯·索斯韦尔(Charles Southwell)是他们中最著名的代表——但他们总是少数。欧文本人是一个自然神论者,尽管他对组织化的宗教持强烈的批评态度,但他(1816年后)越来越多地使用宗教语言来描述他的目标。在更广泛的运动中,许多人认为欧文主义本身就是一种宗教,并且其热情地改造了基督教语言和仪式(有社会传教士、命名仪式和葬礼,以及使用一本《社会赞美诗》(Social Hymns)的以基督教事业为模型的集会)。④

欧文主义公社反映了大量的复杂性。协和公社虽然缺乏加入其中

---

① 例如,亨内尔(M. Hennell)的《在合作原则上建立的各种社会制度和公社纲要》(*An Outline of the Various Social Systems & Communities Which Have Been Founded on the Principle of Co-operation*, London: Longman, 1844, pp. 109 - 13, 132 - 36, 142 - 47)所提到的 New Harmony, Orbiston, 以及 Ralahine 三个移民区。该书首先作为查尔斯·布雷(Charles Bray)的《必需品的哲学》(*The Philosophy of Necessity*, London: Longman, 1841)的附录出版。
② 恩格斯:《现代兴起的今日尚存的共产主义移民区记述》,载《马克思恩格斯全集》第42卷,人民出版社1979年版,第222页。
③ 参见 J. F. C. Harrison, *Robert Owen and the Owenites in Britain and America*, London: Routledge & Kegan Paul, 1969, pp. 91 - 139。
④ "社会制度"的一句鼓舞人心的诗句必将代表其余的东西:"这是一个单独的社会,在那里所有人都享有共同的利益;在那里教派和政党是陌生的;在那里社会的将利己主义摧毁。"(*Social Hymns for the Use of the Friends of the Rational System of Society*, Leeds: J. Hobson, 1840, no. 3)

的宗教考验,但将其成员描述为"完全没有宗教信仰"①是错误的。一些成员有传统的基督教信仰,并且,根据他们的教派偏好,加入了东泰瑟利(East Tytherly)当地的教堂或小教堂。② 这一公社还包括贵格会信徒。③ 更引人注目的是,基督教的千禧年主义似乎已经普遍存在。约翰·芬奇(John Finch),一位副州长和公社管理者,明确地将社会主义与地上的天国联系起来,并将欧文视为先知,认为他的出现预示着即将到来的第二次降临。④在协和公社会堂(移民区的中心建筑)建立之际,一个山墙的末端刻上了"C. M. 1841"——这一首字母缩写代表着千禧年的开始。⑤

协和公社的财产安排也很复杂,但在其历史上的任何时候都没有基于共同财产的移民区。顺便提一下,恩格斯提到了一些内部的"误会和不满",这是因为其成员不是"企业的唯一所有者"⑥。然而,他低估了这里的复杂性及其对自己立场的影响。⑦ 大部分土地由著名的金融家和慈善家艾萨克·里昂·戈德斯米德(Isaac Lyon Goldsmid)爵士私人

---

① 同样,北安普敦协会(Northampton Association)和布鲁克农场(Brook Farm)都没有进行过宗教考验,但都受到"外来主义"(Come-Outerism)的严重影响。"外来者"(Come-Outers)是来自某些传统的基督徒——贵格会教徒、浸礼会教徒、公理宗信徒和一神论者——他们认为从教堂中退出是向非教派团契迈进的一步。(参见 Clark, *The Communitarian Moment*, pp. 42-46; S. F. Delano, *Brook Farm*, Cambridge, MA: Harvard University Press, 2004, pp. 21, 23, 64, 244)
② 参见 Somerville, *The Whistler at the Plough*, p. 109。另参见在《新道德世界》(*New Moral World*)上的布道,2 October 1841, p. 109。
③ 例如凯瑟琳·哈根(Catherine Hagan)。参见摘自《新道德世界》(*New Moral World*)的信,26 March 1842,第 311 页。
④ 参见 J. Finch, *The Millennium*, Liverpool: Ross & Nightingale, 1837, p. 17。另参见 J. Finch, *The Seven Seals Broke Open*, London: Rigby, 1853。芬奇是恩格斯关于美国公社的主要(但非唯一)信息来源。关于芬奇,参见利奥波德的《所有的故事都是一样的》(*All Tell the Same Tale*), pp. 23-29, 36-39。
⑤ 参见 G. J. Holyoake, *A Visit to Harmony Hall*! London: Hetherington, 1844, p. 7。
⑥ 恩格斯:《现代兴起的今日尚存的共产主义移民区记述》,载《马克思恩格斯全集》第 42 卷,人民出版社 1979 年版,第 232 页。公社的困难又被描绘成共同财产实现不充分的结果。
⑦ 参见恩格斯《现代兴起的今日尚存的共产主义移民区记述》,载《马克思恩格斯全集》第 42 卷,人民出版社 1979 年版,第 235 页。恩格斯后来(不准确地)宣称,协和公社的共产主义的"明确的品质""没有落下任何可取的东西"。(参见恩格斯《反杜林论》,载《马克思恩格斯全集》第 26 卷,人民出版社 2014 年版,第 282 页)

拥有，他以现行的农业价格将土地出租给罗伯特·欧文和其他三人99年，而在这期限之后土地将会回到土地所有者手中。欧文打算用农业生产和其他事业（包括一所学校和付费旅客）的利润来资助公社建设和运营。与此同时——事实证明，由于公社的任何部分都没有获利，因此只有"同时"——其财务负担是由一家股份公司的大部分不成功的尝试，欧文的富有的支持者们的贷款，以及欧文主义者中普通成员的经常是不情愿的贡献所承担的。① 在移民区事务上，欧文个人的和制度上的权力是相当大的，并且他最终的退出加速了伴随着巨额债务的移民区的崩溃，以及与此相伴随的大部分合理性社会（Rational Society）的垮台。协和公社以各种各样的形式持续了大约七年。

恩格斯的欧文主义热情看起来是放错了地方。考虑到协和公社的短暂存在和欧文主义者的记录，恩格斯关于协和公社的反对者们"没有可能去庆祝公社的垮台"的信心似乎是没有根据的，同时移民区本身似乎不适合作为一个基于共同财产的世俗公社的标志性角色。②

恩格斯的时机选择

恩格斯自信地预言，这些特定的公有移民区不仅会有一个漫长而幸福的未来，而且它们的例子也会被广泛复制。在美国这个"有很大的活动能力和顽强的精神"的人群"不再愿意为少数靠人民的劳动养活的富人当奴隶"的地方，他预测"财产公有不久将在他们的国家的很大一部分地区实现"。③

这些预测的证据基础似乎很薄弱；尤其是，恩格斯是以规模微小样

---

① 参见 Royle, *Robert Owen*, pp. 74-83。
② 参见恩格斯《现代兴起的今日尚存的共产主义移民区记述》，载《马克思恩格斯全集》第42卷，人民出版社1979年版，第235页。
③ 参见恩格斯《现代兴起的今日尚存的共产主义移民区记述》，载《马克思恩格斯全集》第42卷，人民出版社1979年版，第232页。

本和接触到的最近情况为基础进行预测的,这与他对公有社会主义未来繁荣的巨大期望之间存在着鲜明对比。恩格斯预计在美国,公有财产即将在全社会占据主导地位,这一预计的基础是14个移民区,其中12个据说是现存的(2个早先的移民区已被协和派者连续占领),而且,根据他自己的描述(夸大了它们的人口),其最多容纳了几千人。而且,这些小样本大部分都是最近才有的。如果我们排除掉基督教分离主义者,那么剩下的8个移民区中没有一个成立超过三年。1841年成立了1个(Brook Farm),1842年成立了4个(Teutonia,Hopedale,Social Reform Unity,and the Northampton Association),1843年成立了3个(Skaneateles Community,Sylvania Association,and Hunt's Colony)。简而言之,恩格斯的公社样本看起来太小,而且距离其成立的时间太短,这都使得他对即将到来的公有社会的统治的预言变得可信。恩格斯预言的后续准确性也令人感兴趣,这不仅是因为这些同时代移民区的历史命运并不广为人知,而且还因为他引入了另一个重要问题,即宗教与公社的成功之间的关系(下文将进一步讨论)。

有时人们声称,公社实验是在波动中发生的,其通常与某种经济周期相一致。[1] 无论人们对这个更宽泛的经验问题持何种观点,并以此支持在整个19世纪建立公社,毫无疑问的是,19世纪40年代早期的公社展现了特别繁荣的景象。许多新的移民区形成了,而且已建立的公有社会团体也经历了一个复兴。[2] 最近的一份报告指出,1841至1850年间在美国建立了60个新公社,比19世纪的任何其他十年都多,其中47个公社是在1841至1845年间建立的。[3] 然而,恩格斯对公有社会的热

---

[1] 例如,参见 M. Barkun, "Communal Societies as Cyclical Phenomena", in *Communal Societies*, 4, 1984, pp. 35 - 49; B. J. L. Berry, *Americas Utopian Experiments : Communal Havens from Long-Wave Crises*, Hanover: University Press of New England, 1992。

[2] 参见 Andrews, *The People Called Shakers*, 1843, p. 176。

[3] 参见 O. Okugawa, "Annotated List of Communal and Utopian Societies 1787 - 1919", in R. S. Fogarty (ed.), *Dictionary of American Communal and Utopian History*, Westport: Greenwood, 1980, pp. 173 - 233。

情似乎在这一特定的由繁荣走向崩溃的时刻达到了顶峰。

《现代兴起的今日尚存的共产主义移民区记述》中提到的大多数公社的倒塌速度惊人。恩格斯不知道，在他写这篇文章的时候，他文中尚存的12个公社中有3个已经解散了：条顿尼亚(Teutonia)已经持续了两年(1842—1844)，社会改革联盟(Social Reform Unity)持续还不到一年(1842—1843)，西尔瓦尼亚协会(Sylvania Association)已经持续了一年多(1843—1844)。后两个经历了典型的傅立叶主义公社浪潮，它们遭受了投资不足、农业知识匮乏、成员筛选不足和严重的意识形态分歧。研究该运动的现代历史学家用优雅精确的散文描述了它们相似的命运——成员们"在解散前"遭受了大约一年的"寒冷和饥饿"①。在恩格斯的文章发表三年之后，他提到的另外4个美国公社也解散了：斯卡内泰尔斯(Skaneateles)持续了三年(1843—1846)，布鲁克农场(Brook Farm)以各种形式持续了六年(1841—1847)，北安普敦协会(Northampton Association)持续了四年(1842—1846)，亨特的聚居地(Hunt's Colony)持续了三年(1843—1846)。也就是说，在三年之内，恩格斯文中提到的最初的12个公社只剩下了5个：霍普代尔的基督教社会主义移民区(1842—1867)，经济的协和派移民区(Harmonist settlement at Economy)(1824—1905)，分离派的移民区(1817—1898)，以及2个震教徒村庄——普莱森特希尔(Pleasant Hill)(1806—1910)和新黎巴嫩(New Lebanon)(1787—1947)。②

恩格斯对公有社会的信心的基础薄弱，这反映在他的样本的规模和寿命上，并且这种信心的基础薄弱在随后的事件中暴露无遗。随着公社由繁荣转向崩溃，他最初的12个移民区中只剩下5名幸存者。这一历史证据使恩格斯对公有社会主义的进步的自信预言破灭了。此

---

① C. J. Guarneri, *The Utopian Alternative*, Ithaca: Cornell University Press, 1991, p. 159.
② 震教徒的人口也可能在19世纪40年代初达到了顶峰。(参见 Bestor, *Backwoods Utopias*, p. 59; Stein, *The Shaker Experience*, p. 237)

外,由于在他的样本中仅有的幸存了一代或更长时间的公社具有的宗教基础,这也就提出了一个复杂而有争议的问题,即我现在将要转向的公社的成功与宗教之间的关系问题。

宗教

恩格斯在《现代兴起的今日尚存的共产主义移民区记述》中确实论述了宗教与公社的成功之间的关系。① 他说这些移民区大部分是由宗教派别建立的,他们的成员"对各种事物往往持有十分愚蠢而荒唐的观点",但他坚持认为这些宗教基础不会破坏它们作为支持世俗共产主义的证据的可接受性。② 他的主张的清晰性和合理性都可能受到质疑。

恩格斯的观点尚不清楚,因为他在关于宗教对公社成功的影响的两种不同的观点之间说着模棱两可的话。他有时认为公社的成功不受宗教信仰的影响,声称"至于用事实来证明公有是可行的那些人究竟是信一个神,信十二个神,还是根本不信神,这显然也无关紧要"③。他有时还认为宗教信仰阻碍了公社的成功;声称"尽管"成功的公社有宗教信仰,但没有这种宗教信仰的共产主义将会更好地发挥作用。④ 恩格斯没有在这些不同的主张之间作出选择,而是在把宗教信仰视为无关紧要的和认为宗教信仰对公有社会的成功有害的观点之间轮流转换。

无论是哪种解读,恩格斯的观点都是不可信的。简而言之,在这种公有社会的背景之下,很难对他那种对宗教信仰的无关性或危害性的

---

① 路易斯·福伊尔(Lewis Feuer)错误地暗示恩格斯"回避"了这个问题。(参见 L. S. Feuer, "The Influence of the Communist Colonies on Engels and Marx", in Western Political Quarterly 19, no. 3, 1966, p. 464)
② 参见恩格斯《现代兴起的今日尚存的共产主义移民区记述》,载《马克思恩格斯全集》第42卷,人民出版社1979年版,第222页。
③ 恩格斯:《现代兴起的今日尚存的共产主义移民区记述》,载《马克思恩格斯全集》第42卷,人民出版社1979年版,第222页。
④ 参见恩格斯《现代兴起的今日尚存的共产主义移民区记述》,载《马克思恩格斯全集》第42卷,人民出版社1979年版,第222页。

论断具有信心。他的主张既没有得到他自己的移民区样本的支持,也没有得到现有的更广泛的历史证据的支持。

关于恩格斯自己的样本,其中只有 5 个移民区的存在超过了 10 年。(要记住,对于公社的成功来说,寿命尽管不是其中的一个组成部分,但是其中的一个条件,而 10 年被认为是等待物质富足出现的最短时间。)持续时间最长的是基督教分离主义者的移民区:经济的协和派移民区(1824—1905)和分离派的移民区(1817—1898)持续了 81 年;而普莱森特希尔(1806—1910)和新黎巴嫩(1787—1947)这两个震教徒村庄分别持续了 104 年和 160 年。唯一持续时间超过 10 年的其他移民区是霍普代尔的基督教社会主义移民区(1842—1867),该公社有着对成员资格的宗教考验,存在了 25 年。

长期存在的 19 世纪的公社拥有宗教基础并不是恩格斯的小样本中的怪事。这种相关性得到了更大范围的历史证据的证实,而且这些证据现在已经经受了社会科学的检查。也许最著名的现代研究调查了 1776 至 1900 年间的 143 个美国公社(其中 71 个被划分为宗教公社,72 个被划分为非宗教公社),以便发现哪些因素影响了移民区的生存概率。它得出的结论是,宗教对于公社的寿命有着"显著的"贡献。[①] 不应夸大相关统计和其他分析的程度,但有一种共识,即如果对 19 世纪公社移民区的任何经验概括都是肯定的,那么拥有宗教基础就是其长寿的一个必要(如果不充分的话)条件。

因此,恩格斯对宗教信仰与公社的成功之间关系的描述是有问题的。他在关于这一关系的两种不同的叙述之间含糊其词,而这些叙述都没有得到经验证据的支持,无论是来自他自己的样本,还是来自现在可接受社会科学检查的更广泛的证据。

---

① 参见 K. H. Stephan and G. E. Stephan, Religion and the Survival of Utopian Communities, *Journal for the Scientific Study of Religion* 12, no. 1, 1973, pp. 89–100。

过度延伸的结论

到目前为止，我已经质疑了恩格斯对这些公社移民区的理解的几个方面。现在，出于论证的目的，我会抛开这些疑虑，并假设这些公社正如他想象的那样；也就是说，它们建立在共同财产的基础上，在财富和道德品质上比它们的由私人拥有财产的邻居更优越。我这样做是为了检验他从这些"事实"中得出的结论是否合理。

恩格斯解释说，公社的成功是共同财产安排的结果。然而，这种联系是假定的而不是被证明的，其他的解释看起来同样是合理的。有趣的是，恩格斯的一些消息来源对这个问题非常敏感。例如，萨默维尔对于协和公社的农业成就给予了热情的描述，称赞"社会主义芜菁"比仍处在私有财产制度下劳动的邻近的根菜更优秀。然而，他明确认为这些结果不是欧文主义者的财产安排导致的，而是由于他们采用了科学的农业技术（石灰、液体肥料、良好的挖沟和种植的使用）和公平的雇佣（他们从公社外部雇佣的劳动力都被比较好地对待，且酬劳优厚）。事实上，萨默维尔对那些反对欧文主义者的当权派成员（"贵族、绅士、神职人员"）的政治建议是，他们应该开始证明"良好的农业不一定是社会主义的附属物"①。同样，哈丽特·马蒂诺（Harriet Martineau）在访问了震教徒和协和派者的移民区后认为，公社中的每个人，无论男女，都愿意去"完成自己的劳动份额"，以及公共农业的一定规模的经济效益（相对于基于个体家庭的邻近地区的农业来说），是公有社会财富的关

---

① Somerville, *The Whistler at the Plough*, p. 115.

键决定因素。① 在"旧世界"中,普遍的职业道德和成规模的经济效益是否以及在多大程度上可以实现,被视为一个开放而重要的问题。② 恩格斯没有给我们任何理由去思考:或者这些关于成功的其他解释(科学农学、职业道德、规模经济等)是不可信的,或者这些因素本身就依赖于共同财产。因此,我们可以合理地怀疑公有社会的成功是否如他所假定的,必然与"财产共同体"有关。

根据他的调查证据,恩格斯在总结我称之为"全社会的共产主义是可行的"之时还过度夸大了他自己。显然,如果他打算表明繁荣的公有社会移民区的存在确立了全社会共产主义的非公有社会形式的可行性,那他就错了。(当然,法国被认为可能以非公有社会的形式采取全社会共产主义。)不太明显的是,恩格斯也错误地认为,繁荣的公有社会移民区的存在确立了全社会共产主义的公有社会版本的可行性。特别是,在更广阔的非公有社会环境中的繁荣的公有移民区的存在,并不能确立完全由公有移民区组成的社会的可行性。

对于这种不太明显的主张,有一种思考方式是将马克思、恩格斯成熟的观点颠倒过来,即因为它们所处的更广泛的非公有社会(资本主义)环境以某种方式腐蚀了它们,所以公有社会主义的小岛失败了。论证的颠倒的版本表明,在这些公有社会主义的小岛成功的地方,是因为它们在某种程度上得到了同样的环境的支持。③

我认为这个论证的颠倒的版本似乎是合理的,而且它削弱了恩格

---

① 参见 H. Martineau, *Society in America*, II, London: Saunders & Otley, 1837, p. 58。关于马蒂诺,参见 Leopold, *All Tell the Same Tale*, pp. 29, 43-44。在几个公社中,女性与男性一起工作的作用至关重要。(参见 Fernandez, *A Singular People*, p. 94)考虑到性别问题在这些公有社会运动中的重要地位,以及恩格斯对"妇女问题"的兴趣,也许令人惊讶的是,这些问题没有在《现代兴起的今日尚存的共产主义移民区记述》中被讨论。
② 共产主义社会成员有时比他们的邻居工作更努力,工作更长时间。(参见 Wergland, *One Shaker Life*, chaps. pp. 10-12)
③ 参见埃尔斯特(J. Elster)的有趣的评论,"从这里到那里;或者,如果合作所有制是如此可取,那么为什么合作者那么少"(E. F. Paul, F. D. Miller Jr., J. Paul (ed.), *Socialism*, D. Oxford: Blackwell, 1989, pp. 96-98。另参见 Wright, *Envisioning Real Utopias*, pp. 239-240)。

斯关于可行性的结论。要了解这里的合理性,请考虑三种机制,它们有助于解释公有社会的成功,但它们本身依赖更广泛的非公有社会的环境的存在。

共产主义社会成员通常依赖正式和非正式的选拔程序,这有助于确保成员具有高于平均水平的能力和动力。自我选择是这里的故事的一部分,但一些移民区也有着大量的正式程序。例如,霍普代尔试图吸引勤劳、自力更生和节俭的基督徒。想要成为成员的人必须提供详细的个人信息(关于他们的教育、技能和财务状况),然后才被考虑(通过投票)拥有成员资格;他们还必须保证支持实践基督教标准,并且(通常)必须花一年的试用期来证明他们对现有成员的效用和兼容性。① 不合适的个人不是那么容易就被排除在全社会的共产主义安排之外的!

此外,共产主义社会成员通常依赖更广泛(非公有的)社会中的意识形态支持网络。例如,分离派成员从贵格会教徒那里获得了"不可估量的祝福",贵格会教徒最初把分离派成员视为信仰同样宗教的人,资助他们从德国移民,在抵达美国时为他们提供食物和住房,并在资金上支持他们随后的土地购买和移民区建设。② 同样,北安普敦协会依靠废奴主义者的关系网络来为他们的丝绸产品寻找顾客(在废奴主义者的杂志上做广告,利用废奴主义演讲者携带样品,等等),并为他们的学校(每年收取100美元费用,这提供了重要的现金收入)提供儿童——包括威廉·劳埃德·加里森(William Lloyd Garrison)的那些孩子。③

最后,共产主义社会成员通常依赖外部(和非公有的)市场来进行"进口"和"出口",因此,一些人会争辩说,他们是搭了更广阔环境的效

---

① 参见 E. K. Spann, *Hopedale*, Columbus, OH: Ohio State University Press, 1992, p. 30。
② 参见 K. H. Stephan and G. E. Stephan, "Religion and the Survival of Utopian Communities", in *Journal for the Scientific Study of Religion* 12, no. 1, 1973, pp. 89 – 100。
③ 参见 Clark, *The Communitarian Moment*, pp. 117, 153, 169 – 70. 关于北安普敦的丝绸生产,参见 M. Senechal, "The Camel and the Needle. Silk and the Stetson Letters", in C. Clark and K. W. Buckley(ed.), *Letters from an American Utopia*, Amherst: University of Massachusetts Press, 2004, pp. 199 – 238。

率和创新的便车。① 不应低估这种商业互动的规模。例如,在 1814 至 1824 年间,协和派者与 22 个州和 10 个外国国家进行了贸易(销售各种商品,包括威士忌、棉布、绳索鞋和皮革制品,并采用金色玫瑰的千禧年象征作为他们的商标)。② 也许这种依赖的最显著的例子是共产主义社会成员使用外部的雇佣劳动。欧文主义者批评竞争对于品格的影响,但利用外部雇佣劳动力来做其成员缺乏技能和耐力的繁重农业工作。③ 震教徒也在不同程度上使用了外部雇佣劳动。查尔斯·诺德霍夫在 1875 年所写的文章中发现个别的震教徒村庄雇用了多达 75 名雇佣工人。④ 并且分离派依赖"巴比伦"来提供 50 名寄宿在公社宿舍中的外来工人。⑤

恩格斯在他的经验证据的基础上自信地预测,财产的公有将很快覆盖美国的"很大一部分"⑥。他不明白这样的扩张可能会有限制,即正是因为成功的公有移民区需要一个更广阔的非公有制环境来使其浸泡在其中才可能。简而言之,他在更广阔的非公有社会中存在的小规模的公社实验的基础上,不谨慎地得出了关于全社会的公社式安排的可行性结论。显然,成功的公有社会移民区的存在不能证明非公有社会版本的共产主义的可行性。此外,更不明显的是,如果这些公有社会的共产主义小岛在某时某地获得的成功,是因为它们受到包围它们的更广阔的非公有社会的海洋的支持,那么这些公有社会移民区的存在就不能证实全社会的公有社会的共产主义的可行性。

---

① 然而,另可参见安德鲁斯(Andrews)的震教徒发明清单(*The People Called Shakers*, pp. 113 – 114)。
② 参见 K. J. R. Arndt, "George Rapp's Harmony Society", in Pitzer (ed.), *America's Communal Utopias*, p. 68。
③ 参见 Somerville, *The Whistler at the Plough*, pp. 105 – 115。
④ 参见 Nordhoff, *The Communistic Societies*, p. 256。
⑤ 参见 Fernandez, *A Singular People*, pp. 35,110。
⑥ 恩格斯:《现代兴起的今日尚存的共产主义移民区记述》,载《马克思恩格斯全集》第 42 卷,人民出版社 1979 年版,第 232 页。

结束语

成熟的马克思、恩格斯对于公有社会主义的论述是一种始终充满敌意的论述,其以否定和不屑的态度来看待共产主义社会成员的理论和实践努力。然而,在19世纪40年代初的一个短暂时期内,恩格斯对公社移民区持一种更加开放和同情的态度。尤其是,他坚持认为,一个计划性的公社网络既可以构成向共产主义社会的过渡手段,也可以构成共产主义社会的最终制度形式。在《现代兴起的今日尚存的共产主义移民区记述》中,恩格斯向之前对这些移民区一无所知的德国观众们展现了在美国和英格兰的大约15个各种各样的计划性公社群体的信息,试图"完全和彻底地"消除他们对社会主义可行性的怀疑的观点。①

我试图引起人们对恩格斯早期的思想发展中这个鲜为人知的"共产主义时刻"的关注,并提供一些特性描述。此外,我试图阐明19世纪公有社会主义的一些有趣的复杂性,并对证明共产主义可行性的强有力的策略提出一些质疑。最明显的是,我表明恩格斯低估了公有社会现象的多样性和复杂性,引入了几个关于《现代兴起的今日尚存的共产主义移民区记述》的重要关注领域。

这场讨论导致的结果,是使人们对于恩格斯对在美国和英格兰同时代的计划性公社的存在和繁荣的直白呼吁的成功,产生了相当大的怀疑。事实证明,生长在汉普郡白垩丘陵上的欧文主义的芜菁的体积和健壮对共产主义的可行性所提供的支持,比起年轻的恩格斯所想象的来说要少得多。

---

① 参见恩格斯《现代兴起的今日尚存的共产主义移民区记述》,载《马克思恩格斯全集》第42卷,人民出版社1979年版,第221页。

致谢

我要感谢卢辛达·拉姆齐(Lucinda Rumsey)、玛丽·迪茨(Mary Dietz)和两位匿名的政治理论的评判人对于本文草稿所提出的有益性评论。我还要感谢迈克尔·弗里登(Michael Freeden)、邦妮·霍宁(Bonnie Honig)、莱曼·塔尔·萨金特(Lyman Tower Sargent)和马克·斯蒂尔斯(Marc Stears)对我早先提出的相关想法作出的鼓励性回应。

恩格斯《自然辩证法》的意图①

[土耳其] 康加恩*
刘冰菁** 译

在马克思主义史上,有不少的学术争论会演变成各方博弈的战场,恩格斯的《自然辩证法》(*Dialectics of Nature*)在20世纪的接受过程便是这样一个案例。实际上,在马克思主义研究领域,我从未见过有其他的作品像《自然辩证法》那样遭受过如此多的争议与混乱。从他遭遇的攻击来看,恩格斯也算是成功了,毕竟引起了这么多的讨论。但是,对恩格斯的批判,尤其是对《自然辩证法》的批判,已经持续了将近一个世纪,我也怀疑这是否会很快结束。

许多学者指责恩格斯是形而上学、教条主义、折中主义、实证主义等。我们被告知,自然辩证法是恩格斯自己的创造,应当同马克思的社会科学事业区分开来。这种将马克思和恩格斯对立起来、指责恩格斯的做法,遭到了另一批学者的反对。后者认为,唯物辩证法并不是恩格

---

① 感谢特瑞尔·卡弗、斯文·埃里克·里德曼、肖恩·塞耶斯、海伦娜·西汉、托马斯·韦斯顿和匿名的推荐者,感谢他们对这篇文章之前的草稿作出的评论。
* 康加恩(Kaan Kangal),德国慕尼黑大学哲学博士,南京大学哲学系暨马克思主义社会理论研究中心副教授。精通土耳其文、德文、英文、俄文和拉丁文。主要研究方向为辩证哲学、政治经济学和科学哲学。著有《恩格斯与〈自然辩证法〉》,其论文《马克思〈波恩笔记〉研究》荣获"2019年度大卫·梁赞诺夫奖"。本文选自《科学与社会》(*Science & Society*)期刊第83卷2019年4月第2期。
** 刘冰菁,哲学博士,南京大学马克思主义学院助理研究员。研究方向:马克思主义哲学、国外马克思主义哲学。

斯个人的发明,而是马克思、恩格斯合作的产物。因此,在自然辩证法的问题上,马克思、恩格斯并没有分裂,反而是在相互补充。

结果是,恩格斯的批评者坚持应该彻底放弃两人合作的观点并继续前进。与此相对,恩格斯的支持者则坚决反对这一做法。因此,过去的争论都聚焦于一个非常狭窄的问题,即恩格斯是否在马克思主义中确立了自己的立场①。其中,马克思的学术成果就成了为赢得这场争论而被引用的间接文本证据。

从现在的视角来看,我们确切地想要把所谓马克思赞成(或不赞成)恩格斯对辩证法的应用之类的争论归结为更根本的问题:如何基于恩格斯写作的文本来理解他心目中的辩证法?他写作的意图和目标是什么?他成功获取了什么,又在哪里失败了?

这些问题几乎不需要解释,因为如果辩证法在自然界中的应用是这里的核心问题,那么辩证法的定义及其与对立、矛盾的关系就是必须讨论的内容。困难并不在于恩格斯没有系统地定义或使用过这些关键词,而是他有时便是模棱两可的,并没有给出定论。多年来,由于恩格斯为自己设置了不同的问题并针对不同的听众发言,他的写作意图也就随之发生了改变。我们理应重新考虑恩格斯本人的写作意图,而不是其他任何人代他表达的观点。因此,在这个问题上,马克思对恩格斯辩证法的看法并没有人们通常认为的那么重要。

从恩格斯争论的相关既往文献中可以明显看到,过去的学术研究倾向于忽略恩格斯的不完整的意图或失败的成就。因为这绝不只是与恩格斯的科学理论有关,恩格斯的学术威望和政治权威也备受威胁。无论是过去还是现在,挑战恩格斯或捍卫恩格斯都具有一定的意识形

---

① 我创造的"恩格斯争论"(the Engels debate)一词可能会引起误解,因为恩格斯的著作已经在不同传统(苏联、德国或中国)中以不同方式被反复研究。在这里,我仅仅是指对恩格斯试图将辩证法应用到自然中的批评以及对此作出的直接回应。因此在下文中,我将总结一小部分相关的恩格斯争论的不同观点。

态方面的动机,尽管这种动机有时会导致科学争论成为互相指责和辱骂。在这些文献中,轻蔑的攻击而非理性的推论成了许多争论的主题。这最终导致恩格斯的文本被添上了许多本不具有的含义,甚至是矛盾的、有争议的含义。当前的解释又常常使自己置身过去的文本中,这使得对作者的意图、文本和随后的阅读之间的明显区分处于危险之中。这种谬论又在文本编辑上产生了副产品。在持续60年(1925—1985)的出版历史中,恩格斯的文本被以不同的方式介绍和阅读。在《自然辩证法》的后续版本中,标题的选择、手稿的排列各不相同,观众遇到了也被安排遇到了不同的恩格斯。但是,探寻完整的、成熟的恩格斯辩证法始终是题中应有之义。

因此,我将首先回顾过去的争论及其相关的编辑历史。然后,我将对恩格斯的《自然辩证法》《反杜林论》(*Anti-Dühring*)中的哲学术语进行文献学分析。这将表明:(1)在不同的计划、不同的阶段里,恩格斯对辩证法的处理和强调是异质的;(2)与《自然辩证法》相比,《反杜林论》为自然的辩证发展提供了更为系统的解释;(3)在《反杜林论》的后期,恩格斯的关注重点从哲学辩证法转到了关于运动的自然科学理论上;(4)恩格斯对过去的辩证法哲学(亚里士多德、康德、黑格尔)的引用和阐释过于粗略,缺少说服力。关于最后一点,他对关于辩证法、矛盾、对立的其他阐释保持了沉默。他认为它们之间必不可少的联系是理所当然的。但是,在他的引用里出现了其他阐释。例如,矛盾即使不辩证,也可以是合乎逻辑的(亚里士多德);对立即使不真实,也可以是辩证的(康德);对立是辩证的,但矛盾是思辨的(黑格尔)。更不用说,这些概念间的不同组织关系可能导致对自然辩证法的不同理解。

恩格斯可能没有意识到这些问题,他或明或暗地表示需要一种更全面的历史、系统的方法。然而,对恩格斯意图本身的讨论很大程度上是不充分的,参与恩格斯争论的大部分学者几乎都没有认真审视这一问题。本文旨在重新阅读恩格斯,将恩格斯的成就和他未解决的问题都纳入讨论。

恩格斯争论

卢卡奇(Lukács)可能是第一位提出将辩证法应用到自然问题的学者。他声称,恩格斯"错误地跟着黑格尔把这种方法(辩证法——原作者注)也扩大到对自然界的认识上"。然而,辩证法是严格"限制在历史和社会领域"的。① 毫无疑问,"自然科学的方法……都拒不承认它的对象中有任何矛盾和对抗"②。相反,社会现实和社会科学却必然涉及矛盾和对抗。与自然科学不同,"理论"揭示了"社会发展过程的真正趋势"③,并为克服、扬弃这些矛盾指明了道路④。

德波林(Deborin)嘲笑卢卡奇对恩格斯辩证法的批评,指责他通过二元论批判恩格斯,为马克思主义辩护。"在自然问题上他是唯心主义者,但在社会历史现实方面,他又是一位辩证唯物主义者"。"从辩证唯物主义的角度来看,自然本身就是辩证的。在这个意义上,我们对自然的认识也是辩证的。"诸如卢卡奇这样的唯心主义者,"显然没有能力把

---

① 参见 George Lukács, *History and Class Consciousness : Studies in Marxist Dialectics*, Cambridge, Massachusetts: MIT Press, 1971, p. 24. 卢卡奇:《历史与阶级意识》,杜章智等译,商务印书馆1996年版,第51页注释2。
② George Lukács, *History and Class Consciousness*, p. 10; George Lukács, *Geschichte und Klassenbewußtsein*, in George Lukács, *Werke*, Vol. 2, Neuwied, Germany: Luchterhand, 1977, S. 175. 卢卡奇:《历史与阶级意识》,杜章智等译,商务印书馆1996年版,第58页。
③ George Lukács, *Geschichte and Klassenbewußtsein*, S. 181 - 182. 卢卡奇:《历史与阶级意识》,杜章智等译,商务印书馆1996年版,第58页。
④ 两年后,卢卡奇为驳斥反对者,辩称是"科学的发展将辩证法推向自然科学界"[George Lukács, *A Defense of History and Class Consciousness : Tailism and the Dialectic*, New York: Verso, 2000, p. 93; George Lukács, "Chvotismus und Dialektik(1925/26)", in *Lukács 1998/99: Jahrbuch der Internationalen George - Lukács - Gesellschaft*, Paderborn, Germany: Janus - Druck, p. 121]。"显而易见,如果辩证法还没有作为自然发展的客观原则在进入社会领域前发挥效果,如果辩证法还没有客观存在的话,那么作为社会发展的客观原则,辩证法不可能有效。"[George Lukács, *A Defense of History and Class Consciousness*, p. 102; Lukács, "Chvotismus und Dialektik(1925/26)", in *Lukács 1998/99*, p. 128]还要注意此时英译误将章节标题"自然中的辩证法"(Dialektik in der Natur)译为"自然辩证法"[George Lukács, *A Defense of History and Class Consciousness*, p. 94; Lukács, "Chvotismus und Dialektik(1925/26)", in *Lukács 1998/99*, p. 114]。

握自然、历史中的辩证过程的客观特征"。

继 1925 年《自然辩证法》第一版①出版后,著名的苏联机械论者斯特潘诺夫(Stepanov)将恩格斯自然观的形成分为两个阶段——从黑格尔的自然哲学阶段发展到科学唯物主义阶段,即认为"作为辩证法学家的恩格斯"逐渐成为"作为机械论者的恩格斯"。德波林抗议说这是斯特潘诺夫自己的想象。无论是早期还是晚期,恩格斯都在努力构建"对自然过程的辩证理解"或"自然科学的辩证法"。

针对 1939—1941 年出版的新版本,萨特评论道,恩格斯的自然辩证法是"根本规律","先验地、无须证明地",也就是说"根本不可检验"。② 因此,"辩证法与科学的发展方向相反"③。后来的评论家也提出了类似的批评。胡克(Hook)指出,必须排除"将辩证法应用到自然的尝试,因为这与自然主义的理论起点互相冲突,马克思本人也从来没有提到过**自然辩证法**"④。马克思的辩证法是在"揭示**历史意识**和**阶级行动**的逻辑"。自然"只有在涉及构成决定社会历史活动的前提时,它才与辩证法有关"。⑤ 里希特海姆认为,恩格斯的辩证法是"马克思的自

---

① 约翰·贝拉米·福斯特(John Bellamy Foster)错误地将《自然辩证法》第一版的出版日期追溯到 1927 年。莱文也误以为《自然辩证法》第一版"1927 年在苏联完整出版"。实际上,《自然辩证法》完整版是由 MEGA 2 于 1985 年在东德出版的。

② 参见 Jean‐Paul Sartre, *Critique of Dialectical Reason*, Vol. 1: *Theory of Practical Ensembles*, London: Verso, 2004, pp. 27‐28. 萨特:《辩证理性批判》,林骧华等译,安徽文艺出版社 1998 年版,第 160、161 页。

③ Jean‐Paul Sartre, "Materialism and Revolution", in *Politics*, 4, 1947, p. 165. 关于这场争论的更多信息还可参考:Maurice Merleau‐Ponty, "Marxism and Philosophy", in *Politics*, 4, 1947, p. 173; M. N. Gretskii, "Does Dialectics Exist in Nature?" in *Soviet Studies in Philosophy*, 1966, 4: 4, pp. 56-62; Alfred Schmidt, "Zum Verhältnis von Geschichte und Natur im Dialektischen Materialismus", in *Existentialismus und Marxismus: Eine Kontroverse Zwischen Sartre, Garaudy, Hyppolite, Vigier und Orcel*, Frankfurt, Germany: Suhrkamp, 1965, pp. 103-155; George Novack, *Polemics in Marxist Philosophy*, New York: Pathfinder, 1996, pp. 231-255; William L. Remley, "Sartre and Engels. *The Critique of Dialectical Reason* and the Confrontation on the Dialectics of Nature", in *Sartre Studies International*, 18: 2, 2012, pp. 19-48。

④ Sidney Hook, *From Hegel to Marx: Studies in the Intellectual Development of Karl Marx*, Ann Arbor, Michigan: University of Michigan Press, 1962, p. 75.

⑤ 参见 Sidney Hook, *From Hegel to Marx: Studies in the Intellectual Development of Karl Marx*, p. 76。

然主义、黑格尔的逻辑学和当代实证主义的折中结果"①。刘易斯(John Lewis)也认为,"毫无疑问,根本不存在外在自然的辩证法",因为物质现实"总是被社会所中介"。② 卡弗以为,所有的混乱均可追溯到"在1859年8月,弗里德里希·恩格斯发明了辩证法。这是马克思主义传统中具有未予解答的模棱两可之处的最初文本"③。

与此相对的阵营被称为列宁主义者,因为列宁曾指出恩格斯的辩证法

---

① George Lichtheim, *Europe in the Twentieth Century*, New York: Praeger Publishers, 1972, p. 212.
② 参见 John Lewis, *The Marxism of Marx*, London: Lawrence & Wishart, 1972, p. 65。
③ Terrell Carver, *Marx & Engels: The Intellectual Relationship*, Sussex, England: Wheatshaf books, 1983, p. 117. [美]特雷尔·卡弗:《马克思与恩格斯:学术思想关系》,人民大学出版社2008年版,第108页。这一观点一再被以下学者重复:George Lichtheim, *Marxism: An Historical and Critical Study*, London: Routledge and Kegal Paul, 1964, p. 246; Z. A. Jordan, *The Evolution of Dialectical Materialism: A Philosophical and Sociological Analysis*, New York: St. Martin's Press, 1967; Lucio Colletti, *Marxism and Hegel*, London: New Left Books, 1973, p. 46; Shlomo Avineri, *The Social and Political Thought of Karl Marx*, London: Cambridge University Press, 1975, p. 70; Norman Levine, *The Tragic Deception: Marx Contra Engels*, Oxford, England: Clio Books, 1975, p. 145; Richard Gunn, "Is Nature Dialectical?" in *Marxism Today* (February), 1977, p. 46; Steve Rayner, "Dialectics of Nature", in *Marxism Today* (May), 1977, p. 154; Mary Attenborough, "The Dialectics of Nature", in *Marxism Today* (January), 1978, p. 31; Leszek Kołakowski, *Main Currents of Marxism: Its Rise, Growth, and Dissolution, Volume I: The Founders*, Oxford, England: Clarendon Press, 1978, p. 379; Terrell Carver, "Marx, Engels and Dialectics", in *Political Studies*, 28:3, 1980, p. 360; Alfred Schmidt, *Der Begriff der Natur in der Lehre von Marx*, Hamburg, Germany: Europäische Verlagsanstalt, 1993, pp. 55-56; Loius Althusser, *For Marx*, London: Verso, 2005, pp. 121:122; Paul Paolucci, *Marx's Scientific Dialectics: A Methodological Treatise for a New Century*, Leiden, The Netherlands: Brill, 2007, p. 245; Guglielmo Carchedi, *Behind the Crisis: Marx's Dialectics of Value and Knowledge*, Leiden, The Netherlands: Brill, 2011, pp. 37-38; Guglielmo Carchedi, "Mathematics and Dialectics in Marx: A Reply", in *Science & Society*, 76:4 (October), 2012, p. 547. 更多详细信息请参见 S. H. Rigby, *Engels and the Formation of Marxism. History, Dialectics and Revolution*, Manchester: Manchester University Press, 2007, pp. 103-108; Helena Sheehan, *Marxism and the Philosophy of Science: A Critical History*, Atlantic Highlands: Humanities Press, 1993, pp. 53-60. 另外,中国学者紧跟着英国学者的争论(参见代山《一场关于自然辩证法的争论》,载《哲学译丛》1978年第1期,第52—58页),但对恩格斯之争在这里或其他地方的批判性评估通常是看不见的。在更近的研究自然辩证法的中国文献中,大部分认为马克思-恩格斯关系是无问题的。(参见胡春风编《自然辩证法导论》,上海人民出版社2006年版;吴国林编《自然辩证法》,清华大学出版社2014年版;肖显静等编《自然辩证法概论》,高等教育出版社2016年版)胡大平的《回到恩格斯》(江苏人民出版社2011年版,第492—506页)和周林东的《解读〈自然辩证法〉》(《当代外国马克思主义评论(第二辑)》2001年,第174—202页)是例外。

与马克思的唯物主义哲学"完全一致"①。比如,霍夫曼(Jorn Hoffman)认为自然辩证法并不是"恩格斯的发明",相反,"它是与马克思合作确定的结果,并且得到了马克思的完全认可"②。那些将马克思同恩格斯分裂开的人,歪曲了马克思赞同恩格斯的自然辩证法这一事实。斯坦利(Stanley)和齐默曼(Zimmermann)指出,恩格斯"对科学具有浓厚的兴趣,认为自然辩证法对他自己的统一科学理论来说是至关重要的"③。奥斯曼(Oiserman)认为④,

---

① V. I. Lenin, "Karl Marx. A Brief Biographical Sketch with an Exposition of Marxism", in *Lenin, Collected Works*, Vol. 21, Moscow: Progress Publishers, 1974, p. 51.
② Jorn Hoffman, *Marxism and the Theory of Praxis*, London: Lawrence & Wishart, 1975, p. 56.
③ John L. Stanley and Ernest Zimmermann, "On the Alleged Differences Between Marx and Engels", in *Political Studies*, 32, 1984, p. 226. 斯坦利、齐默曼:《论马克思和恩格斯所谓的差异》,载《马克思主义与现实》2009年第3期,第8页。
④ T. I. Oiserman, "Friedrich Engels und die Neuen Kritiker des Dialektischen Materialismus", in R. K. Kirchhoff and T. I. Oiserman, eds., *100 Jahre "Anti-Dühring": Marxismus, Weltanschauung, Wissenschaft*, Berlin: Akademie-Verlag, 1978, pp. 44-45. 关于列宁主义阵营的更多信息,请参见 Sebastiano Timpanaro, *On Materialism*, London: New Left Books, 1974, p. 74; Gordon Gray, "The Dialectics of Nature." in *Marxism Today* (September), 1977, pp. 287 – 288; Desmond Greaves, "The Dialectics of Nature." in *Marxism Today* (August), 1977, pp. 252 – 256; John Hoffman, "The Dialectics of Nature: 'The Natural-Historical Foundation of Our Outlook'", in *Marxism Today* (January), 1977, pp. 11 – 18; Steve Rayner, "Dialectics of Nature", in *Marxism Today* (May), 1977, pp. 153 – 155; Ifor Torbe, "The Dialectics of Nature", in *Marxism Today* (October), 1977, pp. 314 – 317; Helmut Korch, "Engels' Auffassung von der Dialektik der Natur und ihre Zeitgenössischen Gegner", in R. K. Kirchhoff and T. I. Oiserman, eds., *100 Jahre "Anti-Dühring": Marxismus, Weltanschauung, Wissenschaft*, Berlin: Akademie-Verlag, 1978, pp. 270 – 292; Hyman R. Cohen, "Countering the Revisionism of Marxist-Leninist Philosophy", in Alan R. Burger, ed., *Marxism, Science, and the Movement of History*, Amsterdam: Grüner Publishing, 1980, pp. 105 – 135; Philip Moran, "In Defense of the Dialectics of Engels' Dialectics of Nature", in Alan R. Burger, ed., *Marxism, Science, and the Movement of History*, Amsterdam: Grüner Publishing, 1980, pp. 57 – 76; Richard Levins and Richard Lewontin, *The Dialectical Biologist*, Cambridge, Massachusetts: Harvard University Press, 1985, p. 279; Lucien Sève, "Dialektik der Natur und Natur der Dialektik", in *Dialektik*, 1, 1992, pp. 35 – 56; John L. Stanley, *Mainlining Marx*, New Brunswick, New Jersey: Transaction Publishers, 2002; Hans Heinz Holz, *Weltentwurf und Reflexion: Versuch einer Grundlegung der Dialektik*, Stuttgart, Germany: Metzler, 2005; Thomas Weston, "Marx on the Dialectics of Elliptical Motion", in *Historical Materialism*, 20: 4, 2012, pp. 3 – 38; Elmar Altvater, *Engels Neu Entdecken: Das Hellblaue Bändchen zur Einführung in die "Dialektik der Natur" und die Kritik von Akkumulation und Wachstum*, Hamburg, Germany: VSA, 2015, p. 36; Kann Kangal, "Carchedi's Dialectics: A Critique", in *Science & Society*, 81: 3, 2017, pp. 427 – 436.

那些反对恩格斯并将他与马克思对立起来的人,根本上没有真正的学术研究,而是隐性的反共主义。

针对恩格斯败坏了马克思作品的言论,人们通常会通过文本研究来反击,比如强调马克思对《反杜林论》的贡献、马克思恩格斯的通信等。虽然列宁主义者可能已经意识到需要更仔细地考察这些理论阐释,但他们对反对阵营的"替罪羊操作"颇为戒备,并直接对此作出了回答。双方唯一的共同点是,他们都争辩说他们自己才是唯一正确理解恩格斯的人。他们只是在一个根本问题上争执不下,即面对恩格斯的辩证法问题,与恩格斯无关的真实的马克思是否能够给出一个令人满意的答案,比如,到底是马克思认同恩格斯还是马克思反对恩格斯,恩格斯的辩证法是否属于马克思主义。

在这些不同观点中我最感兴趣的问题是,当双方都主张自己才是正确阐释恩格斯的权威时,他们都排除了另外一种可能性,即依照恩格斯本人的意愿、基于恩格斯本人写的文本来理解恩格斯。当然,任何阅读都是从当前的视角、基于当前的目的(无论是政治目的还是其他)进行的。但这并不意味着我们可以将我们期望的任何价值或含义(例如系统性、完整性)都归结到恩格斯的文本上。例如,凯德洛夫(Kedrov)是通过称"恩格斯的伟大著作"[1]来这样做的,但问题不是这不够伟大,严格说来这不是一本著作。《自然辩证法》是在恩格斯逝世后逐渐成为一本著作,特别是在《自然辩证法》后续出版的版本中。在下一小节中,我将花一些时间来研究这本"著作"的历史及其被赋予的内涵。

著作的诞生:"自然辩证法"

爱德华·伯恩施坦(Eduard Bernstein)最早发表了《劳动在从猿到人

---

[1] B. M. Kedrov, "Engels' Great Book", in *Soviet Studies in Philosophy*, 10:1, 1971, pp. 3-26.

的转变中的作用》(The Part Played by Labor in the Transition from Ape to Man)这一短文,这最后成为《自然辩证法》的重要内容。伯恩施坦是德国社会民主党的领导人之一,同时也是1895—1896年间马克思、恩格斯文献的遗嘱执行人。随后他于1898年出版了《神灵世界中的自然研究》(Natural Science in the Spirit World)。与后来的恩格斯争论相关的大部分马克思、恩格斯的通信也由伯恩施坦于1913年编辑和出版。社会民主党还委托德国物理学家莱奥·阿伦斯(Leo Arons)评估恩格斯有关自然辩证法的手稿是否值得出版。阿伦斯给出了负面的评价,声称恩格斯的作品已经过时[1]。几年后,伯恩施坦询问了爱因斯坦的看法。爱因斯坦认为,从当代物理学的角度来看,这些手稿没有任何价值,但它们为恩格斯的学术传记提供了有趣的观点。20世纪20年代,莫斯科的马克思恩格斯研究所所长、《马克思恩格斯全集》历史考证版(MEGA)的主编大卫·梁赞诺夫向伯恩施坦借来手稿,并于1923年全部复印。

《自然辩证法》于1925年最先以德语原文、俄语翻译出版,标题为"自然辩证法"(德语Naturdialektik,俄语Dialektika Prirody)[2]。除一些公式、计算和"1878年的计划"之外,这一版本里包括了大部分恩格斯的原稿内容。在1927年出版的《自然辩证法》中,标题被更改为"辩证法与自然"(Dialektik und Natur)。与以前的版本不同,该版本增加了"反杜林论的准备工作",但删去了"从猿到人的转变"的片段。在这两个版本中,各个手稿都是按时间顺序排列的。随后在1929年和1931年,又据此出版了俄语版本。1935年新的德语版本问世,其中对手稿的内容进行了更正,并在文本上附上了说明文字。这次包括了"1878年的计划"和"行星的运动",但删去了"奴隶制、傅立叶、关于物的价值"。

---

[1] 伯恩施坦推测,阿伦斯的负面评价可能源自他对经验主义的同情和对辩证法的厌恶。
[2] 必须注意"Naturdialektik"和"Dialektik der Natur"是不同的表述,尽管它们的含义并没有明显的差异。俄语、英语版本都没有区分这种差异。当时,它们并未在《马克思恩格斯全集》历史考证版(MEGA)中出版,而是首先在《马克思恩格斯文集》中以俄文、德文出版,然后在1935年作为特刊发行。

1939—1941 年的俄文版将标题改回到"自然辩证法"(Dialektika Prirody)。该版本将"1878 年的计划"和"辩证法"放在了最前面,后面跟着"文章与章节",这表明恩格斯的自然科学研究揭示了些许辩证法的法则或公理。该版本最终成为后来所有俄语、德语和英语等版本参照的范本①。

《自然辩证法》的最新版本出现在 1985 年的《马克思恩格斯全集》历史考证版(MEGA)中,按时间顺序和系统顺序排列。与以前的版本不同,该版本展示了从伯恩施坦到梁赞诺夫编辑的所有内容,没有任何遗漏。然而有意思的是,这里呈现了同一文本的两个不同编辑版本。双向版本的安排可以追溯到 20 世纪 80 年代俄国与德国编辑之间的争论。手稿排列的系统顺序违反了历史考证版的编辑原则。但与历史考证版相比,前一个编辑版本更好地呈现了"作品的逻辑结构"。最后,双方妥协,以同意刊登两个编辑版本而结束了这场争论。

其实,《自然辩证法》的这些编辑都认为他们的任务是尽可能真实地还原文本,以使他们对手稿的排列和对特定版本的选择都能反映出作者的最终意图。编辑的判断自然取决于他们对作者的印象,他们对作品的评价方式决定了他们对作品的呈现方式。然而,在恩格斯的《自然辩证法》这一案例中,他们不仅仅是作者与读者之间的中介。他们要考虑到马克思主义的政治哲学立场、恩格斯在其中的作用,以及与此直接相关的恩格斯文本的呈现方式。换句话说,编辑们要为让《自然辩证法》在马克思主义语境中发挥作用负部分责任。

最早的例子当然是《自然辩证法》的第一个版本。卢卡奇对恩格斯的挑战和马克思与恩格斯的分歧都反映在这本书的书名上。有趣的

---

① 还有凯德洛夫鲜为人知的俄文—德文版本(1979 年的德文版、1973 年的俄文版)。凯德洛夫称之为"弗里德里希·恩格斯关于自然科学的辩证法"。该书名的采用和手稿的编辑表明,恩格斯想要的不是关于自然的辩证法本体论,而是自然科学的认识论。很久以后,这种观点引起了德国的另一场关于"自然的辩证法"与"自然科学的辩证法"的争论(参见 Hans Heinz Holz, *Weltentwurf und Reflexion : Versuch einer Grundlegung der Dialektik*, Stuttgart, Germany: Metzler, 2005, pp. 552 - 556)。

是，卢普波尔（Luppol）在1925年声称，该书的出版将终止这场争论，自然这并没有发生。比如，斯特潘诺夫使用时间顺序对恩格斯的早期和晚期进行了划分，因而他对《自然辩证法》采用了时间顺序。但后来的版本采纳了系统顺序的文本排列方式，将恩格斯的两个计划和计划中的自然科学材料放在开篇的位置。这不仅是为了避免类似早期、晚期的解释，也是为了方便更广泛的大众理解使用。编辑们当然没有预料到，恩格斯的辩证法会在法国（如萨特等人）陷入另一场争议。

在这些争论中，编辑们的作用明显存在着一种变化与张力。这是作为作者意愿的拥护者、执行者的编辑角色，与阅读评价并为读者呈现文本的编辑角色之间的差异。这意味着，现在编辑们不仅要揭示和赋予恩格斯的文本以一定的权威性、地位或功能，而且，在更新的政治学术背景中再次定位《自然辩证法》时，编辑们更是在重新构建他们认为作品所隐含的想法。

编辑们认为可以根据恩格斯的想法称呼"自然/自然科学中/的辩证法"，这实际上假设了恩格斯术语的准确性和明确性。对此我持保留态度。比如，恩格斯是在文中多处提到了撰文的总体计划和想要解决的问题，但这些解释通常过于粗略。我们可以将恩格斯使用的"辩证法"一词同过去的"辩证法"的思想史联系起来进行历史批判性的研究，这将是一个很好的例子。此外，研究与辩证法思想相关的"对立""矛盾"这两个同等重要的术语，一样能够佐证我的观点。因此，接下来我将研究恩格斯在文本中对辩证法及其相关内容的阐释和来源，以更全面地展示这些细节。这有助于澄清一种重要的区别，即恩格斯在文本中所说的内容与人们在阅读恩格斯时所理解的内容这两者之间的区别。

文本中的恩格斯辩证法

恩格斯是何时启动又是何时结束《自然辩证法》的计划的，这是一个难以解决的谜团。对一些人来说,《自然辩证法》的最初计划可以追溯到 19 世纪 40 或 50 年代①。但另一部分人认为,这始于 1873 年的《自然辩证法》的早期手稿②。根据第三种说法③,《自然辩证法》的计划始于 1858 年 7 月,当时恩格斯要求马克思寄给他一本黑格尔的《自然哲学》,强调其在化学、生物学和生理学上的潜在重要性。通常认为,1876—1878 年间是计划的中断阶段,因为此时恩格斯撰写出版了《反杜林论》。此后,他重新回到最初的计划,但又因马克思的去世以及《资本论》第二、三版的出版工作而被迫中断。至于《自然辩证法》计划的结束,存在两种解释:要么是 1883 年马克思去世,要么是 1895 年恩格斯去世。在这种情况下,我们很难确定恩格斯开展《自然辩证法》计划的确切时间,甚至有人认为青年恩格斯对自然科学和辩证法的研究催生了《自然辩证法》,因此可以说恩格斯从未中断过对自然辩证法的研究。

然而,恩格斯收录在"辩证法与自然科学"、"自然研究与辩证法"、"自然辩证法"和"数学与自然科学"四个资料夹中的 197 份手稿,来到了梁赞诺夫④手里。其中最早的手稿是 1873 年 2 月恩格斯对路德维希的机械唯物主义的批判,最晚的手稿则是恩格斯未发表的内容(从 1886 年开始),是他晚期关于费尔巴哈的文章⑤。这就很难将类似《反杜林论》等作品视作《自然辩证法》计划的"中断"。因为不仅是《路德维希·

---

① 参见 B. M. Kedrov, *Friedrich Engels über die Dialektik der Naturwissenschaft*, Berlin: Dietz, 1977, p. 443。凯德洛夫含糊地说这个计划可以追溯到"曼彻斯特时期"。这是一种误导,因为恩格斯至少有两个曼彻斯特时期(1840 年代和 1850 年代)。
② 参见 Heinrich Gemkow, ed., *Friedrich Engels: Eine Biographie*, Berlin: Dietz Verlag, 1988, p. 447。
③ 参见 Sven-Eric Liedman, *Das Spiel der Gegensätze: Friedrich Engels' Philosophie und die Wissenschaften des 19. Jahrhunderts*, Frankfurt, Germany: Campus, 1986, p. 99。
④ 参见 Anneliese Griese et al, "Dialektik der Natur, 1873 – 1882: Entstehung und Überlieferung", in Karl Marx und Friedrich Engels, *Gesamtausgabe* (MEGA), Vol. I/26. 2, Berlin: Dietz, 1985, p. 570。
⑤ 参见 Anneliese Griese et al, "Dialektik der Natur, 1873 – 1882: Entstehung und Überlieferung", in Karl Marx und Friedrich Engels, *Gesamtausgabe* (MEGA), Vol. I/26. 2, Berlin: Dietz, 1985, pp. 599, 607。

费尔巴哈和德国古典哲学的终结》(Ludwig Feuerbach and the End of Classical German Philosophy)、《反杜林论》和《社会主义从空想到科学的发展》都与《自然辩证法》紧密相关,恩格斯还在 1876—1878 年的"中断"阶段里撰写了 60 多份《自然辩证法》的手稿。另外,《自然辩证法》里的"《反杜林论》旧序。论辩证法"章节也在恩格斯的"自然研究与辩证法"资料夹中①。如果坚持认为《反杜林论》是计划的"中断",那么我们应在非常宽松的意义上来理解所谓的"中断"。

至于辩证法,《反杜林论》特别有趣,因为恩格斯只有在《反杜林论》中才以如此系统的方式讨论了辩证法。甚至可以说,《反杜林论》比《自然辩证法》更清晰地论述了自然的辩证法问题。尽管过去的研究常常把它们看作是同性质的文本,但恩格斯是在针对不同的读者写作。《反杜林论》中恩格斯关于哲学、自然和辩证法的讨论,是在证明自然和社会中确实存在真实的矛盾,但《自然辩证法》尤其是后期的《自然辩证法》,是在说明自然的普遍结构和运动历史。如果说《反杜林论》的读者是杜林自己和他的支持者们,那么《自然辩证法》主要是针对自然科学家和备感困惑的一般公众——他们因当代自然科学遭受过去的辩证法哲学的挑战而备感困惑——在说话。换言之,我认为我们亟须关注一个问题,即《自然辩证法》更多是在讨论自然而非辩证法。如果恩格斯可能认为他在《反杜林论》中对辩证法的论述已经足够充分,所以他才将更多的精力转向对自然的结构及其运动史的分析,我会解释为什么以及在何种程度上这是一种合理且适用的说法。因此,在《反杜林论》《自然辩证法》这两个文本中对恩格斯的辩证法术语进行更仔细的研究将极具启发性。

---

① 参见 Anneliese Griese et al,"Dialektik der Natur, 1873 - 1882: Entstehung und Überlieferung", in Karl Marx und Friedrich Engels, *Gesamtausgabe* (MEGA), Vol. I/26.2, Berlin: Dietz, 1985, p. 606。

《反杜林论》中的辩证法

柏林大学教授、社会民主党人中具有影响力的知识分子欧根·冯·杜林发表了批判马克思的《资本论》的文章,引起了恩格斯的注意。恩格斯在1868年1月写信向马克思说明了此事,马克思在回信中指出杜林误解了许多东西,包括误解了马克思的辩证法及其与黑格尔辩证法的区别①。马克思讽刺地称杜林为伟大的哲学家,因为他写了"一本新的《自然辩证法》(反对黑格尔辩证法的)"②。在接下来的几年中,杜林的许多著作以及他对黑格尔辩证法的持续批评在社会主义圈子里出现,因此他被视为马克思的新对手。1875年,威廉·李卜克内西鼓励恩格斯回击杜林。在1876年5月写给马克思的信中,恩格斯再次表示他因杜林对马克思的攻击而烦恼,反击不可避免。

根据杜林的说法③,马克思的《资本论》完全是按照黑格尔主义的方式书写的。马克思不仅以完全相同的顺序采用了黑格尔的辩证法范畴并将其应用到政治经济学批判中,而且同样重复了黑格尔辩证法的错误。杜林认为,这个错误便是所谓的矛盾原则,矛盾实际上是逻辑中的"荒谬"④。但黑格尔的唯心主义将概念与现实混淆,并将矛盾的概念投射到现实世界中⑤。从根本上来说,并不存在"真实的矛盾"⑥。与黑格

---

① 马克思在1868年3月6日致库格曼的信中重新表达了这一观点。
② 《马克思恩格斯文集》第10卷,人民出版社2009年版,第280页。
③ 参见 Eugen Dühring, *Kritische Geschichte der Philosophie von ihren Anfängen bis zur Gegenwart*, Berlin: Heimann, 1873, p. 452。
④ Eugen Dühring, *Kritische Geschichte der Philosophie von ihren Anfängen bis zur Gegenwart*, Berlin: Heimann, 1873, p. 455。
⑤ 参见 Eugen Dühring, *Cursus der Philosophie als Streng-wissenschaftlicher Weltanschauung und Lebensgestaltung*, Leipzig, Germany: Heimann, 1875, p. 30。
⑥ Eugen Dühring, *Cursus der Philosophie als Streng-wissenschaftlicher Weltanschauung und Lebensgestaltung*, Leipzig, Germany: Heimann, 1875, p. 32。

尔的"繁复的""非逻辑性的"①辩证法相反,杜林②提供了另一种"自然辩证法",其结构中的核心单位是全新的"对立的统一"。杜林认为,自然界各种机械力量的相互关联与渗透才是"真正的对立","真正的对立"是"对抗"或"冲突"③。

  恩格斯在回应中指出,杜林解决问题的方法就是把真实的矛盾当作"对抗"。恩格斯不仅详细阐述了这一主张,还区分了三类矛盾。第一类是自然界中的矛盾,第二类是理论前后不一致的矛盾,第三类是任何科学理论固有的矛盾。为说明第一类矛盾的基本原则,恩格斯提供了自然界中真实对立的许多案例,比如必要性与偶然性,物理上互相对立的各种力、因果之间的相互作用等。对此,恩格斯写下了名言"运动本身就是矛盾"④。第二类矛盾被称为"荒谬的矛盾"⑤。这与杜林的用语十分相似,但恩格斯采用这一术语就是为了揭示杜林的错误。第三类矛盾是人类试图"毫无遗漏地从所有的联系中去认识世界体系"⑥与永远不能完全完成这一任务之间的矛盾。我们必须处理两者之间的矛盾,即一方面人类具有潜在的无限的认识能力,但另一方面个体在生理、物理或认知上存在的客观限制。这种矛盾只能在人类"无限的前进过程中"得到解决,在"无止境的人类世代更迭中"、在"无限的,同样又是有限的"认知能力中得到解决。⑦

  依据这三类矛盾的划分标准,恩格斯提出了三层互相可兼容的辩证法内涵。辩证法是:(1)自然界中的矛盾结构;(2)某种思维方式;

---

① 参见 Eugen Dühring, *Kritische Geschichte der Philosophie von ihren Anfängen bis zur Gegenwart*, Berlin: Heimann, 1873, pp. 446, 453。
② 参见 Eugen Dühring, *Natürliche Dialektik: Neue Logische Grundlegungen der Wissenschaft und Philosophie*, Berlin: Mittler, 1865, p. 113。
③ 参见 Eugen Dühring, *Cursus der Philosophie als Streng-wissenschaftlicher Weltanschauung und Lebensgestaltung*, Leipzig, Germany: Heimann, 1875, p. 31。
④ 《马克思恩格斯全集》第 26 卷,人民出版社 2014 年版,第 127 页。
⑤ 《马克思恩格斯全集》第 26 卷,人民出版社 2014 年版,第 128 页。
⑥ 《马克思恩格斯全集》第 26 卷,人民出版社 2014 年版,第 40 页。
⑦ 参见《马克思恩格斯全集》第 26 卷,人民出版社 2014 年版,第 92 页。

(3) 关于总体性的历史理论。关于辩证法的第一层内涵,恩格斯写道,对自然界中"对立和区别"的认识构成了"辩证自然观的核心"。① 任何过程就其本质而言都是"对抗的",即它都内含着"矛盾",是"对立的两极都向自己的对立面转化"②的过程。这是恩格斯提出的作为"某种思维方式"的辩证法的真正基础,它是在认识对立面之间的相互运动。但是,恩格斯强调,"事情不在于把辩证法规律硬塞进自然界,而在于从自然界中找出这些规律并从自然界出发加以阐发"③。这导致了辩证法的第三层内涵:辩证法是"自然界、社会和思维的发展的一个一般规律"④。换言之,矛盾的对立统一是自然界、社会和思维中普遍存在的基本结构。在现实的各个领域中,它采取不同的表现形式,并且与辩证法的不同方面也有所不同。

《自然辩证法》中的辩证法

从《反杜林论》(1876—1878)的角度来看,恩格斯对辩证法的集中关注很明显是从 1873—1876 年间开始发力的。至少可以说,恩格斯对"矛盾"一词的使用在《反杜林论》中达到了顶峰。对比不同时期的文本可以发现,恩格斯在《反杜林论》之前便已经使用过上述的三类矛盾,尽管这种情况不那么频繁。在这里,"真实的矛盾"被公开地表述为"矛盾",但在《反杜林论》之后,恩格斯几乎都是从理论前后不一致的角度来使用"矛盾"一词的。唯一的例外是"1878 年的计划",恩格斯在 1880 年重新修改了这一节内容并删除了"矛盾"一词。

从某种意义上说,恩格斯后期的这种文本操作给人留下了一种印

---

① 参见《马克思恩格斯全集》第 26 卷,人民出版社 2014 年版,第 16—17 页。
② 《马克思恩格斯全集》第 26 卷,人民出版社 2014 年版,第 96 页。
③ 《马克思恩格斯全集》第 26 卷,人民出版社 2014 年版,第 15 页。
④ 《马克思恩格斯全集》第 26 卷,人民出版社 2014 年版,第 540 页。

象,即在《反杜林论》中,恩格斯似乎尽可能多地说明了他对辩证法和矛盾的思考。因此,一般的读者可能会认为,运动就是矛盾,一切事物都处在运动之中,如此一来辩证法的难题就被解决了。需要注意的是,在《反杜林论》之后——特别是在"1880年的计划"中——恩格斯使用的关键词不是辩证法,不是矛盾,而是运动(在自然界、社会和思想中的运动)。

让我们从"真实的矛盾"说起。恩格斯在《自然辩证法》中只有三次明确地提到"真实的矛盾"。第一次是1875年11月恩格斯在谈到牛顿的物理学及其对行星运动的分析时指出,太阳的引力与所谓的切向力"陷入了矛盾"①。第二次是1877年10—11月恩格斯在描述必要性和偶然性间的关系时,他批评形而上学忽视了真实矛盾的存在,这就与理论上不一致的矛盾结合了起来。最后,"矛盾"还出现在恩格斯《自然辩证法》的"1878年的计划"(1878年8—9月)中,它被视为辩证法的法则之一,"由矛盾引起的发展或否定的否定"②。

也存在少数用来指认理论自身前后不一致的"矛盾"。比如,有时反对进化论的世界观是"矛盾"的(1875年11月—1876年5月),因为根据这种观点,地球处在变化之中,但地球上的生物并不会发生改变。在1877年10至11月的文稿中,恩格斯认为黑格尔关于偶然性与必要性的理论被自然科学视为"悖理的文字游戏"或"自相矛盾的胡说"③。另外,恩格斯还提到了解释与自然法之间的"矛盾"(1880年2—7月)、作为错误的"矛盾"(1882年1—8月)。

而且,在《自然辩证法》写作的过程中,恩格斯对"真实的对立"的强调也在逐渐减少。尽管在《反杜林论》之前恩格斯经常提到对立的问

---

① Friedrich Engels, *Dialektik der Natur (1873 - 1882)*, in Karl Marx und Friedrich Engels, *Gesamtausgabe (MEGA)*, Vol. I/26.1, Berlin: Dietz, 1985, p. 45.
② 《马克思恩格斯全集》第26卷,人民出版社2014年版,第457页。
③ 《马克思恩格斯全集》第26卷,人民出版社2014年版,第552页。

题,但在《反杜林论》之后却愈来愈少提及。恩格斯在 1873 年 2 月还心存担忧,想要将因果性、同一性与差异性从对它们的形而上学阐释中解救出来。另外,1874 年夏恩格斯还想要证明,对立的两极结构在自然界、人类思维中普遍存在。为此,他列举了从数学、几何学到物理学的各种案例(1875 年 11 月、1880 年 2—7 月)。最后,在"1878 年的计划"中,恩格斯将它们概括为"两极对立","并且两极对立可以'相互渗透'、或是'主要对立面'"①。

恩格斯对辩证法的论述要简单直接得多。恩格斯不断地谈到自然领域或范畴之间的"辩证转化"、对立之间的"辩证关系"。而且,他还明确给出了辩证法的定义:"**自然科学的辩证法**:对象是运动着的物质。物质本身的各种不同的形式和种类又只有通过运动才能认识,物体的属性只有在运动中才显示出来"②。"所谓的**客观**辩证法是在整个自然界中起支配作用的,而所谓的主观辩证法,即辩证的思维,不过是在自然界中到处发生作用的、对立中的运动的反映,这些对立通过自身的不断的斗争和最终的互相转化或向更高形式的转化,来制约自然界的生活。"③辩证法还被定义为"**一切**运动的最普遍的规律的科学"④或"关于普遍联系的科学"⑤。

到了"1880 年的计划"中,恩格斯将"1878 年的计划"提出的第一个公理从"辩证法"改成了"运动的基本形式",并且接着论述运动的"吸引和排斥的相互转化"。可见,恩格斯是在越来越避免直接引用或使用过去的辩证法术语,这种情况至少持续到了 1886 年。

其实在 1879 年 9 月,恩格斯清楚地表明"在这里不打算写辩证法的手册,而只想说明辩证法规律是自然界的实在的发展规律,因而对于

---

① 《马克思恩格斯全集》第 26 卷,人民出版社 2014 年版,第 457 页。
② 《马克思恩格斯全集》第 26 卷,人民出版社 2014 年版,第 578 页。
③ 《马克思恩格斯全集》第 26 卷,人民出版社 2014 年版,第 541 页。
④ 《马克思恩格斯全集》第 26 卷,人民出版社 2014 年版,第 639 页。
⑤ 《马克思恩格斯全集》第 26 卷,人民出版社 2014 年版,第 457 页。

理论自然研究也是有效的"①。正如恩格斯所说的那样(1877年11月),他的基本想法是将自然科学系统化,"自然科学现在越来越有必要系统化,这种系统化只能在现象本身的联系中发现"②。

早在1874年,恩格斯就开始关注自然科学研究与自然科学研究本身没有意识到的对某种理论思想的依赖这两者之间的重要区别。"自然科学家相信,他们只要不理睬哲学或辱骂哲学,就能从哲学中解放出来。"③但是,如果不借助科学范畴,他们就不可能实现科学。因此,无论他们对哲学理论持何种态度,他们都会也一直会受到哲学的支配。唯一的问题只在于"他们是愿意受某种蹩脚的时髦哲学的支配,还是愿意受某种建立在通晓思维历史及其成就的基础上的理论思维形式的支配"④。

在1878年,恩格斯称自己追求的事业是在弥合经验科学与哲学理论之间的鸿沟。辩证法哲学的任务便是阐明经验自然科学所依赖的坚实的理论基础,并证实自然科学计划中提出的一些假设。为了获得更自觉的理论指导,自然科学必须转向哲学,更准确地说是转向辩证法:"然而对于现今的自然科学来说,辩证法恰好是最重要的思维形式,因为只有辩证法才为自然界中出现的发展过程,为各种普遍的联系,为一个研究领域向另一个研究领域过渡提供类比,从而提供说明方法。"⑤

为此,恩格斯将他的辩证法术语转化为自然科学话语写道(1885年12月—1886年1月):"自然界中一切运动的统一,现在已经不再是一个哲学的论断,而是一个自然科学的事实了。"⑥恩格斯还在别处强调

---

① 《马克思恩格斯全集》第26卷,人民出版社2014年版,第535页。
② 《马克思恩格斯全集》第26卷,人民出版社2014年版,第581页。
③ 《马克思恩格斯全集》第26卷,人民出版社2014年版,第528页。
④ 《马克思恩格斯全集》第26卷,人民出版社2014年版,第528页。
⑤ 《马克思恩格斯全集》第26卷,人民出版社2014年版,第499页。
⑥ 《马克思恩格斯全集》第26卷,人民出版社2014年版,第524页。

(1880年2—7月),运动是"物质的存在方式、物质的固有属性"①,并且它"涵盖宇宙中发生的一切变化和过程,从单纯的位置变动直到思维"②。

毋庸置疑,恩格斯思考的前提是运动是辩证的,因为运动是由对立统一(同一性/差异性)构成的。但我认为这里存在一些问题,即当恩格斯越来越多地研究运动的不同形式及其在自然界中的相互关系、在自然科学理论中的表现后,对"辩证法"术语进行更仔细的考察、更精准的使用反而成了次要问题。尽管他反复强调必须发展提高哲学理论的能力,并且极有必要系统性地重新审视过去的辩证哲学思想(古希腊和德国唯心主义),但他仍留下了一系列开放性的问题:

对立统一必然是矛盾的吗?真实的矛盾在多大程度上是辩证的?它们与黑格尔的辩证法有何区别?从哪种意义上我们可以说从古希腊到德国唯心主义中存在着辩证哲学的连续性?

在下一节中我将指出,恩格斯确实意识到了要对这些问题进行更多的研究,但他是否有意将其作为《自然辩证法》计划的一部分也令人怀疑。

恩格斯的意图与开放性的问题

正如前面所说的,在《反杜林论》中恩格斯曾断言"运动本身就是矛盾",随后他提出了另一个奇怪的主张:"甚至简单的机械的位移之所以能够实现,也只是因为物体在同一瞬间既在一个地方又在另一个地方,既在同一个地方又不在同一个地方。"③我个人以为,这里的第二个主张既不能支持也不能解释第一个主张。在这里,恩格斯不太可能是想要

---

① 《马克思恩格斯全集》第26卷,人民出版社2014年版,第589页。
② 《马克思恩格斯全集》第26卷,人民出版社2014年版,第589页。
③ 《马克思恩格斯全集》第26卷,人民出版社2014年版,第127页。

挑战一般的常识,因为在经典物理学里,一个物体不可能同时出现在两个地方。在写这些文字时,恩格斯也许想到了1874年他研究的物理力量,他曾描述力从一个物体转移到另一个物体上的过程。当一个物体向另一个物体施加力时,后者身上出现了力的"表现"。在这种相对狭义的层面上,可以说物体虽然表现的形式不同,但在同一瞬间既在一个地方又在另一个地方。

此外,"既在一个地方又在另一个地方"的表述可能来自爱利亚学派的巴门尼德和芝诺,或者至少来自黑格尔对他们哲学思想的阐释;"运动是矛盾"的论点也可以追溯到赫拉克利特的"万物皆流"。有趣的是,除此之外,恩格斯从未引用过巴门尼德。相比之下,恩格斯多次重提赫拉克利特的"万物皆流"。在这方面,恩格斯更喜欢使用黑格尔的术语,比如"同一性与差异"之间的"辩证关系"或"同一性中包含着差异"。为此,恩格斯给出了如下的例证:"植物,动物,每一个细胞,在其生存的每一瞬间,都和自身同一而又和自身相区别,这是由于各种物质的吸收和排泄,由于呼吸,由于细胞的形成和死亡"[①]。但是,恩格斯强调同一性中包含着差异是想要说明什么呢?

常识告诉我们,事物存在同一性,但也存在变化。现在的问题是:(1)为什么称它们为矛盾?(2)为什么它们是辩证的?恩格斯可能很容易就能回答第一个问题,但第二个问题就不那么简单了:它们是矛盾的,因为相反的事物建立了同一性的联合;它们是辩证的,因为黑格尔这样定义它们。但不幸的是,这两个回答都不足够让人满意。比如,杜林认为它们是对立的、辩证的但并不是矛盾的。如果杜林的判断是有问题的,那么恩格斯的情况如何?如何可能借助黑格尔称它们是辩证的?这些问题需要一种更详尽、精确的解决方法。基于当前的文本资料,恩格斯似乎并没有打算详细说明这些问题。但我感兴趣的是,如果

---

① 《马克思恩格斯全集》第26卷,人民出版社2014年版,第547页。

恩格斯打算解决此类问题他会如何操作。

同一性与差异

关于第一个问题,恩格斯本可以提出如下论点。通过考察对象在特定的时间、地点中具有的特定属性,包括对象的形状、颜色和重量等,我们将可以依据这些属性来识别特定的对象。我们通常会以这种非常宽松的方式,即通过关注对象的些许属性来识别对象。如果要更严格地考察对象,那么需要完整地认识对象具备的所有属性,这些构成了对象的同一性。现在,想象一下至少其中一种属性发生了变化,例如对象处在不同的位置、时间或是具有不同的颜色。属性发生变化后,这一对象(从严格意义上来说)与其先前并不相同,因为构成其同一性的属性的内容已经发生了变化。为了实现严格意义上的相同,两个对象必须具有完全相同的属性。显然,事实并非如此。从这个角度来看,它既是也不是同一个对象,因此它是矛盾。现在的问题是,既然包括对象在内的所有事物都在不断变化,那么我们如何第一时间清楚地辨别它们?恩格斯可能会接受的黑格尔式回答是,"同一性"的概念既包括对象的同一性也包括对象的变化。因此,"同一性"的概念允许变化的原则,而变化的原则又与同一性相对立。总之,同一性本身包含同一性和非同一性。

辩证法的历史描述

矛盾、对立以及否定的否定同样适用于该公式,但它们也是辩证的吗?恩格斯的回答会是肯定的,因为他是在黑格尔哲学的框架内思考,并将辩证法归为黑格尔哲学。这就是问题变得复杂的地方。恩格斯所说的"辩证法"在黑格尔那里是"思辨"。但恩格斯和马克思一样,他是在康德意义上而不是黑格尔意义上使用"思辨"一词。这便引起了如下问题:康德是如何看待思辨和辩证法的,这对理解对立和矛盾之间的关系有何影响?

恩格斯向自然科学家推荐"从康德到黑格尔的德国古典哲学"[①],但他补充道:"自从黑格尔著作中已提出一个虽然是从完全错误的出发点阐发的、却无所不包的辩证法纲要以后,要向康德学习辩证法,就是一件费力不讨好的和收效甚微的事情。"[②]迄今为止,针对辩证法,"只有两位思想家曾作过较仔细的研究,这就是亚里士多德和黑格尔"[③]。当然,这使我们不得不研究亚里士多德对辩证法术语的使用。

首先,亚里士多德比恩格斯认为的要更接近康德。其次,恩格斯忽视了亚里士多德对芝诺、巴门尼德以及赫拉克利特的敌意,而且黑格尔对赫拉克利特的积极态度又加剧了这种复杂性:"没有一个赫拉克利特的命题不被纳入我的逻辑学中。"黑格尔将赫拉克利特的"流"(flux)解释为"生成"(Werden),认为它的组成部分是"对立统一"。恩格斯从黑格尔那里继承了这一点,并将其与运动的自然科学概念结合了起来。但是,亚里士多德在这幅思想图景中被放在什么地方了呢?

在亚里士多德看来,赫拉克利特未能承认同一对象的两个对立面不能同时成立。亚里士多德更受到巴门尼德和芝诺的干扰。赫拉克利特支持现实是矛盾的观点,但巴门尼德和芝诺则主张,关于对立面的逻辑描述不可避免地会引起矛盾。他们认为,如果一件事情发生了变化,那么变化的结果不会与变化了的事物完全相同。然而情况是,运动或变化中的事物既在同一时刻又不在同一时刻[④]。

在《物理学》(*Physics*)第六卷中,亚里士多德对芝诺提出了批评,

---

① 《马克思恩格斯全集》第 26 卷,人民出版社 2014 年版,第 502 页。
② 《马克思恩格斯全集》第 26 卷,人民出版社 2014 年版,第 502 页。
③ 《马克思恩格斯全集》第 26 卷,人民出版社 2014 年版,第 499 页。
④ 参见 Plato, *Parmenides*, *Griechisch-Deutsch*, Hamburg, Germany: Felix Meiner, 1972, p. 138b7 - c4。

但他没有解决柏拉图在《巴门尼德篇》中讨论的任何问题。他只满足于自己的讨论,即谈论从白色到非白色的变化并没有违反排除矛盾的原则。但亚里士多德模棱两可地在第五卷中提出了相反的说法。他在书中写道,从非实体到实体、从非白色到白色的变化涉及了"矛盾"。因此,他将矛盾设置在经历中间阶段的运动之中。

如果恩格斯谈到亚里士多德-黑格尔的线索,他也许会想起亚里士多德在第五卷而不是第六卷中的观点。这也说明了为什么他将康德排除在辩证法的历史线索之外,因为当康德区分不同类型的对立面时,他明显更接近《物理学》第六卷中的亚里士多德。在康德看来,基本上任何逻辑上的对立都是矛盾的;但有一些现实里的真实的对立并不是矛盾,因为矛盾属于精神领域,与现实无关。第三种才是辩证的对立,它既不是真实的,也不属于逻辑。这种类型源自人类理性的认知活动,它指引着朝向某些精神对象,比如绝对的、无条件的精神对象。这些精神对象是由对立构成的,它们会造成一种假象,好像它们存在于现实中。因此,针对同一对象,可能产生两种相互对立的主张,即使它们之间互不矛盾,也都可能是错误的,这是非真实领域中的辩证对立。

当恩格斯谈到真实的、矛盾的辩证对立时,他指的就是黑格尔而不是古希腊哲学或康德。但是,黑格尔和恩格斯之间的区别在于,前者将真实的矛盾视为自然界中逻辑矛盾的外在化表现,后者则从某种意义上颠倒了这一逻辑路线,因为任何真实领域中的结构(比如物理运动)都可以找到其等价形式,并且用经典的逻辑术语——"矛盾"——来表达。另一种区别在于黑格尔对辩证法的理解。

在黑格尔看来,过去的或者说是惯常的辩证法发生在当两个相反的谓语被用来形容同一对象之时。当一个谓词同时指称它自己以及它的对立面时,就会出现"更纯粹的辩证法"的形式,这是矛盾①。孤立的

---

① 参见 G. W. F. Hegel, *Nürnberger und Heidelberger Schriften 1808 – 1817*, in Hegel, *Werke*, Vol. 4, Frankfurt, Germany: Suhrkamp, 1986, p. 56。

对立面是"抽象的";对立面如果彼此区分并相互关联,那么它们便会在"转换"中表现为"辩证"。较高的"思辨"阶段源于在"对立的规定中认识到它们的统一"①。比如,将同一性和差异视作适用于"抽象"的独立实体。从同一性到差异的转换正是体现辩证法的环节。思辨就是从同一性向差异转换,然后又回到同一性自身。黑格尔的"方法"②就是要重建精神活动的诸多连续阶段。需要注意的是,黑格尔从来没有说过"辩证的方法",因为辩证法只是重建对立统一的矛盾的暂时环节而不是最终结果。

当恩格斯谈到"德国自然哲学的荒诞的先验思辨"③时,他似乎是在康德哲学的意义上使用了"思辨"一词。思辨知识是自然知识的对立面,因为自然知识不同于思辨知识,它是针对经验对象进行研究④。虽然事实上恩格斯是在康德意义上使用了"思辨"一词,但他反对将自然科学严格区分为经验知识和非经验知识。这导致产生了比恩格斯自己所认为已经解决的问题还要更多的问题。在追求哲学和理论性的自然科学方面,恩格斯似乎已经实现了他的一些目标,然而,他似乎并未打算提供一种更直接、更系统的方法来解决上述歧义。这不仅表明了他当时意图的不完整性,而且还反映出他所提出的辩证法的一些局限性。

其他对"自然辩证法"的理解

根据使用"辩证法"、"对立"和"矛盾"的不同方式,人们可以从自然

---

① G. W. F. Hegel, *Enzyklopädie der Philosophischen Wissenschaften im Grundrisse 1830*, in Hegel, *Werke*, Vol. 8, Frankfurt, Germany: Suhrkamp, 1986, S. 176. 黑格尔:《小逻辑》,贺麟译,商务印书馆 1996 年版,第 181 页。
② G. W. F. Hegel, *Wissenschaft der Logik II*, in Hegel, *Werke*, Vol. 6, Frankfurt, Germany: Suhrkamp, 1986, pp. 553–554.
③ 《马克思恩格斯全集》第 26 卷,人民出版社 2014 年版,第 675 页。
④ 参见 Immanuel Kant, "Versuch, über den Begriff der Negativen Grössen in die Weltweisheit Einzuführen", in Kant, *Werke*, Vol. I, Darmstadt, Germany: WBG, 2016, p. 559.

辩证法中得出不同的结论，甚至是与恩格斯的理解并不相同的结论。按照上述说明，可以想到三种可能存在的不同理解：

亚里士多德：自然界中存在真正的对立。对立既不是矛盾的，也不是辩证的。因为矛盾是由学术论争中的逻辑错误或观点分歧引起的。正如古希腊哲学所说，辩证法是指论证对手观点虚假的解释行为。根据亚里士多德的《物理学》第五卷，还可以添加一点，即对立之间的统一和相互联系也是矛盾。但是与此相反，在《物理学》第六卷中，亚里士多德认为不存在任何真实领域的矛盾。因此，黑格尔、恩格斯所称呼的主观辩证法，在亚里士多德看来是与对立、矛盾联系起来的辩证法。亚里士多德坚信，自然界中存在真实的对立和矛盾，但这并不表示它们是辩证的。如果亚里士多德谈论自然辩证法，那仅限于对自然的解释与争论，与进一步主张自然界存在着客观辩证法无关。

康德：类似地，康德也断言存在真实的对立，它既不是矛盾的，也不是辩证的。与亚里士多德相比，康德更少游移，他明确否认存在真实领域的矛盾，认为矛盾仅仅适用于逻辑上的对立情况，但这并不意味着它们必然都是辩证的。换言之，逻辑对立容易导致矛盾，但是并非所有的逻辑对立都是辩证的。康德本可以讨论自然的辩证法，尽管他不会在"自然界存在真实的对立"这一意义上讨论。符合康德本意的自然辩证法，应该会来自一种有条件的-无条件的或绝对的-相对的形而上学观点，即认为人类思维可以投射到自然界中去。这种假象，即存在独立于人类思维之外的自然界中的形而上学对立的假象，被康德称为辩证法。如果存在自然辩证法，那么它是对自然概念的形而上学混淆。

黑格尔：既存在真实的也存在逻辑上的对立和矛盾。对立是矛盾的构成性要素。尚未统一的对立仍是相互对立的；相互统一的对立才构成了矛盾。对于黑格尔而言，否定性或排斥性指向着辩证法，肯定的和否定的或对立的统一指向着思辨。黑格尔最先是在《逻辑学》(*Science of Logic*; *Logic*)——关于科学思维如何展开的逻辑的自我描述——中表达了这个观点。由于自然是这种逻辑的体现,因此自然界中必然存在对立和矛盾。如果在黑格尔那里有自然辩证法,那么它应该是指:(1)自然界中的辩证法,即纯粹对立的否定性适用于朝向矛盾发展的特定自然现象;(2)自然的辩证法,即在逻辑将自己外在化为自然之前,逻辑和自然是非矛盾的对立面。但是在逻辑外在化之后,我们可以说这是自然的思辨而不是自然的辩证法。

面对这些对自然辩证法的不同理解,恩格斯的看法可能会是多样的。在最新的"1880年的计划"中恩格斯用运动代替了辩证法,因此他几乎不会对这些不同理解感到头疼。至少是1880年以前或更具体地说是1874—1878年的文本资料,为我们理解恩格斯提供了更具连贯性的理论逻辑。恩格斯可能会同意亚里士多德和康德的观点,即存在逻辑的和真实的对立。然而,在根本立场上恩格斯还是会站在黑格尔这边,认为对立是动态发展的自然界的本质,并且对立会发展成为矛盾。尽管矛盾对黑格尔来说属于思辨领域,但对恩格斯而言矛盾是辩证的。他还淡化了黑格尔的唯心主义色彩,坚持自然不是逻辑的表现,相反是逻辑反映了自然。基于这一主张可以认定,恩格斯是同黑格尔站在一起的,承认在黑格尔的术语意义上逻辑与自然是辩证对立的。由于自然界存在真实的对立和矛盾,恩格斯便会认为辩证法适用于自然。尽管黑格尔对辩证法的用法不尽相同,但恩格斯完全认同黑格尔在自然方面谈论的辩证法。对黑格尔来说,真实矛盾的存在证明了思辨恰恰适用于自然;受此影响,恩格斯也相似地认为,真实矛盾的存在证明了辩证法而非思辨适用于自然。因此,论及黑格尔的自然辩证法,恩格斯也许会提到概念的定义(比如辩证法、对立、矛盾)与这些概念所指的现实之间的矛盾。尽管概念和现实之间的双向关系可被视为对立面,或同一关系的两个极端,但它们并不一定是矛盾。考虑到自然的辩证法与自然中的辩证法之间的区别、辩证法与自然/自然科学之间的关联,过去更改恩格斯著作标题的做法明显带有片面性,因为他们不仅无视恩格斯在辩证法问题上意图的改变及其不完整性，而且也忽视了恩格斯对关于自然辩证法的其他理解的潜在回应。后来，由于凯德洛夫极其厌恶自然辩证法的本体论以及自然科学（而非自然）辩证法的认识论，使情况变得更加复杂。总而言之，自然科学的辩证法、自然科学中的辩证法、自然科学和辩证法之间的关系，加剧了辩证法应用问题（即自然的辩证法、自然中的辩证法、自然与辩证法问题）的复杂性。无论是恩格斯还是他的评论家们，更不用说马克思，在这个问题上都没有定论。但我认为，这种歧义恰恰是我们进一步争论的出发点。

结论：重回古老的争论

在这篇文章里，我首先剥离了恩格斯争论中的解释和编辑问题。然后，我详细分析了恩格斯关于辩证法的观点，特别是它与过去的辩证法哲学思想之间的关联和区别。与恩格斯争论中绝大多数人的论述不同，我思考的核心仍然是恩格斯的意图，无论它是不完整的还是完整的。这并不能保证彻底解决恩格斯的辩证法问题，但可以为我们提供一系列更好的问题。换句话说，它使作者的意图和文本之间的关系、作者的思想与读者的反应之间的艰难沟通以及编辑对作者形象的影响等问题变得更加明显。在此之后，我想再次回到古老的恩格斯争论上。

恩格斯最关心的问题之一当然是将辩证法应用于自然。但是，他相当费力地证明了辩证法适用于普遍的现实。从这个意义上说，他并没有"跟随"黑格尔，因为他没有采用固定下来的范畴体系（卢卡奇），而是将其投射到自然界中（胡克、刘易斯）。他主要感兴趣的是如何在自然科学里验证黑格尔辩证法的假设。

在恩格斯的整个计划中，这一想法似乎并没有太多改变。尽管在恩格斯工作的不同阶段里，他对术语的使用极不稳定，但说恩格斯从一名黑格尔主义者转变为一名自然科学者(斯特潘诺夫)的情况却并不属实。我们从文献资料中可以得出结论,在自然、逻辑和自然科学的框架内,恩格斯考察了辩证法的方方面面,包括总体性哲学理论、思维方法和现实中形成的某个结构(德波林)。但这仅仅表明了该计划更多是关于自然科学的辩证法而不是自然辩证法(凯德洛夫)。

是否存在有限领域中的辩证法的问题(萨特)尚有争议。我们能够知道的是,恩格斯并不是从一开始就假定了它们的存在,相反他是在对当代自然科学的深入研究之后才得出了这些法则。1880年,恩格斯放弃了这个想法,将注意力转向了另一个关键词——运动。

即使恩格斯断言了辩证法的普遍性,但他是否热衷于发明一种关于万事万物的理论,这是很值得怀疑的(施密特、里希特海姆、卡弗)。对恩格斯来说,很明显,运动无处不在,运动的概念也适用于自然、社会和思维。因此,辩证法的有效性问题与运动本身是否是矛盾的、辩证的是密切相关的(维吉尔)。我没有看到马克思在其他地方讨论过这个问题。但是,马克思、恩格斯都同意黑格尔的观点,即认为质、量的辩证关系共同适用于自然和社会领域(霍夫曼、斯坦利、齐默曼)。他们还共同相信,行星的椭圆运动也是一种矛盾(韦斯顿、康加恩)。

自然,编辑《自然辩证法》的方法一直受到此类争论的影响,也对争论产生了进一步的影响。标题的不同选择、手稿的重新排列都反映了对这些政治和哲学问题的思考。在这个意义上,关于如何呈现恩格斯的文本的各种决定都具有自己的理由。然而,鉴于恩格斯在整个作品中不断变化的意图、他对术语使用的不稳定性以及计划的不完整性等,我们或许可以采用另一种标题来命名这些文本,比如"自然科学哲学手稿",这显然与马克思的《1844年经济学哲学手稿》的标题很是相似。但似乎没有人考虑过这种选择。

不管恩格斯本应说的比他已经说的要多,我认为我们必须更加认真对待他的成就的局限性。如果某些学者倾向于将这种不完整性视为他的缺陷,那么他们显然忽略了这样一个事实,即不完整性对科学进步具有促进作用而不是消极作用。我们至少知道恩格斯就是这样思考科学进步的历程的,即不完整性促进了科学的进步。我们没有理由不这样看待恩格斯自己的著作。

恩格斯:精神分析视角

[英]珍妮特·塞耶斯*
刘翰林** 译

费尔巴哈是从宗教上的自我异化,从世界被二重化为宗教世界和世俗世界这一事实出发的。他做的工作是把宗教世界归结于它的世俗基础。但是,世俗基础使自己从自身中分离出去,并在云霄中固定为一个独立王国,这只能用这个世俗基础的自我分裂和自我矛盾来说明。因此,对于这个世俗基础本身应当在自身中、从它的矛盾中去理解,并且在实践中使之发生革命。因此,例如,自从发现神圣家族的秘密在于世俗家庭之后,世俗家庭本身就应当在理论上和实践中被消灭。①

恩格斯的《家庭、私有制和国家的起源》(*The Origin of the Fami-*

---

* 珍妮特·塞耶斯(Janet Sayers),英国肯特大学精神分析心理学名誉教授,同时也是英国国家医疗卫生系统的临床心理学家。她的研究重点包括精神分析、性别、艺术和心理健康等。本文选自《重访恩格斯:女性主义视角》(*Engels Revisited : Feminist Essays*),劳特里奇出版社 1987 年版。
** 刘翰林,哲学硕士,南京大学哲学系博士研究生。
① 《马克思恩格斯文集》第 1 卷,人民出版社 2009 年版,第 500 页。

ly, *Private Property and the State*)(本文简称《起源》)对于女权主义至今仍然非常重要的原因在于,它和女权主义一样,引起了人们对家庭及其性别分工的易变性的关注。正如本文第一部分所述,恩格斯试图在这里实现这样一种设想,这曾是马克思在1845年《关于费尔巴哈的提纲》中设定,并在他关于摩尔根(Morgan)《古代社会》的笔记中继续探讨的设想,即阐明这一矛盾是"尘世家庭"发展与变化的源泉。

许多女权主义者认为,恩格斯过于乐观地相信由技术进步和向社会主义过渡所造成的矛盾将会从根本上改变家庭,从而实现两性的完全平等。这导致一些人想要以基于精神分析视角所认为的不论是西方技术先进国家还是东方社会主义国家都一直存在性别不平等现象的观点,来修补甚至取代恩格斯的观点。我将在本文第二部分评议四种这样的说法。

我认为,这些说法错误地把我们社会对家庭的意识形态,对"神圣家族"的意识形态事实,当作是基本上不变和无冲突的东西了。因此,它们忽视了"尘世家庭"中的矛盾,而这些矛盾正是这种意识形态的根源。

这是令人惊讶的,因为正是妇女对这些矛盾的经验认识,构成了女权主义思考的动力,并在一开始启发了这些理论。鉴于这些理论的精神分析取向,这更加令人惊讶。因为正如我在本文第三部分所解释的,正是弗洛伊德(Freud)对家庭生活的冲突和矛盾的认识,使他得以开始发展精神分析学的理论与实践。

弗洛伊德从他的临床工作角度来解释这个问题,从而使他的病人能够意识到这种矛盾。他相信,这样他的病人就可以采取一些办法去满足他们的需要、实现他们的愿望了。女权主义和马克思主义则走得更远。正如我在结论中指出的,他们认识到,这种实现不仅取决于解释世界,而且取决于改变世界的集体行动。

恩格斯论家庭生活矛盾

恩格斯在《起源》的序言中讨论辩证唯物主义论题以点明整个作品的意旨。他认为,家庭并不是一成不变的,不是从一开始就和现代家庭一样的。相反,他认为,它处在不断变化和转型之中。他说,这是它与更广泛的社会内容的矛盾的结果。他说:"一定历史时代和一定地区内的人们生活于其下的社会制度,受着两种生产的制约:一方面受劳动的发展阶段的制约,另一方面受家庭的发展阶段的制约。"① 随着生产力和生产关系的矛盾发展,"以血族团体为基础的旧社会,由于新形成的各社会阶级的冲突而被炸毁"②。在这种"冲突"中,又诞生了新的冲突和矛盾——"阶级对立和阶级斗争"。这反过来又导致社会及其性别分工的进一步转变。

结果恩格斯在《起源》中并没有一直坚持追求他在1884年版序言中所宣布的辩证唯物主义主题。正如女权主义者们经常指出的,他有时用理想主义的和心理学的术语③,有时用进化论和生物学的术语④,有时用机械的"经济学家"的术语,而不是用单纯技术进步的辩证决定作用来解释家庭的历史发展⑤。另一方面,他也试图辩证地将家庭和性

---

① 《马克思恩格斯全集》第28卷,人民出版社2018年版,第32页。
② 《马克思恩格斯全集》第28卷,人民出版社2018年版,第32页。
③ 参见 S. de Beauvoir, *The Second Sex*, Harmondsworth: Penguin, 1972; Martha Gimenez, "Marxist and Non-Marxist Elements in Engels's Views on the Oppression of Women", in Janet Sayers, Mary Evans, and Nanneke Redclift (eds.), *Engels Revisited*, New York: Routledge Press, 1987。
④ 参见 A. Kuhn, "Structures of Patriarchy and Capital in the Family", in A. Kuhn and A. Wolpe (eds), *Feminism and Materialism*, London: Routledge & Kegan Paul, 1987; Moira Maconachie Engels, "Sexual Divisions, and the Family", in Janet Sayers, Mary Evans, and Nanneke Redclift (eds.), *Engels Revisited*, New York: Routledge Press, 1987。
⑤ 参见 L. Vogel, *Marxism and the Oppression of Women*, London: Pluto Press, 1983; Jane Humphries, "The Origin of the Family: Born out of Scarcity Not Wealth", in Janet Sayers, Mary Evans, and Nanneke Redclift (eds.), *Engels Revisited*, New York: Routledge Press, 1987。

别分工的历史,解释为生产力和生产关系的矛盾发展的结果。我将在本文中详细阐述《起源》的这一方面。

恩格斯首先认为,正是生产力——也就是工具——的发展导致了家庭生活从游牧向定居的过渡。随着弓箭、木制容器和用具、编篮、石器、独木舟的制作及房屋的建造,继续游牧生活便既无必要也不可行了。畜牧和耕作技术的发展也使得茹毛饮血的时代成为过去。人们现在定居在草原上。随着铁制工具——如斧头和铁铲——的问世,森林被砍伐,人口随之增加,人们聚居在不大的地方。

恩格斯说,在生产发展的这个阶段,"母权"意味着世系是依照女系计算的,并且婚后是住在女方那里而不是相反。在"共产制家户经济"中,他写道,在劳动发展的这个阶段,"大多数或全体妇女都属于同一氏族,而男子则来自不同的氏族。"①他说,这方面的证据可以从纽约州易洛魁人仍在使用的亲属关系术语中找到,这些术语与他们现在实际的家庭关系并不一致。

恩格斯说,由于与后来的生产发展相冲突,母系被推翻了。他认为,牛的饲养、金属加工、纺织和农业的发展,产生了超出共产制家户经济和氏族的日常生活需要的经济盈余。他声称,这种盈余主要产生于男子的活动领域,因此其所有权"归了男子"②。但是,在母系制度下,人们按照母亲来计算血统,这样新产生的经济盈余的继承就仍是通过母系的血统线来进行的。恩格斯说,正是这种生产的发展与当时家庭的母系形式之间的矛盾,导致这种家庭形式被推翻,代之以父系,即财产通过父亲而不是母亲的血统线来继承。他写道,这导致妇女被征服,成为"单纯的生孩子的工具"③。

---

① 《马克思恩格斯全集》第 28 卷,人民出版社 2018 年版,第 65 页。
② 《马克思恩格斯全集》第 28 卷,人民出版社 2018 年版,第 190 页。
③ 《马克思恩格斯全集》第 28 卷,人民出版社 2018 年版,第 73 页。

同时，恩格斯说①，尤其是随着资本主义的到来，财产开始以个体形式而不是以集体为基础被占有。在个体的基础上，人同样也是可以交易的。他声称，分工的发展将劳动分化为"农业和手工业"生产，导致"直接以交换为目的的生产"的产生②。在这个过程中，不仅是商品，而且妇女也"具有了交换价值"③。婚姻变成了交换，一种据说是"双方自愿缔结"的契约虽然看起来是出自自由的个体④，但实际上还是要受到财产和家庭利益的支配⑤。从这种发展中出现了"现代的个人性爱"的可能性⑥。然而，他指出，只要仍然需要考虑经济利益的问题，这种可能性在专偶制中就是无法实现的。他说，在专偶制的物质基础被推翻以前，婚姻只不过是"被叫做家庭幸福的极端枯燥无聊的婚姻共同体"⑦，或者丈夫和妻子只能通过通奸来满足自己的性欲。无论如何，在早期的生产力与生产关系矛盾基础之上产生的专偶制之中，本身又包含着新的矛盾，而这种新矛盾又反过来破坏它，使它和之前的家庭生活形式一样走向消亡。

恩格斯认为，同样是经济发展的结果——经济盈余的产生——导致了延续至今的资产阶级专偶制，也导致了奴隶制、封建制和阶级剥削制度的产生。由于"人的劳动力能够生产出超过维持劳动力所必需的产品"⑧，因此，有产者开始占有无产者的剩余劳动产品⑨。恩格斯认为，只有在后者那里，个人性爱才能实现，因为这种婚姻不是以财产利益为基础而缔结的。（这或许可以解释为什么当感情破裂时，无产阶级

---

① 参见《马克思恩格斯全集》第 28 卷，人民出版社 2018 年版，第 97 页。
② 参见《马克思恩格斯全集》第 28 卷，人民出版社 2018 年版，第 191—192 页。
③ 《马克思恩格斯全集》第 28 卷，人民出版社 2018 年版，第 70 页。
④ 参见《马克思恩格斯全集》第 28 卷，人民出版社 2018 年版，第 91 页。
⑤ 参见《马克思恩格斯全集》第 28 卷，人民出版社 2018 年版，第 97 页。
⑥ 参见《马克思恩格斯全集》第 28 卷，人民出版社 2018 年版，第 87 页。
⑦ 《马克思恩格斯全集》第 28 卷，人民出版社 2018 年版，第 89 页。
⑧ 《马克思恩格斯全集》第 28 卷，人民出版社 2018 年版，第 189 页。
⑨ 参见《马克思恩格斯全集》第 28 卷，人民出版社 2018 年版，第 206 页。

的夫妇会感到,至少是在非正式的——如果不是正式的或合法的话——情况下,与资产阶级的夫妇相比,他们更容易解除他们的婚姻关系。)① 然而,恩格斯承认,无产阶级的婚姻和资产阶级的一样,其中爱情与男性的暴行并存。他将此归因于统治阶级的家庭意识形态②对各阶层所造成的影响,正如我们所看到的,这涉及保证包含在男子合法继承的财产中的对妇女的剥削权的问题。

恩格斯在1845年的《英国工人阶级状况》中预见到,当时生产力和生产关系的矛盾——以工厂为基础的生产发展与既往的国家制度之间的矛盾——将会完全破坏以往的父权制家庭组织形式。他说,雇用妇女和儿童到工厂工作使得他们基本上已经能够从男子的父权制下独立出来。然而,事实上,妇女和儿童从未能在工厂工作中获得与男子相同的工资。事实上,这也是他们为什么被雇用到这个岗位工作的首要原因。资本家们从未想过要提供托儿所需要的设施,这些设施将使妇女和男子能够轻松地将儿童保育与工厂工作平衡起来。③ 然而,一些人还是试图将这两项活动结合起来。例如,在《起源》首次出版时,一位名为年恩夫人(Mrs. Yearn)的女性回忆道:

> 我父亲是一个砌砖工——我们经历了一个有着骇人霜冻和鹅毛大雪的寒冬,父亲一年中有六七个月无法工作,所以妈妈不得不去磨坊工作,把家托付给了我这个柔弱的姐姐。我的工作是每天把婴儿带到磨坊里去哺两次乳。④

更常见的是,由于儿童保育仍然是妇女的首要工作,妇女们通常

---

① 例如:L. Stone, "Only Women", in *New York Review of Books*, 1985, 32(6):21-22, 27.
② 参见《马克思恩格斯全集》第28卷,人民出版社2018年版,第87页。
③ 参见 J. Brenner, and M. Ramas, "Rethinking Women's Oppression", in *New Left Review*, 1984, 144:37-71。
④ M. L. Davies, *Life as We Have Known It*, London: Virago, 1977, p. 120.

从事非工厂性的工作,例如护理、助产、清洁、洗涤、缝纫和接待。尽管也不是对自己和孩子没有影响,但是这些工作至少可以更容易地与儿童保育结合起来①。无论她们做何种选择,已婚妇女们还是常会感到自己不得不工作,因为她们丈夫的工资不足以养活自己和子女。② 这反映了一个事实,即雇主们总是试图减少他们为工人提供的维持日常生活与养活自己和家人的费用。相比之下,工人则力求尽量提高这一待遇,这从19世纪工人争取适当的"家庭工资"的斗争中就可见一斑③。

马克思和恩格斯预计,工人和雇主之间、无产阶级和资产阶级之间的这些利益冲突,最终将会在社会主义革命、废除私有财产和社会化大生产中被消除。恩格斯估计这将要求工人为再生产自己和家人所需服务的充分社会化——儿童保育、食物准备、浣洗衣物等。他认为,由于这种发展,妇女将充分融入社会生产,两性平等也将因此实现。然后,婚姻将不再建立在经济考虑的基础上。最后,实现个人性爱的道路上的障碍也将被清除。

然而,事实上,将妇女吸引到社会生产中以及日益社会化的家务劳动或"私人的家务"④,并没有如恩格斯预测的那样带来两性的完全平等。正如恩格斯所考虑的经济因素的影响一样,许多女权主义者认为,性别不平等一定有心理因素的影响。而且,就像20世纪30年代的弗洛伊德主义马克思主义者转向精神分析来解释希特勒德国和斯大林苏联⑤威权主义的持续存在一样,很多女权主义者现在想要用精神分析方

---

① 参见 J. Gardiner, "Women's Work in the Industrial Revolution", in S. Allen, L. Sanders, and J. Wallis (eds.), *Conditions of Illusion*, Leeds: Feminist Books, 1974。
② 关于19和20世纪之交时这方面的证据,见 J. Lewis, "The Debate on Sex and Class", in *New Left Review*, 1985, 149:108-20。
③ 参见 M. Barrett, and M. McIntosh, "The 'Family Wage': Some Problems for Socialists and Feminists", in *Capital and Class*, 1980, 2:51-72。
④ 《马克思恩格斯全集》第28卷,人民出版社2018年版,第94页。
⑤ M. Schneider, *Neurosis and Civilization*, New York: Seabury Press, 1976.

法来解释西方资本主义国家和东方社会主义国家中持续存在的性别不平等问题,即使自《起源》发表以来这些国家的经济和社会方面都发生了很大变化。我现在要谈谈这些对性别不平等问题进行精神分析的讨论。

精神分析的女权主义

我将首先从女权主义诗人阿德里安·里奇(Adrienne Rich)的叙述开始。在她出版的《女人的出生》(*Of Woman Born*)一书中,里奇回到了早期的女权主义心理分析师卡伦·霍妮(Karen Horney)的工作中,解释了为什么与恩格斯的论题相反,社会主义未能实现两性之间的完全平等。与霍妮一样,她认为男性在社会中的主导地位源于男性试图补偿自己对女性所享有的生育和抚养子女权力的嫉妒。里奇说,社会主义本身不足以结束男性对女性的统治,因为它没有从根本上改变这一规则的心理根源,即男性对女性的嫉妒不是由于资本主义,而是针对"母子、母女关系"。[①]

实际上,里奇把马克思主义颠倒了过来。马克思说:"不是人们的意识决定人们的存在,相反,是人们的社会存在决定人们的意识。"[②]相比之下,里奇基于霍妮的观点争辩说,不是男人和女人的社会存在决定他们的意识,而相反是他们的意识——男人的"子宫羡妒",即他们对女性在生育和抚养子女方面的能力的羡妒——决定着他们的社会存在。在这一点上,根据恩格斯的说法,她和巴霍芬(Bachofen)1861年的书《母权论》(*Mother Right*)中的观点有些类似。

> 并不是人们的现实生活条件的发展,而是这些条件在这些人

[①] 参见 A. Rich, *Of Woman Born*, New York: Bantam, 1976。
[②] 《马克思恩格斯文集》第 2 卷,人民出版社 2009 年版,第 591—592 页。

们头脑中的宗教反映,引起了男女两性相互的社会地位的历史性的变化。①

在寻求从精神分析的角度进行解释的过程中,里奇将特定的"现实状况"即父权制的存在,假定为"他们(男性)头脑中"的产物。男性主导的社会秩序的存在,不就是男性的思想(他们的子宫羡妒)凌驾于妇女的思想(他们所谓的阴茎羡妒说)在决定社会关系吗?

心理学家多萝西·丁纳斯坦(Dorothy Dinnerstein)②也对性别不平等的心理因素进行了分析。她发展了另一位早期心理分析家——梅兰妮·克莱因(Melanie Klein)——的理论,以解释为什么与恩格斯的预测相反,技术进步并没有结束女性的社会从属地位。由于许多读者并不熟悉克莱因的理论,我将首先概述其相关方面,然后再详细说明丁纳斯坦对它的应用。

克莱因认为,婴儿从出生起就被赋予了爱与恨的本能。克莱因说,因为婴儿将恨感受为一种自我解体的危险,所以他试图通过把恨逐出自身,投射到母亲身上来摆脱它。因此,母亲被感受为对他进行恨与攻击。克莱因说,为了抵御这种"迫害"(persecutory)带来的焦虑,婴儿试图拒绝把母亲与迫害、可恨以及令人沮丧联系在一起。他将母亲理想化为完美形象。但相比而言,这让人感到精疲力竭(depleted)。这就引起了婴儿对于占有好的母亲的嫉妒和贪婪。因此,他试图破坏或清空关于坏母亲的内容。但是,这将导致婴儿产生新的焦虑,唯恐母亲以同样的方式报复他。

克莱因认为,在婴儿心理的正常发展过程中,爱与恨的本能逐步整合起来。然后,婴儿会发展出一种安全感,即自我是一体化的和整体

---

① 《马克思恩格斯文集》第4卷,人民出版社2009年版,第20页。
② D. Dinnerstein, *The Rocking of the Cradle*, London: Souvenir Press, 1978.

的。因此,他不再觉得需要通过投射到母亲身上来分离出恨,也同样不再觉得需要从母亲所具有的能够满足需求的形象中分离出不能从中得到满足时的沮丧和痛苦。因此,他能够更现实地感受她,作为一个既不是全好,也不是全坏,而是包含好与坏、爱与恨的整体的人。克莱因说,但这带来了"抑郁"(depressive)的焦虑,因为在攻击代表恨的母亲时,它可能会同时攻击到代表爱的母亲,因为爱的母亲与恨的母亲现在被视为一体。然而,克莱因说,随着自我的进一步融合,孩子开始感到自己有足够的资源来对自己过去对母亲的攻击进行"补偿"(reparation)。因此,他看起来更有能力认识到对她的矛盾情绪。这导致了他对她以及与她的关系的更现实的看法。

丁纳斯坦并不赞同这个结论。她认为,现在的儿童和成人会一直拒绝消解克莱因所声称的那种必要的迫害和抑郁的焦虑,以发展一种对母亲的性别和对自己的更为现实的态度。这种态度能够使他们认识到相互分离的、独立的和自由的母亲和自己。丁纳斯坦说,儿童和成年人没有把自主和独立看作整体和统一的人的特征,而是试图通过从依赖母亲转向服膺男性的统治来逃避自由,因为男人不像女人那样,他们很少参与婴儿护理,缺乏对婴儿期的原始恐惧和幻想。

丁纳斯坦说,解决我们目前的"性别痼疾"(sexual malaise)的方法是共同育儿。然后,儿童将不会再拒绝消解那些迫害和抑郁的焦虑,也就能够意识到在婴儿期照顾他们的那些人是自由和独立的。如果男子在儿童保育方面与妇女平等参与,相对于受到妇女的统治,婴儿将不会更愿意受到男子的统治。相反,他们将寻求不受任何性别的统治,从而真正把自己化为自主、独立的存在。

然而,在这一点上,就像她之前的埃里希·弗洛姆(Erich Fromm)(1941)一样,丁纳斯坦忽略了实现我们社会中据说是我们的自由——恩格斯指出,这是一种比"真正的"(real)更"合法的"(legal)和"正式的"

(formal)自由①的那些物质与心理障碍。此外,丁纳斯坦忽略了克莱因据以得出孩子对男人产生了不切实际的幻象,就像他们对女性产生的幻象一样的结论的证据。克莱因相信,这些幻象的解决与其说取决于照顾婴儿的人的实际行为或性别,不如说取决于孩子与生俱来的倾向,即将爱和恨的冲动融合在一起,她相信这种冲动是天赋的。

英国对象关系学派(The British object relations school)对克莱因基于本能的儿童发展的论述持有异议。相反,它坚持认为,这种发展是由母亲对孩子的处理决定的。这一理论导致了对现存社会性别不平等的第三种基于精神分析的女权主义的叙述,即社会学家南希·乔多罗(Nancy Chodorow)②的讨论。

对象关系理论家如儿科医生与心理医生唐纳德·温尼科特(Donald Winnicott)认为,孩子是否发展出一种个体独立性和与他人尤其是母亲的分离性的现实感,取决于母亲在最初时能否使外部现实符合婴儿内部现实的需求。温尼科特说,从这个意义上说,大多数母亲都"足够好"(good enough),因为就像婴儿最初将自己与母亲融合起来一样,她也把自己与婴儿融合在一起。温尼科特说,这使她在婴儿的"自我运作"(going-on-being)的延续性结束之前,能够预料到婴儿的需求,而这正是婴儿对自我和现实世界的意识发展的基础。

乔多罗正是基于这个被温尼科特称为"绝对依赖"(absolute dependence)阶段的心理差异,来描述性别不平等社会的起源的。她说,由于母亲与儿子的性别对立,她们不像对女儿那样认同他们。相反,他们既与她们相分离,也与自己的其他同类相区别。同样,乔多罗认为,在度过自己与母亲在心理上相融合的那个最初阶段后,男孩与母亲的关系和男孩与自我的关系也会不同。他试图否定与她融合的那段经

---

① 《马克思恩格斯全集》第 28 卷,人民出版社 2018 年版,第 88 页。
② N. Chodorow, *The Reproduction of Mothering*, Berkeley: University of California Press, 1978.

历,以建立一个独立的男性性别认同。乔多罗说,这种身份不仅基于对母亲的否定,而且基于男孩对男性身份的积极肯定。然而,她指出,由于社会生产将男子带出家门,这种认同是在非个人的(impersonal)和有"身份的"(positional)基础上形成的。乔多罗说,男孩对男性的认同,与其说是通过与男性的亲身接触,不如说是通过认同他所理解的男性所扮演的角色来实现的。因此,她坚称,随着男孩的成长,他们适应了非个人性的、具有不断变化的角色要求的职业工作,但也变成了不适合照顾孩子的人。相反,女孩们则从婴儿时期就保留着她们当时与母亲相融合的感觉。这既是由于她们的母亲因性别相同而与她们融合的强度,也是由于女孩没有必要否定在发展女性性别认同方面的经历。因此,乔多罗认为,女孩成年后比男性更有能力融合和识别她们的婴儿的需求,对象关系理论认为这种需求是健康儿童发展所必需的要素。

总之,乔多罗认为,我们目前的性别分工且不平等的社会,即妇女做母亲而男子去工作的状况,是由妇女的母亲活动再生产的。和丁纳斯坦一样,她也认为性别平等只能通过共同的婴儿养育行为来实现。她说,只有到那时,女孩和男孩才能在职业工作和育儿方面拥有同等的能力。

事实证明,她的论点对许多女权主义者极具吸引力。其吸引力部分在于她在解决性别不平等问题上明显的简单易行方面。与恩格斯提倡的社会化育儿相比,共同育儿似乎更容易实现。因此,今天人们一直在讨论,提供适当的公共抚育服务的目标似乎比以往任何时候都更无望实现。然而,在实现共同养育子女方面也存在重大障碍。它能否实现,取决于妇女在家庭内的私人斗争——这种斗争在过去并不显著——能否在社会领域取得显著的胜利;还取决于能否对职业工作进行大规模的重组,使妇女的收入与男子持平,以便男性和女性休假照顾子女这一行为在经济上的意义是同等的。当然,乔多罗倡导的共同养育方式的实现还取决于妇女有丈夫以便要求他与她共担儿童保育责任。但是,随着越来越多的妇女不得不独自抚养子女,这种合作共担的案例正在减少,而只有妇女和以妇女为户主的单亲家庭的人数则越来越多。正如基于精神分析的对象关系理论的版本一样,乔多罗关于共同养育子女的论点,只有在人们忽视构成儿童保育和家庭生活的一般外部因素①这一点时才是具有说服力的,而这正是恩格斯《起源》的论点之一。

乔多罗理论的另一个问题是,它假定性别认同是在儿童对母亲的女性身份的第一次确认或否定的基础上形成的。这取决于它确认自己与母亲在性别上是相同或相反的。然而,根据弗洛伊德的说法,这种确认不会发生在孩子与母亲二元关系的首次识别上。他说,这只会产生于后来的关于三者间相互关系的俄狄浦斯情结(Oedipus complex)中。这让我想到我将在这里讨论的第四个也是最后一个精神分析的女权主义理论,这是一个基于法国精神分析家雅克·拉康(Jacques Lacan)的讨论。

朱丽叶·米切尔(Juliet Mitchell)在她的《精神分析与女权主义》(*Psychoanalysis and Feminism*)一书中,试图用拉康对弗洛伊德的俄狄浦斯情结论述的"重读"来解释父权家族意识形态从一代人到下一代人中的再现,即她所认识的恩格斯在《起源》中描述的"社会历史"(the social history)②。米切尔对恩格斯关于婚姻中女性作为男性之间的交易物的历史地位是有历史条件的这一点表示异议,她说,恩格斯认为这只是对"严格定义上的文明"(strictly literate civilization)③而言的;相反,她认为父权制亲属关系交换对所有社会都是普遍的——不论蒙昧还是文明。

---

① 参见 J. Housman, "Mothering, the Unconscious, and Feminism", in *Radical America*, 1982, 16 (6):47-61。
② J. Mitchell, *Psychoanalysis and Feminism*, London: Allen Lane, 1974, p. 366.
③ J. Mitchell, *Psychoanalysis and Feminism*, London: Allen Lane, 1974, p. 369.

拉康指出,这种交换是由石祖(phallus)符号化的。而且,他说,就像语言中所有的术语一样,这个符号的含义是由它所表示的在场/不在场的对立给出的。他说,石祖的含义首先是通过俄狄浦斯情结获得的,弗洛伊德说这一情结最早是由儿童在婴儿后期认识到性别差异,即"拥有男性生殖器和被阉割"的对立而引起的①。由于这种认识,拉康主义女权主义者写道,孩子不仅获得了这种对立面所象征的石祖的意义,他也使自己作为石祖象征的性交换的主动或被动的一方,作为父权社会关系中的交换者或被交换者②。

盖尔·鲁宾(Gayle Rubin)③和朱丽叶·米切尔④对拉康在女权主义中的作用缺乏信心。然而,其他人仍然相信他在这方面的有用性⑤。现在,我要考虑这样一个问题,即对于《起源》中关于性别不平等的叙述来说,拉康主义理论或上面勾画的其他后弗洛伊德理论,实际上是对女权主义有用的附属物。

精神分析与家庭生活矛盾

如果恩格斯把家庭及其性别分工描述为比事实上更易变的状态,那么精神分析的女权主义就犯了相反的错误。后者认为,家庭——里奇、丁纳斯坦和乔多罗的理论中的女性的母亲行为,或者拉康主义理论

---

① 参见 S. Freud, "The Infantile Genital Organization", in *Penguin Freud Library*(以下简称 *P. F. L.*) 7, Harmondsworth: Penguin, 1923, p. 312。
② 参见 G. Rubin, "The Traffic in Women: Notes on the 'Political Economy' of Sex", in R. Reiter (ed.), *Toward an Anthropology of Women*, New York: Monthly Review Press, 1975, p. 191。
③ G. Rubin, "Thinking Sex: Notes for a Radical Theory of the Politics of Sexuality", in C. S. Vance (ed.), *Pleasure and Danger*, London: Routledge & Kegan Paul, 1984.
④ J. Mitchell, Feminine Sexuality: Interview-1982, 1983, m/f 8: 3-16.
⑤ 参见 J. Rose, Feminine Sexuality: Interview-1982, 1983, m/f 8: 3-16; S. Alexander, "Women, Class and Sexual Differences in the 1980s and 1840s: Some Reflections on the Writing of a Feminist History", in *History Workshop Journal*, 1984, 17:125-149。

中的"父姓"(the paternal function)——无休止地再生产自己,其性别不平等在代际更替中基本保持不变。因此,它对家庭及其性别不平等的叙述基本上是静态的。

这是因为精神分析的女权主义在很大程度上忽视了家庭生活的形式要受到外部社会因素和社会生产的制约。这些被忽视的因素在恩格斯《起源》1884年版的序言中屡被提及,他在其中说:"历史中的决定性因素,归根结底是直接生活的生产和再生产。但是,生产本身又有两种。一方面是生活资料即食物、衣服、住房以及为此所必需的工具的生产;另一方面是人自身的生产,即种的繁衍。"①

有人认为,这给了女权主义使家庭及其再生产脱离于社会生产的理由。但是,正如丽斯·沃格尔(Lise Vogel)②和玛莎·吉梅内斯(Martha Gimenez)指出的,这忽视了一个事实,即马克思和恩格斯显然认为繁衍和社会生产不是相互独立的,而是作为同一生产过程的两个方面。再生产是指工人自己及其家庭的生产,而社会生产是指为除生产者以外的其他人生产商品和服务。事实上,恩格斯在《起源》中的成就之一,就是表明从个人的生产(或再生产)来进行社会的划分不是历史上的一般情形而只是特定阶段的特殊情形,尽管精神分析的女权主义经常这样想。社会生产区别于个人生产的情形,只有当生产力发展到生产者可以生产超出自己和家人需求的剩余物时才会出现。此外,社会生产与个人生产的区别甚至正在消失,因为后者所需的服务(卫生、教育和福利)正日益社会化,尽管撒切尔和里根政府削减公共开支的政策阻止了这一进步。

精神分析的女权主义不仅错误地使个体生产(或再生产)与社会生产的区分永恒化,也使我们所熟知的家庭成为在结构和形式上无视时间和地点的同质物。在此,它犯了与恩格斯同时代人一样的错误。正

---

① 《马克思恩格斯全集》第28卷,人民出版社2018年版,第2页。
② L. Vogel, *Marxism and the Oppression of Women*, London: Pluto Press, 1983.

如恩格斯所说,他们把"现代资产阶级的家庭"理解为一直如此了,好像它"根本没有经历过任何历史的发展"①。此外,与反对女权主义的人一致,精神分析的女权主义者认为家庭在与社会的本质上的和谐一致中重现了它的性别分工和不平等。他们只在质疑这种分工的正义性方面不同于那些反对女权主义的人。另外,像他们的反对者一样,精神分析的女权主义者也将家庭作为社会的基本单位,把家庭与社会一致的意识形态视为现实。道德多数组织(Moral Majority Inc.)的杰瑞·法威尔(Jerry Falwell)强行推动了这种意识形态。他写道:"家庭是我们社会的基本组成部分和基本单位,家庭的持续健康是一个健康和繁荣的国家的先决条件,没有强大的家庭就没有强大的国家。"②

恩格斯《起源》的伟大功绩之一,就是表明这种意识形态没有普遍性,而是特定历史环境的产物,是私有财产发展的产物,它使家庭成为"社会的经济单位"③。

在假定这种意识形态时,精神分析的女权主义忽略了恩格斯所说的决定这种意识形态的矛盾。因为掩盖这种矛盾正是意识形态的职能。正因如此,马克思警告说,不要把一个社会的意识形态作为考察其现实决定因素的起点。"我们判断一个人不能以他对自己的看法为根据,同样,我们判断这样一个变革时代也不能以它的意识为根据;相反,这个意识必须从物质生活的矛盾中,从社会生产力和生产关系之间的现存冲突中去解释。"④

弗洛伊德同样用"意识的自我感知信息"的不足,揭示了家庭和社会生活中决定"心灵丰富和复杂性"的矛盾⑤。这是因为,用弗洛伊德的

---

① 《马克思恩格斯文集》第4卷,人民出版社2009年版,第19页。
② J. Falwell, *Listen America!* New York: Doubleday, 1980, p. 121.
③ 《马克思恩格斯全集》第28卷,人民出版社2018年版,第94页。
④ 《马克思恩格斯全集》第31卷,人民出版社1998年版,第413页。
⑤ 参见S. Freud, "An Outline of Psycho-Analysis", in *Standard Edition of the Complete Psychological Works of Sigmund Freud*(以下简称 *S. E.*)23, London: Hogarth, 1940, p. 195.

话来说,自我的功能就是隐藏这些矛盾。

恩格斯在《起源》中提请注意这些矛盾,因为与精神分析的女权主义不同,他的研究以家庭生活及其性别分工已经发生和仍在发生的变化为前提。他的灵感来源于对阶级和性别压迫的愤怒。当然,这些不是弗洛伊德的著作的灵感来源。弗洛伊德既不同情马克思主义,也不同情女权主义。他从临床工作中发现了家庭生活的矛盾。心理分析的女权主义是从维持家庭和社会的貌似平稳的运作开始的,而弗洛伊德探究的出发点是神经质症状、动作倒错和诙谐所涉及的社会功能所遭受的破坏。正如我现在要解释的那样,正是他作为治疗师的工作,使他发现了资产阶级家庭生活矛盾——恩格斯在《起源》中所描述的客观表现——的主观影响。

正是在家庭和性别冲突的问题上,弗洛伊德最终和他早期的同事约瑟夫·布洛伊尔(Josef Breuer)分道扬镳了。布洛伊尔认为,中产阶级女性的神经症是她们家庭的单调乏味的产物。然而,这不能解释她们的症状中回顾精神创伤时的身体抗拒。弗洛伊德认为,这种抗拒只能用这样一种假说来解释,即它是在患者忆起这些创伤时的自我的冲突导致的。他说,正是这种冲突导致了对这些事件的记忆的无意识压制。他认为,神经质症状是自我所感受到的与家庭生活的繁文缛节相冲突的经历的产物,以至于它将这些经历压抑进了无意识领域,这样,这些经历才只能被以身体而不是精神的形式召回到意识中。

例如,他讲述了一位名为艾米·冯·恩(Emmy von N.)的中年寡妇的案例。她患有神经抽搐症——一种会发出咔嚓的声音打断她原本连贯的言语的病症。看起来,这个症状最早是在她坐在女儿的病床旁并刻意保持安静以免唤醒她的时候出现的。弗洛伊德说①,这个声音的出现表明,艾米当时既有作为母亲关心她的孩子的意图,又有制造噪音

---

① 参见 S. Freud, and J. Breuer, "Studies on Hysteria", in *P. F. L.* 3, Harmondsworth: Penguin, 1895。

以扰乱她的孩子的相反意图。正是这两个意图之间的冲突,使这个情境给艾米造成了创伤。由于这场冲突,她的记忆在意识中被压抑了,在意识中保留的咔嚓声是对其精神内容的躯体提醒。此外,弗洛伊德写道,这种症状持续存在的原因是艾米还发生了一起与家庭有关的冲突,即她的性欲和不能满足这种欲望之间的冲突。她不能通过再婚来满足这种欲望,因为这会剥夺女儿们的土地和资本财富,而这些财富本来是属于她们的。

在治疗艾米·冯·恩之后的几年里,弗洛伊德开始把家庭冲突视为神经症的核心。他特别指出,神经症是童年时被家庭成员性诱惑的结果,通常是家里的佣人。弗洛伊德[1]之所以得出这个结论,是因为他的神经症病人总是在回忆时将这些事件与他们的症状联系在一起。他认为,性诱惑只有在以下情况中才会导致神经症,即自我极其重视家庭生活的传统礼节(本质上是无性的),以至于它抑制了相反的经验(家庭生活中的性),使其进入我们的无意识领域,导致这种经验只有在躯体上而不是在精神中才能获得有意识的表达。

弗洛伊德很快放弃了神经症的诱惑理论,因为治疗结果证明它在缓解神经症的症状方面无效。似乎,他的病人们的父母在他们童年时对他们进行性诱惑的故事,是他们用以抵御对在自己婴儿时期照顾自己的家庭成员的性欲的冲突的幻想的产物。他现在认为,这些冲突不仅限于神经症家庭,而且发生在所有家庭,不管有没有神经症。正是因为有了这种发现——婴儿性欲的普遍性,以及其中涉及的家庭冲突和矛盾,使他们的记忆被压抑到无意识领域中——精神分析才应运而生。

弗洛伊德[2]现在开始探讨"个人性爱"能力的童年起源——恩格斯在《起源》中记录的历史可能性。弗洛伊德认为,这种能力源于孩子在

---

[1] 参见 S. Freud, "The Aetiology of Hysteria", in *S. E.* 3, London: Hogarth, 1896。
[2] 参见 S. Freud, "Three Essays on the Theory of Sexuality", in *P. F. L.* 7(1905b), Harmondsworth: Penguin, 1905。

得到喂养、清洁、穿衣和日常照顾时与家庭成员互动的感官乐趣。弗洛伊德说,正是通过这些过程,儿童身体的日常存在得以存续,个体性爱的组成部分——口唇、肛门、生殖器等——首先产生出来。他说,随着时间的推移,这些部分变得统一,服从于生殖器性行为。由于这种发展,儿童开始将自己以及其家庭成员作为他的性欲的完整、协调与独立的对象。

但是,儿童会表达出他们发现了以自己和家庭成员为个人性爱的对象与社会的手淫和乱伦禁忌是相矛盾的,弗洛伊德相信这种禁忌一开始就通过其家庭成员或明或暗地向孩子传达他们不赞成其手淫或将他们作为性欲对象的方式传达给了孩子。弗洛伊德说,由于这种反对,家庭对孩子的肉体照顾给孩子带来的性欲被压抑到了无意识中。

他说,对于中产阶级女性来说,不仅她们的乱伦欲望被压抑,而且由于与"'文明'的性道德"("civilized" sexual morality)①——恩格斯将这种道德描述为"资产阶级一夫一妻制"——的矛盾,她们的性行为的所有其他表现也被抑制了。弗洛伊德写道,正是他所处的那个时代资产阶级家庭对能否保证女儿嫁得好的担忧,使得他们经常压制女儿们的"不能通向婚姻的……任何爱的冲动"②。

弗洛伊德说,这种社会化是成功的,虽然妇女仍然对与父母乱伦保持着心理上的执着,但是父母则通过自己的权威压制了她们的性欲。因此,性变得如此与禁忌和憎恶相关联,他们往往"怀着无法解释的厌恶而远离它"③。例如,弗洛伊德叙述了一个年轻女子的情况,她"如此谨慎,以至于她对与性有关的所有事情都感到极度恐惧,根本不能有结

---

① S. Freud, "'Civilized' Sexual Morality and Modern Nervous Illness", in *P. F. L.* 12, Harmondsworth: Penguin, 1908.
② S. Freud, "'Civilized' Sexual Morality and Modern Nervous Illness", in *P. F. L.* 12, Harmondsworth: Penguin, 1908, p. 49.
③ S. Freud, "Introductory Lectures on Psycho-Analysis", in *P. F. L.* 1, Harmondsworth: Penguin, 1916-1917, p. 399.

婚的想法"①。她实际上变得非常希望避免任何可能激起她欲望的社会接触。

弗洛伊德说,对于其他女性而言,家庭对她们的性欲的压制并没有妨碍她们结婚。然而,这确实让她们无法享受与丈夫的性关系,使她们难以成为合格的母亲。弗洛伊德说,许多已婚妇女被教导要将性享受视为禁忌,所以只有在"禁忌状况重新出现"时,她们才能在通奸中享受性爱②。

他接着说,"太懦弱或太道德,以至于不会秘密地让另一个男人来满足自己"③的而又不能与丈夫有和谐的性关系的女人,可能会在神经症中感到一种慰藉,并且会过度性欲化(over-sexualizing)她与孩子的关系。但后一种追索方式有过早唤醒孩子性欲的效果。而且,由于这一方式是让她的性欲不再压抑,因此她反过来又为孩子们变得神经质做好了准备。

这与上面谈到的各种心理分析的女权主义理论所提供的家庭分析方式相距甚远。在这些理论中,家庭把儿童引入性别分工和不平等这一点被描述为与其自身和社会的利益相一致。弗洛伊德承认,家庭确实在这些方面符合社会的利益,它以社会为目的抚养孩子,并教导他们抑制反社会的性冲动。然而,他指出,通过这种自我同化的过程,家庭的行为也与社会的利益相矛盾,因为通过压制其子女的性行为,家庭会使女儿不愿意结婚,或使她们在婚姻中无法获得性满足,从而诉诸通奸或神经质,以至于颠覆了家庭制度,而家庭本是社会要保障的目标。

弗洛伊德对资产阶级家庭的看法在这方面与恩格斯有着惊人的相似。正如弗洛伊德坚持家庭的矛盾特征一样,恩格斯也是如此。恩格

---

① S. Freud. "The Neuro-Psychoses of Defence", in S. E. 3, London: Hogarth, 1894, p. 56.
② 参见 S. Freud, "On the Universal Tendency to Debasement in the Sphere of Love", in P. F. L. 7, Harmondsworth: Penguin, 1912, p. 225。
③ S. Freud, "Introductory Lectures on Psycho-Analysis", in P. F. L. 1, Harmondsworth: Penguin, 1916-1917, p. 430.

斯写道,与文明中的其他一切一样,家庭也是"两重的、双面的、分裂为二的、对立的"①。弗洛伊德侧重于这些矛盾造成人类心理"动态"而非静态的主观影响方面,而恩格斯则侧重于它们给家庭带来的变化以及在性别分工和不平等方面的客观影响。

弗洛伊德经常像恩格斯一样严厉地批评资产阶级。他讲了很多笑话,比如:"新郎在介绍人的陪同下第一次去未来的新娘家拜访。当他们正在客厅里等候女方的家人出来时,介绍人注意到,在装有玻璃门的柜橱里陈列着一套精致的银盘。'喂,看这个!从这些东西上就能看出这家是多么富有。'——'可是,'小伙子疑心重重地问道,'难道不可能是他们为今天这种场合而借来的吗?这样是为了给人留下富有的印象。'——'这种想法多么荒唐呀!'介绍人反驳道,'你认为谁肯借什么东西给这家人吗?'"②

为了防止读者不能理解这个家庭笑话所要表达的意思,弗洛伊德补充说:"现在,该故事中所有的嘲笑奚落都……影射着以此种方式订婚是一种不光彩的行为。"③弗洛伊德说,诙谐的作用,就像梦、神经质症状和偏执狂一样,是表现无法用其他方式表达的"严厉的批评和轻蔑的反驳"④,因此,这与我们关于婚姻、家庭和社会生活的一般想法和意识形态并不相同。

结论

人们可能会反对的是,无论恩格斯和弗洛伊德对资产阶级一夫一妻制的物质和心理后果的讨论多么有趣,它们也并没有引起当代女权

---

① 《马克思恩格斯全集》第 28 卷,人民出版社 2018 年版,第 84 页。
② 《弗洛伊德文集》第 2 卷,车文博主编,长春出版社 1998 年版,第 299 页。
③ 《弗洛伊德文集》第 2 卷,车文博主编,长春出版社 1998 年版,第 338—339 页。
④ 《弗洛伊德文集》第 2 卷,车文博主编,长春出版社 1998 年版,第 400 页。

主义的注意,因为现在妇女们在一夫一妻制婚姻之外能够更加自由地实现自己的"个人性爱"。然而,事实上,这种认识仍然受到经济因素的制约。我们仍未达到恩格斯在《起源》中所预想的情况,即"这一代妇女除了真正的爱情以外,也永远不会再出于其他某种考虑而委身于男子,或者由于担心经济后果而拒绝委身于她所爱的男子"①。

妇女性行为仍然受到要在经济上依赖家庭、丈夫和情人的情况的限制。在最近的一个母亲节,《星期日》(The Sunday Times)上刊登了一篇颂扬婚姻美德的文章②,还刊登了一篇关于妻子的痛苦的文章,妻子被丈夫欺骗,但还是和他在一起,服从于他的需要,甚至熨了他要穿"去见别人"的衬衫③。也许妇女的生活继续受到家庭生活的经济限制的最突出的例子是,那些限制甚至能够迫使那些遭受丈夫和情人殴打的人留在家中,以免她们失去自己的家和经济保障。

弗洛伊德认为,一旦他使他的病人充分意识到这种家庭冲突,一旦将他们从对过去的家庭经历的性欲迷恋中解放出来,他的工作也就完成了。他相信,他的病人将会"更好地武装起来"以处理他们生活中的社会冲突④,从而能够实现他们的个人性爱。恩格斯则走得更远。他认为,这个目标的实现取决于社会和个人的变化,取决于推翻目前阻碍我们充分实现我们的性和其他需要的私有财产制度。它取决于我们从过去的死胡同中解脱出来,从私有财产制度下的一夫一妻制遗产中解放出来,从而能够实现这种遗产所带来的可能性——个人性爱和性别平等。正因为恩格斯在《家庭、私有制和国家的起源》一书中阐明了这一点,今天,在出版一百年后,它对于女权主义仍然具有重要的意义。

---

① 《马克思恩格斯全集》第 28 卷,人民出版社 2018 年版,第 101 页。
② P. Knightley, "Spinster Man is a Coward", in *The Sunday Times*, 1985, 17 March: 36.
③ 参见 B. Rogers, "Pull the Other One", in *The Sunday Times*, 1985, 17 March: 39。
④ 参见 S. Freud, and J. Breuer, "Studies on Hysteriao", in *P. F. L.* 3, Harmondsworth: Penguin, 1895, p. 393。

恩格斯的《家庭、私有制和国家的起源》中理论化的男性

[美]特瑞尔·卡弗*

向玉竹** 译

《家庭、私有制和国家的起源》首次出版于 1884 年。自那以后,恩格斯因提出问题、开启讨论而一直广受赞誉。关于《家庭、私有制和国家的起源》中任何给定的论题或论点①,存在很多反对意见。这里,我的观点是整部著作讲述了一个故事,而那些零碎的批评遗漏了一个潜在的观点。恩格斯的文本以及其他类似文本的重要意义只能通过叙事分析得到恢复②。此外,那个故事的一个重要的但很少得到研究的是它关于男性的方面。

通过使女性成为问题(原文为 by making women problematic),恩格斯(的论述——译者注)成为(原文为 became)权威:"几乎没有一个马克思主义女权主义没有将其文本的产生指向恩格斯的观点。如果必

---

* 特瑞尔·卡弗(Terrel Carver),国际著名的马克思恩格斯学者,现为英国布里斯托大学政治学系教授,也是国际马克思恩格斯基金会《马克思恩格斯全集》历史考证版编委会委员。著有《马克思经济学方法文选》《马克思晚期政治著作选》《马克思的社会理论》《马克思辞典》《马克思的〈政治经济学批判大纲〉和黑格尔的〈逻辑学〉》等。本文选自《男性气概》(Masculinities)期刊 1994 年春第 2 卷第 1 期。
** 向玉竹,哲学硕士,山东大学哲学与社会发展学院博士研究生。
① 参见 T. Carver, "Review of Sayers, Evans, & Redelift (1987)", in History of Political Thought, 9, 1988, p. 180。
② 参见 D. Lavoie, Economics and Hermeneutics, London: Routledge, 1990; K. L. Scheppele, "Foreword: Telling Stories", Michigan Law Review, 87, 1989, pp. 2073-2098。

须从马克思主义中确定对女权主义的一个主要贡献,那么这就必须是这个文本(《家庭、私有制和国家的起源》——译者注)"①。恩格斯不仅在理论中探讨了女性,也涉及了男性。这是一个需要调查的问题②。这里,我的目的是把《家庭、私有制和国家的起源》作为恩格斯终生工作的一个要素加以探索,对他将男性理论化的方式加以批评性描述并为当代理论和政治提供策略。

I

在保守派看来,19世纪80年代对性意识(sexuality)的历史处理方法不像19世纪40年代撰写《共产党宣言》时那样受欢迎。的确,即使是现在,尽管在历史领域和社会学领域已出现具有影响力的甚至是具有里程碑意义的作品③,人们仍然会自然地而不是历史地想到性意识(sexuality)。恩格斯不断批评始于与马克思早期合作中的"资产阶级家庭"(the bourgeois family)并进而追问被认为是"自然的"或"私有的"一些领域,因而值得一点点赞扬。在马克思主义传统中,《家庭、私有制和国家的起源》是第一部详细强调"妇女问题"的著作,尽管大家公认这某种程度上是关于标题中的"家庭"一词的问题;在《共产党宣言》中,"资产阶级关于家庭的空话"(bourgeois clap-trap about the family)和

---

① M. Barrett, "Marxist Feminism and the Work of Karl Marx", in B. Matthews (ed.), *Marx: 100 years on*, London: Lawrence & Wishart, 1983; M. Barrett, *Introduction to Friedrich Engels*, *The Origin of the Family, Private Property and the State*, Harmondsworth: Penguin, 1985.
② 参见 A. Brittan, *Masculinity and Power*, Oxford: Blackwell, 1989; R. W. Connell, *Gender and Power: Society, the Person and Sexual Politics*, Cambridge: Polity Press, 1987; J. Hearn, *The Gender of Oppression: Men, Masculinity and the Critique of Marxism*, Brighton: Wheatsheaf, 1987; L. Segal, *Slow Motion: Changing Masculinities, Changing Men*, London: Virago Press, 1990。
③ 参见 M. Foucault, *History of Sexuality*, Rober Hurley trans., Harmondsworch: Penguin Books, 1984/1986/1988。

改变"妇女地位"(the status of women)的共产主义计划也受到关注,而在详细说明错误之处的同时却几乎没有说出如何纠正错误,这种方法显然是消极的①。

恩格斯声称他在写作《家庭、私有制和国家的起源》时,一直在使用马克思的笔记。这从表面上看很可能是真的,因为马克思于1883年刚刚去世;但是,恩格斯所声称的反映了马克思的观点的大量内容一直都受到仔细的讨论②。文本中的历史和人类学观点很大程度上就是恩格斯自己的观点。

无论如何,将恩格斯的这种写作视为"历史"或"人类学"有点误导人;它更像是一本历史小说,如《福赛特传奇》(*The Forsyte Saga*),不断映入人们脑中。恩格斯形式上的目的在于调查所有社会中的性意识(sexuality)、物种的繁殖以及商品和服务的生产的全部历史——不管其多么"原始"——以揭示出导致现代"资产阶级"国家的政治形式的历史。与19世纪的其他观点一样,他的方法涉及对历史"诸时代"(stages)的划分、对因果变化的阐释以及对"文明发展"中进步的假设。作为一个马克思主义者,通过详细说明无产阶级最终会战胜阶级压迫,他预言了这种冲突的解决。但是,在他自己的时代中,他不寻常地认为女性会受到进一步的压迫,而且他认为这种压迫是人类关系发生根本变化的历史产物。令人吃惊的是,他声称男性对女性的统治使女性成为第一批被压迫阶级。作为一种历史产物,他认为这种压迫是可以补救的,也是短暂的。因此,恩格斯所讲的故事表面上是关于一种性别与另

---

① 参见《马克思恩格斯文集》第2卷,人民出版社2009年版,第49页。注:"资产阶级关于家庭的空话"(bourgeois clap-trap about the family)所出现的原文为"资产阶级关于家庭和教育、关于父母和子女的亲密关系的空话就越是令人作呕";"妇女地位"(the status of women)所出现的原文为"问题正在于使妇女不再处于单纯生产工具的地位"。
② 参见[美]特雷尔·卡弗《马克思与恩格斯:学术思想关系》,姜海波等译,中国人民大学出版社2016年版,第133—134页。L. Krader, *Introduction to the Ethnological Notebooks of Karl Marx*, *Studies of Morgan*, *Phear*, *Maine*, *Lubbock*, Atlantic Highlands: Humanities Press, 1972.

一种性别的关系的变化,并有望随着阶级斗争的发展而进一步改变。这是一个复杂的论述。接下来我将详细研究这个观点。

在此过程中,该书的部分兴趣在于追踪情节的跌宕起伏,就如恩格斯所建构的那样,"男性"和"女性"是他的主要人物。但是,文本让人觉得很有趣的另一个理由是它促使我们反思将女性作为叙事主体和分析客体的后果。同他对女性受压迫的关注相比,男性在他的论述中仅仅是次要的,但是对恩格斯而言,没有他们,女性的受压迫是无法解释的。他清楚地发现,为了进行叙事工作,他几乎不需要谈论男性;他所采用的有关他们的假设是如此清晰简单、如此"真实",以至于几乎不需要解释。当然,对他来说,女性很成问题,而且在他看来,对于读者而言,这也是毫无疑问的。因此,他的叙述更多与女性有关,而不是与最终是统治者的男性有关。当这显现出一种聚焦于女性的历史之时,其隐蔽地具有再现传统的"男性的历史"(men's history)的效果。

因此,恩格斯关于女性的理论是在反对未经审查的关于男性的假设的背景之下进行的,而他使女性成为问题的事实掩盖了他毫无疑问地对待男性的事实。他的故事实际上是由男性驱动的,但在叙事中却显得有些短暂而机械。通过这种离题的策略,恩格斯预示了当代女权主义叙事和理论,并且通过这种方式,他再现了一个重要的政治弱点,即缺乏关于男人和男性的详细讨论。现在是时候"引进男性"(bring men in)了,但是这是在一个适当的批判框架内进行的①。

恩格斯不仅是"传统"假设和价值观的不知不觉的受害者,而且他的叙述本身就是在为传统的居于主导的男性辩解,而该辩解也是传统的。这种男性气概在政治上对他很重要,因为无法验证那些关于规范

---

① 参见 C. di Stefano, *Configurations of Masculinity: Feminist Perspectives on Modern Political Theory*, Ithaca, NY: Cornell University Press, 1991; D. Morgan, "Men, Masculinity, and the Process of Sociological Enquiry", in H. Roberts (ed.), *Doing Feminist Research*, London: Routledge & Kegan Paul, 1981。

和公约的政治行动实际上是不可想象的;尽管《家庭、私有制和国家的起源》表面上有女权主义色彩,但他不是站在女性立场上将之同女性斗争联系起来。这样做会使他失去他既有的政治盟友,同时,在可用的政治影响方式上,他将收获甚微。

此外,传统的男性对于恩格斯个人而言很重要,因为在其自我发展以及随后的关系中,恩格斯的情节都是根据典型的男性(masculine)"手稿"构建的。从恩格斯早期信件和手稿中发现存在着被称为"牢固的性别认同"(a secure gender identity)的概念,这种说法从未与基于阶级的激进主义相抵触,而对于这种激进主义,恩格斯很早就采用了并几乎没有作过修改。在他的一生中,他相当有能力同情"被压迫者"和"世界上的工人",但后来却以讽刺的方式抱怨他的身为女性的仆人①。那么,《家庭、私有制和国家的起源》是如何调和以下观点的:一方是认为女性被男性压迫的观点,另一方是未经审视的、传统的甚至是"资产阶级的"男性观点?

II

恩格斯以此作为自己的职责:考察在史前时期、在技术几乎没有发展起来的当代"原始"社会中、在迄今为止被记录下来的文明史中以及在他为后资本主义的未来而设想的共产主义社会中的妇女状况。此外,他修改了唯物主义历史观——他归功于马克思的并亲自拥护的理论,以涵盖家庭发展的各个阶段。他将这很随意地解释为将部落分为氏族的血缘关系制度以及包括父母和子女在内的家庭组织。

---

① 参见 J. Baudrillard, "Selected Writings", in M. Poster (ed.), *Selected Writings*, Cambridge: Polity Press, 1988; J. Butler, *Gender Trouble*, London: Routledge, 1990; T. Carver, *Friedrich Engels, His Life and Thought*, New York: St. Martin's Press, 1989; C. Cockburn, *Brothers : Male Dominance and Technological Change*, London: Pluto Press, 1983。

根据恩格斯的唯物主义概念,历史过程中的决定性因素归根到底是现实生活的生产和再生产。他对生产和再生产增添了一个重要的注解,认为它具有双重特征:生活资料的生产,包括食物、住房以及工具的生产;人类自身的生产,其发生在他所谓的"家庭","基于性为纽带的群体"和"家庭制度"之内。

家庭进而臣服于自然选择和恩格斯认为男女之间有很大差异的性行为。这两种生产——一方面是劳动,另一方面是繁殖(人自身的生产——译者注)——据说在任何既定的历史时期内都会制约任何既定国家的社会制度。并且,据说可追溯至生产和繁殖(人自身的生产——译者注)的冲突解释了历史接续的主要变化,即一个历史阶段接着另一个历史阶段的历史的主要变化①。

恩格斯似乎为社会秩序建立了两种自主的解释路线:经济关系和家庭关系、阶级战争和性战争。但是,很难将这个理论序言与他实际上讲过的故事相协调。这使我们知道,史前的"旧社会"是建立在基于血缘纽带的群体之上的,但是这些家庭关系对社会秩序的统治本身产生如下的影响:"劳动越不发展,劳动产品的数量,从而社会的财富越受限制,社会制度就越在较大程度上受血族关系的支配"②。

尽管恩格斯确实将旧社会视为建立在这些联系之上或是基于这些社会联系,但他对历史变化的描述表明,除非有另一种生产本身超越了唯一的基本的生活资料的生产,否则,家庭在社会中则处于统治地位。家庭制度的发展并不能解释历史的变化。恩格斯认为,在"血缘纽带"方面的发展是被动的,而不是自主的。当新发展的社会阶级发出袭击时,旧社会崩溃了。社会阶级的这些成员不受血缘的束缚,而受基于财产制度的生产劳动的束缚。之后,家庭制度完全受所有制的支配③。

---

① 参见《马克思恩格斯全集》第 28 卷,人民出版社 2018 年版,第 31—32 页。
② 《马克思恩格斯全集》第 28 卷,人民出版社 2018 年版,第 32 页。
③ 参见《马克思恩格斯全集》第 28 卷,人民出版社 2018 年版,第 32 页。

旧社会中，物质产品的生产和分配由血缘和氏族支配。新社会中，血缘和抚养子女之间的关系完全由财产制度、阶级对抗和阶级斗争支配。因此，当恩格斯用一个因素（劳动）解释在另一个因素（家庭）中的所有重大变化时，很难相信他是认真处理了他的理论二元论；而当他没有将重大历史变化追溯到一个因素（家庭），而是用另一个因素（劳动）加以解释时，并且当据说家庭在其中发挥决定性作用的最重要的例子（旧社会）被宣布为似乎只是其中一个因素时，情况则相反。在这里，为了再次放下……我们有一个恰当的立场。将社会变化追溯到再生产的劳动上，这将使女性成为劳动的典范，特别是在缺乏关于男性在童工中的实际描述，或是可能的情况可能的角色的任何缺乏确定性工作的情况中；恩格斯既没有这样做（他和他的夫人没有留下后代），也对这件事并无兴趣，因为他的信件和文章并没有显示出他对孩子或"家庭生活"有特别的关注。

Ⅲ

到目前为止，尚不清楚"人类的繁殖"、"血缘纽带"以及"家庭"这些分类在恩格斯的分析中是否起作用。但是，或许它们有助于他在清楚分出历史上阶级战争的整体背景之下理解性别战争（sex war）。如果是这样的话，这可能会缓和一些批评，即那些批评他优先注重身体以外的物质活动，并将情感和以身体为中心的活动排除在外，批评他的观点不仅仅是马克思主义的，而且还是"男子主义"的，或仅仅是"男性"[①]的。在这一点上，还应该警告读者，文本中除了构成劳动性别特征的假设之外，还有许多可疑的假设。恩格斯所采用的某些分类源于刘易斯·亨利·摩尔根的著作（《古代社会，或人类从蒙昧时代经过野蛮时代到文明时代的发展过程的研究》（*Ancient Society, or Researches in the*

---

① J. Hearn, *The Gender of Oppression: Men, Masculinity and the Critique of Marxism*, Brighton: Wheatsheaf, 1987.

Lines of Human Progress from Savagery,through Barbarism to Civilization),1877 年)和巴霍芬的著作(《母权论——根据古代世界的宗教的和法的本质对古代社会的妇女统治的研究》,1861 年),有些来自马克思的著作。当然,恩格斯对此有混合和修改。

恩格斯假设所有"文明的"民族都有血缘关系和婚姻模式的结构,这些血缘关系和婚姻模式是从共同的原始形式经过不同的且必要的阶段发展而来的。此外,他认为,当前存在的一些"原始"的社会实践提供证据表明,那些未被观察到的文明民族的血缘和婚姻结构的发展阶段,存在于预期的阶段中。他认为,当他们的血缘关系制度与其实际婚姻实践相冲突时,人们可以从原始民族的语言中推断出未曾观察到的原始婚姻模式阶段[1]。

更重要的是,恩格斯介绍了有关自然选择和性行为的假设。他认为,自然选择是对婚配的亲属限制连续改变的原因,并且男性的性行为在重要方面不同于女性的性行为[2]。根据恩格斯的说法,所有婚姻和亲属关系的结构都从混杂的原始状态发展到按代分组婚姻,发展成一个确定的家庭群体,即由丈夫和妻子组成的共同体,然后发展成他所谓的对偶婚制,这种对偶婚制有别于现代的一夫一妻制。这是因为自然选择使那些禁止亲戚结婚的氏族受益:首先是近亲之间的亲戚关系,然后是在日益扩大的排斥圈子中的远亲[3]。

这种发展的结果是,恩格斯认为作为性侵略者的男性被拒绝与越来越多的女性接触,因此,男性开始通过绑架和购买获得女性。所以,恩格斯声称,在对偶制家庭和现代一夫一妻制中,一夫多妻制和不忠仍然是男性的特权,尽管当他们在同居期间发生婚事时,他们要求他们的妻子绝对忠诚,并且严格惩罚通奸行为。此外,他认为女性的性别本质

---

[1] 参见《马克思恩格斯全集》第 28 卷,人民出版社 2018 年版,第 43—44、51—65 页。
[2] 参见《马克思恩格斯全集》第 28 卷,人民出版社 2018 年版,第 53 页,第 68—69 页。
[3] 参见《马克思恩格斯全集》第 28 卷,人民出版社 2018 年版,第 53 页,第 68—69 页。

在于,一旦女性在丛林般的两性关系中失去了"童贞",她会拒绝混乱的两性交往方式。它表明女性渴望纯真,并渴望仅与一人的临时婚姻或永久婚姻的权利,以此作为"传递"(deliverance)。因此,依据这种特征,他将女性视为性侵略者的"对立面",视为被寻找的伴侣,而不是寻找伴侣的人①,却未给出理由。

恩格斯赞扬女性从混乱的两性关系交往模式"进步"到一夫一妻制。但是,在他看来,她们是被欺骗的,因为男性设法压迫她们。当男性不忠并且剥夺了恩格斯所认为的女人自己想要的稳定关系时,这种情况就会发生。男性是如何找到通奸的女性的并没有得到详细说明,因为恩格斯的叙述仅限于对男性动机——多伴侣的乐趣——的理解。因此,婚姻关系某种程度上是稳定的,因为当男性找到长时间稳定的伴侣后,他们会远离过去交往的同伴。不用说,他也没有探索男性(聪明但狡猾的男性)和女性(善良但天真)之间的智力力量或道德品格的不平衡②。

恩格斯认为,他确定的三种婚姻关系形式——群婚制、对偶婚制和稳定的一夫一妻制——是蒙昧时代、野蛮时代和文明时代这三个经济发展阶段的特征③。但是,他没有探讨自然选择和血缘行为(sexual behavior)的力量(据认为这是从群婚制到对偶婚制的发展)与从蒙昧时代到野蛮时代的经济发展(通过养牛和农业)阶段之间的关系④。这两个因素(劳动和生育)是否联系在一起?如果是这样,它们是怎么联系在一起的?为什么要联系在一起?如果不是这样,哪一个因素解释了这一复杂过渡的哪一个方面?

野蛮时代之后的阶段特别吸引恩格斯的注意力,因为他就是在这里寻找"文明"的起源。对于恩格斯而言,这最终是资本主义经济及其

---

① 参见《马克思恩格斯全集》第 28 卷,人民出版社 2018 年版,第 58、70—71 页。
② 参见《马克思恩格斯全集》第 28 卷,人民出版社 2018 年版,第 71 页。
③ 参见《马克思恩格斯全集》第 28 卷,人民出版社 2018 年版,第 92 页。
④ 参见《马克思恩格斯全集》第 28 卷,人民出版社 2018 年版,第 45 页。

相应的家庭形式——现代一夫一妻制以及原子式家庭。理解恩格斯立场的关键是他认为对偶婚制(以及先前的群婚制形式)是母系式。他说,很明显,血统仅在母亲方面是可追溯的。由于无法确定自然父亲的身份,因此只承认女系。他认为,对自然母亲的独家认可意味着对女性(women)的崇高敬意。虽然对偶婚制中的婚姻关系很容易被任何一方解除,但子女将仅属于母亲。在家庭中,女性(women)将全部或大部分来自一个亲属群体,男性是随后加入的。女童将留下,男童将在家庭和母系氏族之外结婚①。

此外,恩格斯还认为,原本应该由群婚制和对偶婚制在其中运作的原始共产主义家庭暗示了妇女在家庭中的至高无上地位,因为她们统治着共同的资源,而男性则在女性的监督下经营。因此,妇女在蒙昧人和野蛮人中享有自由且高度受尊重的地位②。

恩格斯的论点表明,随着源于家庭之外的新的财富的发展,这种母亲权利被推翻。蒙昧的战士和猎人曾满足于在一个家庭中居第二位。而且,在这个家庭中,男女之间的分工调节着财产的分配,赋予了妇女优越的权利和地位。牛群和其他富裕财富的新来源却使这种情况发生了翻天覆地的变化:与男性在家庭经济之外的新努力相比,女性的家务劳动失去了重要性。在女性管辖之内,曾经富足的领域是房屋、衣服、装饰品、烹饪用具,包括船和武器,而新经济通过养牛、金属加工、编织和耕种获得了剩余物品。恩格斯将后者视为男性的工作,而这些物品则是男性的物品。此外,他推测,如果男性被要求离开,财富仍然归男性所有,而女人则保留了固定的家庭财产。文本缺少证据证明这些假定的男女差异③。

随着男性的财富的增加,他们的地位也随之提高。这刺激了他们

---

① 参见《马克思恩格斯全集》第28卷,人民出版社2018年版,第68—72页。
② 参见《马克思恩格斯全集》第28卷,人民出版社2018年版,第64—65、68—72页。
③ 参见《马克思恩格斯全集》第28卷,人民出版社2018年版,第69—72页。

去推翻亲属关系和继承的母系制。恩格斯认为,"离异"的父亲会希望自己的子女(必须与母亲和母系氏族待在一起)继承自己的财产,并且毫无疑问地接受父亲的身份地位,因为有了对偶婚姻,他的父亲几乎可以确定。结果,男性建立了父权制家庭,并最终建立了现代一夫一妻制,在其中,男性宣布了自己的至高无上的地位。在恩格斯看来,现代一夫一妻制包括了对不忠行为的伪善特权(仅针对男性)①。

恩格斯写道,推翻母权制是具有世界历史意义的女性的失败。这也是私有财产对共同所有权的胜利。他更坚决地补充道,"在历史上出现的最初的阶级对立,是同个体婚制下夫妻间的对抗的发展同时发生的,而最初的阶级压迫是同男性对女性的压迫同时发生的"。然后,他从奴隶制开始概述了一些人如何通过经济制度压迫他人②。

IV

在解释恩格斯有关资产阶级的一夫一妻制和无产阶级的一夫一妻制的看法之前,包括相关的、有些新颖的事情,如通奸、群婚、卖淫、"男同"("love-boy")、丈夫对家庭的专制、妻子背叛以及"掌管家务的"妇女(women "wearing the breeches"),重要的是要考虑他关于劳动(包括总量)分工和社会地位之间关系的假设。恩格斯认为,社会中两性之间的劳动分工由一些原因决定,而这些原因完全不同于决定妇女(和男性?)地位的原因。恩格斯认为,在共产主义家庭中,由于母系血统制以及她们在家庭必要经济中所扮演的监督角色,女人享有崇高的敬意,女性(在一些文化,而非所有文化中)身负繁重劳作。因此,这与社会上妇女的崇高地位和对妇女的真正尊重毫不冲突。恩格斯说,文明社会中的女人与真实的工作疏远,并被虚假的尊敬所包围,这致使她比被在蒙昧

---

① 参见《马克思恩格斯全集》第28卷,人民出版社2018年版,第69—72页。
② 参见《马克思恩格斯全集》第28卷,人民出版社2018年版,第82—84页。

社会中视作"真正女人"的勤劳女性(women)享有更低的社会地位①。

恩格斯关于文明的一夫一妻制的观点是：它源于财富集中在一个人(一个男性)的手中，源于他希望将这些财富专门留给他们自己的孩子的愿望。一夫一妻制体现着男性对女人至高无上的控制，而个体家庭是经济社会的单元。这是基于经济条件而非自然条件的家庭的第一种形式，因为对恩格斯来说它代表了私有财产对原始的、自然发展的共同所有制的胜利。所以，他认为新的财产来源于私有财产框架之内的生产活动，这似乎源于对每个男性而言希望为他自己的孩子保护他自己财产的个人主义愿望。对于这里关于"男性财产"的过时想法，恩格斯显然感到有些不快②。

恩格斯认为，资产阶级婚姻作为一种制度，会导致狂妄自大和卖淫，因为男性虚伪地追求一种由一夫一妻制婚姻所排除的性自由。当被丈夫忽视的女人找情夫时，她们(再次)受到严苛的惩罚，并且，资产阶级男性对他们家属的控制——性方面的、身体的以及经济的控制——便得以确保③。

这与恩格斯浪漫的性爱观不符，后者可能成了无产阶级之间的规则。在那里，一夫一妻制的经济基础被取消，因为这里"没有任何财产"，因此"这里也就没有建立男子统治的任何刺激了"。相反，不同于资产阶级婚姻，个人和社会之间的关系开始发生作用，所以，他认为这特别体现在大规模工业将女性(women)从家庭转到劳动市场和工厂，并且让她们养家糊口之时。因为许多性别主义的联盟在法律上未受到鼓励以及无产阶级没有接触法律的途径(这需要花钱)，女性(women)恢复了分居的权力。恩格斯的结论是男性(male)的统治消失——或许除了他所认为的随着现代一夫一妻制的建立而出现的一些对女性根深

---

① 《马克思恩格斯全集》第 28 卷，人民出版社 2018 年版，第 64—65 页。
② 《马克思恩格斯全集》第 28 卷，人民出版社 2018 年版，第 69—72 页。
③ 《马克思恩格斯全集》第 28 卷，人民出版社 2018 年版，第 88—89 页。

蒂固的野蛮①。

这段话给恩格斯同无产阶级白恩士姐妹玛丽和莉希（Burns sisters Mary and Lizzie）之间连续的性关系带来了启示。这两姐妹是恩格斯在曼彻斯特远离单身汉生活时所帮助的人。其中，玛丽死于1863年；不寻常的是，她的照片没有保存下来，并且，几乎没有关于他们之间关系的任何信息。关于她的逝世，恩格斯因马克思在信中没有就此表示足够的哀悼而痛斥马克思。但是，感到尴尬的马克思刚听到玛丽逝世消息时的反应，可能才真正反映出当时的情况：玛丽的逝世并没有像恩格斯特别在意的那样沉重打击到恩格斯。尽管1869年从商业领域退休后，恩格斯在伦敦就同莉希生活在一起，并且，在与他居住期间，她"料理家务"，但是，直到她1878年临终前，他才娶了她。这是恩格斯作为一个单身汉通过同未婚女人生活而大胆蔑视资产阶级道德传统吗②？还是他并不太遵守另一个资产阶级规矩，而与社会地位低的女性保持松散的关系，让她负责"家庭"管理，这比打破禁忌、跨阶级结婚要更好？③ 工人阶级出身的恩格斯夫人（Frau Engels）肯定会对恩格斯所属的德国资产阶级家庭感到非常不满，而当他在世时，该家庭的财产部分由他掌管，而遗嘱的前提是他应先于他夫人去世。

也许，恩格斯的私人关系使他得出了上述关于无产者家庭生活的详细结论。但是我认为，他的浪漫化的观点更有可能是他在特殊的情况下坚持这些想法的原因。这些浪漫观点也可能使他一方面疏远资产阶级机制中对女性的压迫，一方面使他能够接受与家庭伴侣在权力上的不对称性。白恩士姐妹玛丽和莉希似乎终身都是文盲④。

在《家庭、私有制和国家的起源》中，恩格斯对家庭责任的主题是模

---

① 《马克思恩格斯全集》第28卷，人民出版社2018年版，第88—89页。
② M. Barrett, "Marxist Feminism and the Work of Karl Marx", in B. Matthews (ed.), *Marx: 100 Years on*, London: Lawrence & Wishart, 1983.
③ T. Carver, *Friedrich Engels, His life and Thought*, New York: St. Martin's Press, 1989.
④ T. Carver, *Friedrich Engels, His life and Thought*, New York: St. Martin's Press, 1989.

棱两可的,因为其中暗含了一些剩余的按性别划分的劳动分工。他详细指出妇女(women)的"家庭责任",但他没有确切提出这些是什么以及它们会对妇女(women)和她们的公共就业招致什么样的后果。他也没有讨论男性(men)是否有家庭责任以及这可能招致的后果。在贯穿其一生的个人书信中,他扮演着要求苛刻的男性(male)角色,嘲讽自己在家庭事务上无能为力,得到了女仆、未婚女亲属或是离异的女性在生火、缝补袜子方面的帮助[1]。

V

因此,恩格斯的《家庭、私有制和国家的起源》并没有激发太多信心,尽管必须说甚至在今天也难以看到据说是关于史前的事情,但这不是现代观点的一种回溯[2]。尽管恩格斯的《家庭、私有制和国家的起源》已经成为女权主义的经典文本,但是女权主义者对该文本的批判却丝毫不减。但是,我进一步研究的要点是恩格斯并没有使男性(men)成为问题;相反,他将任何可能与男性(men)有关的问题化解为一种发展的自然主义,这种自然主义可有效地为作为男性(men)的所有人辩解。因此,在史前时期,生理因素使男性(men)成为压迫者,妇女(women)成为受害者;但是在历史时期,阶级斗争使资产阶级成为压迫者,无产阶级成为被压迫者。恩格斯将史前自然主义转变为历史政治使男性永远处在原来的位置,并证实了男性的便利性,就像他所生活的时代那样。更重要的是,这保留了占据主导地位的男性,并且完全没有控制男性。除非我们有可靠的方法来对这些男性进行理论分析,否则在家庭、私有财产、国家或其他任何地方为男性的压迫找借口将像以往一样容易。

---

[1] T. Carver, *Friedrich Engels, His life and Thought*, New York: St. Martin's Press, 1989, p. 148.
[2] M. Shanks, & C. Tilley, *Social Theory and Archaeology*, Cambridge: Polity Press, 1987.

马克思、恩格斯与浪漫主义作家

[法] 罗伯特·塞尔　[法] 迈克尔·罗伊*
赵英晖** 译

马克思和恩格斯反浪漫主义吗？

大量文献(尤其是斯大林影响下的文献)将《共产党宣言》的作者们描述为浪漫主义的反对者,认为他们视这一文化思潮为"反动"而将之完全摒弃。让·弗雷维尔(Jean Fréville)1936年在国际社会出版社(Éditions Sociales Internationales)出版的文集就是一个典型的例子。在马恩探讨文学与艺术问题的作品中,这是迄今唯一一部法语文集①。弗雷维尔在文集序言部分虽然积极引用了斯大林对作家的定义——"灵魂的工程师",但他仍然指出浪漫主义并不只是对古典艺术的简单反对,而是"失去权益的贵族和激进的小资产阶级为抵制资本主义而进行的无望反抗"②。然而,文集关于浪漫主义的一章,题目却只是简单的

---

* 罗伯特·塞尔,巴黎东部马恩-拉瓦雷大学英语文学教授;迈克尔·罗伊,法国国家科学研究中心 CNRS 主任。本文选自《文档》(*Dossies*)2013 年第 19 卷第 2 期。
** 赵英晖,文学博士,复旦大学外文学院讲师。研究方向:戏剧理论、法国当代戏剧。
① K. Marx, F. Engels, *Sur la littérature et l'art*, (éd). Jean Fréville, Paris: ESI, 1936. 较晚近还有一部英文文集问世,即 *Marx and Engels on Literature and Art*, (éds). L. Baxandall et S. Morawski, St. Louis et Milwaukee: Telos Press, 1973,其思路源泉与弗雷维尔文集颇为不同。
② K. Marx, F. Engels, *Sur la littérature et l'art*, Introduction, p. 10.

"反浪漫主义"！事实上，数篇选文体现的都远不止于如此简单化的拒斥：例如恩格斯关于卡莱尔的文章；还有一章，虽被弗雷维尔命名为"浪漫主义的危害"，却无关浪漫主义文学与艺术，而是谈莱茵省议会的几名保守代表；恩格斯的一段选文批评"疯狂挥霍法语的人"，并不见"浪漫主义"一词；最后，被弗雷维尔题名为"反动的浪漫主义"的部分，出自马克思致恩格斯的一封信（对这封信的分析见下文），信中未出现"反动的"一词，只是谈启蒙引发的两个"反响"——浪漫主义的和社会主义的。

弗雷维尔显然受到源自实证主义的进步主义意识形态的影响，这一意识形态广泛影响了法国的左派文化。其实，与弗雷维尔的曲解相比，马恩关于浪漫主义问题的立场更为复杂，尤其更为辩证。

什么是浪漫主义

在谈马恩对浪漫主义及浪漫主义作家的态度之前，首要问题是定义我们所说的"浪漫主义"一词。我们在此采用浪漫主义现象的一个实质性概念，该概念在马恩思想的启发下产生，但并不必然采用他们描述某位作家时使用的语汇。根据这个概念（我们已另撰文阐明该概念[①]），浪漫主义既不限于文学和艺术运动，也不限于19世纪初（19世纪初常被视为"浪漫主义时代"，统称为浪漫主义的各流派在这一时期发展起来）。我们认为，这些运动是更为广大的文化趋势的一部分，该趋势与一场大规模的根本性社会历史变革相关联，这场变革就是：完全由市场支配的社会在全世界范围内逐渐形成，此前"传统"社会的各种质性价值均被以金钱为唯一尺度的数量价值取代。

这一前所未有的资本社会将激起反抗或拒斥，此类反响在政治哲

[①] 参见拙作《革命与忧郁：浪漫主义的反现代性》（*Révolte et mélancolie : le romantisme à contre-courant de la modernité*, Paris, Payot, 1992）及《欧洲》杂志的专号"革命的浪漫主义"。

学、法律、历史,以及文学和艺术等不同文化领域被表达出来,**以追怀已逝的质性价值**。正是这场多形态的文化革命——带着对以往某些理想的缅怀,但并不一定要求重建以往的社会形式——构成了我们所谓的"浪漫主义"。这场革命始于18世纪中期,与资本主义在英国和欧洲形成并取得统治地位同时发生。时至今日,它仍在继续。因为它所针对的社会经济制度虽然发生过重要的形式转变,但仍持续存在并越来越广泛地产生影响。

根据这一概念,在资本主义现代性的漫长持续过程中,并非所有知识分子、艺术家、作家都是"浪漫主义的",事实远非如此。一些人全盘接受现代社会的现状;但也有一些人质疑资本主义秩序,因为其中体现的现代性或某些在现代社会中变为霸权的价值(理性、科学、个人)。所谓浪漫主义的世界观,是一种资本主义批判,但这种批判必须是在某个过去观念的启发下产生的,以维护某个过去时期所体现的价值,尽管并不期望这个过去如其曾经所是的那样复原。

马克思、恩格斯与浪漫主义

诚然,根据这个定义,作为启蒙思想的批判继承者的马恩并不是彻底的浪漫主义者。但是,浪漫主义对资本主义文明的批判(由政治思想家、经济思想家、人类学家、社会主义者发展起来的批判)是他们极为重要的思想源泉,而这个源泉却一直被研究者忽视。几个重要文本体现出马恩对待我们所谓的浪漫主义世界观的总体态度。

在《共产党宣言》(1848)中,马恩谈到"封建社会主义"(很可能是指"青年英格兰"运动[迪斯雷利(Disraeli)、卡莱尔]和某些法国正统派),视之为混融了"过去的余音"和"未来的恫吓"[①]的潮流;尽管这些思想家

[①] 此处及下文马克思、恩格斯引文的中文翻译,参考了人民出版社出版的《马克思恩格斯全集》第一版和第二版以及《马克思恩格斯文集》,偶有改动。——译者注

"完全不能理解现代历史进程",但他们的功绩在于"用辛辣、俏皮而尖刻的评判刺中资产阶级的心"。在马恩看来更重要的是西斯蒙第(Sismondi,19世纪可被冠以浪漫主义之名的经济学家中最杰出的一位)的"小资产阶级的社会主义"。他们指出西斯蒙第的贡献:"他以最敏锐的洞察力分析了现代生产关系固有的矛盾。他揭穿了经济学家虚伪的粉饰。"①

马克思与浪漫主义有关的最重要文本之一是《政治经济学批判大纲》(Grundrisse der Kritik der politischen Ökonomie,1857—1858)中的一段:"变化发生前的时期,个人具有更大的丰富性,原因恰恰在于他的物质条件那时尚不丰富,尚未如其他社会力量和关系那样独立于他、与他对立。重回往昔的丰富与停留于今日的匮乏,两种愿望同样可笑。资产阶级的构想从未能超出与浪漫主义立场的对立(Über den Gegensatz gegen jene romantische Ansicht ist die bürgerliche nie Herausgekommen),因而,后者将如同它的合理反题(berechtigeter Gegensatz)一般,伴随它直到资产阶级幸福的末日。"②这段话有多个方面值得注意:首先,它重拾浪漫主义关于前资本主义时期的"丰富性"的看法;再者,它区分了浪漫主义对回归过去的憧憬和资产阶级对当下的颂扬;最后,它认为浪漫主义对资产阶级世界的批判是合理的,并且如同后者的反面伴其始终,只要资本主义社会存在,浪漫主义对它的批判就

---

① K. Marx, F. Engels, *Manifeste du parti communiste*, Paris, Flammarion, trad. Emile Bottigelli, revue par Gerard Raulet, pp. 103-106, et pour les notes des traducteurs, pp. 174-175.(这种社会主义非常透彻地分析了现代生产关系中的矛盾。它揭穿了经济学家的虚伪的粉饰。参见《马克思恩格斯文集》第2卷,人民出版社2009年版,第56页。)

② K. Marx, *Fondement de la critique de l'économie politique*, Paris, Anthropos, 1967, trad. Roger Dangeville, p. 99. 我们根据德文原著纠正了译文的不准确处。(在发展的早期阶段,单个人显得比较全面,那正是因为他还没有造成自己丰富的关系,并且还没有使这种关系作为独立于他自身之外的社会权力和社会关系同他自己相对立。留恋那种原始的丰富,是可笑的,相信必须停留在那种完全的空虚化之中,也是可笑的。资产阶级的观点从来没有超出同这种浪漫主义观点的对立,因此这种浪漫主义观点将作为合理的对立面伴随资产阶级观点一同升入天堂。参见《马克思恩格斯全集》第30卷,人民出版社1995年版,第112页。)

不会消失。《政治经济学批判大纲》的编辑们认为,这段文字所指的浪漫主义者是保守经济学家亚当·穆勒(Adam Müller)以及我们下文要谈的托马斯·卡莱尔。

马恩在青年时期表现出对浪漫主义的肯定和兴趣,那是他们与这种文化感受性最为亲近的时期(下文稍后将谈到这个问题)。我们对这份兴趣不该小觑,因为马恩晚期的著作表现出对毛勒(Georg Ludwig Maurer)、尼布尔(Niebuhr)、摩尔根、巴霍芬的"原始"部落研究的高度关注,这几位都是深受浪漫主义影响的人类学家和历史学家。这份兴趣的直接原因是政治的,马克思在1868年3月25日写给恩格斯的一封关于德国历史学家格奥尔格·路德维希·毛勒(Georg Ludwig Maurer)的信中表明了这一点,这封信体现出马克思对浪漫主义既亲近又疏远的态度,是一份非常重要的文献:"对法国大革命及与之相关的启蒙意识形态的第一反应,自然是用中世纪的、浪漫主义的眼光看待一切,甚至像格林这样的人也摆脱不了这种眼光。第二个反应对应于社会主义的方向[……],即越过中世纪去关注每个民族的原始时代,于是惊讶地在最古老的东西中找到了最现代的东西,甚至发现了连蒲鲁东都会害怕的平等派。"①马克思似乎没有考虑到的是,浪漫主义并不必然与"中世纪的眼光"相关:以一个平均主义的"原始"过去为参照,这是浪漫主义批评人类文明时采取的方法之一,从卢梭及其《论人类不平等的起源和基础》(*Discours sur les origines de l'inégalité*)到我们于此谈到的人类学家都采取过这种方法。

马克思在这封信里提到的痴迷于中世纪的浪漫主义作家是雅各

---

① K. Marx, "Lettre à Engels du 25 mars 1868", in Marx, Engels, *Ausgewählte Briefe*, Berlin, Dietz Verlag, 1953, p. 231. (让·弗雷维尔的译文的第126页极不完善)马克思没有用 Aufklärung(启蒙),而用较贬义的 Aufklärertum,我们将之译为"启蒙意识形态"(让·弗雷维尔译为"进步")。(对法国革命以及与之相联系的启蒙运动的第一个反应,自然是用中世纪的、浪漫主义的眼光来看待一切,甚至像格林这样的人也不能摆脱这种看法。第二个反应是越过中世纪去看每个民族的原始时代,而这种反应是和社会主义趋向相适应的,虽然那些学者并没有想到他们和这种趋向有什么联系。于是他们在最旧的东西中惊奇地发现了最新的东西,甚至发现了连蒲鲁东看到都会害怕的平等派。参见《马克思恩格斯文集》第10卷,人民出版社2009年版,第284页。)

布·格林(Jacob Grimm),他与弟弟威廉(Wilhelm Grimm)以及阿尔尼姆(Arnim)和布伦塔诺(Brentano)合作出版了著名的日耳曼民间故事集。但格林也是一位法律语言学家和法律史学家,很可能出于这个原因,马克思在这封给恩格斯的信中再一次提到他:"此外,甚至格林等人已在凯撒那里发现,日耳曼人总是按血族共同体集体定居,而不是单独定居的:'他们是按氏族和亲属关系一起居住的'"①。换言之:格林本应当代表浪漫主义对中世纪的想象,但马克思在他身上发现的却是与毛勒一样对凯撒描述的古日耳曼"原始"共同体的兴趣。

浪漫主义对资本主义文明的批判给了马恩很多启发,马恩著作中的许多主题都由此生发。尤其是马恩对资产阶级粗暴的量化特征的揭露,他们指出一切质性价值(文化的、社会的或道德的)都被唯一的由金钱衡量的数量价值所消解。这是《1844年经济学哲学手稿》深入探讨的问题,也是《哲学的贫困》(1847)如下这个惊人段落中所谈的问题:"那时,此前[……]给予而非售与、获得而非购得的事物,美德、爱、观点、科学、意识等,最终都进入了商业领域。那是普遍堕落的时代,普遍唯利是图的时代[……]"②。《共产党宣言》里很著名的一段,揭露被"利己主义打算的冰水"淹没的社会,涉及的也是同一个问题,在这样的社会中,人与人之间唯一的联系只剩下现金交易关系(cash nexus),简言之,这是一个占主导地位的阶级,即资产阶级,"把人的尊严变成了交换价值"③的社会。这些批判的浪漫主义特征在于,与尚未发生社会关系腐化的前资本主义过去进行或隐或显的比较。

显然,某些源于浪漫主义的主题常常出现在马恩的著作中,包括青

---

① Marx, *Ausgewählte Briefe*, p. 234.
② K. Marx, *Misère de la Philosophie*, Paris: Ed. Sociales, 1947, p. 33.(这个时期,甚至像德行、爱情、信仰、知识和良心等最后也成了买卖的对象,而在以前,这些东西是只传授不交换,只赠送不出卖,只取得不收买的。这是一个普遍贿赂、普遍买卖的时期。参见《马克思恩格斯全集》第4卷,人民出版社1958年版,第79—80页。)
③ Marx, Engels, *Manifeste du parti communiste*, p. 76.(参见《马克思恩格斯文集》第2卷,人民出版社2009年版,第34页。)

年时期的著作和"成熟期"的著作,尤其是:1)机器的广泛使用和劳动分工导致人类劳动状况的恶化;2)"原始"共同体的人类特质在文明进程中丧失了,这样的共同体包括从古罗马氏族到易洛魁人或被视为自由、平等共同体的俄罗斯乡间联合体。虽然这些主题只是马克思主义创始人思想的一个方面,而不构成其全貌,但浪漫主义**维度**仍很关键,且尚为人忽视。

马克思和恩格斯对浪漫主义作家的认识

与公认的看法相反,想象文学对马恩而言始终具有根本的重要性。马克思本人在青年时期进行过文学创作(主要是诗歌),甚至想成为作家。后来,马恩在整个合作过程中表现出对古典和现代文学的浓厚兴趣,他们广泛阅读此类文学作品,他们的著作包括通信中,文学典故颇丰①。此外,他们对美学作品的兴趣远非简单的业余爱好,而是包含了一种理解艺术的方式,与他们整体的世界观密切相关②。然而,尽管文学和艺术对于两位马克思主义创始人来说如此重要,他们详述文艺运动、作者和作品的文本相对而言却为数有限,以片断评说居多,且常常混在对政治、历史等问题的评论中。但是,讨论有关马恩和文学作品关系的问题时,我们还可以借助另一个相当丰富的信息源,即那些他们家庭生活范围内的人提供的见证。这个资源与所有个人回忆一样,使用时须谨慎对待,因为它们通常在事后很久才被讲述出来,有时不太可

---

① 柏拉威尔在《卡尔·马克思与世界文学》(*Karl Marx and World Literature*, Oxford: Oxford UP, 1976)中展现了马克思的文学修养之深广,并分析了他如何在写作中应用自己的文学积累。
② 特里·伊格尔顿(Terry Eagleton)在《卡尔·马克思的艺术哲学》的英译本序言中说,迈克海尔·里夫希兹(Mikhail Lifshitz)的研究工作[即《卡尔·马克思的艺术哲学》(俄文版:1933年)]的主要贡献之一是"把马克思的审美判断作为他总体理论发展的一部分",并指出马克思"与想象作品持之以恒的对话"。(参见 Mikhail Lifshitz, *The Philosophy of Art of Karl Marx*, trans. R. B. Winn, London: Pluto Press, 1973, p. 7。)

靠。因而,将文本与见证参互,或可得出一些较确凿的看法或提出合理假设。

如前所述,在研究马恩对浪漫主义作家作品的看法时,我们不局限于那些被马恩称为浪漫主义的作家和作品。某些"现实主义"作家[如巴尔扎克(Balzac)和狄更斯],马恩是否将之视为浪漫主义者,这一点并无确证。他们对这些作家的评价符合我们上文提出的浪漫主义概念——这个概念与马克思本人在《政治经济学批判大纲》中提出的概念相差不多。开始时,他们所谓的"浪漫主义"尤指那一时期的"浪漫派"。如斯蒂芬·莫拉夫斯基(Stefan Morawski)指出的那样,"马恩各自都是从作为这场运动的拥护者开始的,但在黑格尔的影响下摒弃了这场运动[……]。鉴于1840年代前半叶的思潮背景,他们应当是反浪漫主义的。然而,在更宽泛的意义上,马恩是在浪漫主义的摇篮中长大的[……]"①。后来,尽管他们总体上对这一流派及其意识形态继续持反对态度,尽管马克思多次抨击法国浪漫主义者夏多布里昂(Chateaubriand)和拉马丁(Lamartine)②,但是,他们也对我们定义的浪漫主义范围内的许多作家钦敬有加。下文稍后将关注这些作家中最重要的几位,此前,先探讨马克思青年时代与浪漫主义相关的阅读、爱好和写作,以及这些活动后来在马克思家庭生活范围内的影响。

马克思的青年时代

马克思先在波恩(Bonn)而后在柏林完成学业(1835—1841),在此阶段,马克思与德国浪漫派关系紧密,他自己也开始创作具有浪漫主义特征的文学作品,后来,他对这些流派和自己的此类作品越来越持批判

---

① *Marx and Engels on Literature and Art*, introduction, p. 44.
② 马克思对拉马丁的抨击只是针对他所扮演的政治角色。关于马克思对这两位作家的态度,参见 Prawer, *Karl Marx and World Literature*, pp. 162-165, 169, 205-206, 257, 271, 420。

态度。1835年马克思在波恩修习了德国浪漫主义文学运动创始人之一施莱格尔(A. W. Schlegel)的课程,他在柏林结识了当时浪漫派的重要成员贝蒂娜·冯·阿尔尼姆(Bettina Von Arnim)①。马克思在学业初年创作了大量诗歌、一部戏剧的头一幕和一部讽刺小说的前几章,这些作品带有明显的浪漫主义特征。他的小说具有霍夫曼(E. T. A. Hoffmann)式的魔幻和幽默风格,他的诗作不仅呈现出德国浪漫派的典型意象(魔琴和魔舟、海妖之歌、暗夜的幻想等②),也展现了一些重要的浪漫主义主题:诗人在现代大都市里体验到的非人化、当下现实中伟大力量的缺失、对真正意义上的家园(Sehnsucht)的怀念。在一首诗中,当前的资本主义世界被比作一出"猴戏",感情和想象已被抽空,存在被简化为"数学公式"和纯肢体动作③。

在这些早期创作中,治愈当下之疾的唯一药方,是留在诗的世界里,与疾患保持距离。这种对介入的拒绝,是浪漫派的特征,马克思后来摒弃的也正是这种拒绝。但这并不意味着他由此否认曾吸引过他的浪漫主义世界观的方方面面。马克思1837年写给父亲的那封著名信件体现出浪漫主义特征在他思想中的持续性,马克思在信中告诉父亲,一个与现实相关的新观点在自己脑海中诞生,他在最近的诗作中表明了这个观点:"[……]惟独在最近的一些诗中,我才像突然挨了魔杖一击似的[……]在我面前闪现了一个犹如遥远的仙宫一样的真正诗歌的王国,而我所创作的一切全都化为乌有。"④年轻的马克思在这里用神奇的比喻("魔杖"和"仙宫")描述他向现实的回归。事实上,他在"成熟期"也不曾失去对奇幻——想象的自由游戏——的兴趣,以及对致力于

---

① Prawer, *Karl Marx and World Literature*, p. 9.
② 参见 Werner Blumenberg, *Portrait of Marx*, trans. D. Scott, New York: Herder and Herder, 1972(德语首版:1962), p. 22。
③ 参见 Mikhail Lifshitz, *The Philosophy of Art of Karl Marx*, trans. R. B. Winn, London: Pluto Press, 1973, p. 16。
④ 《马克思恩格斯全集》第47卷,人民出版社2004年版,第12页。

奇幻创作的浪漫主义作家的兴趣。

家中的马克思

这种持续性尤其在私人(包括很多朋友,其中恩格斯位居第一)生活范围内表现得更明显。因为,虽然马克思1840年之后不再从事文学创作,但诸多证据表明,他在给女儿们讲故事的过程中以口头方式演练他的想象力——颇具浪漫主义色彩的想象力。据马克思女儿罗拉(Laura)的丈夫保尔·拉法格(Paul Lafargue)说,"那时她们还小,为减少散步的沉闷,他给她们讲童话故事,永远讲不完,都是他边走边编的,路有多长,他的故事就有多长"①。他的二女儿爱琳娜(Eleanor Marx),就他的故事之一道出了更多细节:"摩尔②给我讲过无数的好故事,其中我最喜欢汉斯·罗克尔(Hans Röckle)的故事。那个故事讲了好几个月,是一连串故事组成的[……]。汉斯·罗克尔是个霍夫曼式的巫师,他有一家玩具店,他口袋里永远没有钱。他店里有各种奇奇怪怪的东西:木头人、巨人和侏儒、国王和王后、师傅和伙计[……]。汉斯虽然是巫师,但他总有还不清的债[……],而且他还必须违心地把好玩意卖给魔鬼"③。

马克思可能是受到霍夫曼的启发,这一点还有其他证明:19世纪60年代末,马克思把霍夫曼的一则童话《侏儒查尔斯》(*Klein Zaches genannt Zinnober*)寄给友人[库格曼(Kugelmann)一家],也寄给了恩格斯。柏拉威尔(S. S. Prawer)精辟地指出,"这则故事讲述了一个畸形的侏儒,在强大魔法的作用下,人们把别人说的和做的所有好事都归

---

① Marx, Engels, *Sur la littérature et l'art*, p. 179.
② 马克思在给亲友的信中自称 Mohr,Mohr 成为亲友对马克思的昵称。——译者注
③ Marx, Engels, *Sur la littérature et l'art*, pp. 179,181-182.

功于他。在世界文学里,再无比这个故事更贴切的对异化的象征"①。

马克思作为霍夫曼的读者,欣赏他的浪漫主义神奇色彩。拉法格说,马克思也非常喜爱苏格兰浪漫主义作家罗伯特·彭斯(Robert Burns)的诗;故乡的传说和风俗滋养着彭斯的创作,马克思喜欢听女儿们朗诵他的作品②。马克思家中经常朗读文学作品,也经常探讨文学作品。在家庭讨论和阅读中,一些浪漫主义作家占据了重要位置,我们在此将通过马恩两人的著作和见证实录仔细考察这些作家。

托马斯·卡莱尔

政治散文家托马斯·卡莱尔,是歌德的通信者之一,他的作品介乎哲学和文学之间,他是马恩最欣赏的浪漫主义作家之一。卡莱尔撰写过关于英国宪章运动的著作(1843),马克思在1845年仔细阅读过这部著作并作了批注,恩格斯在关于英国劳工阶级状况的书(1845)中大量引用了这部著作,马恩在《共产党宣言》中对"cash nexus"的批判正是吸收了这部著作的思想。1848年的《共产党宣言》中没有提到该表述的作者,但马克思在《政治经济学批判大纲》中提到他并引用了其著作。恩格斯于1844年发表了一篇文章,热情洋溢地总结和评述了《过去和现在》(Past and Present, 1843),引用其中对"摩门教"(供奉金钱上帝的宗教)的猛烈抨击并深表赞同。诚然,他承认,"托马斯·卡莱尔起初也是托利党人",保守倾向与他著作的优点并非毫无关系:"一个辉格党人永远不可能写出一本哪怕只有一半像《过去和现在》那样通达人情的书。"③几年后,恩格斯在1850年发表的关于卡莱尔的文章中再次谈到

---

① Prawer, *Karl Marx and World Literature*, p. 373.
② 参见 Marx, Engels, *Sur la littérature et l'art*, p. 176。
③ 《马克思恩格斯全集》第3卷,人民出版社2002年版,第499页。托利党是保守派的政党,辉格党是资产阶级自由派的政党。

这个问题。他虽然严厉批评卡莱尔在1848年革命之后的反动转向,但同时仍然尊重卡莱尔此前的文章,"托马斯·卡莱尔的功绩在于:当资产阶级的观念、趣味和思想在整个英国正统著述中居于绝对统治地位的时候,他在著述中反对了资产阶级,而且他所采取的方式有时甚至具有**革命性**。[……]但是在所有这些著作里,对现代的批判和对中世纪的不寻常的非历史的颂扬紧密地联系在一起,其实这种做法在英国的革命者,如科贝特(Cobbett)和一部分宪章主义者中也经常可以看到"①。这段话对于我们理解恩格斯对浪漫主义的辩证认识十分重要。一方面,他认识到浪漫主义对当下的批判与对过去的缅怀(通常是对过去的理想化)"紧密相关";另一方面,他注意到这个批判有时可能具有真正的革命性。

巴尔扎克

对让·弗雷维尔来说,如同对于很多传统的文学批评家来说,巴尔扎克不是浪漫主义者,因为他是现实主义者。然而,数位马克思主义批评家[包括费谢尔(J. O. Fischer)、皮埃尔·巴伯里(Pierre Barbéris)以及某些著作中的卢卡奇]充分意识到《人间喜剧》(*Comédie Humaine*)的作者既是浪漫主义的又是现实主义的。如果浪漫主义像马克思在《政治经济学批判大纲》中指出的那样,是以过去的丰富为对照来批判资产阶级社会,那么,巴尔扎克的确是浪漫主义者。

马克思真心崇敬巴尔扎克。他在《资本论》以及与恩格斯的通信中不断提到小说家巴尔扎克的准确预感。拉法格就此提供了颇为有力的见证:"他最喜欢的作家是塞万提斯和巴尔扎克。[……]他非常崇拜巴

---

① 《马克思恩格斯全集》第10卷,人民出版社1998年版,第312页。黑体为本文作者所加。

尔扎克,他想在完成手头的经济学著作后,写一部关于《人间喜剧》的批评"①。恩格斯也对巴尔扎克的作品怀有同样的喜爱之情,他在1888年4月致英国作家哈克奈斯(Harkness)小姐的一封著名信件中对巴尔扎克分析如下:"巴尔扎克,我认为他是比过去、现在和未来的一切左拉(Zola)都要伟大得多的现实主义大师,他在《人间喜剧》里给我们提供了[……]上升的资产阶级[……]对贵族社会日甚一日的冲击[……],这一贵族社会在1815年以后又重整旗鼓,并尽力重新恢复旧日法国生活方式的标准。他描写了这个在他看来是模范社会的最后残余怎样在庸俗的、满身铜臭的暴发户的逼攻之下逐渐屈服[……]。我从[巴尔扎克]这里学到的,甚至在经济细节方面(诸如革命以后动产和不动产的重新分配)所学到的东西,也要比从当时所有职业的史学家、经济学家和统计学家那里学到的全部东西还要多。不错,巴尔扎克在政治上是一个正统派;他的伟大作品是对上流社会无可阻挡的衰落的一曲无尽的挽歌;他对注定要灭亡的那个阶级寄予了全部的同情。但是,尽管如此,当他让他所深切同情的那些贵族男女行动起来的时候,他的嘲笑空前尖刻,他的讽刺空前辛辣[……]"。恩格斯将巴尔扎克的敏锐归因于"现实主义的最伟大的胜利",但我们可以追问,这种敏锐性是否也像在卡莱尔那里一样,与他对过去的怀念"紧密相关"。他对那个时代贵族阶级的辛辣讽刺,不正是因为看到贵族阶级被资产阶级的金钱所腐蚀吗?②

查尔斯·狄更斯

马克思也很崇敬英国的现实主义作家,他们当中有些人同时也是浪漫主义者,和巴尔扎克一样。马克思在1854年4月关于英国资产阶

---

① Paul Lafargue,《Les goûts littéraires de Marx》, in Marx, Engels, *Sur la littérature et l'art*, p. 177.
② 《马克思恩格斯文集》第10卷,人民出版社2009年版,第570—571页。

级的文章中这样写道:

> 一批杰出的英国现代小说家,在自己卓越、生动的书籍中向世界揭示的真理,比所有职业政客、政论家和道德家加在一起所揭示的还要多。他们描绘了资产阶级的各个阶层,从持有国家债券、蔑视一切商业交易的"高尚的"食利者,到小商贩和律师事务所的小职员。狄更斯、萨克雷、勃朗特小姐和盖斯凯尔夫人是怎样描绘他们的?虚荣、造作、专制、狭隘、无知;文明世界中有句话一针见血,印证了这些作家对资产阶级的裁断,这句话就是"对上奴颜婢膝,对下飞扬跋扈"。①

这个段落(我们上文引用过恩格斯关于巴尔扎克的段落,表述与此类似,重拾其要②)揭示出,某种现实主义文学对马克思而言是丰富的知识源泉,这种文学在浪漫主义影响下展开了清醒而无情的社会批判和道德批判。英语"middle class"的意思主要是"资产阶级"而不是"中产阶级"。狄更斯不是巴尔扎克式的正统派,但也不失为一个浪漫主义作家,他深受卡莱尔影响,在小说中采用了卡莱尔的很多主题(尤其是对机械化和商品量化的批判)。马克思此处所指是狄更斯的哪些作品?他很熟悉《雾都孤儿》(*Oliver Twist*),这部小说的第一章展现了一幅令人难忘的画面,关在孤儿院里的苦孩子们是资本家残忍的"慈善事业"

---

① K. Marx,《La classe moyenne anglaise》,*New York Tribune*,1 août 1854, in Marx, Engels, *Sur la littérature et l'art*, p. 134. (现代英国的一批杰出的小说家,他们在自己的卓越的、描写生动的书籍中向世界揭示的政治和社会真理,比一切职业政客、政论家和道德家加在一起所揭示的还要多。他们对资产阶级的各个阶层,从"最高尚的"食利者和认为从事任何工作都是庸俗不堪的资本家到小商贩和律师事务所的小职员,都进行了剖析。狄更斯、沙克莱、白朗特女士和加斯克耳夫人把他们描绘成怎样的人呢?把他们描绘成一些骄傲自负、口是心非、横行霸道和粗鲁无知的人;而文明世界用一针见血的讽刺诗印证了这一判决。这首诗就是:"上司跟前,奴性活现;对待下属,暴君一般。"参见《马克思恩格斯全集》第10卷,人民出版社1962年版,第686页。)
② 柏拉威尔(*Karl Marx and World Literature*, p. 237)指出,马恩全集(*MEW*)的出版人认为我们上文引用的那篇文章很可能被报社编辑作过大幅修改。但这条引文与上一条引文,即恩格斯的话之间存在表述上的相似,这说明最终的文本并未严重违背马克思(及恩格斯)的思想。

的受害者。马克思的《资本论》在探讨机器的资本主义使用时,引用了《雾都孤儿》中强盗比耳·赛克斯(Bill Sikes)的一段话:不能因为刀杀过人就禁止用刀,如果这样,就等于废除了这个宝贝工具而重回野蛮时代①。1854年的文章里的那句话很可能是针对《艰难时代》(Hard Times)的,这部小说那时刚刚开始连载刊登(1854年4月始),它以辛辣的讽刺揭露了资产阶级"狭隘的专制",他们的冷漠和算计、他们狭隘的功利主义,还揭露了工业机械化的危害。

勃朗特姐妹

上文所提马克思列举的英国小说家中还有"勃朗特小姐"。三姐妹——艾米莉(Emily Brontë)、夏洛蒂(Charlotte Brontë)、安娜(Anne Brontë)——都是小说家,马克思未指明究竟是哪位。亲友的见证显示,至少前两位是为马克思一家所了解和钦敬的。爱琳娜·马克思儿时的朋友,作家玛丽安·科米恩(Marian Comyn)记得爱琳娜父亲书房里英国文学作品的数量曾给了她怎样的震惊,她特别讲述了"某日午饭时展开的关于维多利亚时期作家的讨论,全家人表现出对夏洛蒂和艾米莉·勃朗特的赞赏,认为两人的成就远在乔治·艾略特之上"②。

马克思1854年的文章所指也许是1847年出版的艾米莉·勃朗特的伟大作品,也是她唯一的作品——《呼啸山庄》(Wuthering Heights)。这部作品描绘了一份动荡的激情,与英格兰北端的野性自然和"原始"民风结合在一起,以细微而又激烈的描绘展现了现代阶级关系中人与人

---

① 参见《马克思恩格斯全集》第44卷,人民出版社2001年版,第509页。
② Marian Comyn, "My Recollections of Karl Marx", The Nineteenth Century and After, Vol 91, janvier 1922, pp. 6 - 7. 这篇回忆已发布于互联网(http://www. marxists. org/subject/women/authors/comyn/marx. htm)。

关系的非人化和物化①。然而,如柏拉威尔指出的那样,我们在马克思的著作中找不到任何对艾米莉·勃朗特及其小说的明确指涉②。柏拉威尔强调说,马克思于1869年来到勃朗特姐妹生活的约克郡(Yorkshire)地区,他在写给女儿珍妮的一封信中提及夏洛蒂,这一点非常重要。他在其中描绘了一处风景,"树木葱茏,群山半抱,层峦叠嶂,笼罩在令柯勒·贝尔(Currer Bell,夏洛蒂·勃朗特的笔名)着迷的蓝色烟霭中"③。马克思没有提到小说的名字,但这迷人的"蓝色烟霭"出现之处,不是《简·爱》,(*Jane Eyre*)而是《雪莉》(*Shirley*,1849)。《雪莉》是一部"工业小说",展现了因新机器的使用而失业的纺织工与傲慢、蛮横、唯利是图的工厂老板之间的阶级冲突。与同类的浪漫主义文本相似,老板是在一位女性的帮助下(部分地)意识到了自己的错误。所以,很有可能,当马克思把"勃朗特小姐"纳入英国"杰出的小说家"④之列时,他尤其想到了《雪莉》。

雪莱和拜伦

让·弗雷维尔在"为了一种革命文学"部分加入了恩格斯对这两位极端浪漫主义诗人十分积极的评论:"雪莱,天才的预言家**雪莱**和满腔热情的、辛辣地讽刺现存社会的**拜伦**,他们的读者大多数也是工人;资产者所读的只是经过阉割并使之适合于今天的伪善道德的版本'家庭版'。"⑤这段引文明显说明让·弗雷维尔对马恩观点的介绍根本上是偏

---

① 特里·伊格尔顿在《勃朗特姐妹:权力的神话》(*Myths of Power: A Marxist Study of the Brontës*, Londres, Macmillan, 1975)中对这部小说作了精彩的马克思主义分析。
② 参见 Prawer, *Karl Marx and World Literature*, p. 396。
③ Prawer, *Karl Marx and World Literature*, p. 377.
④ 对《雪莉》中阶级冲突的分析,参见 Patricia Ingham, *The Brontës*, Oxford: Oxford UP, 2006, pp. 110-121。
⑤ 《马克思恩格斯文集》第1卷,人民出版社2009年版,第474页。

颇和歪曲的。

弗雷维尔文集中唯一另外一处涉及雪莱和拜伦的,是关于两位诗人的区别,这个区别据说是由马克思作出的,他人只是代为转述。即1888年爱德华·艾威林(Edward Aveling)与他不幸的伴侣①爱琳娜·马克思合作发表的宣传文章《社会主义者雪莱》(*Shelley Socialiste*)中的一段:"马克思[……]喜欢反复说:'拜伦和雪莱真正的区别是:理解和喜爱他们的人认为拜伦死于36岁是幸事,因为倘若寿命长些,他会变成反动的资产阶级;而他们对雪莱死于29岁深表遗憾,因为他是个彻底的革命者,将永远是社会主义先锋中的一员'"②。然而,柏拉威尔认为这段宣称属于不可靠见证。他坚持说,马克思在著作中提到拜伦时总"带着明显的赞许。[……]依我们对马克思的文学感受性和政治洞察力的了解,他不会愚钝地在《唐璜》的作者身上看到一个潜在的'资产阶级反动派'。相反,我们对爱德华·艾威林'歪曲事实的癖好'却很了解"③。弗雷维尔素喜意识形态褒贬,柏拉威尔与之不同,他认识到马克思具有超越此类褒贬评判的能力,这种能力使马克思常常可以发现浪漫主义作家的优点,尽管这些优点并不完全与他自己的观点一致。因而,我们认为更可能的是马克思像恩格斯一样,对这两位作家的文学贡献同样肯定。

沃尔特·司各特(Walter Scott)

我们也是通过(可靠得多的)私人见证了解到马克思对历史小说家

---

① 有关二人关系的故事很有名:艾威林与爱琳娜·马克思有过多年婚姻生活,在这期间,艾威林与多位女性有过不正当关系,并最终离开爱琳娜,与一个年轻女演员一起生活;但是,后来艾威林身染重病,回来寻求爱琳娜的照料;身体状况有所好转后,艾威林向爱琳娜承认自己已同女演员秘密结婚,打算再度回到她身边去。艾威林的行径即便不构成爱琳娜·马克思不久后突然自杀的唯一原因,但毫无疑问在很大程度上促成了这桩不幸。
② Marx, Engels, *Sur la littérature et l'art*, p. 180.
③ Prawer, *Karl Marx and World Literature*, p. 397. 引文出自 Yvonne Kapp,爱琳娜·马克思传记的作者。

沃尔特·司各特的崇敬。保尔·拉法格多年间与马克思就很多主题有广泛、经常的交谈，拉法格在回忆录中说，马克思"就像达尔文一样，大量阅读小说。[……]现代作家中最吸引他的是保尔·德·考克（Paul de Kock）、查尔斯·里威尔（Charles Lever）、大仲马和沃尔特·司各特。他认为沃尔特·司各特的《清教徒》（Old Morality）是一部杰作"。此外，爱琳娜·马克思的童年回忆（上文已提及）证实了马克思最喜欢读给孩子们听的书中包括司各特的作品。爱琳娜谈到，她与父亲在阅读中都"为司各特而振奋"，并进而总结说："我必须补充一点，马克思不断重读沃尔特·司各特；他很欣赏司各特，对他的了解与对巴尔扎克和菲尔丁（Fielding）的了解一样深入。"①

苏格兰作家司各特是保守的托利党人，他热爱祖国的往昔，尤其热爱偏远和野蛮地区部落的原始共同体。在他的作品中，是什么最吸引马克思呢？马克思可能像《历史小说》（Le roman historique）中的卢卡奇一样，在司各特小说中欣赏的是对历史过程本身特别鲜活的再现，这样的再现在那个时代前所未有。马克思与恩格斯一样，对前资本主义的部落及人类学家的相关研究感兴趣，我们认为，吸引力的一部分来自这些部落和它们体现的价值。换言之，这份吸引力扎根于马克思感受力的**浪漫主义**之维②。

总之，尽管马恩厌恶某些浪漫主义作家，但他们远未完全抛弃浪漫主义视野，而是肯定那些有远见卓识的作家作出的可贵贡献并从中汲取灵感。浪漫主义文学某些方面的特征——神奇与梦幻、对自然的向往、对昔日辉煌的珍重——对他们而言确实具有吸引力，但这份吸引力只在亲友的回忆中才有所体现。马恩在自己"成熟期"的写作中颂扬

---

① Marx, Engels, *Sur la littérature et l'art*, pp. 177, 182-183.
② 必须指出，卢卡奇在《历史小说》中使用了一个较狭隘的浪漫主义定义，他在撰写这部著作时对浪漫主义持反对态度，因而，他并不把沃尔特·司各特视为浪漫主义作家。参见《历史小说》第一章"Le roman historique", Paris, Payot, 1965, chapitre premier.

的,主要是那些在浪漫主义影响下对资产阶级文明进行无情批判的现实主义作品,这些作品在马恩看来更富教益。据马恩自己所说,他们从这些小说里学到的东西比从历史学家、经济学家、统计学家、政治家、政论作家的所有作品中学到的还要多:这绝非微不足道!所以必须把这些作家视为他们著作的重要源泉之一,或者,视为他们对资本主义世界伪善面孔作诊断的依据。

恩格斯与革命战略的矛盾

[英] 劳伦斯·王尔德*
刘翰林** 译

近年来研究恩格斯的学术著作聚焦在他对马克思主义理论的贡献上,并提出了一个有说服力的观点,即在辩证法和唯物主义问题上,成为马克思主义正统的观点与马克思的哲学框架有着明显的不同①。为了全面了解恩格斯在马克思主义的发明中所扮演的角色②,我们需要考察他在马克思去世后的几年里为塑造独特的马克思主义政治所作的尝试。恩格斯一直主张阶级斗争和社会革命,但在他生命的最后几年,他的结论是,由于现代国家武装力量的增强,叛乱战术已经过时,并具有自杀倾向。他努力在革命叛乱主义和彻底的改良主义之间找到一种中

---

* 劳伦斯·王尔德(Lawrence Wilde),诺丁汉特伦特大学的政治理论荣誉教授。王尔德教授早期的研究重点是马克思的哲学,他至今仍在马克思主义与伦理学领域发表论文。多年来,他的研究主要集中在团结概念和全球团结的思想方面。著有《道德马克思主义和根本批判》《全球性的团结》等。本文选自《马克思之后的恩格斯》(Engels After Marx),曼彻斯特大学出版社 1999 年版。
** 刘翰林,哲学硕士,南京大学哲学系博士研究生。
① 参见 Terrell Carver, Marx and Engels : The Intellectual Relationship, Brighton: Harvester/Wheatsheaf, 1983; Terrell Carver, Friedrich Engels, His Life and Thought, London: Macmillan, 1989; Norman Levine, Dialogue Within the Dialectic, London: Allen & Unwin, 1984; Norman Levine, The Tragic Deception : Marx Contra Engels, Santa Barbara: Clio, 1975.
② 参见 Maximilien Rubel, "Friedrich Engels-Marxism's Founding Father: Nine Premises to a Theme", in Shlomo Avineri (ed.), Varieties of Marxism, The Hague: Martinus Nijhoff, 1977, pp. 45-46。

间道路,这大概是一种"革命的选举主义"战略。虽然他非常精明地认识到了运用这一战略将会涉及的一些矛盾,但他解决这些矛盾的努力却往往是欠考虑且令人困惑的。

恩格斯与欧洲社会民主

在探索恩格斯面对革命选举主义的矛盾的方式之前,必须重新认识他在欧洲社会民主建立过程中的重要意义。他在马克思的信徒中具有无可置疑的权威,并与他们的领导者保持了密切的联系,包括德国的倍倍尔(Bebel)、考茨基(Kautsky)、左尔格(Sorge)、伯恩施坦和威廉·李卜克内西(Wilhelm Liebknecht),法国的保尔和劳拉·拉法格夫妇(Paul and Laura Lafargue),意大利的拉布里奥拉(Labriola)和屠拉梯(Turati),奥地利的阿德勒(Adler),以及俄国的查苏利奇(Zasulich)、丹尼尔逊(Danielson)和普列汉诺夫(Plekhanov)。在马克思去世后的岁月里,他曾寄出了一千多封信,这些书信被保留了下来。

但正是他的短篇小册子《社会主义从空想到科学的发展》(*Socialism: Utopian and Scientific*)为19世纪80年代到90年代整个欧洲大陆发展起来的社会民主党派所采取的政治方案确立了"历史唯物主义"的框架。虽然它最早在1880年以法语出版,随后1882年以德语出版,但随着1891年德文版的再版和1892年英文版的出版,它的影响力扩展开来,在促使德国社会民主党(SPD)在1891年通过马克思主义的爱尔福特纲领方面发挥了重要作用①。这本书具有强烈的进化论色彩,反映了他对达尔文的热情。在修订版中,他预测了随着寡头垄断的形成和国家对经济干预的必然增加,资本主义的力量将被逐渐削弱。尽管这是对资本主义未来发展的准确描述,但关于任何国家都无法容忍巨

---

① 参见 Gary Steenson, "*Not One Man! Not One Penny!*": *German Social Democratic, 1863-1914*, Pittsburgh: University of Pittsburgh Press, 1981, pp. 192-195。

额信托的公然剥削的预测还是太过乐观。然而,一般的解释表明,在无产阶级夺取公共权力并由此将社会化了的生产资料从资产阶级手中剥夺以成为公共财产的决定性时刻,向社会主义形式的自然演变就实现了①。

恩格斯没有具体说明无产阶级是如何夺取公共权力的,这将成为战略争论的核心问题。与恩格斯关系密切的考茨基继承了他的达尔文主义观点。考茨基在1892年发表了社会主义运动的通俗纲领《阶级斗争》(The Class Struggle),他认为,社会革命并不一定要"伴随着暴力和流血"②。与此同时,恩格斯已经认定,曾经是19世纪欧洲革命特征的叛乱已经不是一个可行的选择。在1892年11月给保尔·拉法格的信中,恩格斯承认,对于适合当代条件的革命战术的问题,他没有答案:"街垒和巷战的时代已经一去不复返了;如果军队作战,进行抵抗就是发疯。因此,必须制订新的革命策略。一个时期以来,我一直在考虑这个问题,但是还拿不出一个定见。"③当恩格斯在1895年为马克思的《法兰西阶级斗争》(Class Struggle in France; The Class Struggles in France)写作新版导言④时试图澄清这个问题,结果引发了著名的争论。争执的主要细节值得我们回顾一下。

发表在《前进报》(Vorwarts)上由威廉·李卜克内西编辑的导言摘录给人一种有些误导的印象,即恩格斯完全放弃了暴力革命的想法,转而赞同彻底的渐进战略。事实上,尽管恩格斯是选举政治的热情支持者,但他规定,如果当局蔑视自己的宪法,对他们使用威胁手段,社会主义者必须做好使用暴力的准备。恩格斯在给卡尔·考茨基和保尔·拉法格的信中抱怨李卜克内西对他进行了"很妙的玩笑",以获得"能为他的、无论如何是和平的和反暴力的策略进行辩护的东西",并强调这个

---

① 参见 Marx & Engels Collected Works 24, Moscow: Progress Publishers, 1989, p. 325。
② Karl Kautsky, The Class Struggle, New York: W. W. Norton, 1971, pp. 90-91。
③ 《马克思恩格斯全集》第38卷,人民出版社1972年版,第513页。
④ 《马克思恩格斯文集》第1卷,人民出版社2009年版,第532—554页。

选举策略只适用于德国，而不一定适用于其他国家。① 即使是出现在考茨基的《新时代》(Die Neue Zeit)中的更完整的版本，也删除了恩格斯认为在革命形势的关键时刻可能仍然有必要进行街垒战斗的段落②。另外恩格斯还有四次提到武装斗争的可能性，包括提到夺取权力的"决定性的战斗"③。

这段插曲揭示的是，当实现社会革命的组织手段变得倾向于要保持在国家"可接受"的范围内时，实现社会革命目标所涉及的紧张关系。社会民主党四位领导人［倍倍尔、费舍(Fischer)、奥尔(Auer)和辛格尔(Singer)］认为这篇导言的革命性过强。恩格斯不仅坚持认为，如果国家诉诸武力，革命暴力可能就会发挥作用，而且他提醒读者，所有现代国家，"无一例外"，都建立在"革命权"的基础上④。而社会民主党领导人与其说是对这一论点的是非，不如说是对其发表的效果感兴趣。1878年的《反社会党人法》(Anti-Socialist Law)使社会主义活动家的活动变得极其困难，直到1890年10月法令被撤销为止⑤，领导人自然对其被重新实施的可能性非常敏感。1895年11月，普鲁士当局根据一项可追溯到1850年的法律⑥解散了柏林六个区的组织，充分表明了国家的敌意。在成员资格、选举支持和广泛的组织资源方面，恢复合法地位使社会民主党的力量有了巨大的飞跃。在这种情况下，党为什么要冒险公开讨论革命暴力的选择呢？

《反社会党人法》(Sozialistengesetz; Anti-Socialist Law)实施时，恩格斯明确拒绝了当局关于德国社会民主党应停止革命的要求，认为如果

---

① 参见《马克思恩格斯文集》第10卷，人民出版社2009年版，第700页。
② 参见 Marx & Engels Collected Works 27，Moscow: Progress Publishers, 1990, p. 519。
③ 《马克思恩格斯文集》第10卷，人民出版社2009年版，第700页。
④ 参见《马克思恩格斯全集》第22卷，人民出版社1965年版，第608页。
⑤ 参见 Lidtke Vernon, *The Outlawed Party: Social Democracy in Germany, 1878-1890*, Princeton: Princeton University Press, 1966。
⑥ 参见 Gary Steenson, *"Not One Man! Not One Penny!" in German Social Democratic, 1863-1914*, Pittsburgh: University of Pittsburgh Press, 1981, p. 114。

它这样做,将会"永久"维护现有的政治秩序[1]。他显然担心,公开放弃革命会放任一种与资本主义相妥协的社会主义形式的发展。1895年,他在给理查德·费舍(Richard Fischer)的信中向中央委员会作出的答复是,他不能"忍受"党在任何情况下都会保证自己的合法性,从而放弃"放弃拿起武器对抗不法行为"[2]这一权利的想法。恩格斯认为,国家总是存在诉诸镇压的可能性,在这种情况下,社会主义者应该明确表示他们会进行抗争。1892年2月,他在意大利的《社会评论》(Critica Sociale)杂志上的一篇文章中指出了这一点,他说:"十有八九的前景是,统治者早在这个时候到来以前,就会使用暴力来对付我们了;而这将使我们从议会斗争的舞台转到革命的舞台。"[3]然而,从负责管理一个大众的党的日常事务的人的角度来看,似乎最好是能压制关于暴力可能性的所有讨论。恩格斯认为,如果该党不保持革命的可能性选择,它就会滑向"不惜一切代价实现和平"的境地。他急于通过任何必要的手段保持对社会革命的不懈承诺,同时又支持显然有利于通过和平手段取得胜利的政治工作。

恩格斯在1895年所表达的立场在原则上并没有什么矛盾。政治民主是获得权力的手段,但在国家发起先发制人的打击时,或代表旧统治阶级的力量发动反革命运动的情况下,这种权力将得到革命暴力的捍卫。这些矛盾出现在适用一般原则的时候。恩格斯在考察欧洲的社会民主党和第二国际成立初期力量的逐渐强大时注意到了这种紧张关系。让我们继续探索他在解决这些矛盾时所作的努力。

第一对矛盾:改革与革命

为什么对宪政的追求会被认为是与社会革命的目标相矛盾的? 罗

---

[1] 参见《马克思恩格斯全集》第28卷,人民出版社2018年版,第263—265页。
[2] 《马克思恩格斯文集》第10卷,人民出版社2009年版,第686页。
[3] 《马克思恩格斯文集》第10卷,人民出版社2009年版,第443页。

莎·卢森堡(Rosa Luxemburg)在她的小册子《社会改良还是社会革命》(Social Reform or Revolution)的引言(1899)中指出,"社会改革与革命之间有着不可分割的联系"①。她精心斟酌了这个标题,以反驳伯恩施坦作为"修正主义者"的观点,即手段和目的是矛盾的,党应该放弃革命。这是伯恩施坦在恩格斯去世后立即掀起的运动。但修正主义不仅仅是伯恩施坦提出的一套思想。这一框架反映了包括工会在内的该运动的日常状态,因为进步是以该运动改善德国工人阶级的生活的能力来衡量的。直到1905年之后,社民党才发展出可观的官僚体系②,但很明显,通过宪法手段建立其力量的运动将培养起对于这些手段的谨慎的自我保护的强烈直觉③。

恩格斯清楚地认识到了一种为了工人阶级的利益而进行改革,同时忽视了对生产资料进行社会控制的必要性的趋势。他的信中遍布着对"机会主义者""庸人""小资产阶级分子"的警告④。在《论住宅问题》(The Housing Question)的序言中,他概述了《反社会党人法》时期悄然进入社会民主党部分地区的"小资产阶级"倾向的危险:"虽然承认现代社会主义的基本观点和变一切生产资料为社会财产的要求是合理的,但是认为只有在遥远的、实际上是无限渺茫的未来才有可能实现这一切。因此,人们现在只须从事单纯的社会补缀工作,甚至可以视情况同情那些极反动的所谓'提高劳动阶级'的意图。"⑤当这项法律于1890年被废除时,恩格斯发现社会民主党的出版社中出现了"机会主义"的蔓延。1891年,他在评论社民党的纲领草案时对此提出了抱怨,并觉得有

---

① Rosa Luxemburg, *Selected Political Writings*, New York: Monthly Review Press, 1971, p. 52.
② 参见 Susan Tegel, "The SPD in Imperial Germany: 1871-1914", in R. Fletcher (ed.), *Bernstein to Brandt: A Short History of German Social Democracy*, London: Edward Arnold, 1987, pp. 20-24。
③ 参见 Robert Michels, *Political Parties*, New York: Dover, 1959, pp. 367-376。
④ 参见 *Marx & Engels Collected Works 47*, Moscow: Progress Publishers, 1995, pp. 169, 258, 268, 296, 300。
⑤ 《马克思恩格斯文集》第 10 卷,人民出版社 2009 年版,第 243 页。

必要提醒他们,尽管法国和美国,甚至在君主制仍然残留的英国,社会主义很可能可以和平发展,但在德国,社会主义者将不得不炸毁"半专制制度"的政治制度桎梏①。

无论是在对各国社会主义者的建议中,还是在他对第二国际发展的评论中,恩格斯都反对在欧洲其他地方实行改革主义的社会主义。他攻击法国的"可能派"(Possibilists)和英国的海德门(Hyndman)的社会民主联盟②。这些倾向不仅在本国形成了对更激进的社会主义者的不利竞争,而且在国际上,当他们的选票与温和的工会会员结合在一起时,它们也产生了相当大的影响力。恩格斯还反对英国的费边社,谴责其领导人对"金钱,倾轧,名位"的迷恋③。这些倾向到处都很流行,而恩格斯则支持那些决心独立且明确地为使社会主义战胜资产阶级敌人而行动的团体④。对恩格斯来说,社会主义政治永远是阶级斗争的政治。

恩格斯知道,在推行改良主义政治策略的同时保持革命信念不是一件容易的事情,但他对这一问题的反应是鲁莽而夸张的。他提出了三个主要论点:第一,他认为,作为最后手段,可以通过牺牲党的团结来实现左派和右派之间的分裂;第二,他唤起有政治意识的工人阶级的毫不妥协的社会主义本能,来作为对领导层的错误的遏制;第三,他提出,在不久的将来选举将带来权力的承诺。他在1885年写给威廉·李卜克内西的一封信中第一次提出了正式分裂的可能性:"这伙半吊子文丐只会败坏党的面貌,难道你就始终都不明白?……党内小资产阶级的成分越来越占上风。马克思的名字尽量回避不提。如果这样继续下去,党内就要发生分裂,对这一点你也许会深信不疑。"⑤同年晚些时候,

---

① 参见《马克思恩格斯文集》第4卷,人民出版社2009年版,第414页。
② 参见《马克思恩格斯全集》第22卷,人民出版社1965年版,第72页。
③ 参见《马克思恩格斯文集》第10卷,人民出版社2009年版,第633页。
④ 参见 Gary Steenson, *After Marx, Before Lenin: Marxism and Socialist Working-Class Parties in Europe, 1884-1914*, Pittsburgh: University of Pittsburgh Press, 1991, ch. 1.
⑤ 《马克思恩格斯全集》第36卷,人民出版社1974年版,第278—279页。

他在给保尔·拉法格、左尔格和伯恩施坦的信中说,要不是有反社会党人法,他就会主张公开分裂。① 在这项法律被废除后,至少在分歧发生之前,恩格斯似乎都在一定程度上对社民党和议会党团的行为感到满意。然而,考茨基认为,如果伯恩施坦在恩格斯还活着的时候发表他的论点,恩格斯肯定会坚持将他驱逐出党②。"分裂"选择的明显问题是,这将立即危及社会主义政党所取得的使其成为不可忽视的力量的那种选举进展的能力。通过分裂正式化的选择,实际上会发现,"改革或革命"是一对真正的矛盾,而恩格斯强烈抵制这一结论。还有一种危险是,分裂会成为一种轻易的选择,从而分裂工人运动。

恩格斯对广大工人毫不妥协的社会主义本能的信念并不是建立在直接经验或令人信服的经验证据的基础之上的。这是一个非常常见的假设,罗伯特·米歇尔斯(Robert Michels)在一战前对社民党的研究中对此进行了预演③。马克思曾在1880年写了一份调查问卷,以更清楚地了解工人的态度以及他们的社会状况和工作条件④,但他的追随者并没有采用这种经验主义的方法。德国直到1929—1931年才对德国工人的态度进行了第一次调查,由希尔德·韦斯(Hilde Weiss)和埃里希·弗洛姆⑤进行。恩格斯显然对德国工人阶级积极分子在《反社会党人法》时期所表现出的坚韧不拔的态度印象深刻。在1884年德国选举之前,他感叹领导人中有许多"废物","但我对群众的信赖却坚如磐石"⑥。即使当"庸人"因选举而占议会党团的大多数时,恩格斯也还仍然相信这些人没有得到群众的支持⑦。他认为,由于"我们工人的巨大

---

① 参见《马克思恩格斯全集》第36卷,人民出版社1974年版,第315页。
② 参见 Massimo Salvadori, *Karl Kautsky and the Socialist Revolution, 1880-1938*, London: New Left Books, 1979, p. 79。
③ 参见 Robert Michels, *Political Parties*, New York: Dover, 1959。
④ 参见《马克思恩格斯全集》第25卷,人民出版社2001年版,第427—436页。
⑤ 参见 Erich Fromm, *The Working Class in Weimar Germany: A Psychological and Sociological Study*, Wolfgang Bonss(trans.), Cambridge: Harvard University Press, 1984。
⑥ 《马克思恩格斯全集》第36卷,人民出版社1974年版,第165页。
⑦ 参见《马克思恩格斯全集》第36卷,人民出版社1974年版,第289页。

进步"①,这种改革派的"庸俗主义"是已经没有威胁了。即使在英国他和马克思经常对工人阶级的温和感到绝望的情况下,他也容易夸大激进主义的丝毫迹象,将其视为大众的觉醒。因此,1889 年 12 月,他向左尔格抱怨说,资产阶级的体面"已经深入到工人的骨头里"②了,仅仅几个月后,他又告诉左尔格说:"这个群体突然惊醒并明白自己是一股巨大的前进力量的一天不远了"③。伦敦五一庆祝活动的成功给他的这一直觉提供了一些实据,这促使恩格斯宣称,英国工人阶级已经从四十年的冬眠中苏醒,"重新投入了自己阶级的运动"④。1890 年在整个欧洲和美国举行的争取八小时工作制的联合示威极大地激发了他的热情:"欧美无产阶级正在检阅自己第一次动员起来的战斗力量,他们动员起来,组成一支大军,在一个旗帜下,为了一个最近的目的,即早已由国际 1866 年日内瓦代表大会宣布、后来又由 1889 年巴黎工人代表大会再度宣布的在法律上确立八小时正常工作日。"⑤恩格斯对整个欧洲和美国的阶级意识明显上升情况的热情是情有可原的。在马克思去世和恩格斯去世之间的岁月里,社会主义政党的数量和实力有了显著的提升。但基层有强大的力量能够防止其领导人向右转的假设是非常值得怀疑的。社会主义在组织并取得实际成就的能力方面赢得了与无政府主义的斗争的历史性胜利。成功的改良主义也可能像伯恩施坦所说的那样流行,它可以将一些专制或保守的特质特别是民族主义的因素结合起来。

直到他生命的最后几年,恩格斯才成为选举政治的热情倡导者,他以皈依者过度的热情拥抱了选举政治。在 1893 年 9 月对奥地利社会民主党的讲话中,他称赞普选权是无产阶级手中最有力的武器之一,是

---

① 《马克思恩格斯全集》第 21 卷,人民出版社 1965 年版,第 373 页。
② *Karl Marx Friedrich Engels Werke 37*,Berlin: Dietz Verlag, 1967, p. 321.
③ *Karl Marx Friedrich Engels Werke 37*,Berlin: Dietz Verlag, 1967, pp. 394-395.
④ 《马克思恩格斯全集》第 22 卷,人民出版社 1965 年版,第 70 页。
⑤ 《马克思恩格斯文集》第 2 卷,人民出版社 2009 年版,第 22 页。

衡量党的权力和实力的唯一手段,德国的经验已经证明了这一点①。1894年初,他向意大利人赞扬了与激进分子和共和党人的合作如果成功地获得普选权将会带来的好处②。他赞扬英国社会主义者(处于萌芽中的独立工党)成功赢得了议会席位③,并敦促法国劳动党努力增加其议会代表④。但正是社民党的成功激发了他的热情,并使他对争取选举优势的斗争结果产生了疯狂乐观的估计。

在1891—1892年写的《德国的社会主义》(Socialism in Germany)中,他列举了社民党选举的六个有利结果,并宣布"几乎能像数学那样准确地确定它取得政权的时间了"⑤。这种典型的实证主义错觉也表现在一些类似的声明中。1892年4月,他在接受《闪电报》(L'Eclair)采访时表示,希望德国社会党能在十年内上台⑥;并在1893年6月接受《每日纪事报》(Daily Chronicle)采访时预测德国社会主义政党将在1900年到1910年之间取得议会多数⑦。1895年他在《法兰西阶级斗争》的序言中断言,到19世纪末,社民党将成为"国内的一个决定力量"⑧。他虽然也警告说,德意志帝国不会坐视不管,但他根本无法抗拒为社会主义提供快车道的诱惑,从而放任了这种乐观态度。通过唤起对革命目标即将实现的期望,他淡化了彻底的改良主义的危险,但这是一种形式政治,而不是理性政治。他在政治谨慎方面的缺乏与马克思形成了鲜明的对比。据报道,马克思在晚年曾说过,所有伟大的运动都是缓慢的,在德国建立一个共和国将是为了社会主义,就像1688年的

---

① 参见《马克思恩格斯全集》第22卷,人民出版社1965年版,第481页。
② 参见《马克思恩格斯全集》第22卷,人民出版社1965年版,第516—517页。
③ 参见 Karl Marx Friedrich Engels Werke 38, Berlin: Dietz Verlag, 1979, pp. 393, 396。
④ 参见 Karl Marx Friedrich Engels Werke 39, Berlin: Dietz Verlag, 1968, pp. 40-41。
⑤ 《马克思恩格斯全集》第22卷,人民出版社1965年版,第290页;《马克思恩格斯文集》第4卷,人民出版社2009年版,第428页。
⑥ 参见《马克思恩格斯全集》第22卷,人民出版社1965年版,第622页。
⑦ 参见《马克思恩格斯全集》第22卷,人民出版社1965年版,第636页。
⑧ 《马克思恩格斯全集》第22卷,人民出版社1965年版,第609页。

"光荣革命"是为了自由主义一样,"仅仅是向好的方面迈进了一步——大路上的一站而已"①。恩格斯对即将到来的社会主义的鲁莽预测,在燃起第二国际左派的革命急躁方面发挥了重要作用。

第二对矛盾:军队与人民的对决

作为一名经验丰富的军事评论家,恩格斯知道,现代军队的力量是对革命战术的强大制约。拥抱选举进入社会主义的道路提供了发展社会主义政治的手段,同时也避免了一场他们无法取胜的斗争。因此,恩格斯建议社会主义者不要因为挑衅而采取暴力行动,并要与无政府主义者保持距离,因为他们和政治暴力联系在一起。但有一个关键问题仍然没有答案。能够阻止军队在选举胜利后碾碎社会主义者的条件是什么呢?军队的叛乱或暴力打击是否需要借口?如果革命的社会主义者不能设计出能够有效地使军队保持中立的条件,那么长期的改良主义就成了唯一可行的选择。

恩格斯首先关心的是避免给国家动用军队镇压社会主义者提供借口。因此,他敲打了左翼团体,因为这些团体可能会陷入暴动的陷阱。马克思和恩格斯在第一国际中与无政府主义者的斗争在这里得到了延续。到 1889 年发起第二国际时,无政府主义和社会主义之间的权力平衡已经发生了有利于后者的变化,因为后者在组织发展和选举方面取得了相当大的成功。虽然只有德国社会民主党获得了群众的支持,在 1890 年的选举中赢得 140 万张选票,但选举战略带来了短期内赢得政府在社会政策上的让步,以及长期执行社会主义政策的希望。相比之下,无政府主义则提供了一种充满危险的"要么全有要么全无"的做法。无政府主义者使得 1889 年巴黎大会和 1891 年布鲁塞尔大会气氛激

---

① 《马克思恩格斯全集》第 25 卷,人民出版社 2001 年版,第 656 页。

烈,恩格斯决心摆脱他们。当他在1893年苏黎世大会上当选国际会议主席并发表讲话时,他宣布对该决议感到满意;该决议旨在将无政府主义者排除在该组织之外,因为他们拒绝支持宪法政治。事实上,直到1896年伦敦大会①将他们永久排除在外,这一问题才得到彻底解决。乍一看,恩格斯和大多数社会主义运动人士拒绝与无政府主义者有任何关系似乎很容易理解。因为一些无政府主义者使用的恐怖主义战术是在公开邀请国家对所有的社会主义者和工会会员采用强制措施。但实际上只有少数无政府主义者支持恐怖主义,他们否认议会主义似乎并不能为1896年大会驱逐许多温和的英国代表提供充足的理由。

  无政府主义者并不是唯一有可能点燃革命火焰的群体。每个社会党都有一个"极左"部分,这也可能引发鲁莽的并最终导致自杀的行动。尽管恩格斯只是偶尔公开批评某些"左"派倾向,但有一次特别著名。它发生在1890年,当时三名年轻的活动家谴责社民党领导层的右翼倾向,并暗示它实际上是在放弃恩格斯所代表的革命社会主义。对于暗示恩格斯也赞同他们对党的领导层的批评的做法,恩格斯感到很愤怒,他的回答是,这些"受过'学院式教育'的"年轻人要向工人学习的地方比工人要向他们学习的地方要多得多②。此外,右派("小资产阶级"集团)的威胁并不像"傲慢的文学家和大学生集团"③那样大。在给左翼活动人士之一、剧作家保尔·恩斯特(Paul Ernst)的信中,他否认社民党领导层中的改良派分子占多数,并认为在反对《反社会党人法》的"活泼快乐的斗争"过程中,左派已经变得更加强大④。恩斯特于1891年被开除出党。这一时期所表现出的"阶级定式"的尖刻讽刺,为几十年来社会主义内部的诽谤树立了模型。倾向于彻底的改良主义的成员被称为

---

① 参见 Julius Braunthal, *History of the International*, 1864-1914, London: Nelson, 1966, pp. 249-254。
② 参见《马克思恩格斯全集》第22卷,人民出版社1965年版,第82页。
③ 《马克思恩格斯全集》第22卷,人民出版社1965年版,第99页。
④ 参见《马克思恩格斯全集》第22卷,人民出版社1965年版,第99页。

"小资产阶级",对左派(他们只是说出恩格斯在其他时候也愿意承认的东西)的批评被谴责为缺乏智识。当然,马克思并不反对使用尖刻的谩骂,但他并没有用点名的方式来代替理性的批评。恩格斯和马克思1879年给德国政党领导人写的通函,抱怨党报编辑的右翼立场时比恩格斯后来的讲话①要克制得多。

恩格斯经常警告社会主义活动人士要避免被挑起革命暴力,这将给政府以镇压党的借口,但他建议他们在战斗不可避免的情况下也要做好采取行动的准备。1884年,他写信给倍倍尔,说在军队"还反对我们的时候",社会主义者们不应该采取行动②。换句话说,尽管恩格斯知道通过叛乱获得权力的可能性很小,但他相信工人运动很可能要在政治危机中进行自卫。1890年,他怀疑俾斯麦政府挑动起义,以便恢复《反社会党人法》,但他相信工人们会保持自律,特别是因为到这个时候,他们中的许多人已经有了遵守纪律的经验③。这年晚些时候,他再次呼吁在挑衅面前保持克制,称虽然"有百分之二十的选票投给了党,这是一个非常可观的数字,然而这同时也表明,还有百分之八十的选票投给了联合在一起的敌人"。除此之外,在"面对军队的情况下进行暴动"将导致失败,并失去过去二十五年来的所有成果。④ 1891年,在写给保尔·拉法格的信中恩格斯警告被挑衅闹事将面临的危险,因为"我们仍然远远无法承受公开的战斗"。他的结论是,社民党的力量在于它的存在和"缓慢、稳定、不可抗拒的进步"⑤。实际上,恩格斯表达了一种"缓慢而稳定,但不是太慢和太稳定"的模糊立场。

恩格斯关于避免血腥战斗的建议是明智的。更有争议的观点是,他认为,有阶级意识的新兵涌入军队将削弱其作为阶级压迫工具的可

---

① 参见《马克思恩格斯全集》第25卷,人民出版社2001年版,第344—363页。
② 参见《马克思恩格斯全集》第36卷,人民出版社1975年版,第241页。
③ 参见《马克思恩格斯全集》第22卷,人民出版社1965年版,第10—11页。
④ 参见《马克思恩格斯全集》第22卷,人民出版社1965年版,第91—92页。
⑤ *Karl Marx Friedrich Engels Werke 38*, Berlin: Dietz Verlag, 1979, p. 20.

靠性。马丁·伯杰(Martin Berger)将此描述为"消灭军队"的公式①。恩格斯需要向社会主义者保证,现代国家并不是无所不能的,但在试图这样做的时候,他危险地陷入了一厢情愿的状态。在1876年发表在《人民国家报》的一篇文章②中,他第一次暗示了他对军队的这种独特看法。在这里,他认为普鲁士烧酒的生产将被来自俄罗斯的竞争对手削弱,导致德国东部容克社会制度的崩溃,从而破坏军队的社会基础。这种崩溃会使军队更倾向于支持社会民主派而不是支持国家③。1887年,他在《社会主义者报》(*Le Socialistein*)上发表的一篇文章④中认为,如果一个国家放弃普鲁士的常备军模式,代之以"国民军",它的军事实力将增长一倍,同时军事预算也将减少一半。他建议采用瑞士模式,即每个公民家里都有枪械和装备。这样做的好处是,军队将极为适合防御,而不会有侵略性的目的,同时,面对武装起来的人民,政府也不敢"侵犯公民自由"。

但这些都是社会主义者的优势,而不是资产阶级国家的优势。四年后,他在同一份杂志上发表了另一篇文章⑤,认为对于国家领导人来说,大规模招募工人新兵导致军队作为镇压手段变得"不可靠"了,因此他们已经"胆战心惊地预见到,终有一天掌握武器的士兵会拒绝杀害自己的父老兄弟"⑥。在写于1891—1892年间的《德国的社会主义》

---

① 参见 Martin Berger, *Engels, Armies, and Revolution: The Revolutionary Tactics of Classical Marxism*, Hamden: Archon Books, 1977, pp. 154-170; Martin Berger, "Revolutionary Tactics and the Importance of Engels", in Louis Patsouras (ed.), *The Crucible of Socialism*, Atlantic Highlands: Humanities Press, 1987, pp. 227-229.
② 指《德意志帝国国会中的普鲁士烧酒》,参见《马克思恩格斯全集》第25卷,人民出版社2001年版,第43—62页。——译者注
③ 参见《马克思恩格斯全集》第25卷,人民出版社2001年版,第61—62页。
④ 指《给巴黎国际联谊节组织委员会的信》,参见《马克思恩格斯全集》第28卷,人民出版社2018年版,第433—435页。——译者注
⑤ 指《巴黎公社二十周年给法国工人的贺信》,参见《马克思恩格斯全集》第22卷,人民出版社1965年版,第214—215页。——译者注
⑥ 《马克思恩格斯全集》第22卷,人民出版社1965年版,第214页。

(*Socialism in Germany*)中他断言:"德国军队将愈来愈传染上社会主义"①。1893 年 5 月,他在接受《费加罗报》(*Le Figaro*)采访时,从社民党获得的选举支持的增长中推断出一个令人怀疑的结论:"整个军队就会有一半站到我们这边"②。这在著名的 1895 年《法兰西阶级斗争》导言中重复了一遍,他在导言中预测,到 1900 年,社会主义者将占据军队的多数③。

1893 年出版的《欧洲能否裁军?》(*Can Europe Disarm?*)一定会被评为他的长期政治评论员生涯的低谷。它是从一个冷静的公民和军事问题专家视角而不是一个革命的社会主义者的视角来写的。他在几年前为《曼彻斯特卫报》(*Manchester Guardian*)和《派尔-麦尔新闻》(*Pall Mall Gazelle*)撰写战争文章时,采取了"中立"的角色。这为恩格斯在马克思的家中赢得了"将军"的绰号④,但这次他与其说是"中立"的,不如说是完全混淆的。在《欧洲能否裁军?》中他呼吁各国政府同意限制兵役的期限,以此作为向民兵模式迈进的手段。他现在已经摆脱了瑞士的模式,提出"对男性青年一代实施体育和军事的训练作为向新制度过渡的重要条件"⑤。然后,现有体系中的专业士官可以成为新模式下进行体操和队列训练的学校教员——这对士兵和孩子都有利⑥。这本不寻常的小册子有几个方面存在着缺陷。正如他在给拉法格的信中所表明的,他的计划是为了应对资产阶级和军队的反对⑦,但这是一个荒谬的说法。首先,普鲁士人的职业军队模式之所以受欢迎,是因为它在普奥战争和普法战争中取得了惊人的成功。因此,不可能有任何

---

① 《马克思恩格斯全集》第 22 卷,人民出版社 1965 年版,第 291 页。
② 《马克思恩格斯全集》第 22 卷,人民出版社 1965 年版,第 629 页。
③ 参见 *Marx & Engels Collected Works* 27, Moscow: Progress Publishers, 1990, p. 240。
④ 参见 Terrell Carver, *Friedrich Engels : His Life and Thought*, London: Macmillan, 1989, pp. 227 - 228。
⑤ 《马克思恩格斯全集》第 22 卷,人民出版社 1965 年版,第 436 页。
⑥ 参见《马克思恩格斯全集》第 22 卷,人民出版社 1965 年版,第 448 页。
⑦ 参见 *Karl Marx Friedrich Engels Werke 39*, Berlin: Dietz Verlag, 1968, p. 191。

实际的自愿转向民兵制度的机会。但是,让我们暂时搁置这一点,并认为该提案在军事效力和预算节约方面可能会有一些好处。然而,军队作为镇压手段的可靠性会降低的可能性,也会让国家领导人很难相信这一模式。当然,进攻能力的削弱也不会吸引任何具有军事头脑的人。最后,有何证据能表明工人阶级以任何方式加入武装部队都能减轻这些部队的反动性质?为什么恩格斯不考虑另一种可能性,那就是无产阶级沉浸在军队中会投身于国家的事业而不是阶级的事业?恩格斯只是在抓住最后一根稻草。在这个过程中,他透露了对儿童进行军国主义教育的可怕想法,后来纳粹以夸张的形式实施了这一行为。

恩格斯还有另一个更有说服力的抵消军队威胁的设想是——军队在战争中战败。在 1885 年给倍倍尔的信中,他预言了一场毁灭性的屠杀,这将导致阶级国家的消灭,"洪水之后,出来的就是我们,而且只有我们"①。1887 年,他预言了一场持续三四年的激烈战争将波及整个大陆,带来饥荒和疾病,并导致"普遍野蛮化"。他再次准确地预测,"王冠成打地滚落在街上而无人拾取",但他最坚信的预测是,这些都将为工人阶级取得最终的胜利创造条件②。

显然,在这样的战争中失败将使国家屈服,为革命敞开大门,而这正是 1917 年在俄国和 1919 年在德国发生的事情。恩格斯似乎假设,当阶级敌人一蹶不振时,各国的社会主义者都会放弃敌对,重新履行他们的国际使命。但是,如果社会主义者自愿作为其国家统治阶级的帮凶而参与敌对行动呢?

第三对矛盾:民族主义与国际主义

早在 1846 年,马克思和恩格斯就认为共产主义只有在国际范围内

---

① 《马克思恩格斯全集》第 36 卷,人民出版社 1974 年版,第 382 页。
② 参见《马克思恩格斯全集》第 28 卷,人民出版社 2018 年版,第 445 页。

才有可能实行①,恩格斯在他的《共产主义原理》(Principles of Communism)中有力地重申了这一点,提到至少在英国、法国、德国和美国同时进行革命的必要性②。到1892年,在《社会主义从空想到科学的发展》英文版序言中,他仍然认为,欧洲工人阶级的胜利"至少需要英法德三国的共同努力,才能保证胜利"③。然而,正如马克思和恩格斯在《共产党宣言》中所承认的,阶级斗争只是实质上的国际性斗争,而不是形式上的国际斗争;也就是说,政治权力是在民族国家内部行使的,每个国家的无产阶级"当然首先应该打倒本国的资产阶级"④。马克思在他的《哥达纲领批判》(Critique of the Gotha Program)中再次提出了这种形式与实质的区别,他在该计划中严厉批判了社民党背弃国际主义的计划⑤。马克思不愿意接受这种区分是自相矛盾的这一事实,但当时,在第一国际崩溃三年后,他也无法就如何将国际主义体现在社会主义政治中提供更具体的建议。

国际是国际社会主义活动的中央协调机构,其失败发生在社会主义政治开始以其现代组织形式发展的时候。欧洲主要国家选举权的扩大鼓励了社会主义政党的发展及其对宪政的参与。国家机器也在扩展,以提供基础教育和增进对社会福利的贡献。换句话说,劳动人民可能开始将国家视为一个供给者,更倾向于认同统治阶级所界定的国家利益。不可避免的是,社会主义政党开始被卷入关于"国家利益"的讨论,并不总是能够像马克思和恩格斯在《共产党宣言》中所说的那样,坚持"工人没有祖国"⑥。恩格斯与社民党的同志就1884—1885年的《轮船补贴法案》(Steamship Subsidy Bill)进行了这样一次辩论:社民党

---

① 参见《马克思恩格斯文集》第1卷,人民出版社2009年版,第539页。
② 参见《马克思恩格斯文集》第1卷,人民出版社2009年版,第687页。
③ 《马克思恩格斯文集》第3卷,人民出版社2009年版,第522页。
④ 《马克思恩格斯文集》第2卷,人民出版社2009年版,第43页。
⑤ 参见《马克思恩格斯文集》第3卷,人民出版社2009年版,第438—439页。
⑥ 《马克思恩格斯文集》第2卷,人民出版社2009年版,第50页。

议会小组在是否支持俾斯麦政府提出的对建造邮政汽船的补贴问题上存在分歧。许多社民党代表原本乐于支持这一措施,但倍倍尔等人表示反对。恩格斯建议向政府妥协,并要求为建立工人合作社提供类似数额的资金。然而政府没有丝毫可能接受这一点,这也就意味着妥协,而不是宣布坚持原则地彻底反对。另外一种妥协方式最终也没有成功,这种方式要求新建船只须在德国建造,同时反对在前往新获得的非洲殖民地的航线上使用这些船只。[①] 恩格斯认为,如果社会主义者只是原则上反对该法案,他们将被视为反对一项能为德国劳工提供工作的措施——因此需要进行妥协。然而,在这样做的时候,社民党承认,国家正在做的事情在某种程度上符合国家利益。几十年的这种妥协可能会使该党与德国的民族主义捆绑在一起。

1889 年,第二国际的成立为实现社会主义国际主义提供了新的阵地,恩格斯对此表示欢迎。然而,它既没有第一国际总委员会那样的行政权力,也不对个人开放。它实际上只不过是一个松散的国家机构联合会,在恩格斯仍然在世的时候,它甚至都没有自己的办事处。[②] 恩格斯意识到,一个强大的国际组织对于推进社会革命的目标至关重要,但他最关心的是确保多数人支持忠诚的"马克思主义"路线。他淡化了自己协调国际政治行动的潜力,赞扬 1891 年大会拒绝了斐迪南·多梅拉·纽文胡斯(Ferdinand Domela Nieuwenhuis)提出的决议,即如果发生战争,国际应该发动欧洲总罢工[③]。作为荷兰社会主义联盟领导人之一的纽文胡斯在 1893 年苏黎世大会上再次提出了他的总罢工动议,但仍然没有成功。恩格斯诉诸现实——欧洲工人已经把"高调盛行的时期"抛在后面了,他们考虑"事实",认识到了自己所承担的责任,为他在

---

① 参见 Vernon Lidtke, *The Outlawed Party: Social Democracy in Germany, 1878-1890*, Princeton: Princeton University Press, 1966, pp. 194-204。
② 参见 Robert Michels, *Political Parties*, New York: Dover, 1959, pp. 193-196; Julius Braunthal, *History of the International, 1864-1914*, London: Nelson, 1966, pp. 243-245。
③ 参见《马克思恩格斯全集》第 22 卷,人民出版社 1965 年版,第 281 页。

战争中反对总罢工辩解。① 巧的是,全面战争过了二十多年都没有爆发,这些早期大会的决议也就没能促使国际的成员去寻找对它们国家的政府施加压力的方法。古斯塔夫·麦耶尔(Gustav Mayer)引用了纽文胡斯的抱怨,即对他的动议的反对植根于沙文主义,这与国际主义的原则相去甚远,并以此得出结论,纽文胡斯的看法"更贴近"事态的发展,而恩格斯则"总是在辩解"。②

如果社会主义的成功取决于国际合作,社会主义者似乎有义务坚持原则地反对各自国家的战争准备。不过,恩格斯认为,每种情形都应该个别看待,特别是任何针对最反动的国家——俄国的斗争都应该得到支持。在《德国的社会主义》中,他认为,如果法国站在反动的俄国一方,德国社会主义者将被迫拿起武器在防御战中对抗法国人③;他在接受《闪电报》(*L'Eclair*)的采访时重申了这一点④。这远远超出了社会主义者缺乏阻止战争的能力的看法,他的立场可以被后人加以引用,以合法化1914年主要的社会主义政党支持政府参与战争的决定。他们的领导人清楚地计算出,抵制民族主义浪潮的损失太大。恩格斯对于社会主义者应该利用全面战争的灾难的乐观态度,简单地忽略了他们参与敌对行动的合乎逻辑的结果——国际的毁灭和国内党派的分裂。

结论

当恩格斯在1893年写到"各地都进展顺利"⑤时,这似乎是对社会主义发展前景的完全合理的估计。年轻的社会主义政党正在取得迅速

---

① 参见《马克思恩格斯全集》第22卷,人民出版社1965年版,第281页。
② 参见 Gustav Mayer, *Friedrich Engels, A Biography*, London: Chapman & Hall, 1936, pp. 291, 306。
③ 参见《马克思恩格斯全集》第22卷,人民出版社1965年版,第297页。
④ 参见《马克思恩格斯全集》第22卷,人民出版社1965年版,第623页。
⑤ *Karl Marx Friedrich Engels Werke* 39, Berlin: Dietz Verlag, 1968, p. 41.

的且可以衡量的进展,工人的斗争迹象越来越多。第二国际已经开始了将整个欧洲的主要社会主义政党聚集在一起的任务。然而,这些事态发展掩盖了社会主义运动的深刻的内部分歧以及最终于 1914 年爆发的结构性矛盾。把这些矛盾的责任归之于恩格斯是愚蠢的,但他的革命民族主义确实充满了妄想和托词。宣扬德国社会主义者即将获得政治权力的观点,助长了左翼马克思主义普遍存在的对迅速实现社会变革的错误预期,并过早地在 1917—1919 年发起了仓促的革命行动。尽管他无疑是在作出正确的警告:国家机器准备动用军队对付社会主义者,但人们认为社会主义运动的进一步发展将会削弱这些军队的反动纪律却是一个危险的错觉。只有在社会主义者对国家机器的长期控制下,军队的威胁才有可能被"中和"(neutralized)。他的通过教育系统军事化使军队更接近于人民的想法是无可救药的误导。他不赞同利用第二国际发起反对战争的罢工行动,这是对民族主义的重要的和不幸的让步,这几乎可以肯定是因为他想清算与无政府主义者之间的旧账。最后,他愿意考虑如下这种情况——来自不同国家的社会主义者可以为相互杀戮而辩护,这为 1914 年社会主义领导人的行动奠定了基础。

恩格斯创造了"科学社会主义"一词,但他的政治理论中却几乎没有科学。他自己在没有参考经验主义的社会经济调查的情况下作出了政治判断,也不鼓励他人进行这样的调查。他非常认同传统的政治与经济自由分离的观点,尽管他的工作主要是从经济性的理论框架出发的。他罕见的一次从社会经济研究中得出政治结论——他关于普鲁士烧酒的文章——其结果却是独断的和完全没有依据的。他的政治是被动的、印象派的、充满一厢情愿的想法的,而且他经常用辱骂性的修辞来代替理性的论点。在这里,我们发现了 20 世纪马克思主义带着作为社会主义者的蔑视对他们所认为的小资产阶级、机会主义者、野心家、庸人、理论浅薄者等进行谩骂的起源。在恩格斯去世后的一年内,伯恩施坦在《新时代》上发表"修正主义"文章,掀起了席卷整个社民党的关于政治战略的争论。考茨基带领的反对正统马克思主义立场的修正主义者们,在 1899 年汉诺威大会上遭到了大多数人的反驳①。虽然恩格斯的理论地位由此得到了坚决的维护,但他所陷入的矛盾仍然顽固地存在。

---

① 参见 Jules Townshend, *The Politics of Marxism: The Critical Debates*, New York: Leicester University Press, 1996, ch. 2。

恩格斯对《资本论》第二卷和第三卷的编辑

[德]蕾吉娜·罗特*
姜颖** 译 徐洋*** 校

1867年春天,卡尔·马克思乐观地认为,他将可以迅速完成《资本论》,并且"明年春天能够摆脱这整部作品"****。但是这个期待没有实现。相反,马克思在1879年4月说,仔细观察英国目前的危机对于他对资本主义生产的分析非常重要,在他把危机消费到生产上——他的意思是:理论上——之前,他无法完成《资本论》的写作。① 尽管1881年以前马克思为自己的著作撰写了许多手稿,这些手稿与他负责完成的第一卷的印刷版共同组成了 MEGA 第二部分15个卷次中的大部分内容,但是在他的有生之年里,只出版了他的著作的第一卷。马克思逝

---

* 蕾吉娜·罗特(Regina Roth),《马克思恩格斯全集》历史考证版(MEGA)编辑。本文选自国际马克思恩格斯基金会学术刊物《马克思恩格斯年鉴》(Marx-Engels Jahrbuch)2012—2013年卷,德国柏林科学院出版社2013年版。本文所称"本卷《年鉴》"即指此书。

** 姜颖,中央党史和文献研究院第五研究部二级翻译。

***徐洋,中央党史和文献研究院第五研究部编审。

****马克思1867年5月7日给恩格斯的信,参见《马克思恩格斯文集》第10卷,人民出版社2009年版,第255页。(本文中有两条引原文未给出处,由译者补充中文版出处,用星花标示。本文凡原文给出经典著作引文出处者,如有中文版出处,则在给出中文版出处的同时,保留外文版出处,以方便读者查找核对。原文中的方括号,予以保留;包括脚注在内的译文中,如有译者插入的解释性文字,则用花括号括起来。——译者注)

① 参见马克思1879年4月10日给尼古拉·弗兰策维奇·丹尼尔逊的信,载《马克思恩格斯文集》第10卷,人民出版社2009年版,第431—433页(MEW, Bd. 34, S. 370/371)。

世后,弗里德里希·恩格斯用十余年的时间对他的遗稿进行编辑,第二卷和第三卷才得以问世。1883年,恩格斯首先整理了马克思的遗稿,并结束了《资本论》第一卷第三版的工作,这部著作于1883年12月出版。然后,从1884年初开始,他对马克思仍想作为《资本论》第二卷出版的第二册和第三册的手稿进行辨认。很快他就发现,这样的一卷书涉猎范围非常广泛,于是他决定首先将第二册作为第二卷出版,然后将第三册作为第三卷出版。恩格斯早在1885年就出版了第二卷。但是,第三册所需的工作比预期的更多:直到1894年12月,这一卷才最终出版。①

令人惊讶的是,恩格斯对马克思《资本论》的工作了解得比较少,尤其是19世纪70年代以后的工作。在马克思逝世后,最初甚至有人怀疑他究竟是否留下了《资本论》的手稿。当这些手稿被发现时,恩格斯承认他对手稿状况并不知情:"怎么会连我也不知道该书完成的程度?很简单,要是我知道的话,就会使他日夜不得安生,直到此书写成并印出来为止。这一点,马克思比谁都知道得更清楚。"②因此,恩格斯首先必须使自己对马克思遗稿中的文本有一个大概的了解。最初,他对文本的内容充满了巨大的热情——"出色的研究成果","经济学的变革","巨大的发现"③——并乐观地认为这两卷书很快都能出版。但不久后他就发现,美中不足的是马克思既没有为第二册也没有为第三册

---

① 在这一时期,第一卷英文版于1887年出版,第一卷第四版于1890年出版。
② 恩格斯1883年8月30日给奥古斯特·倍倍尔的信,载《马克思恩格斯全集》第36卷,人民出版社1974年版,第57页(MEW, Bd. 36, S. 56)。有关手稿是否存在的猜测,请参见恩格斯对《资本论》第三册的编辑(MEGA 2 II/14, S. 457-459)。
③ 参见恩格斯1885年4月2日和6月15日给约翰·菲力浦·贝克尔的信,4月4日给奥古斯特·倍倍尔的信,4月23日给尼古拉·弗兰策维奇·丹尼尔逊的信,3月8日给劳拉·拉法格的信,载《马克思恩格斯全集》第36卷,人民出版社1974年版,第288、325、293、298—299页,《马克思恩格斯文集》第10卷,人民出版社2009年版,第531页(MEW, Bd. 36, S. 290, 328, 293/294, 301/302, 286)。

留下任何确定的文稿,而只是留下了一些片断。第二册文稿具体包含以下内容:

——1865 年的第一草稿(*MEGA2* II/4.1),
——1868—1870 年的第二草稿(*MEGA2* II/11),
——1867—1868 年的各章的不同开头和文本(*MEGA2* II/4.3),
——1877—1881 年的各章的不同开头和文本(*MEGA2* II/11),其中包含第一次出现的扩大再生产一章的草稿;这也是马克思留存下来的 1881 年的最后一部手稿,即所谓的"第 VIII 稿"。

第三册文稿含有以下内容:

——1864—1865 年的草稿(*MEGA2* II/4.2),
——1867—1868 年的若干开头和文本(*MEGA2* II/4.3),
——1873—1875 年和 1876 年的零散文本,以及 1878 年或以后的一些札记(均收入 *MEGA2* II/14)。

因此,关于某个单独章节或主题的草稿和文本有若干版,总共有近 1700 个手稿页,[1]但是这些草稿中相当大的部分,即使是篇幅较为庞大的草稿,从内容方面看也没有进行完善的阐述。相反,它们包含大量表明个人立场的插叙和讨论,以及文献摘录,结构上也存在缺陷。分析和阐释中未解决的问题主要包括:货币在再生产过程中的作用,资本主义经济扩大再生产的作用机制,从价值范畴向价格范畴的转化,剩余价值与利润之间的关系,利润率变动的可能规律,对地租的整合,信用和危

---

[1] 有关各个文本组中涉及的主题及其在 *MEGA* 卷中的分布,请参见本卷《年鉴》第 68—69 页的概览。

机的作用。①

马克思没有留下遗嘱,只是——通过爱琳娜·马克思——向恩格斯提出口头上的委托:根据这些材料"做出点什么"②。恩格斯早在1883年6月就曾强调说,他在努力"使摩尔[=卡尔·马克思]永世长存,这将由而且应该由发表他的遗著开始"③。在他的书信中体现出两个动机因素。一方面,他的目的是维护马克思的科学遗产和科学声誉:早在1867年,恩格斯就在对第一卷的评论中强调了这种科学性。④

---

① 有关详细信息,请参见柳德米拉·瓦西娜《莫斯科编辑小组对阐明〈资本论〉手稿所作的贡献》(Ljudmila Vasina, "Der Beitrag der Moskauer Editorengruppe zur Erschließung der Kapital-Manuskripte"){作者告诉译者,这篇文章是瓦西娜女士提交给2013年1月31日在柏林举行的以 MEGA 第二部分结束为主题的研讨会的,但未收入本卷《年鉴》};卡尔·埃里希·福尔格拉夫《MEGA2 II/4.3 中首次出版的马克思1867—1868年〈资本论〉第二册和第三册手稿。撰写〈资本论〉的关键节点》,载《马克思恩格斯研究论丛·新辑》2010年卷,汉堡,2011年版,第77—116页(Carl-Erich Vollgraf, "Marx' erstmals veröffentlichte Manuskripte zum 2. und 3. Buch des Kapitals von 1867/68 im MEGA2-Band II/4.3. Zu neuralgischen Punkten in der Ausarbeitung des Kapitals", in Beiträge zur Marx-Engels-Forschung. N. F. 2010, Hamburg, 2011, S. 77-116);卡尔·埃里希·福尔格拉夫《马克思在19世纪70—80年代写作〈资本论〉第三册时所做的工作》,载《纪念沃尔夫冈·扬:完整的马克思。出版、研究全部撰写的文字并重建"未被描述"的马克思》,汉堡,2002年版,第33—66页("Marx' Arbeit am dritten Buch des Kapital in den 1870/80er Jahren", in In memoriam Wolfgang Jahn:Der ganze Marx. Alles Verfasste veröffentlichen, erforschen und den "ungeschriebenen" Marx rekonstruieren, Hamburg, 2002, S. 33-66);蕾吉娜·罗特《〈马克思恩格斯全集〉历史考证版(MEGA)中卡尔·马克思的原始手稿:研究〈资本论〉的另一种视角》,载里卡多·贝洛菲尔和罗伯托·芬奇编《重读马克思。考证版后的新视野》,贝辛斯托克:帕尔格雷夫麦克米伦出版社2009年版,第27—49页(Regina Roth, "Karl Marx's Original Manuscripts in the Marx-Engels-Gesamtausgabe [MEGA] Another View on Capital", in Re-reading Marx:New Perspectives After the Critical Edition, Riccardo Bellofiore & Roberto Fineschi [ed.], Basingstoke: Palgrave Macmillan, 2009, S. 27-49)。

② 恩格斯:《资本论》第2卷1885年汉堡版序言,载《马克思恩格斯文集》第6卷,人民出版社2009年版,第9页(MEGA2II/13, S. 8);据恩格斯在1883年8月30日写给奥古斯特·倍倍尔的信中所说,马克思知道"万不得已时(现在正是这样),手稿会由我根据他的精神出版,这一点他跟杜西也谈过"(《马克思恩格斯全集》第36卷,人民出版社1974年版,第31页;MEW, Bd. 36, S. 56)。

③ 恩格斯1883年6月24日给劳拉·拉法格的信,载《马克思恩格斯全集》第36卷,人民出版社1974年版,第44页(MEW, Bd. 36, S. 44)。

④ 参见《马克思恩格斯全集》第16卷,人民出版社1964年版,第233、236—237、240—242、244、257、260、263和271页(MEGA2 I/21, S. 4, 6/7, 9-11, 13, 41, 44, 68, 74)。

1885年,他将第二册视为对资本家阶级①内部发生的过程所作的纯粹的科学表述,将第三册视为马克思头脑中拥有过的"完全和彻底的科学革命"。② 此外,意大利经济学家阿基尔·洛里亚(Achille Loria)对马克思是否打算继续并完成他的著作表示怀疑,对此,恩格斯将其视为对马克思的严肃性和公信力的攻击。③ 另一方面,他是为了政治影响。1885年,恩格斯在给奥古斯特·倍倍尔的信中写道,通过第三册的内容,"我们的理论具有不可摧毁的基础";这使他们能够"在各条战线上胜利地发动起来",并"又将首先辩论一般的经济问题"。④

编辑中的做法

恩格斯花费十余年的时间从事阐明以及编辑手稿的工作。他最关心的——同时在他多年的工作过程中也一直遵循的——是"要编成一个尽可能真实的版本,即尽可能用马克思自己的话来表述马克思得出的各种新成果",因为对于讨论和接受来说,"最重要的却正好是

---

① 参见恩格斯1883年9月18日给卡尔·考茨基的信,1884年2月5日给彼得·拉甫罗维奇·拉甫罗夫的信,载《马克思恩格斯全集》第36卷,人民出版社1974年版,第63、102页(MEW, Bd. 36, S. 61, 99)。
② 参见恩格斯1885年3月8日给劳拉·拉法格的信,载《马克思恩格斯文集》第10卷,人民出版社2009年版,第531页(MEW, Bd. 36, S. 286)。1889年,他仍然对第三册充满热情:"这最后一卷是一部如此出色而绝对不容置辩的学术著作"[恩格斯1889年7月4日给尼古拉·弗兰策维奇·丹尼尔逊的信,载《马克思恩格斯全集》第37卷,人民出版社1971年版,第236页(MEW, Bd. 37, S. 244)]。
③ 参见阿基尔·洛里亚《卡尔·马克思》,载《科学、文学和艺术最新集萃》罗马版,第2辑第38卷第7期,1883年4月1日,第509—542页,这里参考的内容在第520页(Achille Loria, "Karl Marx", in Nuova Antologia di scienze, lettereedarti, Roma, Ser. 2. Vol. 38, fasc. 7. 1 aprile 1883, S. 509-542, hier: S. 520);弗里德里希·恩格斯《关于洛里亚在〈卡尔·马克思〉一文中"诡辩"的指责》(Friedrich Engels, "Zu Lorias 'Sophismus'-Vorwurfin: Karl Marx", in MEGA2 II/14, S. 166, 710-715)。
④ 参见恩格斯1885年4月4日给奥古斯特·倍倍尔的信,载《马克思恩格斯全集》第36卷,人民出版社1974年版,第293页(MEW, Bd. 36, S. 293/294)。在这些战线中,恩格斯不仅考虑了资本家,而且还考虑了自己一方的批评家——"党内的庸人习气"(出处同上)。

原著本身"。① 因此,恩格斯1885年在第二卷的序言中首先强调,他应尽可能避免对内容进行任何更改,如果必须要更改,则"完全根据作者的精神"去处理。② 在编辑过程中,恩格斯对文本以及对他可以或必须进行修改的内容的看法发生了变化。因为他越来越认识到稿件不仅在语言上,甚至在内容上的片断状况,这就与他最初的打算相矛盾了。恩格斯在1885年4月还认为第三卷是"圆满完成全著的部分",其中"包含着最后的研究成果"③,但1894—1895年他就只将其描述为"极不完全"的"初稿",在许多地方仅仅表达的是"按照形成时的原样写下来的思想"④,之后还称其为"一个匆忙写成的、有的地方还留有缺口的初稿[……]的著作"⑤。这使得在编辑上消除形式上和内容上的缺漏变得十分有必要了。恩格斯认为自己有责任"在出版这一卷时,要使全部论据都十分清楚而明确"⑥,换句话说,就是要出版一部易于理解和阅读的马克思著作。

恩格斯具体做了哪些工作?他对遗稿进行筛选,以从中找出所有相关的手稿,并在书信中寻找马克思就如何加工他的总稿可能提到的意见或说明。他比较了通常没有注明日期的不同文本,以确定应该作

---

① 参见恩格斯《价值规律和利润率。第一条增补》(1895年),载《马克思恩格斯文集》第7卷,人民出版社2009年版,第1005页(MEGA2 II/14, S. 323;MEW, Bd. 25, S. 897);恩格斯1884年1月28日给彼得·拉甫罗维奇·拉甫罗夫的信,载《马克思恩格斯全集》第36卷,人民出版社1974年版,第97页(MEW, Bd. 36, S. 95)。
② 参见恩格斯《资本论》第2卷1885年汉堡版序言,载《马克思恩格斯文集》第6卷,人民出版社2009年版,第9页(MEGA2 II/13, S. 8,本文第257页注释②)。
③ 恩格斯1885年4月23日给尼古拉·弗兰策维奇·丹尼尔逊的信,4月2日给约翰·菲力浦·贝克尔的信,载《马克思恩格斯全集》第36卷,人民出版社1974年版,第299,288页(MEW, Bd. 36, S. 301,290)。
④ 恩格斯:《资本论》第3卷1894年汉堡版序言,载《马克思恩格斯文集》第7卷,人民出版社2009年版,第6—7页(MEGA2 II/15, S. 7)。
⑤ 恩格斯:《价值规律和利润率》(本页注释①);恩格斯1895年3月11日给威纳尔·桑巴特的信,载《马克思恩格斯全集》第39卷,人民出版社1974年版,第404页(MEW, Bd. 39, S. 428)。
⑥ 恩格斯1889年7月4日给尼古拉·弗兰策维奇·丹尼尔逊的信,载《马克思恩格斯全集》第37卷,人民出版社1971年版,第236页(MEW, Bd. 37, S. 244)。

为文本基础的留存下来的最终文稿。① 对于第二册,他从10篇手稿中选择了7篇②;同样,对于第三册,他也必须决定,除了"主要手稿"③——这是他对1864—1865年草稿的称呼——,还应使用第一篇和第六篇④的后续文本中的哪些内容。他对选定的手稿进行辨认和口授,利用形成的辨认稿对第二册和第三册中的文字段落进行了第一次重组和编排。第二册的这个辨认稿,即所谓的"编辑手稿",保存了下来。从"编辑手稿"的众多异文和页码变更,可以详细地看出恩格斯作了哪些替换、删除和补充。⑤ 但是,第三册的辨认稿未能留存下来。

接下来,他对辨认稿进行编辑。为此,他为第三册撰写了一系列编辑文本⑥,包括:所有相关草稿以及文本的摘要,未解决问题的清单,划分结构时所作的考虑,单个文稿内的文段或语句的分类、可能发生的位置调换,目录。这些编辑文本中的大多数涉及的是非常具有片断性质的第一篇和第五篇。第三册的开头研究的内容是剩余价值、利润和成本价格范畴。一方面,它包含"第一篇初编稿"⑦的前20页,这是对第三册开头的不同稿本的整理的结果。另一方面,恩格斯针对"主要手稿"⑧和1875年手稿⑨中的大量文本段落编写了详细的摘要,并努力找

---

① 参见恩格斯《资本论》第2卷1885年汉堡版序言,载《马克思恩格斯文集》第6卷,人民出版社2009年版,第9页(MEGA2 II/13, S. 8)。
② 参见 MEGA2 II/4.1, S. 137-381(参见《马克思恩格斯全集》第49卷,人民出版社1982年版,第248—525页);MEGA2 II/4.3, S. 32-56,285-382;MEGA2 II/11(部分可参见《马克思恩格斯全集》第50卷,人民出版社1985年版,第3—326页)。
③ MEGA2 II/4.2.
④ 参见 MEGA2 II/4.3, S. 7-31,57-284,364-298;MEGA2 II/14, S. 8-152。
⑤ 参见 MEGA2 II/12。"编辑手稿"的基本层是担任恩格斯秘书的奥斯卡·艾森加藤的笔迹;恩格斯亲笔作了修改和校正。请参见本卷《年鉴》中大村泉(Izumi Omura)的文章《恩格斯对〈资本论〉第二册的编辑》,第183—184页;以及 MEGA2 II/12前言,第497—500页;"产生和流传",出处同上,第539—552页。
⑥ 参见 MEGA2 II/14, S. 165-317。有关第三册的这项工作的概述,请参见前言,出处同上,第396—407页,和恩格斯的编辑,出处同上,第457—466页。
⑦ 这里手稿的基本层也是奥斯卡·艾森加藤的笔迹,恩格斯亲笔作了修改补充。
⑧ MEGA2 II/4.2, S. 7-110.
⑨ MEGA2 II/14, S. 19-150.

出影响利润率的因素。① 编辑第五篇的大多数文本都留存了下来,尤其是编辑非常具有片断性质的第 5 点"信用。虚拟资本"的文本。这些文本记录了恩格斯主要是通过位置调换的方式对这一篇所进行的重组。在印刷版第二十一至二十六章中,他在某种程度上通过这种方式成功重组了马克思的前四点。但与此相反,很难处理的则是刚才提到的第五点,这里含有内容丰富的摘录材料(包括议会报告),但只有很少的马克思关于信用、货币、流通手段、资本、黄金外流和汇率的评论。恩格斯无法用马克思的评论作为线索来选材。最后,他仅限于在第二十七至三十五章中尽可能把马克思所有的陈述放在一定的关键词下来呈现。②

在对底本进行编辑的过程中,恩格斯进行了许多修改和干预。其中很多他都用他姓名的缩写作了标记,或在序言中对其特点进行总结;但是此外的一系列其他修改则仅仅反映在恩格斯出版的印刷版中,这就是 MEGA 收录所有文本后的编辑成果。MEGA 的任务是说明所有已查明的修改。在下文中,将对这些调查的结果,以及以 MEGA 各卷为依据对手稿和印刷版所进行的比较研究得出的结果,作一些介绍。

恩格斯对《资本论》第二册和第三册的修改

总的来说,恩格斯在具体编辑工作中尽可能地遵循马克思的思想。只有在他没有找到任何对应内容的地方才会自己加以补充。恩格斯所作的修改包括:术语、符号、数例的统一和调整,大量的位置调换,把脚

---

① 有关详细信息,请参见 MEGA2 II/14 前言,第 400—402 页,和恩格斯的编辑,出处同上,第 457—470 页。恩格斯并没有对马克思 1864—1865 年和 1875 年文本中作了提要的部分进行辨认。

② 有关详细信息,请参见 MEGA2 II/14 序言,第 402—407 页,和恩格斯的编辑,出处同上,第 472—476 页。这样做时,恩格斯放弃了他在序言中表达的最初意图,即"把空白补足,对只有提示的片断进行加工,使这一篇至少可以接近于作者原来打算写成的那个样子"(《马克思恩格斯文集》第 7 卷,人民出版社 2009 年版,第 9 页;MEGA2 II/15, S. 8/9)。

注编入正文,添加标题、引导性的和过渡性的段落,以至划分、合并段落,省略,更新,取消强调,核对计算,检查、补充和翻译引文,以及改变文体。① 这些干预不仅有助于——在文体上——文本的润色,而且对于文本的系统化和结构化、减弱矛盾、加以强调和突出重点以及抹平各版本间的差异也起到了作用。特别是恩格斯未明确标记而作的修改的例子,可以说明上述这些影响。

关于系统化和结构化,首先要提到的是他将这两部著作划分为篇并把篇划分为章的详细结构,它们在很大程度上源于恩格斯,尽管通常是根据马克思的意思处理的。恩格斯在文本中寻找线索,或者在书信中寻找依据。在给第三册第六篇(超额利润转化为地租)划分章节时,他使用了马克思在这一章结尾处拟定的详细结构。此外,他还按照马克思的指示,将级差地租放在绝对地租之前。② 如果没有马克思的相关指示,例如在利润率趋向下降的规律这一篇中,恩格斯往往会选择马克思在某个节点开头强调的术语,或者从文本中选择他认为合适的表述作为标题,例如"起反作用的各种原因"。③ 在这一篇中,也可以找到一个独立标题,即"规律本身"这一章;第五篇经常出现这种情况,如在第三册第二十七至三十四章中,这几章大多数是恩格斯从马克思的文献摘录汇编中编成的。这种系统化的另外的体现也在于增加有引导性和过渡性的文字,例如对此类摘录的介绍或第三册的开头。④

---

① 参见 MEGA2 II/14, S. 407-427。
② 参见马克思的底稿:MEGA2 II/4.2,S. 816/817,690;印刷版:《马克思恩格斯文集》第 7 卷,人民出版社 2009 年版,第 721—834 页(MEGA2 II/15, S. 627-690)。
③ 参见《马克思恩格斯文集》第 7 卷,人民出版社 2009 年版,第 258、262、263 页(MEGA2 II/15, S. 229,232,233);马克思的底稿:MEGA2 II/4.2, S. 302,305。
④ 参见《马克思恩格斯文集》第 7 卷,人民出版社 2009 年版,第 29 页(MEGA2 II/15, S. 29.9-14,946),这些引导性句子来自恩格斯;马克思底稿的相应文字,请参见 MEGA2 II/4.2, S. 7.4-10。印刷版中加了着重从句"资本运动过程作为整体考察时所产生的"(《马克思恩格斯文集》第 7 卷,人民出版社 2009 年版,第 29 页;MEGA2 II/15, S. 30.2-3)也是恩格斯的补充。

马克思的手稿中有各种各样的术语。在此,恩格斯也在努力找出马克思后来决定使用的术语,并将其转抄到早期文本中,但他并没有想将底稿的术语完全统一,也没有想要掩盖马克思创作术语的困难过程。例如,恩格斯用"劳动力"代替"劳动能力",用"发挥作用的资本家"(fungierenden Kapitalisten)代替"执行职能的资本家"(functionierenden Kapitalisten)。但是,在某些情况下,如果马克思使用的术语具有多重含义或前后不一致,恩格斯自己也会引入一个术语,例如"流通资本"(Cirkulationskapital),它在第二册书中起着重要的作用,但在马克思的文稿中却没有出现。①

恩格斯系统化的另一个领域是将第三册中计算剩余价值率和利润率的大量不同的文本进行整合。② 出发点是价值层面到价格层面的转化,从而到价值和剩余价值与利润、利润率、平均利润的关系,以及与成本价格、生产价格和市场价格等价格范畴的关系。马克思反复研究这个问题,但没有取得令他满意的成果。马克思早在 1864—1865 年的主要手稿中一开始就对该问题进行详细研究,最初写在一个长达几页的脚注中,后来写在正文中。他探究剩余价值率和利润率的相互关系,并希望尽可能精确地"用代数方法"解决这一问题。③ 除了将成本价格和利润作为新的范畴考虑之外④,他在之后的文本中也还在努力实现这一目标⑤。马克思的目的是系统地研究决定利润率的因素,并从中推导出

---

① 请参见本卷《年鉴》大村泉的文章,第 186—187 页,前言。见:MEGA2 II/14, S. 423-425;前言。见:MEGA2 II/4.3, S. 439-442。第二册编辑手稿的前言中解释了另一个例子(MEGA2 II/12, S. 512/513)。
② 在这里,恩格斯概括性地提到了马克思的手稿,而没有做进一步的详细介绍。他的编辑工作的方向和范围只有通过与手稿进行比较才能够判断,而手稿现已完全编辑出版完毕。
③ 参见 MEGA2 II/4.2, S. 13-50, 60-109,此处引文出自 S. 13.13。
④ 参见 MEGA2 II/4.3, S. 7-31, 383-398。
⑤ 参见 MEGA2 II/4.3, S. 57-77, 78-139,140-284;MEGA2 II/14, S. 3-7, 8-18,19-150。

它的运动规律;不仅要考虑到有若干量会影响利润率①,而且还必须考虑到这些量的相互依赖性。另外,他不仅要从数学上研究——众多的——组合,而且还必须研究其经济意义和可能性。这些量不仅可以改变自己的数量,还可以改变自己的价格,因此产生了更多的变量。② 马克思为了实现自己的目的进行了各种不同的计算:他通过设定一种因素上升或者下降而其他因素不变来讨论剩余价值率和利润率之间直接关系比例的变化,③然后研究了这两个量之间的差额变化,④他考察了与用预付资本计算的利润率⑤ p 不同的用成本价格计算的利润率 p。⑥ 他还尝试使用其他术语,并引入了"r 比率百分比"。他没有成功地进行系统化,同样也是因为他在所有手稿中放弃进行一般性描述,并尽量使用数例来得出结论。

恩格斯把这 200 多页多方面的思考整合成印刷版第三章中的足足 20 页。他总结影响因素,给主要因素命名,并统一数值示例。尤其是他对马克思手稿中经常使用的"规律"一词非常谨慎;他仅在引导性段落中谈到列举的所有情形,"由此推出利润率的各种规律",最终让读者来

---

① 决定因素是剩余价值、可变资本和不变资本;此外还应包括另外两个衍生因素,即剩余价值率和资本构成以及周转。
② 关于剩余价值率和利润率、利润率规律、成本价格和资本周转,参见 MEGA2 II/4.3, S. 80。
③ MEGA2 II/4.2. S. 27-33, 38-46, 66-109; MEGA2 II/4.3. S. 57-74; MEGA2 II/14. S. 8/9, 14-18, 19-61 und 77-142.
④ MEGA2 II/4.3. S. 78-139; MEGA2 II/14. S. 9/10, 12, 20, 25, 61-77, 143 und 149/150; MEGA2 II/4.2. S. 13-27 und 33-37.
⑤ 关于剩余价值率和利润率,参见 MEGA2 II/4.3, S. 201-234, 244-253。如果每年不仅生产一种产品,而且该年产品由几个部分组成,分别考虑其利润率,那两个量之间就会产生差异。另请参见前言,出处同上,第 451—453 页;福尔格拉夫《MEGA2 II/4.3 中首次出版的马克思 1867—1868 年〈资本论〉第二册和第三册手稿》(本文第 257 页注释①),第 84—86 页。
⑥ MEGA2 II/4.3. S. 76/77.

解释什么应该或者可能被视为"规律"。①

在第二册中可以找到恩格斯在出版时对马克思手稿中的多样性进行缩减的更多例子。在第 II 稿中,马克思在研究周转时间时创建了几种模型,并在一系列表格中模拟了可能的周转过程。恩格斯整合了这些表述并将其限制在一张表格的范围内,从中无法再清楚地看出马克思最初曾提出各种模型假设。② 在这份第 II 稿的另一个地方,马克思用六个部类而不是两个部类对再生产过程进行了详细(尽管是中断的)思考,恩格斯则剔除了这一部分,没有将其收入印刷版中。③

某些情况显示出,恩格斯所做的改变减弱了手稿中的矛盾。1864—1865 年手稿中,根据题目可以看出第三册第五章研究的是"利润分为利息和企业主收入。生息资本"。其中并未出现信用,尽管有一个篇幅庞大的关于"信用和虚拟资本"的第五点;马克思甚至在那里开始时就说过:"分析信用制度……在我们的计划之外"。但是,在下面的文本中,马克思就写下了一系列对信用的思考。因此,我们可以将这个开头理解为对一个并未在随后的研究中得到证实的前提的表述。同样,这一章后面的内容也表明,马克思改变了主意,他想在

---

① 也请参见蕾吉娜·罗特《马克思的底本和恩格斯的编辑:对〈资本论〉第三册第一篇的注释》,载《MEGA 研究》2001 年卷,阿姆斯特丹,2003 年版,第 127—141 页。此处引文出自第 134—136 页(Regina Roth, "Marx' Vorlagen und Engels' Redaktion: Anmerkungen zum Ersten Abschnitt des dritten Buchs des *Kapitals*", in MEGA-Studien 2001, Amsterdam, 2003, S. 127-141, hier: 134-136)〈弗里德里希·恩格斯:《资本论》第 3 卷 1894 年汉堡版序言,载《马克思恩格斯文集》第 7 卷,人民出版社 2009 年版,第 62 页〉。
② 马克思提出的各种模型并非没有矛盾,因此,恩格斯更仔细地处理这些文段。但是,他的浓缩也存在不一致之处。参见前言,MEGA2 II/13, S. 526-529;守健二《关于马克思周转表的特征及恩格斯在编辑手稿中对其的处理》,载埃佩里希·福尔格拉夫、理查德·施佩尔和罗尔夫·黑克尔编《马克思资本主义批判的新视野》,汉堡,2006 年版,第 55—86 页《马克思恩格斯研究论丛·新辑》2005 年卷〉(Einführung, in MEGA2 II/13. S. 526-529; Kenji Mori, "Zu den Merkmalen der Umschlagtabellen von Marx und deren Behandlung im Redaktionsmanuskript von Engels", in *Neue Aspekte von Marx' Kapitalismus-Kritik*, Hrsg. von Carl-Erich Vollgraf, Richard Sperl und Rolf Hecker, Hamburg, 2006, S. 55-86 [Beiträge zur Marx-Engels-Forschung. N. F. 2005])。
③ 请参见本卷《年鉴》大村泉的文章,第 189 页。

这里研究关于信用的问题。尽管如此,恩格斯保留了第五篇的现有标题,只是对信用和虚拟资本这一章开头的句子作了一点补充:他只是提到要撇开对信用的实际发展的"详细"分析,而没有向读者提示马克思之后的思考。①

在比较《资本论》第三册的手稿和印刷版时,格特·鲁特恩(Gerd Reuten)得出的结论是,马克思在研究平均利率的形成过程中使用了不同的、相互不匹配的方法。根据鲁特恩的说法,这在草稿中明显可以看出是问题,但在恩格斯的印刷版中这个问题已不复存在。相反,恩格斯"在他的编辑工作中,消除了马克思的大部分忧虑",从而掩盖了研究性手稿的特征。②

另一个来自第二册的例子显示恩格斯对手稿的干预也产生了类似效果:恩格斯消除了马克思扩大再生产图式中的计算错误。马克思在数例的结果与他的假设不符之后,就终止了他的讨论。恩格斯对马克思的思考进行了更正,使他的假设和例子变得一致,从而使这些图式可以成为平衡增长的证据。③

---

① 参见 MEGA2 II/4.2, S. 411-646, 引文见 S. 469, 以及《马克思恩格斯文集》第7卷, 人民出版社 2009 年版, 第 450 页 (MEGA2 II/15, S. 389)。关于马克思对信用制度的思考, 请参见 MEGA2 II/14, S. 445-448; 福尔格拉夫:《马克思在 19 世纪 70—80 年代写作〈资本论〉第三册时所做的工作》(本文第 257 页注释①), 第 43—46 页。米夏埃尔·海因里希指出, 恩格斯在较早位置上就已有类似的处理[参见米夏埃尔·海因里希《恩格斯对〈资本论〉第 3 卷的编辑和马克思的原始手稿》, 载《科学与社会》, 第 60 卷第 4 期, 1996—1997 年冬季号, 第 452—466 页, 此处引用自第 461—462 页 (Michael Heinrich, "Engels' Edition of the Third Volume of *Capital* and Marx's Original Manuscript", in *Science & Society*, Vol. 60. No. 4. Winter 1996-1997, S. 452-466, hier: S. 461/462; MEGA2 II/4.2, S. 178.18-25;《马克思恩格斯文集》第 7 卷, 人民出版社 2009 年版, 第 125 页, MEGA2 II/15, S. 114.3-10)。
② 参见格特·鲁特恩《马克思的一般性利润转换率:方法论和理论上的障碍——基于〈资本论〉第三册 1864—1865 手稿的评估》, 载里卡多·贝洛沃雷和罗伯托·芬奇编辑《重读马克思。批判版后的新观点》, 贝辛斯托克:帕尔格雷夫麦克米伦出版社 2009 年版, 第 211—229 页, 此处引用自第 229 页 [Gerd Reuten, "Marx's General Rate of Profit Transformation: Methodological and Theoretical Obstacles-an Appraisal Based on the 1864-65 Manuscript of *Das Kapital III*", in *Re-reading Marx : New Perspectives after the Critical Edition*, Riccardo Bellofiore & Roberto Fineschi (eds.), Basingstoke: Palgrave Macmillan, 2009, S. 229]。
③ 参见本卷《年鉴》大村泉的文章, 第 189 页。

印刷版中还包含对许多段落的改写和重新编排,特别是还在马克思撰写的有时没有联系的文本之间添加过渡文字。在这些情况下,恩格斯在两册书里总体上非常小心和谨慎。但是,可以肯定的是,由于马克思手稿的片断状态,其也还存在修改的空间,这些修改更加强化了马克思的说法的强调或突出之处。

在第三册第三篇中有这种强调发生变化的示例。正如上文中所提到的,恩格斯对文稿进行划分,从而梳理出清晰的结构。同时,恩格斯对马克思有关资本主义生产崩溃(Zusammenbruch)的说法,通过进行改写并放到某一节的结尾,赋予其以比马克思的原稿中所具有的更多的分量。在1864—1865年手稿中,马克思在研究利润率趋向下降时在括号中表明了自己的想法,即如果没有离心力起到相反的作用,集中化过程将导致资本主义生产"崩溃"(zum Klappen)。这句话出现在马克思没有进一步划分的第三章的中间。① 恩格斯去掉了括号,将这一思想提升为他称为"I. 概论"这一节的总结句,并用"zum Zusammenbruchbringen"(崩溃)代替了"zum Klappen bringen"(崩溃)。通过这种方式,恩格斯将"Zusammenbruch"(崩溃)的概念与资本主义生产联系在一起,而这种形式在马克思的手稿中是没有的。②

在第三册第三篇中对关于利润率趋向下降的内容的编辑,同抹平差异的做法相配合,也具有类似的效果。在1864—1865年手稿中,马克思认为利润率不仅可以保持不变,而且可以提高——只要"抽象地考

---

① 参见 MEGA2 II/4.2, S. 315.17-19。
② 参见《马克思恩格斯文集》第7卷,人民出版社2009年版,第275页(MEGA2 II/15, S. 243.13-15)和与之相关的解释。更多例子请参见米夏埃尔·海因里希《价值科学。科学革命和古典传统之间的马克思政治经济学批判》,明斯特,2001年修订第二版(Michael Heinrich, *Die Wissenschaft vom Wert. Die Marxsche Kritik der politischen Ökonomie zwischen wissenschaftlicher Revolution und klassischer Tradition*, 2. durchges. Aufl. Münster, 2001),第360页和脚注55;还可参见《马克思恩格斯文集》第7卷,人民出版社2009年版,第292页(MEGA II/15, S. 258.38-259.3)。

察"①。这些可以证明,马克思权衡并探索了各种可能性,但没有得出最终结论。恩格斯认为应该在这里加以明确的解释,于是增加了一句话:"但是,我们已经看到,实际上利润率从长远来说会下降。"②

米夏埃尔·海因里希(Michael Heinrich)进一步研究了第三篇的内容。在他看来,恩格斯的结构划分和所作的强调给人的印象是,"马克思希望在这个地方讨论危机理论的基本要素,以及它们与利润率趋向下降的规律之间的直接联系"。但海因里希本人对马克思的想法的解释是,这个问题至少在手稿中仍然没有确定。③ 海因里希还认为,恩格斯可能缩减了马克思手稿中的各种不同视角。按照海因里希的观点,马克思还不确定信用制度的调节规律是否适用于资本的一般层面,或者历史因素是否会有影响;恩格斯则将他的阐述仅局限于第一种可能性,从而助长了如下这种非议:马克思犯了一个不被允许的错误,就是将属于19世纪的因素视为普遍适用的,而没有认识到它们的历史局限性。④

MEGA 对各种修改的记录

MEGA 的编辑重点是把作者和编者的所有文稿、草稿、札记和编辑文本单独印制出来,这样可以对这些文本直接加以比较。第二册和第三册的内容对应的是 MEGA II/4.1-4.3 和 II/11-15 卷。⑤ 记录作者和编者的不同手稿之间的各种关系是相应资料卷的主要关注点。

在资料卷中可以具体找到以下信息:

---

① MEGA2 II/4.2, S. 319;《马克思恩格斯文集》第 7 卷,人民出版社 2009 年版,第 255 页(MEGA2 II/15, S. 227)。
② 《马克思恩格斯文集》第 7 卷,人民出版社 2009 年版,第 255 页(MEGA2 II/15, S. 227)。
③ 参见米夏埃尔·海因里希《价值科学》(本文第 267 页注释②),第 358—370 页;《恩格斯对〈资本论〉第 3 卷的编辑和马克思的原始手稿》(本文第 266 页注释①),第 459—460 页。
④ 出处同上,第 460—463 页。
⑤ 还可以参见本卷《年鉴》第 68—69 页的表格。

——已采用的文本段落列表①:此处按照写作点说明了印刷版中的各个文本部分在各作为基础的手稿中的出处。

——编辑手稿和马克思手稿之间的文本差异的列表②,以及恩格斯重要内容的补充列表③:第一个列表依照写作点记录下第二册的恩格斯版本和马克思的底稿之间的所有差异,第二个列表依照写作点列出了第三册中恩格斯所有带标记和不带标记的补充的思想和说明。

——在 MEGA 各卷前言中,系统地说明了编者恩格斯的修改,并提供示例。④

——印刷版和作为基础的手稿之间的结构比较⑤:1864—1865年第三册的总稿、1868—1881年间第二册的各个文本的结构,以及两册印刷版的结构,依照文本的历史以表格的形式或者以写作点列表的形式并列展示出来,展示的时候是根据各个标题编排的。

——在对印刷版的各篇、章或写作点的解释中,指明了马克思最重要的相关底稿和恩格斯的编辑文本,并对修改作了概括。⑥

——对恩格斯编辑文本的单独解释指出了马克思的底稿、恩格斯的其他手稿以及印刷版中的相关写作点。⑦

此外,在"数字 MEGA"(MEGA digital)的门户网站中,还有第二部

---

① MEGA2 II/12, S. 896-934;MEGA2 II/15, S. 946-974. 参见本卷《年鉴》大村泉的文章,第185页。
② MEGA2 II/12, S. 934-1205;还可以参见本卷《年鉴》大村泉的文章,第185页。
③ MEGA2 II/15, S. 975-986. 在 MEGA2 II/12 中,恩格斯的补充内容显示在已采用的文本段落列表中。
④ MEGA2 II/12, S. 499-523;MEGA2 II/13, S. 511-545;MEGA2 II/14, S. 407-431.
⑤ MEGA2 II/12, S. 887-895;MEGA2 II/15, S. 919-924.
⑥ 例如 MEGA2 II/15,注释 29.4-51.20,注释 144.1-209.3 或注释 243.13-15。
⑦ 例如,对于恩格斯对 1864—1865 手稿第三册第五篇信贷和虚拟资本这一部分的概述所作的解释(MEGA2 II/14, S. 864-892)。

分中的多卷电子版本。① 电子版中的编辑文本与印刷版的 MEGA 卷在页码和行数上均保持一致,因此可以用于学术引用。目前,读者可以查看和搜索 7 卷 MEGA 卷的编辑文本,尤其是第二册的不同文本和草稿②。此外,网站上还有1867年的关于资本的生产过程的第一册第一版(MEGA2 II/5),以及当时该版没有收录的第六章"直接生产过程的结果"(MEGA2 II/4.1),以及第三册的编辑文本(MEGA2 II/15)。

读者一方面可以从 5 个 MEGA 卷中比较第二册的不同文稿,另一方面还可以使用部分编辑资料:目前提供了《资本论》第二册各文稿和草稿的累积名目索引。这使得读者可以从名目角度入手展开对文本的研究。此外,索引使读者可以循序探索文本段落的发展过程,因为对于单独的索引条目,如果在 MEGA2 II/11 的马克思手稿中有与 MEGA2 II/12 和 MEGA2 II/13 相对应的内容,就会将这些内容也标出来。只要在某一页上查到了一个索引的术语,就可以同时在名目索引上检索到含有这个术语的所有页码。

这些信息的全部内容使读者可以详细检查恩格斯作为编辑所作的修改,并将其与作者马克思的作为基础的文本进行比较。读者可以准确地看到这位编者是怎样理解"文本的真实性"的,以及对他而言怎样才是"尽可能按照马克思的精神"编辑文本。

总结

编者恩格斯努力使文本尽可能接近作者马克思留下的形式。由于遗稿具有片断性质,这就使得修改是可能的;考虑到可理解性和可读

---

① 查找可见:http://telota.bbaw.de/MEGA。
② 这些是 MEGA2 II/4.1、II/11、II/12 和 II/13 中的文本;目前缺少 MEGA2 II/4.3 中 1867—1868 年的文本。还可以参见本卷《年鉴》第 198—206 页的文章《互联网上的经济学批评:数字 MEGA》("Ökonomiekritik im Internet: MEGA digital", S. 198-206)。

性,修改也是必要的。恩格斯并未随意或大刀阔斧地改变马克思的文本,而是谨慎地对待这些著作。

就此而言,迄今尚未发现在作者马克思和他的编者恩格斯之间具有根本的差别。但是恩格斯在展现文本材料时利用了剩下的发挥空间。现在所有的手稿都已出版,很显然,尽管恩格斯的编辑工作使得许多"不完整"之处表现出来,但是总体来看,他毕竟使马克思的文本看起来比以前更完善了。手稿和印刷版之间的比较表明,相比于恩格斯的编辑版本,马克思在重要的主题领域显得更为开放。他从多个角度阐明了他的主题,以便尽可能探索所有方面,甚至不顾忌前面确定的前提;他尝试了各种方法来解决还没有弄清楚的有争议的问题。他对扩大再生产的考察、对利润率的发展可能性的考察,就是例证。如果他并不满意自己对一个问题的研究,即使他确信自己的假设是正确的,他也会让问题保持开放状态,例如对利润率的讨论就是如此。相比之下,恩格斯则选择对一种或另一种情况加以鲜明化处理,例如在资本主义生产可能崩溃(Zusammenbruch)的问题上。

这些例子表明,马克思在诸如危机、信用、平均利润的产生或经济增长模型的建立等重要主题上并没有找到最终解决方案,而是仍在寻找新材料,并且认为他迄今为止的思考尚不宜示人。此外,他在撰写手稿期间和暂停这项工作的时间里,将研究范围扩展到了新的领域和学科——从数学到化学再到地质学。马克思在他的多方面研究中将选取什么道路和方向,以及恩格斯是在何种程度上跟随他的,仍然是未来研究的对象,由于所有草稿、文稿均已编辑发表,这种研究就有了坚实的基础。

"马克思和恩格斯",还是"恩格斯对马克思"?
——在东京弗里德里希·恩格斯国际研讨班上的演讲

[美] 特瑞尔·卡弗[*]
张亮[**] 译

马克思和恩格斯的关系是一个很复杂的问题,也是一个我无法解决的问题。尽管它耗费了世界各地很多学者的研究兴趣和激情,并且会继续耗费下去。我所能够做得最多的不过是简要报告一下我认为这是一种什么样的问题,它应当——或者不应当——被怎样接近。

一

"马克思和恩格斯"问题是一个解释问题,而解释又是一个对话问题,更恰当地说,是多重对话问题。对话既发生在评论者和文本之间,也发生在评论者和听众之间。还有一种对话则发生在文本自身之间——当它们被评论者和读者运用的时候,相互间的对话就开始了。在"马克思和恩格斯"这个个案中,两人之间的对话当时就已经发生了。

---

[*] 特瑞尔·卡弗(Terrell Carver),国际著名的马克思恩格斯学者,现为英国布里斯托大学政治学系教授,也是国际马克思恩格斯基金会《马克思恩格斯全集》历史考证版编委会委员。著有《马克思经济学方法文选》《马克思晚期政治著作选》《马克思的社会理论》《马克思辞典》《马克思的〈政治经济学批判大纲〉和黑格尔的〈逻辑学〉》等。本文曾刊载于《江海学刊》2006年第1期。

[**] 张亮,哲学博士,南京大学哲学系教授、博士生导师。研究方向:马克思主义哲学、国外马克思主义哲学、当代西方左派思想史等。

但我们并不能假设保存下来的文本就是对话当时在旁边发生的那个"窗口"。任何对话当然都有两个方面,不过,正如我们都清楚地知道的那样,交流的双方不可能真切地知道对方在想什么。

因此,追问"马克思和恩格斯之间存在何种关系",并想要得到一个可以适用于所有场合的唯一解答,真的是不可能的。追寻那种顶梁柱式的答案,即使是根据大略的描述来寻找,也确实是在压制于第一现场提出问题的评论者们和读者们之间所发生的对话。因此,将"马克思和恩格斯"——乃至"恩格斯和马克思"——的关系要么总体描述为"一致论"(agreement),要么总体描述为"对立论"(dichotomy),几乎从来都是一个提前回答其他人未来想要提出的文本问题的奢望。我不认为这是可以接受的,因为它歪曲或者否定了学术研究所必须承担的探索使命,并因此放弃了令人厌倦然而又是必需的探索活动。它是权力的语言风格,而不是思想开放的研究的语言风格。

"马克思和恩格斯"问题其实是更具普遍性的解释问题的一个实例。因为这个问题只涉及两个人,所以并不是什么非常特殊的实例。由于企图将马克思本人的著作划分为"早期的"、"中期的"和"晚期的",或者归类于"哲学的"、"政治的"和"经济学的"范畴,乃至是"前科学的"和"科学的"范畴,大量相同的解释困难也就应运而生了。马克思各种各样的文本都被囊括到可以按照"一致论"或"对立论"——著名的还有"断裂论"或"决裂论"——加以解释的情形中去了吗?姑且不论心理问题,文本可以被解释为"连续的"或"发展的",在某些情况下是"被废弃的"而在另外的情况下又是"完成的"吗?由此可见,评论者已经在马克思和恩格斯留给我们的文本中创造出了诸多种类的对话。

当作者被理解为从一个个人或者一些个人嘴里发出的单一的、连续的声音时,这种作者观念就变得成问题了,即使它在它是谁的文本这个问题上达成了一致。也就是说,即使所有主要文本都被清楚地划分给了马克思或恩格斯,即使它们都被划分给了马克思和恩格斯,同样的解释问题还是会再次出现,因为没有人会相信:两个作者中的任何一个或者他们两个都会在任何时候按照同样的方式就同样的问题说出同样的话。当评论者建构他们正在建构的解释的时候,他们的确认为文本即将说出来的东西,在很大程度上依赖于他们向文本提出的特定问题。

在文本被解释、马克思和恩格斯作为作者的发展道路被建构的时候,在评论者的头脑里发现问题间的连续性,这是可能的。但这些都是相比较而言的连续性,并不是逻辑顺序,我不能赞同在马克思和恩格斯的思想发展过程中存在必然的发展线索这种观点。不过,的确存在大量我们都感觉熟悉的前后相继发生的情况。这些就是"理想型"(ideal types),它们的出现既没有什么玄妙之处,也不需要什么条件。重要的是,它们的出现并不意味着按照这些结果可能被接近的方式,能够穷尽文本的所有可能性。

追问"马克思主义是怎样被正确地建构起来的?"这个问题的评论者通常会认为:马克思主义可以被表述为一种学说,这种学说能够从文本中被建构出来;文本自身决定它们的回答正确与否,而学说的正确性则具有政治属性,当然对读者来说,它也具有学术的重要性。按照这种方式工作的评论者认为,虽然马克思和恩格斯的"合作关系"假定——在这里,"合作关系"意味着观点的始终如一——本身是一种解释的必需品,但文本间的对话表明它们之间主要是一种一致、补充和互补的关系。也就是说,在诸如文本按照学说真实的或者假说的完成和完善状态进行阶段划分和评判等的解释中,存在一种关于思想发展的目的论预设。

一点也不让人惊奇的是,一些评论者(虽然只是很少一些人得到了学术界的认可)消极地反对这种方法论,反过来追问:"作为单独的作者,马克思和恩格斯都说了什么?"这些评论者随后就按照相反的原则来工作:既然马克思和恩格斯是两个独立的人,那么,他们的著作就应当按照相互独立的方式被再现和解释。否则,这些评论者就会争辩说,因为那些强烈赞同单一声音的人都是些自我认同的马克思主义者,所以"马克思主义的"假设的玷污就不可能被避免。这些评论者接着还会争辩说,除非实现彻底的分离,否则作者的完整性就不能被坚持。在最极端的情况下,这种模式要求把 MEGA 分为两个版本,每一个版本都用镜面映现的方式直接复制另外一个版本中的某些内容。这样,在恩格斯出现的地方,我们就能够看到映现在马克思文本中的恩格斯;同样,在马克思出现的地方,我们就能够看到映现在恩格斯文本中的马克思。这种将两个人的著作割裂开来的做法是这两个人在物理意义上相互分离的忠实象征,但它却使重建两者之间对话的复杂性变得异常笨拙了。

这两种对马克思和恩格斯的"尸体解剖式"的对照性学术再现模式,与书信和其他传记证据向我诉说的真实情况格格不入:他们的确是两个独立的个人,但他们开展数量众多、富于变化的对话(复数)却长达40多年。他们既没有合二为一,即使在很多情况下他们是作为合作者和政治伙伴出现的,也没有变成从不分享共同的观念或从不一起共事的孤立的两个陌路人。我不认为按照相互对照的方式概括我已经勾画出来的东西是有益的,而且在前面我也已经证明,这种模式会使学术研究变得索然无味,因为尽管问题还不存在,可答案却已经被假定提前知道了。真正令人感兴趣的是,为什么会有这么多评论者觉得这么做是完全必要的。

显而易见的理由是马克思和恩格斯已经成为政治偶像,因此,他们的著作也就成了教条。这个事实只是遗产中的一部分,且它不能被无限制地运用。水火不相容的"合作论"和"对立论"解释模式都只是历史的赝品,而不是学术活动必须遵循的行为准则。现在没有任何理由能阻止我们用不同的问题和不同的方法去取代已概述如上的不成熟。MEGA 的文本呈现方式——放弃新老政权要求的编者导言和注释——已经使这成为可能了,因为对于能够分别划归马克思和恩格斯的不同的手稿、已出版的著作及其后续版本,它正好采取了连续的接近方式,这样,他们思想和活动中的结合就能够在文本研究的基础上得到判定。相反,他们思想和活动中的结合不可能是一个从关于"马克思和恩格斯"或者"恩格斯对马克思"的假定真理演绎而成的推论。细致的连续文本呈现方法允许更富于变化和更令人感兴趣的概念对话得到发展,它因此要比原来的呈现方法更优越,因为原来的呈现方法只是将文本分析局限为"结合"的几种简单的表现形式:一致、补充和互补。

二

在对上述两种粗陋的解释立场进行简要评论之后,我想对我所认为的更好的观点应当如何被建构这个问题进行深入点评。我的点评实际就是罗列出一张应当消除的解释移位的规范目录。由于这是我个人的规范,所以我毫不犹豫地要向大家推荐。对已经过世的马克思和恩格斯,我颇多同情,因为我发现,粗陋的研究方法,例如我在下面将列举的一些方法,也已经被应用到我解释马克思和恩格斯自身的企图中去了。也就是说,我突然发现,我一直反对的某些研究技术不经意间也在我这里得到应用了,我因此感到要双倍地证明我的批评的重要性。当然,我并不标榜自己是健在的或已经亡故的研究者中唯一的受害者,也不标榜自己是其中最重要的一个受害者。

我自己宣布要回答的问题是:"恩格斯的'唯物辩证法'和马克思的'政治经济学批判'的关系是什么?"它们在理论上是相互补充、互为前提的呢,还是相互分离甚至是正相反对的呢?我已经证明:在一个确定的主题语境中,而不是在一个关于"作为一个整体"——即使存在这样的东西——的马克思和恩格斯关系的顶梁柱式的概括语境中,后一种观点具有文本证据基础,它也是一种差异论假说。

差异论假说当然承认一致是可能出现的,如果它能够被发现的话。

而且据我所知,正是个别不可告人的政治动机使某些人对持差异论假说的学者所发现的马克思和恩格斯的一致之处进行了有意识的遮蔽。然而,在"一致论"假说盛行的地方,根据我的经验,评论者和读者却极少被鼓励去寻找差异,因为有太多的政治力量介入进来,为作为文本之后的单一声音的马克思和恩格斯"合作论"推波助澜。或许我提出来的详细回答存在错误,但我确信,我按照自己的方式追问自己所追问的问题是恰当的。到目前为止,烦扰我的相反论点可以综述为以下十种应当消除的解释移位:

1. 把传统当作问题的答案。例如,"马克思主义者总是知道马克思和恩格斯是合作伙伴,在所有重大问题上,他们都意见相同。"这通常被用来证明"一致论"的解释原则是正确的。可事实上,这不过是将较晚的情况运用到对较早的情况的分析中去罢了。因此,它当然不会怀疑那些持这种观点的人是如何做到这一点的,他们又为什么要这样做,如果在当时他们是正确的,如果他们的观点现在还是有用的话。

2. 差异论和多样性论＝对立论。例如,"卡弗找到了马克思和恩格斯之间的差异,他因此认为他们始终是有差异的。"参照我曾经提出过的各个主题,这显然不符合我一向奉行的焦点集中的讨论原则。由此可见,创造假定的"对立论"学派的不是别的,正是这些假定的原则。事实上,在所有假定马克思和恩格斯在各个不同时代以各种不同的方式存在差异的人中,几乎没有人在这些差异是什么、它们的重要性何在等问题上达成一致。好玩的是,一些评论者批评假定的"对立论"学派,恰恰是因为他们不能通过相互达成一致而恰当地塑造自己的观点!

3. 新观点是新教条。例如,"对立论者都是标新立异的教条主义者。"那些少数近来不断挑战马克思和恩格斯关系的传统观点的人(挑战过程忽视了漫长的挑战史,其中的一些人几乎就是带有恩格斯提供的最初观点的同时代人)在一定程度上已经形成了一种教条,以及一个学派,这种论调曾甚嚣尘上。而根据我的判断,投诉"新教条"的研究者人数现在恐怕早已超过了假定创造了新教条的研究者人数了。

4. 一个人的观点被允许代表另外一个人的观点。例如,"因为恩格斯曾经描述过他与马克思的合作关系,所以真实的关系就是这样的。"这简直就是无视事实,即如果恩格斯是在马克思还活着的时候描述他们的关系,那么,不同于此的其他观点也是可能的,或者应当是可能的。我早已经论证过,应当把注意力集中在年代学和年代学的事件(例如马克思的逝世)上,而不是集中在没有年代学根据的类似假想上。

5. 年代学的消融。例如,"马克思和恩格斯任何著作中的任何段落都可以和评论者心目中的任何理由并列。"这通常是一个假设:作为作者的马克思和恩格斯是真正的哲学家或科学家,他们因此被评论者假定具有无时间性的连续性和真理性。这显然违背了文本研究的第一原则(文本应当在各种语境中被理解),毋宁说是把文本当作了印在纸张上的纯粹字符。

6. "惯性销售"或要求不同意。例如,"因为马克思没有不同意,所以他一定完全赞同恩格斯。"这是将文本记录当作必然是完成的,和当作马克思大脑中的一个"窗口"了。在任何情况下,文本记录都不必然是完成的。我们有理由假定:那些可以直接选择它们的人,包括恩格斯自己,完全可能因为政治的和个人的理由改动不一致的证据。我不是说他们的确这么做了,而是说必须承认他们这么做的可能性,所以,对他们的任何解释都应当进行适当的限制了。

7. 段落抢夺/词汇竞争。例如,"因为马克思在他的著作中提到了'黑格尔'和'辩证法',所以他必然会同意恩格斯对这些主题的讨论。"合理的解释必须考虑著作的论战语境,应当比对孤立的词汇和段落更优先考虑它们;否则将导致对马克思和恩格斯的难以置信的贫乏理解。

8. 只有一种解读是可能的。例如,"解释必然是'使文献与'已有观点'一致起来'的解读"。我赞同以下假设:在解释中可能存在多种可能性和无法解决的含混,这比从评论者那里只会形成一种观点,更具有必然性。被解释的文献一定是按照权威的、作者感觉他们不能怀疑和漠视的模式被写作出来的。可语境还原的困难恰恰就在于,解读始终是多样化的。

9. 合作关系＝合二为一。例如,"马克思和恩格斯被假定在任何确定论题上都是一致的。"这忽略了他们具有不同的天资、能力、背景、教育机会、经历和理论证据,也由此违反了我们所了解的他们作为具有高度个性化生活史的人物的事实。他们是具有不同的观念和不同的背景的人,是能够发展自己的观点、相互合作与交流、容忍差异、经常争论的个性鲜明的人物。假定他们是一个硬币的两面,或互为对方的映像,简直就是辱没他们的才智,将他们降低为普通人。在我看来,评论者一定要从"生活世界"接近他们,不能把马克思和/或恩格斯当作上帝,或"不属于这个世界"的"天才"。

10. 偏执。例如,"马克思和恩格斯只有唯一的共同议程,不管在什么时候,也不管他们说了什么,都一定符合这个议程。"对我来说,这与留给我们的丰富的、多样化的文献是不一致的,恰恰就是在用心处理政治复杂性这种困难的领域里,他们让人兴趣盎然。这可能正是他们至今依然被解读的原因所在!

三

我没有时间提供详细的必要例子来支持我上面所说的,我同样没有时间指名道姓地充分对待我所批评的那些人。与其如此,我宁愿开列上述目录作为应当避免的实践规范。如果你从来没有在你解读马克思和恩格斯的时候发现上述情况,那么你真的很幸运。我或许没有你那么幸运,但要比马克思和恩格斯幸运,因为我有机会根据自己的著作以及他们的著作亲自控诉这些应当避免的实践问题。

在一个更深的层面上,我要更加肯定地证明:我们应当像把自己作为知识分子和人来对待那样,对待马克思和恩格斯。也就是说,我们必须肯定,他们有与我们一样的情感,也与我们一样,难以确定自己的生活究竟会向什么方向发展。例如,他们就不知道他们什么时候第一次见面,尔后又会再次见面,也不知道再次见面之后,他们会不断地合作,住得会非常近,会频繁通信,还会发生经济依赖关系,并且这些情况一直持续了很多年。当恩格斯从自己的角度阐发自己与马克思的关系的时候,他完全有权力这么做,而我们也完全有权力以怀疑论的态度去检验他回忆自己与马克思的关系的方式。

怀疑与拒斥、不相信或憎恶恩格斯不是一回事,这同样适用于马克思。而且它是学者应普遍提供给社会的一项服务,因为学者的工作就是提出问题,而不是回避问题,或者不适当地缩小他们能够提供的回答。学者不应当有这样一种方法论观念,即对需要被证明的东西进行假设。如果他们能够证明它就是使他们的读者感到满足的东西,那就好。

在阐述由"马克思和恩格斯"或"恩格斯对马克思"提出的问题时,核心假设应当具有开放性,应当对疑问和复杂性假设具有积极的态度。要不然,对马克思和恩格斯的解释将继续具有共产主义的教条和冷战反动一起强加给这份令人着迷的遗产的愚蠢性质。也就是说,在同情马克思和恩格斯、认同马克思和恩格斯及其政治世界与怀疑(即追问他们所说的东西和发挥作用的方式)之间,一定存在微妙的平衡。我们中的大多数人都经历过各种关系,通过这些关系我们既不盲目信仰也不盲目怀疑地建构出了我们自己的理论和个人生活。一想到马克思和恩格斯的问题其实也是符合这种道路的,我就觉得找到上述平衡应当不是非常困难。我们宁可生活在与他人的相互批判和相互支持的对话之中。

在我看来,马克思恩格斯研究今天几乎刚刚开始,因为在这些文本中出现了比"马克思主义"/"冷战"框架所容许的多得多的接近。这并不是说任何一种或者所有类型的马克思主义都是没有价值和缺乏基础的,根本不是这样,我的意思是说,现在的可能性要比传统框架通常容许的宽广得多。大量理论问题和政治问题当然依旧存在,但是,因为政局变化了,所以它们被接近的方式必然会有所不同。文本解释科学当然也已经变化了,对马克思和恩格斯的评论者来说,这也正是与其他人文学科的专家进行跨学科对话、与他们的文本研究的新读者开辟新对话的理由所在。

恩格斯和"修正主义"的根源:一个再评价①

[加] 保罗·凯洛格*
向玉竹** 译

本文试图再评价弗里德里希·恩格斯在一直备受争议的"经典马克思主义"中的地位。E. P. 汤普森(E. P. Thompson)几年前指出一种趋向,即"老年恩格斯成为替罪羊;如果有人选择指责后来的马克思主义,那么恩格斯就会受到指责"②。例如,特瑞尔·卡弗对恩格斯的声明——马克思同意恩格斯在其主要的理论著作《反杜林论》中的观点——提出质疑。卡弗认为:"就是在1885年序言(写于

---

① 本篇文章的观点是在加拿大多伦多约克大学同艾伦·伍德的课堂讨论中提出的。这一论点的各个方面已在一篇《法兰西阶级斗争》的短篇书评(凯洛格,1986)中得到发展,并在于1990年4月在纽约州立大学布法罗分校(SUNY Buffalo)举行的马克思主义研究专业的研究生团体的第五届年会"当代马克思主义研究生研究"(Graduate Research in Contemporary Marxism)上提交的报告中得到更全面的阐述。我在上述会议上与纽约州立大学布法罗分校的保罗·戴辛(Paul Deising)、辛哈(Sinha)和保罗·扎伦布卡(Paul Zarembka),以及魁北克大学蒙特利尔分校(Université du Québec à Montréal)的帕雷什·查托帕德海伊(Paresh Chattopadhyay)进行的讨论对于本文非常有帮助。女王大学政治研究系(Political Studies Department at Queen's University)的菲利浦·伍德(Phillip J. Wood)和《社会与科学》(Science & Society)的匿名评论者对于本文都作出了极其有用的评论。当然,我一个人负责终论点的成形。加拿大社会科学与人文研究理事会(The Sciences and Humanities Research Council)和女王大学研究生院提供了研究经费。谨以本文纪念已故的、比他的同龄人更了解恩格斯的哈尔·德拉博(Hal Draper)。
* 保罗·凯洛格(Paul Kellogg),阿萨巴斯卡大学人文与社会科学学院教授,著有《逃离主要陷阱:左派国家主义后的加拿大政治经济学》。本文选自《社会与科学》期刊1991年第55卷第2期。
** 向玉竹,哲学硕士,山东大学哲学与社会发展学院博士研究生。
② E. P. Thompson, "The Poverty of Theory: Or an Orrery of Errors", in *The Poverty of Theory and Other Essays*, London: Merlin Press, 1979, p. 261.

马克思死后)中,恩格斯宣称马克思为政治经济学这一章在搜集材料方面的帮助。就是在那时,恩格斯声称他'在该手稿印刷之前'就已经给马克思'阅读过整部手稿'。我们没有任何别的证据证明这一故事。"①

但是,在马克思去世前的五年里,《反杜林论》在1877到1878年间出版并广受欢迎。正如卡弗自己所说,"马克思几乎不可能错过它"。确实,他本不可能错过它。哈尔·德拉博(Hal Draper)指出,"马克思完全赞同本书为党的出版物"②;正如卡弗所坚持认为的,如果马克思的观点与他之前合作者的观点有极大的分歧,那么之后他为什么保持沉默?卡弗提出几个假设:想要保护他们长久的友谊;想要避免给他们在社会主义运动中的领导角色制造麻烦;"充分利用恩格斯的经济资源";或者结合这三者,激励马克思,让他"保持安静,不干涉恩格斯的工作,即使它(恩格斯的观点——译者注)同他自己(的观点)相冲突"③。

因此,卡尔·马克思——《共产党宣言》的作者,国际共产主义的创立者,资本主义最大的报复者——居然可能会被收买!这种在恩格斯和马克思之间建立一道缝隙的方法是可疑的。然而,在对恩格斯在马克思主义中的地位的总体评价中,这并非没有代表性。德拉博认为这个评价有明确的政治指向,尤其当它涉及《反杜林论》时。该书"只是几乎系统阐释了由这两人创造的马克思主义……在马克思的标准中,真空被创造得越大,空间就越容易被任何一个喜欢描述他自己关于马克思主义的想象的人随心所欲地填补"④。

---

① Terrell Carver, *Engels*, Toronto: Oxford University Press, 1981, p. 75.
② H. Draper, "Karl Marx's Theory of Revolution", in *Volume I : State and Bureaucracy*, New York: Monthly Review Press, 1977, p. 24.
③ Terrell Carver, *Engels*, Toronto: Oxford University Press, 1981, p. 76.
④ H. Draper, "Karl Marx's Theory of Revolution", in *Volume I : State and Bureaucracy*, New York: Monthly Review Press, 1977, p. 24.

因此，关于恩格斯对马克思主义的贡献①，一个远非一篇论文所能解决的问题，显然存在着争议。本文将限定探究这个争议的一方面，即恩格斯对第二国际远离革命马克思主义、走向接受社会主义议会道路的演进关系。对此主题最有影响力的作品之一是卢西奥·科莱蒂（Lucio Colletti）的《伯恩施坦和第二国际马克思主义》（*Bernstein and the Marxism of the Second International*）（1972）。科莱蒂的文章比其他许多给予恩格斯"替罪羊"的评价的文章更具价值。科莱蒂在此形成了一个论点，即恩格斯理论遗产中的弱点使得第二国际为"修正主义"的崛起打开便利之门。这一论点是为了提醒当代马克思主义警惕机械马克思主义的危险。对于机械马克思主义，科莱蒂认为它不是简单地出现在20世纪马克思主义的下行中，而是更早地出现在代表整个马克思主义传统的马恩合作的文章中。20年已经过去了，而科莱蒂的分析却仍然被引用、提及并受到赞赏。对于一些人来说，它早已成为在很小领域内的某种经典。

本文将挑战科莱蒂对恩格斯的评估，其认为它在本质上是错误的。恩格斯的马克思主义与伯恩施坦的马克思主义完全矛盾，它并不是伯恩施坦马克思主义的先行者。由于东欧的危机粗暴地粉碎了许多新马克思主义的老生常谈，牢牢掌握"经典"马克思主义的真正线索对于这个千禧之年的最后十年将至关重要。科莱蒂的分析在抛弃恩格斯的遗产时未能把握那条线索。

---

① 实际上，卡弗早已在大量更细致的讨论中发展了他的观点（具体参见[美]特瑞尔·卡弗《马克思与恩格斯：学术思想关系》，姜海波等译，中国人民大学出版社2016年版），认为"晚年恩格斯的观点实际上掩盖了原则，甚至掩盖了公认的马克思对政治经济学的艰难批评的重要性"。这是因为，不像马克思，恩格斯"将自然科学拓展为（潜在的）普遍范畴，引人注目的、偶然的，特别是关系法的确立的范畴"（参见[美]特瑞尔·卡弗《马克思与恩格斯：学术思想关系》，姜海波等译，中国人民大学出版社2016年版，第4页）。这里需要对这些在马克思主义学者中被广泛接受的主张进行更长的论证。但这是以后的事。

科莱蒂论恩格斯

科莱蒂的文章介绍了伯恩施坦 1968 年再刊发的《社会主义和社会民主》(*Socialism and Social-Democracy*)。他的核心观点是——同时，诸如考茨基、普列汉诺夫等第二国际的代表正在向伯恩施坦开战——后者同马克思主义的理论断裂深深根植于两方所代表的马克思主义中。科莱蒂展示了受到许多第二国际主要理论家支持的资本主义危机的"断裂理论"是如何基于对《资本论》的误读并且易于被反驳的。这为伯恩施坦建立一个假想的敌人——马克思的革命理论是以资本主义经济必然崩溃为依据的，以及展示资本主义能够在任何危机中存活下来，之后用渐进主义和议会改革的方式取代革命策略而继续存在留下了空间。科莱蒂表示这忽略了主要的关键点。马克思在《资本论》中并不支持崩溃的必然性，而是支持危机的必然性。竞争—生产过剩—利润率下降—危机——之后是破产—集中—利润率上升—新一轮竞争等——的再循环本身，并不会终结资本主义和资本主义过剩。它们一方面导致不断增长的资本集中，另一方面导致不断增长的劳动力的集中。集体劳动的经历("生产力")和财产的私有本性("生产关系")之间不断增长的矛盾导致社会主义的可能性，甚至是社会主义的必要性(necessity)，但不是社会主义的必然性(inevitability)。

科莱蒂表明了对马克思的这种误解，有多少是基于一种关于资产阶级政治经济学是什么尤其是马克思主义是什么的困惑之上的。从一种单独的、被称作"经济"的领域分离出来是资产阶级政治经济学的核心。这么一种分离使处于经济核心地位的社会关系神秘化，使同时还不是对资本主义社会的革命性批判的"经济规律"批判成为可能。马克思并没有止步于斯密和李嘉图所支持的价值规律，而是发展了"拜物教"观念作为他的理论不可或缺的一部分。价值规律似乎是物与物——商品与商品——之间关系的规律。然而,它掩盖了人与人之间的关系——一种以资产阶级专政为基础的获取剩余价值的剥削关系,因而"商品拜物教"这个术语意指对商品之间关系的崇拜。对于马克思来说,"经济学"同时必须是社会学、历史学以及政治理论。科莱蒂所表明的是,第二国际早已偏离了这种方法,把其理论置于与其所支持的革命策略相左的矛盾之中。其理论是一种与资本主义社会日益和谐的理论,但是它的策略仍然指望社会革命。伯恩施坦所曾做的是将它的策略同其理论保持一致。①

我已详细总结了科莱蒂的论点,因为我觉得就其本身而言,该观点具有洞察力,很重要,也很正确。但是我也认为,在这个争论中,他对恩格斯的角色的评价基于很不可靠的基础。他的论证开始并结束于对恩格斯"政治遗嘱"的分析。他认为,"政治遗嘱"是伯恩施坦修正主义的来源之一,这是其理论"无意识的序言和准备"②。在这个关键点上,我认为,科莱蒂错了。

科莱蒂所指的遗嘱是恩格斯于1895年为首次再版马克思的《法兰西阶级斗争》所写的序言。这是恩格斯那年在其去世前最后写的文章之一。③ 科莱蒂重建了这个观点,就像1895年3月6日出版这篇序言那样。恩格斯认为,在1848年他和马克思就已认为欧洲社会革命的时机已成熟。他们错了。自此之后的半个世纪,资本主义表现出非凡的活力,工业化覆盖了欧洲一切地方,包括德国。恩格斯说,不仅他们1848年的经济分析错了,他们的革命理论也错了。马克思和恩格斯"受

---

① 参见 L. Colletti, "Bernstein and the Marxism of the Second International", in Colletti, *From Rousseau to Lenin: Studies in Ideology and Society*, New York: Monthly Review Press, 1972, pp. 52-102。
② L. Colletti, "Bernstein and the Marxism of the Second International", in Colletti, *From Rousseau to Lenin: Studies in Ideology and Society*, New York: Monthly Review Press, 1972, p. 105。
③ 应该注明的是,恩格斯从来没有故意把这篇序言当作一篇最后的遗嘱,然而它却以这样的名字为人所知。我将保留这个术语的通用用法。

到1789和1830年模式的强烈影响",他们相信革命可能是少数人的革命;尽管在无产阶级革命之前历史上的每一次革命都是这样的,但是对于无产阶级来说,这是不可能的。无产阶级革命只可能是一个涉及绝大多数无产阶级的革命,否则它就什么也不是。"1848年的斗争方法,今天在一切方面都已经过时了,这一点值得在这里比较仔细地加以探讨。"①从分析将绝大多数人吸引到社会革命中的需要来看,恩格斯以赞许的口吻谈及德国社会民主党的策略。"长期耐心的工作——'缓慢的宣传工作和议会活动'——被视作'党的直接任务'"②。这项工作面临着两种危险:一个是对像1848年"少数革命"观点的继承,另一个是像1871年巴黎公社那样由一个与本国其他城市相孤立的城市过早夺取权力。参政权,被资产阶级视作一种欺骗工人阶级的工具,必须转变为一种解放的工具③。

"必须清楚的是,"科莱蒂说,"这种策略幻想绝不是'修正主义'。"但是,它反映同样的、以伯恩施坦修正主义而著名的"策略观点"。"选举权被认为是一种在短时间内能够给无产阶级以力量的武器;巴黎公社被视作不可再重复的流血牺牲"④。

科莱蒂的文本充满着类似的免责声明。在概括伯恩施坦议会观点的核心之后,他说:"显然,在他最后的文本中,恩格斯并没有打算说任何类似的话。此外,尽管强调'政治遗嘱'的重要性,但是伯恩施坦自己

---

① 此处原文注释只是写"cited in Colletti,456",没有指出是科莱蒂哪年的文章。但可以推断此处是科莱蒂转引的恩格斯1895年为马克思的《1848年至1850年的法兰西阶级斗争》所写的导言。参见《马克思恩格斯文集》第4卷,人民出版社2009年版,第538页。——译者注
② L. Colletti, "Bernstein and the Marxism of the Second International", in Colletti, *From Rousseau to Lenin: Studies in Ideology and Society*, New York: Monthly Review Press, 1972, p. 46.
③ 参见 L. Colletti, "Bernstein and the Marxism of the Second International", in Colletti, *From Rousseau to Lenin: Studies in Ideology and Society*, New York: Monthly Review Press, 1972, pp. 45-48。
④ L. Colletti, "Bernstein and the Marxism of the Second International", in Colletti, *From Rousseau to Lenin: Studies in Ideology and Society*, New York: Monthly Review Press, 1972, p. 105.

承认人们几乎不可能期待恩格斯自己承担'理论的必要修改'工作"①。但是不管有没有免责声明,科莱蒂的观点很明确:要找到伯恩施坦修正主义的来源,我们必须看到著名叛徒考茨基和普列汉诺夫的背后,揭露出他们的导师——弗里德里希·恩格斯。

但是,科莱蒂对恩格斯观点的重建合理么?必须指出的第一点是,至少文本是模棱两可的。科莱蒂观点的核心是先前他提出的理解,即对于恩格斯而言,"选举权被认为是一种在短时间内能够给无产阶级以力量的武器"②。这只是科莱蒂对恩格斯的推理,因为恩格斯在任何地方都没有说起过这一点。他确实说选举权是一种武器。但是它的使用并不会导向工人的力量,而是相反,导向工人党的巩固。他的"必然性"不是工人力量借助议会增长的必然性,而是在目前的合法条件下德国社会民主党的规模增长的必然性。"它的[党的]增长过程是自发的,经常不断的,不可遏止的,并且是平稳的,正如自然界中发生的某种过程一样。"③

恩格斯也详细说明革命绝不是确定无疑的。"不言而喻,我们的外国同志们没有放弃自己的革命权。须知革命权是唯一的真正'历史权利'——是所有现代国家无一例外都以它为基础建立起来的唯一权利。"④当讨论1848年经验时,他把革命拉向未来。1848年之后:"从下面进行革命的时期暂告结束了;随之而来的是从上面进行革命的时期。1851年的向帝制倒退,又一次证明那时无产阶级的意愿还不成熟。但是向帝制倒退本身必定会造成使无产阶级的意愿成熟起来

---

① L. Colletti, "Bernstein and the Marxism of the Second International", in Colletti, *From Rousseau to Lenin: Studies in Ideology and Society*, New York: Monthly Review Press, 1972, p. 51.
② L. Colletti, "Bernstein and the Marxism of the Second International", in Colletti, *From Rousseau to Lenin: Studies in Ideology and Society*, New York: Monthly Review Press, 1972, p. 105.
③ 《马克思恩格斯文集》第4卷,人民出版社2009年版,第551页。在凯洛格的原文中没有"(党的)"一词。——译者注
④ 《马克思恩格斯文集》第4卷,人民出版社2009年版,第550—551页。

的条件。"①

从下面进行革命"暂时"结束了。"那时"无产阶级的意愿尚未成熟,但资本主义发展本身正创造着"必定会造成使无产阶级的意愿成熟起来的条件"。这一切都是意料之中的、基础的马克思主义。它绝没有预示着伯恩施坦。

当恩格斯审视巴黎公社时,他没有得出结论,认为从下面进行的革命就像策略那样确定无疑。之前发生的普法战争"引起了一次胜利的起义。这再次表明,在巴黎,除了无产阶级的革命以外,任何其他的革命都已经不可能了。在胜利后,统治权就自然而然地、不容争辩地落到了工人阶级手中"②。

工人阶级的统治被证明是不可能的,不是因为巴黎工人错误地屈从于从下面发动的大规模革命的"暴力",而是因为,"一方面,法国让巴黎听天由命,无动于衷地观望着它在麦克马洪的炮弹下流血;另一方面,布朗基派(多数)和蒲鲁东派(少数)使公社本身发生分裂,这两派都不知道应该干什么,彼此进行着无谓的斗争,致使公社精力疲惫"③。

这种推理的结论不是要放弃大规模革命的策略,而是要确保这类革命不是只是本国少数人的,以及没有由于分裂的领导关系而放下武器。巴黎公社的教训是,如果这是作为来自崩溃的资产阶级国家的"礼物",那么少数工人阶级就不能掌握权力。同样,1848 年的教训是,"……以一次简单的突然袭击来实现社会改造,是多么不可能的事情"④。教训不是选择超越武装革命之外的议会,而是不要冒险让革命的少数人试图以被动的工人阶级的大多数的名义草率地掌握权力,而后者唯一的角色是旁观者。革命者必须赢得对具有阶级意识的工人阶

---

① 《马克思恩格斯文集》第 4 卷,人民出版社 2009 年版,第 541 页。
② 《马克思恩格斯文集》第 4 卷,人民出版社 2009 年版,第 542 页。
③ 《马克思恩格斯文集》第 4 卷,人民出版社 2009 年版,第 542 页。
④ 《马克思恩格斯文集》第 4 卷,人民出版社 2009 年版,第 541 页。

级的政治领导——之后粉碎国家。

"旧式的起义……筑垒巷战,现在大大过时了"①,但是并不完全过时。"耐心的宣传工作和议会活动,在这里也被认为是党的当前任务"②。社会民主党"在这种合法性下却长得身强力壮,容光焕发,简直是一副长生不老的样子"③。但是这里没有暗示将这种"正"运行得很好的"当前任务"作为社会民主的唯一策略,或者工人掌握权力的途径。

事实上,合理阅读文本更易得出如下结论,即恩格斯正在论证的是用合法性和参政权来赢得大多数,作为为了权力而进行革命斗争的序幕。普遍的选举权"成为我们最好的宣传手段";竞选宣传"给了我们独一无二的手段到人民还疏远我们的地方去接触群众";国会大厦成为"一个讲坛,我们的代表在这个讲坛上可以比在报刊上和集会上更有权威和更自由得多地向自己在议会中的对手和议会外的群众讲话"④。1848年和1871年的教训是少数人不能建立工人权力。法律和议会在革命的预备阶段赢得工人阶级内部的大多数人时是有用的,但是工人阶级的绝大多数必须有进行社会革命的意识和积极性:"实行突然袭击的时代,由自觉的少数人带领着不自觉的群众实现革命的时代,已经过去。凡是要把社会组织完全加以改造的地方,群众自己就一定要参加进去,自己就一定要弄明白这为的是什么,他们为争取什么而去流血牺牲。近50年来的历史,已经教会了我们认识这一点。但是,为了使群众明白应该做什么,还必须进行长期的坚持不懈的工作,而我们现在正是在进行这种工作,并且进行得很有成效,已经使敌人陷于绝望。"⑤

---

① 《马克思恩格斯文集》第4卷,人民出版社2009年版,第545—546页。
② 《马克思恩格斯文集》第4卷,人民出版社2009年版,第550页。
③ 《马克思恩格斯文集》第4卷,人民出版社2009年版,第552页。
④ 《马克思恩格斯文集》第4卷,人民出版社2009年版,第545页。
⑤ 《马克思恩格斯文集》第4卷,人民出版社2009年版,第549—550页。

李卜克内西的"诡计"

科莱蒂的阐释貌似有理。首版文本是含糊不清的。目前我所做的一切,表明恩格斯在该文本中从来没有详细论证过通向社会主义的议会道路,表明存在另一个与科莱蒂相对立的、对该文本看似有理的理解——恩格斯并不是在反对一种暴动的革命战略,而只是在反对涉及少数人的暴动。他赞同赢得具有阶级意识的大多数人,以达成进行社会革命,并在此基础上推翻现存秩序的目的。

科莱蒂很好地解决了这种"模糊性"问题。他的解释或类似的解释在当代马克思主义中可以很安全地被称为"霸权"。在许多例子中,马克思学学者大卫·麦克莱伦(David McLellan)的例子值得引用。麦克莱伦在他的著作《马克思以后的马克思主义》(*Marxism after Marx*)中,以大量引用"遗嘱"、讨论恩格斯对马克思主义遗产的贡献作结尾。他的评论如下:"这些话被看作恩格斯的'政治遗嘱',无疑对德国社会民主党的领导人产生了很大的影响;尽管应当指出的是,恩格斯曾在当时柏林统治者的压力下,也(极其勉强地)同意删去一些较革命的段落。不过,无论如何可以这样讲:在就马克思的政治学说是否需要根据情况的变化加以修正而展开的那场大论战中,恩格斯这种颇为矛盾的立场为交战双方都提供了弹药。"①

但是,当我们讨论它——不是第一版,而是原稿——时,该文本的模糊性消失了。首版——科莱蒂分析的这版——被李卜克内西编辑、裁剪过了。(至于为什么麦克莱伦相信恩格斯同意这些裁剪,我们是不清楚的。)尽管恩格斯提出过抗议,但未被剪辑的文字有40年仍未得以出版。如果按照它的原稿发表,那么没有人——无论是伯恩施坦,还是

---

① [英]戴维·麦克莱伦:《马克思以后的马克思主义》,李智译,中国人民大学出版社2016年版,第13页。

麦克莱伦或科莱蒂——可以声称这个"政治遗嘱"与恩格斯的革命历史是断裂的。

恩格斯对党的领导人的愤怒,正是因为他清楚地知道模糊的编辑版本可以掩护改良主义。1895年4月1日,他写信给卡尔·考茨基:"今天我惊讶地发现,《前进报》事先不通知我就发表了我的《导言》的摘录,在这篇经过修饰整理的摘录中,我成了一个温顺平和、无论如何都要守法的人。我特别希望《导言》现在能全文发表在《新时代》上,以消除这个可耻印象。我将非常明确地把我关于此事的意见告诉李卜克内西,也告诉那些(不管是谁)事先对我只字未提而给他这种机会来歪曲我的观点的人。"①

这位老人很愤怒。两天后,他执笔写信给在巴黎的保尔·拉法格:"李卜克内西刚刚和我开了一个很妙的玩笑。他从我给马克思关于1848—1850年的法国的几篇文章写的导言中,摘引了所有能为他的、无论如何是和平的和反对使用暴力的策略进行辩护的东西。近来,特别是目前柏林正在准备非常法的时候,他喜欢宣传这个策略。但我谈的这个策略仅仅是针对**今天的德国**,而且**还有重要的附带条件**。对法国、比利时、意大利、奥地利来说,这个策略就不能整个采用。就是对德国,明天它也可能就不适用了。"②

李卜克内西的"诡计"直到1930年才被证实。因此,20世纪头30年或许存在一些误解的空间。但是,当科莱蒂(和麦克莱伦)写作时,恩格斯的"遗嘱"的真正版本以及恩格斯那些公开指责诋毁他文章的充满抱怨的信件都被公开了。但是科莱蒂无意指向或者是恩格斯未被编辑的文章,或者是恩格斯在文章中实际论证的观点。如果这么做的话将驳倒科莱蒂整个论证的核心论点,即这个"遗嘱"是修正主义疾病的起源。

---

① 《马克思恩格斯文集》第10卷,人民出版社2009年版,第699页。
② 《马克思恩格斯文集》第10卷,人民出版社2009年版,第700页。

让我们来讨论李卜克内希所发现的如此令人讨厌的主要内容。第一次发生在恩格斯根据1848年的经验对巷战作为一种策略的评估中。他认为单独的巷战不可能赢得革命,但是它们能够动摇军队士气,帮助革命力量分裂军队,是胜利的必要前提。李卜克内西裁剪了接下来的几行:"在考察将来可能发生的巷战的胜利机会时,这也是应该注意的一个主要点。"①将来的巷战!这使国会议员充满恐惧。社会民主党正周密考虑未来的巷战!恩格斯1848年的教训不是对街垒、暴力等说"绝不"(never),而是推测它们如何才最有效——下一次!在这里,裁剪起到了作用。

就在一页之后,李卜克内西再次用到了他们的刀片。恩格斯提出了一个观点,即关于应对巷战,资产阶级如何在19世纪90年代比在1848年准备得更好。军队的一切都已发生变化。军队规模更大,广泛的铁路让国内任何地方的快速集中变得更容易,小口径后装弹仓枪已经取代击发式前装滑膛枪,爆炸式榴弹出现了,这可以"摧毁最好的街垒"。但是,变化的不仅仅是军队技术;"在起义者方面,一切条件都变坏了"。这使在无产阶级领导的起义中难以统一所有反对政权的人民。支持"聚集在资产阶级周围的保守政党"的大批城市基地比早期资本主义社会更大。"'人民'看起来总是分开的,因而也就不会有一个强有力的像在1848年那样非常起作用的杠杆了。"一部分军人将仍然投到革命的一方,但是猎枪和豪华枪在对抗军队新式武器中几乎没有效用。"最后,"恩格斯继续说:"各大城市在1848年以后新建的街区中,街道都是又长、又直、又宽,好像是故意要使新式枪炮能充分发挥其效力似的。一个革命者,如果自愿选择柏林北部和东部的新建工人街区来进行街垒战,那他一定是疯了。"②

这里离开一下,这意味着一种反对组织武装起义的基督教式托词。

---

① 《马克思恩格斯文集》第4卷,人民出版社2009年版,第547页。
② 《马克思恩格斯文集》第4卷,人民出版社2009年版,第548页。

恩格斯并没有在那里停下。本段被李卜克内西的议会剪刀所去除的剩下部分如下:"这是不是说,巷战在将来就不会起什么作用了呢?决不是。这只是说,自1848年以来,各种条件对于民间战士已经变得不利得多,而对于军队则已经变得有利得多了。所以说,将来的巷战,只有当这种不利的情况有其他的因素来抵消的时候,才能达到胜利。因此,巷战今后在大规模革命初期将比在大规模革命的发展进程中要少,并且必须要用较多的兵力来进行。而这样多的兵力,正如在整个法国大革命期间以及1870年9月4日和10月31日在巴黎那样,到时候恐怕会宁愿采取公开进攻,而不采取消极的街垒战术。"①

多么深刻且富有预言性的方针。这里恩格斯极其清晰地勾画出1917年发生在俄国的事情。当然,当革命力量在工人阶级中已经赢得大多数并得以分裂这个国家的军事力量时,"巷战"将发挥作用,但不是在这场革命的开始时,而是在其结束时。1917年的二月革命导致双重权力,其初期布尔什维克还是少数工人阶级。在二月和十月之间,他们在俄国主要城市的工人委员会中赢得了多数支持,分裂了军队,并在此基础上发动"巷战",以推翻资产阶级国家。在这段被删节的段落中恩格斯似乎正描画了这一点。布尔什维克的确不知道他们正在做的就是恩格斯在理论中所期待的——恩格斯未被删节的这版文章在1917年仍然尘封于社会民主党的档案中——但是当涉及组织暴动时,他们在某种程度上切实更倾向于"公开进攻,而不采取消极的街垒战术"。

恩格斯没有预言伯恩施坦;他预言了列宁。从另一个角度来看,他也预言了葛兰西。在所有伟大的马克思主义者中,葛兰西比任何其他人更能发展这个问题。恩格斯的"遗嘱"直接预言了葛兰西对阵地战和机动战的全部分析②。一旦由于文明社会"胶状的"、未发展的性质,前

---

① 《马克思恩格斯文集》第4卷,人民出版社2009年版,第548—549页。
② 参见 A. Gramsci, *Selections from the Prison Notebooks*, New York: International Publishers, 1976。

线突击或者机动战立即进入议程,那么现代资本主义要求多年的"阵地战"。恩格斯的"长期坚持不懈的工作"、"耐心的宣传工作"相当于葛兰西的"阵地战"。他们俩都没有放弃使用武力(尽管有些人试图声称葛兰西有这种做法,就像对恩格斯的类似主张一样①);他们仅仅认为革命党在武装暴力进入议程之前必须参与到多年的准备工作中,以加强自身并赢得大多数席位。这一推理的线索对于李卜克内西和社会民主党其他领导人而言是不可接受的,所以恩格斯的"遗嘱"被剔除了。

我们没有审查所有被李卜克内西挑出的部分。他删除了恩格斯文中的如下一段:恩格斯反对不成熟的巷战,以便"不让这支日益增强的突击队在前哨战中被消灭掉,而是要把它好好地保存到决战的那一天"②,言外之意即尽管暴动策略在目前还没有进入议程,但是它们在未来"决战的那一天"会进入议程。在同一段中,恩格斯重申了他的观点,说道,如果起义不成熟,那么"我们临到紧急关头也许就会没有突击队,决定性的战斗就会推迟、拖延并且会造成更大的牺牲"③。当然,李卜克内西删除了这些话。最后,恩格斯告诫道,这种法则永远有效。恩格斯强调了德国现状,他说:"所以,如果你们破坏帝国宪法,那么社会民主党也就可以放开手脚,能随意对付你们了。但是它届时究竟会怎样做——这点它今天未必会告诉你们。"④今天资产阶级允许我们合法运行。这很好,我们将使用这种法律巩固我们的党。但是我们并不幻想我们的统治者相信这种"合法阶级斗争"。为了一种新的"反社会主义者的法律",我们已经做好充分准备。当它到来时,我们当然也会秘密地非法经营。当然,我们不会给你战略蓝图。只有傻瓜提前向他的敌

---

① 对葛兰西的思想有两个很好的分析,这些分析认为葛兰西根本不是一个革命者。见 P. Anderson, "The Antinomies of Antonio Gramsci", in *New Left Review*, 100, pp. 5-78; C. Harman, "Gramsci versus Eurocommunism", in *International Socialism*, Series 1, 98 and 99, May and June, 1977。
② 《马克思恩格斯文集》第 4 卷,人民出版社 2009 年版,第 551 页。
③ 《马克思恩格斯文集》第 4 卷,人民出版社 2009 年版,第 552 页。
④ 《马克思恩格斯文集》第 4 卷,人民出版社 2009 年版,第 553 页。

人泄密。

科莱蒂绝对正确:伯恩施坦修正主义的根源深入第二国际正统。但是这些根源之一不是恩格斯的遗嘱。严格审查这些文本清楚地表明,如果有什么,那么这也是伯恩施坦所反对的革命的马克思主义"正统"的一部分。如果真诚地阅读恩格斯的未经审查版遗嘱的话,科莱蒂会将它从他的"修正主义根源"中删除,将李卜克内西增加到作为反对恩格斯、"携带修正主义种子"的正统派的捍卫者考茨基和普列汉诺夫一方。1895年的恩格斯和1874年的恩格斯没有区别。在1874年,他写道:"暴力在历史中还起着另一种作用,革命的作用;暴力,用马克思的话说,是每一个孕育着新社会的旧社会的助产婆;它是社会运动借以为自己开辟道路并摧毁僵化的垂死的政治形式的工具"①。

结论:论方法

科莱蒂在他评价恩格斯和伯恩施坦时所选择的方法让他必然陷入问题之中。他对关键文本的批判清晰易懂、令人振奋——有时很精彩——但是它仍只是一个文本批判。它是一次宝贵的练习,以追溯在考茨基、普列汉诺夫等的著作中伯恩施坦著作的根源,以及又如何努力把它们扎根在恩格斯的著作中。但是历史唯物主义的方法要求的不只是这些。理论不能只通过引注其他理论加以验证。它必须通过实践以及实践的历史来加以检验。后一个维度,即物质现实在科莱蒂的论证中完全不存在。

科莱蒂并不是试图在第二国际中确认改良主义根源的第一人。在国际党派屈从于1914年对爱国主义的论证并在一战"屠宰场"上支持他们国家的统治阶级之后,一位马克思主义者——科莱蒂当时非常崇

---

① 《马克思恩格斯文集》第9卷,人民出版社2009年版,第191—192页。

拜的弗拉基米尔·列宁——也多年痴迷于这个问题。列宁确定了其理论根源,可以肯定的是(在努力把"辩证法"置入马克思主义的过程中他几乎阅读了黑格尔的所有著作),但是他超越了这一点。他在先进的资本主义国家的物质条件、劳动生活、劳动实践以及社会主义运动中寻找它的起源。他正与之斗争的东西被他称作机会主义,其关键代表就是考茨基和普列汉诺夫。他把它视作与伯恩施坦的修正主义直接相关。在1915年1月,他写道:"机会主义者的确是敌视社会主义革命的非无产阶级成分。……那些在群众性合法运动兴起时为自己弄到了安逸舒适的职位的合法工会的官员、议员和其他知识分子,以及某些收入优厚的工人、小职员阶层等等,都属于这种社会成分。"①

1915年6月,他把机会主义断定为"由议员、新闻记者、工人运动的官吏、享受特权的职员和无产阶级的某些阶层所构成的整个社会阶层"②。1915年8月,他追溯它们的起源:"19世纪末的客观条件……在工人阶级中间造成了一个人数不多的官僚和贵族阶层"③。1916年1月,他追溯后来阶级合作和机会主义的发展:"1871—1914年这个时期的相对'和平的'性质滋养了机会主义——起初是作为一种情绪,后来作为一种思潮,最后作为一个工人官僚和小资产阶级同路人的集团或阶层"④。1916年10月,他明确地解释了工人运动中的阶级妥协,机会主义以这些为基础,即"工人部长、'工人议员'……军事工业委员会的工人代表、工人官吏、狭隘行业工会工人以及职员等等"⑤。这是改良主义的物质基础。"几万个被合法主义腐蚀的领导人、工会官员和特权工

---

① 《列宁全集》第26卷,人民出版社2017年版,第115—116页。该文(《以后怎么办?(论工人政党反对机会主义和社会沙文主义的任务)》)在《列宁全集》第26卷中所标注的日期是公历1914年12月23日。——译者注
② 《列宁全集》第26卷,人民出版社2017年版,第267页。
③ 《列宁全集》第26卷,人民出版社2017年版,第333页。
④ 《列宁全集》第27卷,人民出版社2017年版,第120页。
⑤ 《列宁全集》第28卷,人民出版社2017年版,第80页。

人瓦解了社会民主主义无产阶级的百万大军"①。

这里的重点不是列宁的关于"工人贵族"的这一可疑观点。② 重点是他的方法。他不仅仅主要在思想领域,而且在物质现实的实践领域寻求理论偏离马克思主义的根源。③ 克里斯·哈曼(Chris Harman)简要地总结了德国工人运动的组织和经验的这种"物质现实"的非凡影响:"即使他们不能推翻国家,社会主义者也可以建立他们自己的'国中之国'。其拥有数百万成员,400多万的选民,90份日报,工会及合作社,体育俱乐部及歌唱俱乐部,青年组织,妇女组织及数百名全职官员。社会民主党是迄今为止世界上最大的工人阶级组织……但是几十年来通过法律援助计划和保险计划,干预国营劳动力交换,尤其是选举活动,不可避免地对党员产生了影响:爱尔福特计划的革命性理论似乎留给了国际劳动节和周日下午的演讲,很难与党实际所做的大部分内容联系起来。"④

科莱蒂对文本的精彩解释并没有包含这一点。但是,有了它,背离马克思主义背后的许多"神秘"变得更清楚。我们不必歪曲一个老革命者的最后一篇文章以理解他的观点是如何误入歧途的。因为为了把老恩格斯变成伯恩施坦的先驱者,势必对其加以歪曲。然而,伯恩施坦的根源不是恩格斯,而是欧洲(特别是德国)社会民主党日常实践的物质现实。科莱蒂把伯恩施坦归根于恩格斯的误解意图的根源是,他未能

---

① 《列宁全集》第26卷,人民出版社2017年版,第158页。
② 关于内在于这一理论的困难的讨论,参见 Cliff, "Economic Roots of Reformism", in Cliff, *Neither Washington Nor Moscow*, London: Bookmarks, 1982, pp. 108-117 和 Cliff and D. Gluckstein, *Marxism and Trade Union Struggle*, London: Bookmarks, 1986, esp. pp. 35-41。
③ 鉴于当代左派的反物质主义倾向,重申哲学与唯物主义方法之间的关系很重要。列宁并没有忽视理论、文本分析和哲学。如上所述,他对改良主义根源的唯物主义研究的前奏是沉浸在黑格尔的哲学中,以拯救辩证法并使其再次成为马克思主义的核心。在世界大战期间连续几个月阅读黑格尔,代表了这位至少被证实的唯物主义者对哲学的高度尊重。但是,这种哲学研究植根于唯物主义的社会历史分析,没有这种分析,他对改良主义的理解就会弱得多。
④ C. Harman, *The Lost Revolution: Germany 1918 to 1923*, London: Bookmarks, 1982, p. 17.

成功运用马克思和恩格斯在1848年清楚总结出来的概念,即"人们的观念、观点和概念,一句话,人们的意识,随着人们的生活条件、人们的社会关系、人们的社会存在的改变而改变"①。德国社会民主党的"物质生存条件",党内成员的"社会关系和社会生活",已经从地下非法性质的活动变为地上合法性质的活动。只有在对物质存在中的这种变化——在伯恩施坦时代中,这与科莱蒂之流的这种马克思主义思想的批判有关联——的分析中我们才能找到修正主义的根源。聚光灯将从老年恩格斯被删减过的文章上移开,聚焦于一个马克思主义者的分析所应聚焦的"社会关系和社会生活"。

---

① 《马克思恩格斯文集》第2卷,人民出版社2009年版,第50—51页。

作为马克思经济学解释者的恩格斯

[英]克里斯多夫·亚瑟[*]

孔智键[**] 译

导言

一个人们不太注意的事实是,在政治经济学批判领域,弗里德里希·恩格斯起初是马克思的先行者。甚至在恩格斯1844年对英国工人阶级状态的经验研究之前,他就在1843年写了《国民经济学批判大纲》一文。这篇文章到了当时作为《德法年鉴》编辑的马克思手中,并按时得到出版。[①] 当马克思1844年转向政治经济学研究时,他重新阅读了这篇文章,并一直赞不绝口。当马克思表示他打算写一本关于经济

---

[*] 克里斯多夫·亚瑟(Christopher J. Arthur),前英国苏塞克斯大学哲学系教授,"新辩证法学派"代表人物之一,著有《劳动辩证法:马克思及其与黑格尔的关系》(1986)、《新辩证法与马克思的〈资本论〉》(2002),主编了《马克思与恩格斯的〈德意志意识形态〉》(1970)、《叶夫根尼·帕舒卡尼斯的〈法的一般理论与马克思主义〉》(1989)、《马克思的〈资本论〉:学生版》(1992)、《今日恩格斯:百年纪念》(1996)等。本文选自亚瑟主编的《今日恩格斯:一百周年的评价》(*Engels Today: A Centenary Appreciation*),麦克米伦出版公司1996年版。

[**] 孔智键,哲学博士,南京大学马克思主义学院助理研究员。研究方向:国外马克思主义、政治经济学研究。

[①] 文章的英文版可见 *Karl Marx and Frederick Engels Collected Works* Vol. 3,相关富有启发性的研究可参见 Gregory Claeys, "Engels' *Outlines of a Critique of Political Economy* (1843) and the origins of the Marxist critique of Political Economy", in *History of Political Economy*, Vol. 16, 1984.

学的大部头作品时,恩格斯很高兴地将这件事交给了他,因为他还有其他感兴趣的事要做。然而,作为马克思遗稿的保管人,恩格斯不仅要完成《资本论》剩下几卷内容的编辑工作,而且还要在各个论战当中解释和保卫马克思的理论。

本文关注的正是恩格斯对马克思政治经济学批判所做的工作。一般来讲,恩格斯被看作是马克思刚刚进入这个领域时可靠的领路人;但现在有另一种说法,认为应该否认恩格斯作为评论家和传播者的角色,认为恩格斯在编辑马克思《资本论》时,(有意或无意地)滥用了马克思给予他作为遗稿保管人的信任。尽管本文的主要兴趣在于认识恩格斯对马克思方法的阐释,但我还是要首先考察恩格斯作为马克思遗稿保管人的工作所招致的指控。

在考察这些指控前,我们应当注意到,将马克思和恩格斯视为一个人的习惯从很早时候就已经根深蒂固①,直到最近才有所改变。我们拿1975年出版的《马克思的政治经济学》中霍华德(M. C. Howard)和金(J. E. King)的文章举例。他们在阐述所谓马克思"历史和逻辑的方法"时,实际上是把恩格斯所写的内容当作了马克思的东西来引用了(例如"在历史上……发展也是从最简单的关系进到比较复杂的关系",②这段话实际上来自恩格斯在1859为马克思《政治经济学批判》所写的书评。我将在下文进一步讨论这段话)。

霍华德和金还说,马克思在《资本论》中是从"简单商品生产"开始论述的③。这个看法没有任何依据,原因很简单,《资本论》第一卷中从未出现过"简单商品生产"这个词。他们的脚注向我们呈现了全部三卷

---

① 实际上早在1856年,马克思就在写给恩格斯的信中抱怨过一名记者:"最奇怪的是,这个家伙把我们俩人看成是单数:'马克思和恩格斯说'等等。"《马克思恩格斯全集》第29卷,人民出版社1972年版,第65页。
② M. C. Howard & J. E. King, *The Political Economy of Marx*, Harlow: Longman, 1975, p. 46.《马克思恩格斯文集》第2卷,人民出版社2009年版,第603页。
③ M. C. Howard & J. E. King, *The Political Economy of Marx*, Harlow: Longman, 1975, p. 48.

的相关段落,然而没有一段提到这个词,没有一个段落来自第一章,更为严重的是,在没有查证的情况下,引用的最后一个段落居然是来自恩格斯所作的附录!

不过,霍华德和金只是复述了他们从罗纳德·米克(R. L. Meek)那里读来的东西。在米克所有的作品中,他都无意识地将马克思和恩格斯当作一个人来处理。自始至终,他都任意地引用恩格斯的话当作马克思的观点来评论。在他1967年的文章《卡尔·马克思的经济学方法》中,他既使用了1859年的评论(为了证明马克思的方法是"历史和逻辑的"),也使用了恩格斯为《资本论》第三卷写的序言(为了证明马克思那里有他所说的"简单商品生产"模型,以及马克思将资本主义商品生产描述为一种"次要形式")。① 一直到了1973年,米克还是持有这样的观点:"我仍然觉得,我特别强调马克思的'逻辑的、历史的方法',这样做是很正确的:的确,如果我觉得我低估了什么的话,那就是马克思的经济学著作被这种方式所指导的程度……马克思把《资本论》中的逻辑过渡(从商品关系本身过渡到这一关系的'经资本主义修改的'形式)看作是历史过渡(从'简单的'商品生产到资本主义的商品生产)的一种镜像……"②

这段话中米克引用的材料来自恩格斯,并非是马克思。(有关"历史和逻辑的方法"和"简单商品生产"的奥秘——恩格斯创造的真理——将在下文讨论。)

处理完一些严格意义上的文本问题之后,我的文章将以讨论马克思主义方法的实质性问题作为结尾,分别考察恩格斯是如何理解这个问题,以及问题本身应当如何。

---

① R. L. Meek, *Economics and Ideology and Other Essays: Studies in the Development of Economic Thought*, London: Chapman and Hall Ltd., 1967, pp. 96, 98, 99ff.
② R. L. Meek, "Introduction to the Second Edition", in *Studies in the Labour Theory of Value*, New York: Monthly Review Press, 1973, p. xv.

恩格斯与《资本论》

在自己作品中表现出对恩格斯最显而易见的仇恨的作家是诺曼·莱文（Norman Levine），这一态度在他的处女作《可悲的骗局：马克思反对恩格斯》的书名中就得到了充分体现。然而，他最重要的成就是将恩格斯对《资本论》的评论作出完全与马克思相对立的解读。这体现在他1984年的著作《辩证法：内部对话》当中。①

为了努力证明恩格斯试图将马克思变为某种自然科学家，莱文声称恩格斯对《资本论》的评论意味着要宣称政治经济学"普遍有效"：实际上恩格斯说的是"像数学一样仍旧是一种抽象的和普遍有效的科学……[马克思]使这种狭隘的观念就此终结"。② 莱文接着说，恩格斯的评论将社会发展"规律"的发现归功于马克思。然而评论中并没有这么说，而是指出在马克思的工作之后，"不可能再把对于以自由竞争为特征的现代大工业有效的规律，直截了当地搬到……先前的状况"。③ 莱文认为，对马克思而言，这里所说的规律应当是普遍适用的，但实际上并不是，这一矛盾并没有证明雇佣劳动规律是错的，而是意味着旧的条件"为异端"。然而恩格斯在这里描述的并不是马克思的观点，恰恰是与马克思观点相反的那些看法。④

谈到另一个评论时，莱文说"恩格斯赞赏马克思将'经济规律视作永恒真理'"。然而，这里的评论说的是："贯串于全书的历史观念不允许作者把经济规律看做是永恒的真理"。⑤

莱文显然患有恩格斯恐惧症。但是，令人感到最哭笑不得的是，当

---

① 以下所有出自《辩证法：内部对话》的引文都在英文版第210页。
② 《马克思恩格斯全集》第21卷，人民出版社2003年版，第318页。
③ 《马克思恩格斯全集》第21卷，人民出版社2003年版，第318页。
④ 《马克思恩格斯全集》第21卷，人民出版社2003年版，第318页。
⑤ 《马克思恩格斯全集》第21卷，人民出版社2003年版，第306页。

他正确引用恩格斯的话时,他总是决心要证明恩格斯是错误的。他拿出恩格斯在为《观察家报》所写的评论中一大段文字,指出恩格斯在讨论"科学""规律"和"废除(资本主义)"时歪曲了马克思①。这里所谓的"证据"只有一个地方是错的——整个段落实际上是恩格斯从马克思那里抄录过来的,这一点通过将这段文字与马克思写给恩格斯、指导他如何撰写这篇评论的信进行比较就能看出来②。

很遗憾,莱文显示了自己是一个多么不靠谱的评论家③,因为他是为数很少仔细研究过恩格斯《资本论》第二卷、第三卷编辑工作的人。④ 或许在这一点上会有新的发现,但我们还是得等到手稿的历史考证版发表之后才能看到。⑤ 然而,不得不说莱文的抱怨有一点比较奇怪。原本马克思计划将《资本论》接下来的两卷合二为一,而莱文认为恩格斯故意无视了马克思的这一愿望,并且在编辑过程中留给了我们一个"臃肿的"文本。⑥ 我们关于马克思写作所知道的一切都表明,原本承诺的"小册子"变成了好几卷的内容;无可置疑,假使马克思能够继续他的工作,我们到时候幸运的话只要再多带两卷《资本论》就行了!

让我们现在看看恩格斯处理《资本论》第一卷的成果。他"花费了相当多的时间",完成了英文部分的翻译,对其中的内容负"最后责任"。⑦ 由于《资本论》第一卷的编辑和翻译工作已经出现了很久,这

---

① 《马克思恩格斯全集》第 21 卷,人民出版社 2003 年版,第 335—337 页。
② 《马克思恩格斯全集》第 31 卷,人民出版社 1972 年版,第 410—412 页。
③ 汉利和里格比都有看过莱文的研究,但没有在自己研究中提到,或者回复过莱文的这部分内容,参见 Hunley, *The Life and Thought of Friedrich Engels: A Reinterpretation*, New Haven: Yale University Press, 1991; Rigby, "Review of *Engels and the formation of Marxism*", in *Political Studies*, 1992, pp. 586-587。
④ 汉利反对莱文的批评,为恩格斯《资本论》后几卷的编辑工作做了辩护。斯蒂德曼·琼斯引用了莱文的部分研究,但却没有提到或回应莱文对恩格斯评论的错误指控("F. Engels", in *The New Palgrave: Marxian Economics*, London: Macmillan, 1990, p. 163)。
⑤ 莱文在《辩证法内部的对话》中说《资本论》第 2 卷中有一些部分遗漏了。但实际上,*MEGA* 和 *MEGA*2,4.1 (1988)中都出版了相关部分。
⑥ Levine, *Dialogue Within the Dialectic*, London: Goerge Allen & Unwin1984, pp. 201-202.
⑦ 《马克思恩格斯全集》第 46 卷,人民出版社 2003 年版,第 7 页。

一块领域内反对恩格斯的声音一直都存在。然而,他们在这里摔了一跤。

问题的关键就是法文版的存在,它实际上是马克思自己所写。当鲁瓦将译稿交给马克思时,马克思逐字逐句地检查,对每个段落都进行了校对,自由地编辑自己的文本,并且插入了许多新的段落,以至于他感到需要在书后增加一个说明来告诉读者法文版"它仍然在原本之外有独立的科学价值,甚至对懂德语的读者也有参考价值"。① 在这个条件下,通过将恩格斯指导的英文版和原初的德文版进行比较来说明恩格斯干扰了《资本论》第一卷的编辑工作,这个策略是行不通的。事实是,恩格斯对《资本论》第一卷所做的变动是照着马克思在法文版中已经做出的变动来改的。

一个重要的证明是马克思写给丹尼尔逊(俄文版译者)的信,当中写道:"关于《资本论》第二版……我希望分章——以及分节——按法文版处理。"②毫无疑问,马克思给了恩格斯同样的指示。

鉴于此,本·福克斯(Ben Fowkes)在企鹅出版社出版的《资本论》现代译本中将章节的划分归结为"恩格斯的安排"③而没有提到其中的原因,这个做法是很奇怪的。同样地,奥克莱(A. Oakley)继福克斯之后抱怨"恩格斯选择重新安排了"《资本论》各个的章节,因为英文版没有遵从德文版。④ 确实是这样,英文版的篇章结构没有遵从德文版。但它们遵从了法文版!⑤ 从第二版开始,德文版是 25 章,分成 7 个部分。法文版以及后来的英文版则是 33 章,8 个部分。

考虑到哈尔·德拉博的博学,在他的巨著《马克思恩格斯百科全

---

① 《马克思恩格斯全集》第 43 卷,人民出版社 2016 年版,第 841 页。
② 《马克思恩格斯全集》第 43 卷,人民出版社 2016 年版,第 15 页。
③ 参见《资本论》第 1 卷英文版序言,*Capital*, Volume I (trans. Fowkes), p. 110。
④ Allen Oakley, *The Making of Marx's Critical Theory: A Bibliographical Analysis*, Boston: Routledge & Kegan Paul, 1983, p. 98.
⑤ 保罗在根据德文第四版进行翻译、处理与以往版本不同的章节次序时,错误地告诉了读者以往的《资本论》德文版有更多的章节。

书》中没有提到这一点令人感到十分惊讶。在这本书的第二卷中,他说恩格斯为英文版中的章节重新进行了编序,然而没有解释原因;而当他处理法文版时,同样没有提到重新编序的事情。①

拉娅·杜娜叶夫斯卡娅(Raya Dunayevskaya)尽管呼吁人们注意法文版《资本论》第一卷的重要性,但当她(可能受福克斯的影响)指控恩格斯为了"所谓原始积累"这个部分而创造了"新的第八部分"时,她自己也困惑了;在她看来这是一种错误做法,因为"那个部分……不能和论资本积累部分分开"。② 然而,被指控的恰恰是马克思,是他自己在法文版中划分了第八部分"原始积累"。恩格斯只是照搬了这个做法来准备英文版的章节划分。

对于学生们而言,比重新编序更令人担忧的是恩格斯编辑的英文版标题本身发生了变化这个事实。德文版书名是"资本论:政治经济学批判",第一卷是"资本的生产过程"。恩格斯在1887年出版的英文版书名是"资本论:资本主义生产的批判性分析",第一部分名为"资本主义生产"。③

在我看来,两者是不一样的,因为德文版中强调的似乎是资本作为价值形式(承诺通过循环来实现)如何生产自身,而英文版好像更加缺乏想象力:生产一般虽然存在,但这里我们关注的是它的资本主义特定形式。不过,无论这种反思是否有意义,恩格斯并不是偏离德文版的始作俑者,因为马克思的法文版标题就直接是《资本论》,第一卷是《资本主义生产的发展》。英文版是上述两个更早版本的

---

① Hal Draper, "*The Marx-Engels Register*", in Volume II of *The Marx-Engels Cyclopedia*, New York: Schocken Books, 1985, pp. 28, 27, 188.
② Talk of 5 Aug. 1986, published in *News & Letters*, November 1990, p. 4. 或参见 Dunayevskaya, *Rosa Luxemburg, Women's Liberation, and Marx's Philosophy of Revolution*, Atlantic Highlands: Humanities Press, 1982, p. 139n; *Women's Liberation and the Dialectic of Revolution*, Atlantic Highlands: Humanities Press, 1985, pp. 254, 200, and 59。
③ 由萨穆埃尔·摩尔(Samuel Moore)和爱德华·艾福林(Edward Aveling)根据德文第三版翻译,参见 *MEGA* II, 9.

结合体。①

总而言之，我们看到，如果不进一步深入考察《资本论》第一卷法文版，对恩格斯编辑《资本论》第一卷的工作进行评价是不可能的。几乎可以确定的是，马克思指引恩格斯将法文版作为其他译本的指南，因为他写给丹尼尔逊的信中说："我不得不对法译文整段整段地加以改写，以便使法国读者读懂。这样，今后再把它从法文译成英文和各种罗曼语，就更容易了。"②不过后来他也怀疑法文版，在1878年向丹尼尔逊抱怨："因为后一种版本中有许多重要的修改和补充（尽管在译成法文时，我迫不得已不止一次地使阐述'简化'，特别是在第一章中）。"③几天之后，或许是考虑到了这一点，马克思决定"头两篇（《商品和货币》和《货币转化为资本》）应该完全根据德文本翻译"。④ 法文版在其他方面也有很大的帮助：例如，当基于德文版来翻译时，法文版可被用作指导性参照。⑤

无论如何，我们应当注意到，恩格斯并不认为有义务像我们现在要求他所做的那样去仔细注解他所编辑的版本。例如，在英文版第21个注释中有关黑格尔的说明，就没有出现在德文版或者法文版当中，恩格斯没有特别说明就将其插入其中。⑥

由于在对《资本论》的结构主义解释当中，"承担者"（Träger）一词

---

① 由莫斯科外国语出版社1954年出版的版本延续了恩格斯的书名。不过在1965年，根据同样的翻译（现在是由进步出版社出版）出现的标题已经和德文版相一致，变为"资本论：政治经济学批判"，第1卷第一部分为"资本的生产过程"。1983年伦敦劳伦斯&维沙特出版社出版的这一版（在苏联印刷），标题也是这样；根据以上综合考虑，我以这个版本为基础按照新的格式编写了学生版（Lawrence & Wishart, 1992）。
② 《马克思恩格斯全集》第33卷，人民出版社1973年版，第478页。
③ 《马克思恩格斯全集》第43卷，人民出版社2016年版，第15页。
④ 《马克思恩格斯全集》第34卷，人民出版社1972年版，第336页。
⑤ 请参阅我1990年发表在《科学与社会》的说明，当中使用法文版作为重要案例，解释了恩格斯的版本比福克斯的现代译本更受欢迎的原因。
⑥ 参见《资本论》英文版1983年版，第63页，或 MEGA II, 9, p. 49。在1887年首个英文版《资本论》第1卷的历史考证版中，附上了它和德文第三版之间翻译出现偏差的细节。

处于核心位置,所以在第二章中存在着的一个疏忽变得十分重要①。当马克思说完"人们扮演的经济角色不过是经济关系的人格化"后②,他补充道:"人们是作为这种关系的承担者(Träger)而彼此对立着的"。③ 恩格斯漏掉了这段话,但之所以这么做是因为他遵从法文版的做法。④ (然而,奇怪的是,在 MEGA 编辑的法文版和英文版中也都没有注意到这个遗漏的地方!⑤)

不过恩格斯的编辑有时也会莫名其妙地漏掉一些东西。例如,在提到"蒸汽的压力"之后,他漏掉了论机器这一章中的"利用自然力是如此,利用科学也是如此"这句话。⑥(福克斯的翻译声称要恢复"所有恩格斯遗漏的句子"⑦,但却没有恢复这句话⑧,即便这段话在他翻译出处的全集当中是存在的⑨。)

恩格斯在《资本论》德文第三版和第四版的序言表明,他是基于马克思结合法文版而留下的注释进行编辑的。不过,恩格斯的补充并不总是一以贯之。法文版的"宗教世界只是现实世界的反映"⑩这句话被加进了英文版中,但他并没有放到德文版里。

单是一个词汇的变化就会造成整篇文章的阅读出现偏差的例子,出现在富有争议的熟练劳动话题上。伯恩施坦宣称,他发现在《资本论》的一个段落中,马克思直接从熟练劳动的劳动力价值较高推论熟练

---

① 相关的争论来源于阿尔都塞和巴里巴尔所写的《读〈资本论〉》,参见其索引和词汇表。
② *Capital*, Volume I (1983 edn) p. 89; *MEGA* II, 9, p. 74.
③ 《马克思恩格斯全集》第 44 卷,人民出版社 2001 年版,第 104 页。
④ *MEGA* II, 7, p. 64; *MEGA* II, 9, p. 74.
⑤ *MEGA* II, 7, p. 790; *MEGA* II, 9, p. 739.
⑥ 《马克思恩格斯全集》第 44 卷,人民出版社 2001 年版,第 444 页。
⑦ 参见《资本论》第 1 卷英文版译者序言,第 87 页。
⑧ 《资本论》第 1 卷英文版第 508 页。Capital, Volume I (trans. Fowkes), p. 508.
⑨ *Das Kapital*, *Erster Band*, *Marx-Engels Werke*, Vol. 23 ([Berlin, 1962] 1983), p. 407. 普舒同已经指出了福克斯译本的这一缺漏,参见普舒同《时间、劳动与社会统治》(Postone, *Time, Labor, and Social Domination*: *A Reinterpretation of Marx's Critical Theory*, Cambridge: Cambridge University Press 1993, p. 338)。
⑩ 《马克思恩格斯全集》第 43 卷,人民出版社 2016 年版,第 72 页。

劳动在一定时间内生产出更高的价值。引用的段落为:"但是这种劳动力的价值较高,它也就表现为较高级的劳动,也就在同样长的时间内对象化为较多的价值。"①。

希法亭在他1904年与庞巴维克论战性文章中,离题地指出,伯恩施坦引用的段落的意思与他宣称的意思并不一样。(事实上,这段话并不与马克思主义的公式违背,即产品的价值不能来自"劳动的价值"。)他进一步论证说,要做到这一点,"但是"(aber)必须改成"也就"(daher)②。伯恩施坦使用的是德文第二版,希法亭使用的则是德文第三版;但就像希法亭此书的译者在一个注释中指出的那样,在恩格斯编辑的第四版中,"但是"被"也就"代替了!③

正如希法亭指出的那样,这一段讨论的问题是价值增殖,所以马克思提出熟练劳动的目的是说明它对增殖的基本过程没有影响。即使熟练工人取得更高工资,资本家依旧能够获得剩余价值,因为熟练工人在相同时间内生产更多的价值。这样的话,显然需要用"但是"来强调这一点。如果我翻译的话:"虽然这种劳动力的价值较高,表现为较高级的劳动,但是,在同样长的时间内也对象化为较多的价值。"用"也就"代替的话,大大削弱了句子的力量,而且会像希法亭所说的那样,导致伯恩施坦式的阅读。实际上,恩格斯犯了双重错误,他在英文版中这句话的翻译很马虎:"具有更高价值的力量,它耗费的是更高级的劳动,即相同时间内等比例创造更多价值的劳动"。④ "但是"直接消失了!

在这些问题上我们可以做更多的考察,不过现在我将转向另一个更加实质性的问题,即究竟恩格斯是如何看待马克思方法的本质的。

---

① 在法文版中,这句话被省略掉了,用其他的内容代替了它。MEGA II, 7, p. 162.
② Rudolf Hilferding, *Böhm-Bawerk's Criticism of Marx*, E. and C. Paul(trans), P. Sweezy (ed.), London: Merlin Press, 1975, pp. 141-143.
③ Ibid., p. 143n. 我们并不清楚为什么希法亭没有使用《资本论》第1卷德文第四版。
④ 《资本论》第1卷英文版第192页。福克斯根据第四版翻译,当然看到的是"daher"。

恩格斯对马克思的评论

恩格斯第一次尝试向公众解释马克思的著作是在一篇书评当中，这篇书评后来产生了巨大影响。把马克思的方法理解为是对黑格尔辩证逻辑的一种修正，这种观点正是恩格斯在《人民报》(Das Volk)①上分两期评论马克思 1859 年《政治经济学批判》时，开始进入公众视野。② 更具体地说，恩格斯认为黑格尔向马克思显示了逻辑与历史是如何相互作用，从简单关系走向更加复杂的过程。这种"逻辑-历史方法"③在马克思主义内部被牢牢树立，以至于罗纳德·米克在 1975 年被问及这个问题时，不得不首先指出他的观点继承自一个长期的解释传统，并将恩格斯的评论引为回答这个问题的经典论述。④

问题在于，对这个问题的解答有权威文献，即马克思从未发表的《政治经济学批判大纲》中的《导言》。作为更加复杂论述的一部分，《导言》中马克思认为"把经济范畴按它们在历史上起决定作用的先后次序来排列是不行的"。⑤ 某种程度上讲，考虑到《导言》不仅在德国(1903 年)，而且在英国(1904)⑥已经发表了相当长的时间，居然过了这么长的时间它才作为一种替代方案出现，这是十分令人惊讶的。⑦

---

① 在马克思此前公开发表的主要作品《神圣家族》和《哲学的贫困》中，对黑格尔的讨论是非常粗糙的。
② 原载于 1859 年 8 月 6 日和 20 日《人民报》第 14 号和 16 号，原文为德文。
③ R. L. Meek, *Studies in the Labour Theory of Value*, New York: Monthly Review Press, 1973, 148. 在恩格斯那里没有这个称谓，但这么概括是可以的。
④ *The Economic Journal*, Vol. 86, 1976, pp. 342-347. 更长的一个版本参见 R. L. Meek, *Smith, Marx, & After: Ten Essays in the Development of Economic Thought*, London: Chapman & Hall, 1977, pp. 134-145. 其中他已经使用了恩格斯的这篇评论。
⑤ 《马克思恩格斯全集》第 30 卷，人民出版社 1995 年版，第 49 页。
⑥ 作为马克思《政治经济学批判》的附录发表，由斯通(N. I. Stone)翻译，1904 年 Charles Kerr 出版社出版。
⑦ 的确，在英国它早就先于恩格斯的评论出版了。恩格斯的文章首次发表是在 1935 年，作为《路德维希·费尔巴哈和德国古典哲学的终结》的附录发表。

许多基于《导言》去总结马克思关于方法论的真实观点的评论者，他们都假设了马克思不会在一年左右时间之内改变想法，因而恩格斯所说的"逻辑-历史方法"肯定是错误的，这是对马克思文本毫无理由的强加。[凯因(P. Kain)①和卡弗②是这一观点的主要支持者。]

如果我们留意恩格斯发表评论的背景的话，这些对恩格斯的指控实际上是成问题的。马克思当时是《人民报》③的编辑，是他促使恩格斯来撰写评论文章的。④ 在向马克思提交文章第一部分时，恩格斯特意提醒马克思，如果不喜欢这部分评论可以"把它撕掉"，或者"修改一下"⑤（毫无疑问，这也适用更具争议的第二部分）。所以这篇评论看起来获得了马克思的认可。许多评论家们忽略了这一基本观点，不仅有上述批评恩格斯的卡弗⑥和凯因⑦，还包括了汉利⑧这样的恩格斯的辩护者。不过，米克注意到了这一问题，斯蒂德曼·琼斯(Stedman Jones)也是。⑨

---

① P. Kain, *Marx' Method, Epistemology, and Humanism: A Study in the Development of His Thought*, Dordrecht: D. Reidel Publishing Company, 1986, p. 113.
② Terrell Carver, *Marx and Engels: The Intellectual Relationship*, Brighton: Harvester/Wheatsheaf, 1983, pp. 96-117.
③ Draper, *The Marx-Engels Chronicle*, Vol. 1 of *The Marx-Engels Cyclopedia*, New York: Schocken Books, 1985, p. 97; CW 16, *Marx and Engels 1858-60*, London: Lawrence & Wishart, 1980, pp. xvii and 674.
④ 参见 1859 年 7 月 19 日和 22 日写给恩格斯的书信。
⑤ 《马克思恩格斯全集》第 29 卷,人民出版社 1972 年版,第 451 页。
⑥ 在卡弗写的恩格斯生平当中他提到这一点,但还是沿用了自己原来的观点,没有做评论。参见 Terrell Carver, *Friedrich Engels: His Life and Thought*, London: Macmillan, 1989, p. 239。
⑦ 凯因提到恩格斯错误地描述了马克思的方法(Kain, *Marx' Method, Epistemology, and Humanism: A Study in the Development of His Thought*, Dordrecht: D. Reidel Publishing Company, 1986, p. 113),非常奇怪,他不是指控恩格斯没有看过《导言》当中关于方法论的论述,而恰恰是认为恩格斯注意到了《导言》,因而产生错误理解。卡弗也认为,恩格斯可能看过《导言》,但就是错误地理解了马克思的方法论论述。(Terrell Carver, *Marx and Engels: The Intellectual Relationship*, Brighton: Harvester/Wheatsheaf, 1983, pp. 109-110)。我认为恩格斯并没有注意到《导言》,因为马克思从未向任何人提到或展示过它直到它被人发现。
⑧ 参见 Hunley, *The Life and Thought of Friedrich Engels: A Reinterpretation*, New Haven: Yale University Press, 1991, pp. 89-90。
⑨ 参见 Meek, *Smith, Marx, & After: Ten Essays in the Development of Economic Thought*, London: Chapman & Hall, 1977, p. 136; Gareth Stedman Jones, "F. Engels", in J. Eatwell et al(eds.), *Marxian Economics*, London: Macmillan, 1990, p. 163。

如果这篇评论是在马克思的支持下出版的,那我们就不能够说马克思不赞成当中的内容,或者说这是一篇捏造的文章。① 马克思的确给出了建议,但由于某种原因,恩格斯还是保留了自己的东西。在一般性地问了"关于方法和内容上新颖之处"之后,马克思接着谈到了一些更加详细、不应被忘记的说明:"(1)蒲鲁东主义被连根铲除了,(2)通过最简单的形式、即商品形式,阐明了资产阶级生产的特殊社会的,而决不是绝对的性质。"②恩格斯的评论没有提到蒲鲁东,也没有涉及资产阶级的商品生产。当然,恩格斯可能已经打算好在他承诺的第三篇论"经济学内容"的文章里谈及这些观点③,但是在他可以推进时,马克思告诉了他一个令人悲伤的消息:《人民报》杂志已经垮了,恩格斯发表的第二篇文章是最后一期。④

我们现在来看评论的内容:马克思的书包括两章:一章论商品,一章论货币,和它们一起的是概述历史唯物主义的《序言》(1857年所写的方法论导言被取消了)。评论的特别之处在于,在没有从马克思书中获得大量论证的情况下,恩格斯在第二篇文章(第一篇是关于序言的)中在德国哲学的——更具体来说,是黑格尔思辨哲学——背景下定位了马克思的成果,接着将"逻辑-历史方法"置于当中。这导致了三个疑问:1. 引入黑格尔适用吗? 2. 马克思的方法是"逻辑-历史方法"吗? 3. 如果上述两个问题的答案是否定的,那么马克思为什么会允许它通过呢(并在文章被广泛转载时欢呼雀跃呢⑤)?

关于第一点,卡弗已经指出,认为应当通过研究黑格尔来解释马克

---

① 麦克莱伦在看恩格斯的评论时加了一句"当中的主要观点马克思已经说过了",参见 Karl Marx: His Life and Thought, St Albans: Paladin, 1976, p. 310。
② 《马克思恩格斯全集》第29卷,人民出版社1972年版,第445页。
③ 《马克思恩格斯文集》第2卷,人民出版社2009年版,第606页。
④ 参见马克思1859年8月26日写给恩格斯的信。《马克思恩格斯全集》第29卷,人民出版社1972年版,第457页。当中马克思完全没有提到恩格斯文章的第二部分。
⑤ 参见马克思1859年10月5日写给恩格斯的信和1859年11月6日写给拉萨尔的信,《马克思恩格斯全集》第29卷,人民出版社1972年版,第468—472页、第603—608页。

思作品的传统就是在恩格尔这篇评论中开始的。① 不过,尽管如此,马克思本人在《资本论》第二版中也坚持了这一传统。当中,马克思所运用的与黑格尔逻辑关联的"意识形态外衣"与"合理内核"比喻,是和恩格斯评论相适应的。我们可以往后追踪这个比喻:在 1873 年出版的《资本论》中写道"辩证法在黑格尔手中神秘化了","必须把它倒过来,以便发现神秘外壳中的合理内核"。②;恩格斯 1859 年的评论认为黑格尔的思想"是对真正关系的颠倒";进一步讲,"马克思过去和现在都是唯一能够担当起这样一件工作的人,这就是从黑格尔逻辑学中把包含着黑格尔在这方面的真正发现的内核剥出来,使辩证方法摆脱它的唯心主义的外壳并把辩证方法在使它成为唯一正确的思想发展形式的简单形态上建立起来";③马克思自己在早先写给恩格斯的信中(1858 年 1 月)曾表示,他的意图是让"把黑格尔所发现、但同时又加以神秘化的方法中所存在的合理的东西阐述一番,使一般人都能够理解"。④

至于黑格尔本人,恩格斯解释说,他的辩证逻辑是一个纯粹理性的体系,是纯粹思维的王国,"这个王国就是真理,正如真理本身是毫无遮蔽,自在自为的那样"。⑤ 仿佛是预见到恩格斯的观点,黑格尔在他的哲学中写道:"哲学的阐述方式不是随意任性,在人们长久用腿走路以后,也想有朝一日用头来行走"。⑥

在试图解释为什么目前情况下黑格尔的方法是无用时,恩格斯把黑格尔的方法描述为,根据它自身的描述是"从无通过无到无"。⑦ 这是对黑格尔令人惊讶的一个粗鲁的攻击。或许这是对黑格尔核心范畴

---

① Terrell Carver, *Marx and Engels: The Intellectual Relationship*, Brighton: Harvester/Wheatsheaf, 1983, p. 100.
② 《马克思恩格斯全集》第 44 卷,人民出版社 2001 年版,第 22 页。
③ 《马克思恩格斯文集》第 2 卷,人民出版社 2009 年版,第 602—603 页。
④ 《马克思恩格斯文集》第 10 卷,人民出版社 2009 年版,第 143 页。
⑤ 黑格尔:《逻辑学》(上卷),杨一之译,商务印书馆 1996 年版,第 31 页。
⑥ 黑格尔:《自然哲学》,梁志学等译,商务印书馆 1986 年版,第 15 页。
⑦ 《马克思恩格斯文集》第 2 卷,人民出版社 2009 年版,第 601 页。

"绝对否定"的讽刺，但是，只要引用的文字与黑格尔任何东西相一致，那么它看起来就涉及黑格尔"反思"（在他的《逻辑学》中）的辩证法，它以自身的纯粹，或者说抽象为特征，来自无、通过无，最终返回自身。然而，介绍这一概念的部分不是黑格尔表达自己的哲学观点，而是他被别人指认为怀疑主义和康德主义的东西，是黑格尔要进一步加以批判的一个立场。① （这一公式如此的微不足道，以至于在黑格尔的《哲学全书》逻辑学部分中被隐藏了起来。）

马克思在这份文本中很少提及黑格尔②，那为什么恩格斯要在他的评论中搬出黑格尔呢？除了在这个问题上他有自己的看法外③，从上述他与马克思的通信可以看到，他认为拿出黑格尔的《逻辑学》有助于分析问题④。马克思在1858年5月访问恩格斯的时候讨论过自己的作品⑤，自己对黑格尔的热情可能感染到了恩格斯。⑥ 官方的看法认为，此行是为了保证马克思在写完《大纲》后能够恢复健康。但显然，理论上的问题不可避免地扰乱了他们计划。具体而言，我们知道马克思曾与恩格斯讨论过计划中的《资本章》。根据一月份的通信我们看到，正是在整理材料上，黑格尔的辩证法起到了帮助的作用⑦。进一步讲，就像恩格斯在他评论中所说的那样，在《政治经济学批判》中马克思自由地使用了"矛盾"一词⑧，并且在一个地方比照了黑格尔在《逻辑学》中不

---

① 参见 *The Science of Logic*, pp. 400, 445, and 499。
② 在《序言》当中，马克思批判地提到了黑格尔，并没有说从后者那里学到什么。
③ 可能指出恩格斯对于写评论这件事是持有犹豫态度（1859年7月25日通信）是值得的，因为他感到经过长时间的间隔，写作一份理论文章有点困难。所以如果他回到了40年代的一些问题和争论上是能够理解的。参见 Terrell Carver, *Marx and Engels: The Intellectual Relationship*, Brighton: Harvester/Wheatsheaf, 1983, p. 115。
④ 《马克思恩格斯全集》第29卷，人民出版社1972年版，第250页。
⑤ 《马克思恩格斯全集》第29卷，人民出版社1972年版，第315页。
⑥ 但恩格斯那时候也在运用黑格尔开始进行《自然辩证法》相关研究。在拜访时，马克思一定是许诺给恩格斯寄去黑格尔的《自然哲学》，因为恩格斯在1858年7月14的信中抱怨还没有收到它。
⑦ 《马克思恩格斯全集》第29卷，人民出版社1972年版，第250页。
⑧ 《马克思恩格斯文集》第2卷，人民出版社2009年版，第605页。

厌其烦使用三段论去写商品过渡①。

总而言之,我的结论是恩格斯是经过授权去参考黑格尔的。然而问题是,马克思究竟从黑格尔那里学习到了什么?我们有必要区分系统辩证法(一种揭示给定整体内部接合的方法)和历史辩证法(一种揭示不同历史发展阶段间内部联系的方法),这两者在黑格尔那里都有迹可循。而恩格斯却把两者混淆了。很明显,马克思在作品中受到了黑格尔按照逻辑原则安排范畴运动的影响。但是在恩格斯的评论中,他试图恢复黑格尔的声誉,指出他"巨大的历史感"。② 接着往前迈进一步,发明了一种尽管是"逻辑的",但"实际上这种方式无非是历史的方式,不过摆脱了历史的形式以及起扰乱作用的偶然性而已"。③

我之所以说"发明",因为这不是某种像恩格斯所想象的那样,是可以从黑格尔主义中推论出来的东西④。对于黑格尔而言,例如在《法哲学原理》当中,系统辩证法中的逻辑顺序运动发展是不同于历史的顺序的。的确,当马克思在1857年《导言》中提到黑格尔时,他很好地回答了这个问题,指出黑格尔在《法哲学原理》中正确地在家庭范畴之前提出占有范畴,尽管这个做法不具有历史意义。⑤ 几乎可以肯定的是,马克思思想深处有来自黑格尔《法哲学原理》的一个段落,当中黑格尔用一个例子表达了同样的观点:"一系列定在形态的实际出现在时间上的次序,一部分跟概念逻辑的次序是互有出入的。例如,我们不能说,在家庭出现以前就已经有所有权存在;但尽管这样,所有权必须放在家庭之前论述。"⑥

虽然带有明显的思辨色彩,但《逻辑学》本身不可能"也是历史的"。

---

① 《马克思恩格斯全集》第31卷,人民出版社1998年版,第490页。
② 《马克思恩格斯文集》第2卷,人民出版社2009年版,第602页。
③ 《马克思恩格斯文集》第2卷,人民出版社2009年版,第603页。
④ 《马克思恩格斯文集》第2卷,人民出版社2009年版,第602—603页。
⑤ 《马克思恩格斯全集》第30卷,人民出版社1995年版,第43页。
⑥ 黑格尔:《法哲学原理》,贺麟译,商务印书馆1961年版,第40页。

似乎是为了强调这一点,黑格尔把它几乎等同于永恒的形式:创世前的上帝意识。①

然而,当恩格斯引用黑格尔的著作时,他忽视了《逻辑学》②——马克思告诉了恩格斯自己受到了这本书的影响。③ 如果恩格斯认真考虑将《逻辑学》视为方法指南,那么他就会强调马克思方法当中的系统性;相反,回到他年轻时对黑格尔历史哲学的热情,恩格斯看到的是文本当中历史建构起来的统一性。④

恩格斯的观点曾主导了20世纪的许多马克思研究者(例如希法亭、多布、米克、霍华德和金、曼德尔),但现在已经受到广泛争议,因为它与马克思1857年《导言》(恩格斯可能不知道它的存在)中的表述——范畴不应当按照历史发展的次序排列,相反,应该根据现存系统的内部结构安排——明显相矛盾。⑤

然而,根据记载恩格斯是看过马克思计划中的写作纲要的,当中他指出范畴的过渡"也是历史的"⑥。可能恩格斯"逻辑-历史方法"的看法,正是在力图理解马克思文本时产生的。⑦

此外,马克思总是尝试着通过回顾经济思想史来补充一些实质性论述。在1859年的文献中我们能找到三个插曲,第一个很明显就是历史的。在这里我们似乎能发现恩格斯之所以有如下说法的原因,即"对经济学的批判,即使按照已经得到的方法,也可以采用两种方式:按照

---

① "这个内容就是上帝的展示,展示出永恒本质中的上帝在创造自然和一个有限的精神以前是怎样的"。参见黑格尔《逻辑学》(上卷),杨一之译,商务印书馆1996年版,第31页。
② 《马克思恩格斯文集》第2卷,人民出版社2009年版,第602页。
③ 在后来1891年11月1日写给施米特的信中恩格斯提到过这件事,但这里只有一些上面谈论过的线索。
④ 卡弗已经指出了这一点。参见 Terrell Carver, *Marx and Engels: The Intellectual Relationship*, Brighton: Harvester/Wheatsheaf, 1983, p. 103。
⑤ 米克声称马克思的《导言》只是证实了恩格斯的论述,参见 Meek, *Smith, Marx, & After: Ten Essays in the Development of Economic Thought*, London: Chapman & Hall, 1977, p. 138。
⑥ 《马克思恩格斯全集》第29卷,人民出版社1972年版,第299页。米克已经注意到了这一点。
⑦ 恩格斯在1858年4月9日的回信中说:"这个abstract(纲要)的确非常abstract(抽象)"。《马克思恩格斯全集》第29卷,人民出版社1972年版,第306页。

历史或者按照逻辑"。① 他将文献的对象与文献本身混同起来:"既然在历史上也像在它的文献的反映上一样,大体说来,发展也是从最简单的关系进到比较复杂的关系,那么,政治经济学文献的历史发展就提供了批判所能遵循的自然线索,而且,大体说来,经济范畴出现的顺序同它们在逻辑发展中的顺序也是一样的。"②所以,《政治经济学批判(第一分册)》中的双重阐释,似乎是已经由恩格斯在对相关文献考察之后,通过一种对逻辑和历史的直接对比完成了,也就是说,文献是"反映了的历史"。

问题在于"反映"一词上。马克思给出了下面的例子:配第"受着货币主义的观念束缚,把特种的实在劳动即采掘金银的劳动,解释成生产交换价值的劳动"③。接着我们看到,在某种意义上,配第"反映"了资本主义不发达阶段的状况;但这是一个错误的理论,即使在当时也是错误的。认为只有货币构成财富前提条件的看法,反映出的是当资产阶级社会还处于婴儿时期,贸易是资本积累的基础这一事实。然而马克思没有就此打住。当他批评货币幻象和政治经济学中的重商主义时,他认为这些旧有的系统不仅在历史上可以理解,而且就它们寻求用充分的形式表达价值这个行为而言,它们是有合理性的。④

尽管如此,马克思还是和古典政治经济学家一样,按照逻辑发展顺序在讨论其"结晶"形式之前首先讨论了货币"流动"形式,即使在理论的历史当中是以相反的方式进行,因为一开始国际贸易的扩张是大于工业发展的。

需要重新审视的,还有恩格斯认为历史必须按照逻辑进行"修正"⑤的观点。这观点是什么意思呢?恩格斯在这个问题上一点都没搞

---

① 《马克思恩格斯文集》第2卷,人民出版社2009年版,第603页。
② 《马克思恩格斯文集》第2卷,人民出版社2009年版,第603页。
③ 《马克思恩格斯全集》第31卷,人民出版社1998年版,第447页。
④ 《马克思恩格斯全集》第31卷,人民出版社1998年版,第553页。
⑤ 《马克思恩格斯文集》第2卷,人民出版社2009年版,第603页。

清楚;他有时说阐述应当从一些原初的东西开始("政治经济学从商品开始,即从产品由个别人或原始公社相互交换的时刻开始"①),而在其他地方,他认为这种方法要求不能这么做,而是要在"它们完全发展"的情况下研究商品,而且,一般来说,对每个要素必须在"它完全成熟而具有典型性的发展点上"加以考察。②

理解这个做法的唯一方式就是,假定只能够在商品和货币的最发达形式中发现它们的真相,不过由于某种无法解释的原因,我们依旧有权回到它们的基础形式去阅读,这具有历史参考价值,因为恩格斯相信整个历史遵从同样的逻辑顺序。

马克思在1859年作品当中没有解释和说明这样的复杂过程。但是恩格斯提出的形式的完全发展是以马克思自己的阐释为基础的。比如,马克思说:"价值规律的充分发展,要以大工业生产和自由竞争的社会,即现代资产阶级社会为前提"。③

但是逻辑和历史的真实关系——如果只有一个的话——可能是和恩格斯的设想相反的:马克思在《导言》中指出,劳动一般这个"简单"范畴只有当资本主义成熟时才会获得"实践真理"。(与此相同,只是到了斯密那里,政治经济学才到达这个纯粹概念。④)他再一次指出,首先必须把资本,而不是土地(不论它曾经在历史上多么重要),作为现代资产阶级经济学的主要因素。在这个基础之上,马克思总结说按照某种历史顺序去安排经济范畴是错误的。同样显而易见的是,马克思此时对逻辑和历史之间的关系问题也不清楚。这篇文章给人一种探索性讨论的感觉,而它之所以被压下没有发表,正是因为马克思感到整个问题需要进一步思考。因为当他直接提出在历史上简单范畴是否早于具体范

---

① 《马克思恩格斯文集》第2卷,人民出版社2009年版,第604页。
② 《马克思恩格斯文集》第2卷,人民出版社2009年版,第603页。
③ 《马克思恩格斯全集》第31卷,人民出版社1998年版,第454页。
④ 《马克思恩格斯全集》第30卷,人民出版社1995年版,第45页。

畴存在时,他的回答是要看情况而定,接着做更复杂的讨论。① 尽管马克思在这个问题上的看法和恩格斯不同,但我认为马克思让恩格斯那篇评论通过,不仅仅是因为截止日期的紧迫性②,还可能是因为他依旧没有确定历史研究中依照逻辑安排范畴的关联性。不过我们可以说的是,如果逻辑发展与历史的关系是可变的,那么我们不可以如恩格斯似乎所想的那样以历史为指导。相反,我们必须把当前系统的内在关系作为出发点,发展出一种处理手头材料的纯粹逻辑方法,然后我们才可能注意到逻辑转变某种意义上"也是历史的"。但它不是这种方法的必要特征,恩格斯在论述与历史进程的"不断接触"中已经暗示了这一点。③ 所以当下为我们看待过去提供了线索,但这不同于从资本主义经济学中范畴发展的纯粹逻辑阶段的实例中确定它。

可能令恩格斯(包括像米克这样的追随者)印象深刻的是,如果我们考虑流通的基本形式,那么商品—货币—资本的顺序就可能既是逻辑的,也是历史的;每一个都不可能脱离前一个概念得到理解,幸运的话,每个概念都会通过辩证发展从它前者那里衍生出来,历史偶然性的确也会使这一进程可能发生。但我们应当注意到,从历史上的商品开始并不意味着从历史上马克思意义上的价值开始,因为在偶然条件下,在商品交换的不充分形式中,我们有的只是价格,而不是劳动价值(除非有人把它当作与价值相对的某种不确定的东西),马克思在《序言》中已经指出,劳动价值的产生需要工业的充分发展。我将在下一节"简单商品生产"更加详细地讨论价值规律。

我们来总结一下恩格斯的评论和他所评论的作品中的方法有多接近。米克过于慷慨了,他声称:"恩格斯所说的足够准确,足以当作恩格

---

① 《马克思恩格斯全集》第 30 卷,人民出版社 1995 年版,第 43 页。
② 参考马克思 1859 年 8 月 13 日写给恩格斯的信,《马克思恩格斯全集》第 29 卷,人民出版社 1972 年版,第 455 页。
③ 《马克思恩格斯文集》第 2 卷,人民出版社 2009 年版,第 605 页。

斯所评论的书中马克思运用的方法的一般概括"。①

在对比着两个文献之后,我们做如下总结:

a. 恩格斯提出马克思那里的范畴辩证运动,以及指认黑格尔是其辩证方法重要来源是正确的。但是他应当关注黑格尔的逻辑学而不是历史哲学;

b. 恩格斯说政治经济学文献为马克思提供了"自然线索",这是错的;②相反,马克思批判这些文献,因为它们在分析不同层次的范畴之间总是摇摆不定,无法一锤定音③;他只有在通过自己的逻辑工具已经独立掌握范畴的等级次序之后,才能真正做到这一点。

在结束讨论前,观察一些马克思在《政治经济学批判(第一分册)》当中说过而恩格斯在讨论黑格尔时没有提及的东西是十分有趣的。在阐述后来被马克思命名为"商品拜物教"④的理论这部分当中,他说商品交换的体系是"扭曲的",不是在规范而是在认知意义上。在价值形式中,人与人的关系是"隐藏在物的外壳之下的关系",⑤这导致了"神秘化"。⑥尽管劳动是以个人的方式进行,但它们需要某种社会中介,这是通过它们在价值形式上的同一实现的。"这种简化表现为一种抽象,然而这是社会生产过程中每天都在都在进行的抽象。"⑦它规定了劳动是社会的,但是在非常特殊的意义上讲,因为它们是由"特有的社会性"构

---

① Meek, *Smith*, *Marx*, & *After*: *Ten Essays in the Development of Economic Thought*, London: Chapman & Hall, 1977, p. 139.
② 《马克思恩格斯文集》第 2 卷,人民出版社 2009 年版,第 603 页。
③ 《马克思恩格斯全集》第 31 卷,人民出版社 1998 年版,第 582 页。
④ 可以对比《政治经济学批判(第一分册)》第一章"商品"部分内容《马克思恩格斯全集》第 31 卷,人民出版社 1998 年版,第 423—427 页)与《资本论》第 1 卷第一章第四节。
⑤ 《马克思恩格斯全集》第 31 卷,人民出版社 1998 年版,第 426 页。
⑥ 《马克思恩格斯全集》第 31 卷,人民出版社 1998 年版,第 427 页。
⑦ 《马克思恩格斯全集》第 31 卷,人民出版社 1998 年版,第 423 页。

成的,当中"人和人之间的社会关系可以说是颠倒地表现出来的,就是说,表现为物和物之间的社会关系"。①

在评论中,恩格斯看到,在黑格尔那里上升为"纯粹思维"的现实关系以"歪曲"的方式表现,被唯心主义的面纱所笼罩。② 这里对黑格尔的批判难道没有跟马克思对商品关系的批判有惊人的相似之处吗?在黑格尔那里,他的抽象现实关系的"歪曲",以唯心主义的方式遮蔽现实;在商品交换当中,现实抽象推动价值形式形成,为现实社会关系蒙上了"物质面纱"。如果有人想要把"文献"和现实历史相关联,他将在这个类比中找到值得思考的东西!③

在1859年之后,马克思在世时,没有人对"逻辑-历史方法"再说过什么。④ 值得注意的是,恩格斯在评论《资本论》第一卷时,关于马克思方法的这一说法也没有被提到。这或许非常重要(正如我们马上要看到的那样,尽管似乎在《序言》和编辑《资本论》第三卷所作的补充时这一说法得到了应用⑤)。不过从恩格斯的回信中能够看出,他依旧渴望这个方法:"可以把这里用辩证法获得的东西,从历史上稍微详细地加以证实,就是说,用历史来对这些东西进行检验"⑥。

在讨论马克思计划中究竟隐藏着什么方法之前,我们看下恩格斯另一份相关文本。

---

① 《马克思恩格斯全集》第31卷,人民出版社1998年版,第424、426页。
② 《马克思恩格斯文集》第2卷,人民出版社2009年版,第601页。
③ 参考亚瑟《劳动辩证法》,以及科莱蒂为《卡尔·马克思:早期著作》所写的《导言》还有普舒同的《实践、劳动与社会统治》。
④ 马克思1867年出版的《资本论》大量参考了《政治经济学批判》,而没有参照恩格斯的这篇评论,尽管恩格斯其他作品受到了褒奖。在1873年第二版的后记里,马克思正确地指出他的方法"几乎没有被你理解",不过当中提出的问题比解决的要多,特别是关于黑格尔辩证法的一些矛盾的论述。
⑤ 恩格斯在《资本论》第2卷的序言中没有说到逻辑和历史方法。纯粹是由于外在的原因,他的主要工作是解释马克思剩余价值理论的独特性。他巧妙地用关于发现氧气的争论例子去说明,当其他人只是将剩余价值当作工人产品价值的一个扣除时,马克思看到了工人产出的多余自身消费的价值,也就是剩余价值。他进一步阐明,劳动作为创造价值的活动不可能有自己的价值。
⑥ 《马克思恩格斯文集》第10卷,人民出版社2009年版,第260页。

简单商品生产

在他1859年的评论当中,恩格斯指出,尽管逻辑和历史方法都是可能的,但逻辑顺序"思想进程的进一步发展不过是历史过程在抽象的、理论上前后一贯的形式上的反映;这种反映是经过修正的,然而是按照现实的历史过程本身的规律修正的,这时,每一个要素可以在它完全成熟而具有典型性的发展点上加以考察"①。这里产生的问题是,在何种程度上,要素确实获得了"典型性"?——例如在价值问题上。

恩格斯在他为《资本论》第三卷写的《序言》当中再次提到这个问题。他开头写道:"这是出自他的误解,即认为马克思进行阐述的地方,就是马克思要下的定义,并认为人们可以到马克思的著作中去找一些不变的、现成的、永远适用的定义"。他解释道:"在事物及其互相关系不是被看作固定的东西,而是被看作可变的东西的时候,它们在思想上的反映,概念,会同样发生变化和变形;它们不能被限定在僵硬的定义中,而是要在它们的历史的或逻辑的形成过程中来加以阐明。"②

这个段落出色地表达了辩证的观点,也完全适用于马克思的《资本论》。然而,恩格斯在应用它时提出了一种特别的解释,这种解释产生了很大影响。他认为,看待上述命题时"我们就会明白,为什么马克思在第一册的开头从被他当作历史前提的简单商品生产出发,然后从这个基础进到资本,——为什么他要从简单商品出发,而不是从一个在概念上和历史上都是派生的形式,即已经在资本主义下变形的商品出发"③。

虽然恩格斯没有在这里参考"逻辑-历史方法",但他创造的"简单

---

① 《马克思恩格斯文集》第2卷,人民出版社2009年版,第603页。
② 《马克思恩格斯全集》第46卷,人民出版社2003年版,第17页。
③ 《马克思恩格斯全集》第46卷,人民出版社2003年版,第17页。

商品生产"概念,并指认这一制度的确存在,是价值规律的实体化,这些都可以被看作上述方法的应用。在文章中,恩格斯再次假定马克思的逻辑方法是建立在一个历史过程的基础之上,也就是从"简单商品生产"的历史前提开始,再到资本主义生产。

实际上,恩格斯从未完全明确地表明,什么时候价值才是现实的。所以,在回应《资本论》第三卷时,康拉德·施米特(Conrad Schmidt)提出第一卷当中讨论的"价值"是一个"必要的虚构"。恩格斯在写给他的信中说:"价值规律以及剩余价值通过利润率来分配的情况……只有在资本主义生产到处都已经充分地实现……的前提下,才能最完全地达到近似的实现","这种情形甚至在英国也还没有"。① 不过,恩格斯回复的主旨是要说明,抛开它的"充分实现"观点先不谈,从"简单商品生产"开始,价值对于实践目标而言足够真实。在写信给施米特的前一天,恩格斯给威·桑巴特(Werner Sombart)的信中表达了几乎相同的观点,认为"价值曾经有其直接的、现实的存在",但是"在交换中,价值的这种直接存在就停止了,现在就不再有它了",因为"资本主义生产形式下的价值……隐藏得很深,以致我们的经济学家能够满不在乎地否认它的存在"②。

恩格斯对这个问题的看法如此强烈,他专门写了相关主题文章,放在了第二版《资本论》第三卷的增补当中。他在那里主要是为了消除人们关于"不仅是纯粹的逻辑过程,而且是历史过程和对这个过程加以说明的思想反映,是对这个过程的内部联系的逻辑研究"的任何怀疑。在用了很长篇幅阐述这个观点之后,恩格斯总结道:"只要经济规律发生作用,马克思的价值规律对于整个简单商品生产时期来说便是普遍适用的,也就是说,直到简单商品生产由于资本主义生产形式的出现而发生变形之前是普遍适用的。"③

---

① 《马克思恩格斯全集》第 39 卷,人民出版社 1974 年版,第 409 页。
② 《马克思恩格斯全集》第 39 卷,人民出版社 1974 年版,第 406 页。
③ 《马克思恩格斯全集》第 46 卷,人民出版社 2003 年版,第 1013、1018 页。

当然我们要看到,恩格斯介入有关简单商品生产讨论的背景,是有许多人认为马克思在《资本论》第三卷当中已经放弃了价值规律,转向价格决定原则。然而,聪明的读者可以看到,在马克思那里价值是形成第三卷中"生产价格"过程的一个阶段。有人指出,如果这种价值由于被生产价格所取代而无法在经验上呈现,那么它们就没有实质内容、不存在,仅仅是"虚构"的,即使是为了方便或是必要的虚构(像施米特所说的),面对这种说法,恩格斯的回应是历史地解释马克思表述的不同阶段,以此来保证价值确实在经验上可见,不过当然,是在以往资本主义"调整"这些关系之前。可是恩格斯对这些质疑让步太多,重新组织了马克思的价值概念,把这些过时的价值判定为纯粹形式,而"资本主义调整"形式被判定为"次要的"形式。怀疑者有理由质疑这种价值观是否与当下有任何相关性。

在讨论恩格斯观点的优点之前必须指出,它在文本上的支撑很少。马克思肯定不会在相关讨论——也就是《资本论》第一卷前几章——中提出"简单商品生产"概念。这并没有阻止例如多纳·托雷将《资本论》第一卷中不少于20页的内容冠之以"商品生产,简单"的标题①——这是恩格斯对马克思编辑和评论者具有催眠力量的明显证据。

事实上,马克思一生从未使用过"简单商品生产"一词②。同样地,他肯定也不会将资本主义商品生产当作一个次要的衍生形式。③

在全部三卷《资本论》当中,"简单商品生产"一词只是在第三卷中出现过,但正如恩格斯自己在"补充说明"中提醒我们的那样④,这是恩

---

① 这是根据恩格斯编辑的1938年再版的《资本论》。
② 如果马克思没有使用过这个词,那恩格斯是怎么会用到这个词的呢?有两种可能性:在第一卷中,马克思使用了"简单商品流通"与作为资本的货币的流通进行比较。另外,在第一卷和第二卷讨论"简单再生产"章节中,讲到了一种情况,即所有资本积累的剩余价值被非生产性地消费。
③ 恩格斯在《反杜林论》中声称,他在《资本论》中探讨了商品生产向资本主义生产的历史性转变。他详细地引用了马克思《资本论》第一卷中的一段话,在这段话中,马克思假定工人拥有自己的产品。但恩格斯没有注意到这篇文章是用假设的方式写的。
④ 《马克思恩格斯全集》第46卷,人民出版社2003年版,第290页。

格斯编辑之后留给我们的段落。随着最近新 *MEGA* 的发表,我们现在有可能去参照着手稿本身进行对比。很清楚地看到,整段话都是恩格斯插进去的(紧接着的关于资本的"历史使命"内容同样如此)。①

这证明了恩格斯作为马克思思想解释者的巨大权威性,教科书长期重复着他在这一问题上的看法。② 大量学生学习的马克思主义经济学是以资本主义生产和"简单商品生产"的区分为基础的。尽管这种方法源于恩格斯,而不是马克思。

恩格斯确实可以从第三卷手稿中去引用段落,当中一些内容似乎表明马克思讨论了作为一个阶段的简单商品生产。恩格斯激动地抓住了这一点,声称"如果马克思来得及把这个第三册再整理一遍,他毫无疑问会把这段话大大加以发挥"③。然而,他也有可能认为这是一个错误的线索,并要排除它!④ 显然,《资本论》中奇怪地提到的前资本主义生产在使用时并没有系统的意图。

让我们公允地看待恩格斯:为了澄清作家的意图而创造新的术语显然是允许的,即使作家本人没有使用这个词。问题在于,这个术语是否帮助我们获得更深入的理解。这将是下个部分要讨论的内容。

或许值得注意的是,像厄涅斯特·曼德尔(Ernest Mandel)这样一位杰出的马克思主义经济学家依旧坚定支持恩格斯的观点,认为马克思《资本论》与简单商品生产有关,并且这种制度在历史上真实存在。⑤ 即使如此,就像一般所说的"逻辑-历史方法"一样,这种方法的应用现在已经受到了质疑。

恩格斯正确地指出了一个事实,在其辩证运动过程中,概念必须在

---

① 《马克思恩格斯全集》第 46 卷,人民出版社 2003 年版,第 292 页。
② 之前我们提到过,例如米克在引用恩格斯的论述时以为引用的是马克思的话。
③ 《马克思恩格斯全集》第 46 卷,人民出版社 2003 年版,第 17 页。
④ 森岛通夫(Morishima)和凯特佛瑞斯(Catephores)也说过同样的话,参见 *The Economic Journal*,1975,p. 319。
⑤ 参见曼德尔为英国企鹅出版社编辑出版的《资本论》第 1 卷写的导言,以及他的《马克思主义经济学理论》。

它们的"形式"中被把握。但我们什么时候才会获得完全形式的概念呢？我们又在什么时候有"半生不熟"的概念？我认为——粗略地讲——价值的"简单商品生产"就是一个"半生不熟"的概念。

我不打算去讨论"简单商品生产"的历史性问题，因为从理论上的角度看有一个更有趣的问题：模型在概念上有作用吗？价值规律真的会在商品交换发展的一个假定阶段中达到自身的成熟，或者是否只是与资本结合就达到完全发展？把"简单"商品看作某种意义上的初级状态，而资本的产品某种意义上是"次要的"，以不那么"纯粹的"衍生形式呈现在我们面前，这种看法正确吗？

我们需要回答的关键问题是，在前资本主义社会里，谈论价值和受劳动价值规律支配的交换是否和在资本主义社会一样有意义，或者更为纯粹？答案是否定的，因为在这样一个想象的社会当中，没有任何机制实施这个规律；价值没有任何必要超越其空洞的形式出现，不会带着发展出资本主义有意义内容的潜力。

要考虑的情况只有两种，要么存在着劳动的流动性，要么就没有。在后一种情况下，按劳动时间的比例进行交换只能在规范的原则基础之上发生扩展。它可能是一个被广泛遵循的规则，但不是一个客观强加的、以科学方式在其必要性中加以把握的规律。即使能够找到这些规则的历史案例，但它显然与基于讨价还价的市场经济中商品生产不相关。在前一种情况下，"价值"交换应该发生，因为否则人们会转向收入更高的职业。和另一种情况一样，应当看到这是以所有都清楚他人劳动的费用为前提，这是一个非常值得怀疑的历史命题。① 然而，即使它被接受为一种理想化的假设，但真相是我们没有像客观法律那样执行的东西(an objective law operative)。因为这里的假设是，影响个人

---

① 恩格斯、米克与曼德尔赞同这种情况，而森岛通夫和凯特佛瑞斯则相反。

选择的唯一因素是避免"辛苦和麻烦"①。这种主观设想与马克思指出的在资本主义当中存在的价值交换成为必要的客观价值规律的说法没有多大关系。如果一个人仅仅依赖对生产者的主观认识,那么与学习新方法的困难和对职业的偏好有关的主观考虑也可能起作用。

为什么会有建立起社会必要劳动时间的趋势?只有在现代工业,行业内部的竞争和不同行业间资本的流动,导致了共同的衡量标准的发展。只有在资本主义工业当中,茶歇时间才是次要的,如果可能,甚至可以完全取消。问题的核心不是理想型的经济理性人回到自然状态,而是资本主义竞争的客观合理化系统。当马克思说李嘉图"至少意识到(价值)规律的运行依赖一定的历史前提"时已经使这一点很清楚了。李嘉图认为劳动时间决定价值,"只有当商品通过人类工业的努力在数量上增涨,以及生产当中竞争不受限制"时才有效;马克思评论说,这句话的真正含义是,"价值规律的充分发展,要以大工业生产和自由竞争的社会,即现代资产阶级社会为前提"。②

仅仅有产品的交换,这并不意味着价值的任何规律支配着交换比率。价格在这种情况下只是形式上的中介,允许进行交换,但不存在任何确定的价值实体。根据马克思,价值规律以按照社会必要劳动时间的交换为基础,但在简单商品生产情况下,没有一种机制会迫使生产者达到这个目标。当包括劳动力本身在内的所有投入都具有价值,生产从属于增殖时,对资本回报率才可以有客观的比较,资本之间的竞争使得价值规律有必要实施。③

如果承认价值不是一个优先于交换的实体(例如使用价值),而是只以交换的形式和通过交换的形式发展起来的实体,那么只有当我们

---

① 亚当·斯密:《国富论》,郭大力、王亚南译,商务印书馆2015年版,第25页。马克思对斯密这个观点的批判参见《马克思恩格斯全集》第31卷,人民出版社1998年版,第453页。
② 《马克思恩格斯全集》第31卷,人民出版社1998年版,第454页。
③ 对恩格斯观点进行细致而全面性的批判,请参阅约翰·威克斯的《资本与剥削》(John Weeks, *Capital and Exploitation*, London: Edward Arnold, 1981)。

已经能够证明价值在形式和内容上成为现实这一点时,它的逻辑已经将自身强加到经济运动中,以至于我们能讨论商品生产的规律在量上的规定时,它才获得充分发展。由于上述原因,这一规律不适用于简单商品生产的假设模型。

在评价恩格斯对《资本论》中马克思写作意图的评论时,两个不同的问题需要分开谈。首先,《资本论》的前几章有没有涉及简单商品生产?我想这里很明白,从一开始马克思就假设了他的研究对象是资本主义生产,商品是其生产的基本单位,马克思追溯的是其存在条件。① 接下来,尽管也是最后一点,马克思对作为资本产物的商品感兴趣,但这里提到的规律不能回溯到简单商品生产的真实或想象阶段吗?这个问题我们已经在上面讨论过,价值规律不能支配这种生产方式。

所以,把这两点结合起来,恩格斯认为马克思的逻辑发展就是指明从"简单商品生产"发展到资本主义的过程是一个"修正历史"的过程,恩格斯的这个看法在文本和实质层面都是错误的。

关于整体的问题

在恩格斯的领导下,主流的辩证理论家们把辩证法看作是(主要是历史)运动的原则。而被遗忘的一个事实是,辩证法更适合重建一个有结构的整体的表达,而不管这个整体是稳定的还是可能转变为完全不同的其他东西。如果我们去看黑格尔或马克思就能清楚地发现,通过系统的辩证论证分析整体是他们工作中最重要的事情。我要提出的问题是,组成《资本论》中论证发展的逻辑方法究竟是什么?它必须与自己的对象相适应,而我认为对象是某种整体。那是哪种呢?它不只是

---

① 马克思在《资本论》和1857年《导言》中强调,他所论述的主题是"现代资产阶级社会",因此,经济范畴的前后相继,以及范畴本身,必须表现出这个特定社会的存在形式。随之而来的是,资本作为绝对主导的经济力量,必须构成出发点和结论。

一个集合,就像在一堆砖头当中一块砖随意放在另一块砖上。而是说,它是一个整体,当中每个部分都清楚地需要其他部分互补才会构成自己,因此内在关系凸显了整体,每个要素的本质取决于它与其他要素以及整体的关系。一个东西内在地与他者发生联系,如果这个他者是自身本质的必要条件。我们不能不参考某物的关系和规定的整体语境就说"它是什么"。如果在整体当中各个要素结合起来了,我们就可以言说整体的因果关系,它们造成了相关领域的实质性转变。

我们面临的问题是,一个整体不能直接地呈现出来,它的接合必须有所表现,我们必须找到一个出发点,从它某个方面入手。在论述中,论点可以从一个特定的起点出发,经过重构整体运动,因为我们可以沿着内部关系链,按照逻辑从一个要素到另一个要素。在严格逻辑上,问题中的要素有着恰当的意义(我要举例的是在价值形式中,商品—货币—资本各自都需要他者完成自己的意义或发展自己的概念),或者如果考虑其存在的物质条件的话要有适当的限度(比如生产和增殖的关系)。

这就是为什么马克思和黑格尔卷入方法论问题的原因。如上所述,恩格斯解释说,人们通常不能在马克思那里找到固定的、一成不变的定义,一旦被给定,那么就从那时候起效。① 从辩证的观点看,概念承担的意义由于整体当中要素意义不可以在一开始被确定而会发生转换。在分析的视角中,最后是对假设的分析,也就是说,把对整体的分析变为对其要素的分析,结果就是得到一组"原子事实",接着整体被理解为这些要素之间综合影响的结果。但是,如果与此相反,每个要素只有通过在整体当中的位置获得的自我规定才重要的话,那么,随着系统不断发展到更为复杂、更为具体关系的时候,概念的最初定义相应就会

---

① 他在其他地方(《反杜林论》)也提出了同样的观点:"定义对于科学来说是没有价值的,因为它们总是不充分的。唯一真实的定义是事物本身的发展,而这已不再是定义了"(《马克思恩格斯全集》第26卷,人民出版社2014年版,第356页)。

发生转换,朝向更为明确的方向,虽然有时概念的新的和更广泛的应用也会出现。辩证方法不是否定现实,相反,它依旧是对所有材料进行彻底重组、更加接近事物的真理。比如,只有当商品被理解为资本的产物时,才能看到价值形式中被资本增殖力量注入的规定内容。而当商品只是被看作产品时,它与作为资本的产品完全不同。①

对于恩格斯来说,商品的价值从一开始就是真实的,它的真相在这一点上是透明的,只是后来的变化影响到原初假设时变得难以捉摸。我之所以认为这种逻辑不恰当,是因为资本主义的核心是一个整体,它通过将要素与自身分离,使之发生改变来构成这些要素。所以,价值的现实性依赖资本主义生产的充分发展,在资本主义之外没有任何意义。然而,价值的"完成形式"不能人为地与完成前的形式分开。从辩证的方法去看,当生产价格的运动发生时,价值规律只会在它的否定中实现,因为给予它规定的条件,也就是资本主义竞争,带来了转变实际价值的差异。但规律依旧非常重要——即使是在被否定的情况下,因为生产价格只有作为这种有差异的辩证统一的结果:潜在的价值和实现的价值时,才能被正确理解。

价值规律不是某种站在原点上的东西,无论是逻辑的还是历史的,它都是一种要变成为资本总体的东西。

最后,让我们解决对资本主义关系的历史预期所带来的问题。我们已经说过,马克思考察的对象是一个特殊意义上的整体。这里我们会发现一个问题,即应该如何处理整体的要素先于整体存在这样一个事实。因为我们知道,在资本主义工业统治以前就存在商品、货币,甚至是以商业资本和生息资本形式出现的资本了。

如果我们去看马克思对货币的分析,那就会发现他是以一种相当非历史的方式介绍货币的功能。的确,正如马克思本人意识到的那样,

---

① 参见《马克思恩格斯全集》第 35 卷,人民出版社 2013 年版,第 119 页。

这些功能在历史上是由不同对象执行,并且各自都是约定俗成。① 而资本主义一个明显的差别在于,作为形式规定的整体,价值的实现需要将原本不同的功能通过单一的货币商品的演变去整合。给定一个尽管复杂但单一的货币概念,那么我们可以以最适当的系统顺序阐述整体,无需任何历史的参与。因此作为资本的内在要素,货币扮演着关键角色,这赋予它较之其他在前资本主义承担特殊功能(例如流通中介)的"货币"相当不同的规定。

接下来,我们应当把马克思推出的 M—C—M'(也就是用货币交换商品,然后用商品换取更多货币)看作是对资本的一般抽象,还是介绍资本的一个特殊历史阶段,也就是商业资本?显然,它必须被系统地看作是资本的抽象形式,没有具体的参照。② 从具体的解释来看,它可以是对商业资本循环的描述,但是马克思在后面叙述时正确地处理了这种资本,因为在这种社会中,商业资本是从属于工业资本的。由于这里的货币承担工业产品价值的流通和实现功能,以及基于这种功能获得收益,所以它有着全新的规定。这与它早先将孤立的经济活动连接起来套利的功能是不一样的。商业资本现在并没有像前资本主义那样促进剩余价值的流通并从中获利,而是和服务于市场的商品生产打交道,帮助资本增殖。③

这同样适用于货币借贷资本。我们必须区分起初为消费放贷的放贷人,然后是那种向投机者和商人放贷的夏洛克式放贷人,最后是现代银行业,它们大部分贷款流向了企业。因而生息资本的抽象形式,M—M',根据商品生产的历史发展水平,具有非常不同的功能。所以再一次,简单性要求叙述的发展是系统的而不是历史的。④

---

① 《马克思恩格斯全集》第 31 卷,人民出版社 1998 年版,第 466 页。
② 《马克思恩格斯全集》第 44 卷,人民出版社 2001 年版,第 142 页。
③ 《马克思恩格斯全集》第 46 卷,人民出版社 2003 年版,第 364—365 页。
④ 关于借贷的论述参考《马克思恩格斯全集》第 35 卷,人民出版社 2013 年版,第 317 页;《马克思恩格斯全集》第 46 卷,人民出版社 2003 年版,第 678—679 页。

马克思在《资本论》第一卷中明确以论述工业资本和商品生产为重点,尽管历史上商业资本和货币资本出现得更早,但它们相较于工业资本缺少现实前提。马克思只是在第三卷中提及它们,因为现在它们在工业资本作用下处于次要地位,因而放在后面论述。当马克思明确工业资本是资产阶级时代资本的主导形式时,这不是简单地说它像过去那样,已经抛弃了诸如土地资本和商业资本等非劳动性收入基础,而是说它已经成为整体中压倒一切的要素,它重构了其他要素发挥作用的条件,因而在根本上转变了它们自身的规定性,以及它们在整体和工业资本再生产当中的角色[1]。所以说,在资本主义以前存在的"资本"与现在存在的资本不是一回事儿。马克思论述道:"产业资本是惟一的这样一种资本存在方式,在这种存在方式中,资本的职能不仅是占有剩余价值或剩余产品,而且同时是创造剩余价值或剩余产品……那几种在产业资本以前,在已成过去的或正在衰落的社会生产状态中就已出现的资本,不仅要从属于产业资本,并且要改变其职能机制来和产业资本相适应,而且只能在产业资本的基础上运动,从而要和它们的这个基础同生死共存亡。"[2]

我要说的是,如果资本主义是一个整体,其中每一个要素有其特定功能,那么这些要素在前资本主义背景下可能有相当不同的规定,其本质也不一样,即使表面上会有名词定义上的相同之处。现在,它们的实质定义是资本赋予的。马克思说:"在一切社会形式中都有一种一定的生产决定其他一切生产的地位和影响,因而它的关系也决定其他一切关系的地位和影响。这是一种普照的光,它掩盖了一切其他色彩,改变着它们的特点。这是一种特殊的以太,它决定着它里面显露出来的一

---

[1] 土地的例子请参见《马克思恩格斯全集》第30卷,人民出版社1995年版,第207—208页。特别是在关于土地与资本历史的离题的说明中,马克思写道:"我们在这里要研究的是已经生成的、在自身基础上运动的资产阶级社会。"

[2] 《马克思恩格斯全集》第45卷,人民出版社2003年版,第66页。

切存在的比重。"①

通常来说,使"逻辑"符合"历史"是一种错误的尝试,因为资本整体中通过内部联系追踪到的要素,与它们在之前不同环境中发挥的作用是不一样的。如果一个要素的意义不能脱离它在整体当中指定位置得到把握,那么即使是在较早时期存在着名义上相同的要素,两者实际上是不一样的,因为作用环境不一样。正如马克思所说:"在资本主义生产方式的基础上,甚至连属于过去生产时期的经济范畴,也获得了特殊的历史的性质。"②

尽管这种自我联系、自我区分和以自我为基础的整体不是无中生有,它的要素在某种相同或不同形式先于它存在,但它们——正是由于它们不是由这里讨论的整体形成——并不具有相同的本质、形式、功能和规律。就如我在前面(讨论"简单商品生产"部分)说的那样,这对价值规律本身而言是正确的。

结论

在讨论恩格斯是否正确地运用了马克思的方法这个问题时,那些支持或反对恩格斯的人都能找到——而且已经找到——合适的引文来证明自己的观点。虽然在《资本论》中他清楚地阐释了一个整体的结构,但我认为马克思本人从未完全阐述过自己的逻辑方法和历史的关系。我希望我说的足够证明,尽管恩格斯显然意识到了叙述需要辩证的形式,但如此坚持"逻辑-历史方法"并没有多大帮助,反而指明了一种严格的系统辩证法,谨慎地把现存整体中的各个要素与其前资本主义形式联系起来。

---

① 《马克思恩格斯文集》第8卷,人民出版社2009年版,第31页。
② 《马克思恩格斯文集》第8卷,人民出版社2009年版,第427页。

要更忠实地理解恩格斯关于概念辩证叙述的观点,那不能把《资本论》的起点作为历史前提或者一个简单模型去看待,应当将其视为复杂整体当中暂时的、不成熟的抽象要素。叙述应该通过展示价值如何在它的完整、完成形式中实现价值规律、通过将其根植于发达价值形式——首先是货币,然后是资本,接着是生产劳动,最后是资本的循环和积累——来补充出发点的不足。

恩格斯的直觉是完全正确的,他认为要理解这样一个体系,需要的不是对价值作出"严格定义",而是对它的发展作出叙述,展现它的不同形式,发现每个阶段的深层本质规定。在这样的论述中,这种形式系统必须被理解为一个整体,而不是一系列独立的阶段。正如恩格斯所说,历史是一种考验,但这个历史是未来的历史,因为只有当资本获得成熟形式时,其积累的必然规律才会起作用。

恩格斯在马克思逝世后完成了《资本论》的抄录和编辑工作,并且组织了各语种翻译工作,所以我们都欠着恩格斯巨大的债务。我相信他在《资本论》第一卷中所做大部分工作都无可挑剔。至于他在另外两卷中所做的工作,还需要更多研究才能得出最终结论,而我已经证明了是恩格斯将"简单商品生产"写进马克思作品当中。

对于恩格斯试图帮助我们理解马克思方法这件事,我认为他指明辩证法的重要性完全正确,但问题是他不应该主要参照黑格尔的历史哲学进行解释,而是应当注意黑格尔系统辩证法的重要性。①

---

① 也就是说,系统的方法不会必然导致封闭,就像恩格斯在《路德维希·费尔巴哈和德国古典哲学的终结》中对黑格尔的论述所说的那样,我会在其他地方另作说明。

索 引

《1844年经济学哲学手稿》(*Economic and Philosophical Manuscripts of 1844*) 14,22,44—49,89,97,176,219

《1845年德国公民手册》(*Deutsches Bürgerbuch für 1845*) 117

A

阿德勒(Adler) 234

阿尔尼姆(Bettina Von Arnim) 219,222

埃德蒙兹(Edmonds) 26

艾利生,阿奇博尔德(Archibald Alison) 34—35

艾略特,乔治(George Eliot) 228

艾威林,爱德华(Edward Aveling) 230

爱北斐特(Eberfeld) 116

奥尔(Auer) 236

奥克莱(A. Oakley) 305

奥斯曼(Oiserman) 154

B

巴伯里,皮埃尔(Pierre Barbéri) 225

巴尔扎克(Balzac) 221,225—227,231

巴霍芬(J. J. Bachofen) 185,207,218

《巴黎笔记》(*Paris excerpt-books*) 45

巴门(Barmen) 3—4,50,116—117

白恩士,玛丽(Mary Burns) 64,212

白恩士,莉希(Lizzie Burns) 212

白金汉,詹姆斯·西尔克(James Silk Buckingham) 129

柏拉威尔(S. S. Prawer) 223,229—230

鲍威尔,布鲁诺(Bruno Bauer) 15,88—92,110

贝尔,柯勒(Currer Bell) 229

贝尔斯托(Bairstow) 24

倍倍尔,奥古斯特(August Bebel) 234,236,245,248,250

波恩(Bonn) 221—222

伯恩施坦,爱德华(Eduard Bernstein) 155—157,234,238—241,252,284—289,291,294,296—299,308—309

《伯恩施坦和第二国际马克思主义》(*Bernstein and the Marxism of the Second International*) 284

伯杰,马丁(Martin Berger) 246

《驳卡尔·格律恩》(*Erklärung gegen Karl Grün*) 92,100

伯曼,马歇尔(Marshall Berman) 17

勃朗特,艾米莉(Emily Brontë) 228—229

勃朗特,安娜(Anne Brontë) 228

勃朗特,夏洛蒂(Charlotte Brontë) 228—229

伯奈斯,卡尔·路德维希(Karl Ludwig Bernays) 89,91

不莱梅(Bremen) 3

布坎南(Buchanan) 31

布拉德福德(Bradford) 41,64—65,78

布雷(J. F. Bray) 26

布雷特,尤金(Eugène Buret) 46

布里斯班,阿尔伯特(Albert Brisbane) 126

布伦塔诺(Brentano) 219

布洛伊尔,约瑟夫(Josef Breuer) 194

C

查罗纳(W. Challoner) 55,65

查苏利奇(Zasulich) 234

《晨间纪事报》(*Morning Chronicle*) 131

D

丹尼尔逊(Danielson) 234,305,307

丹尼尔斯,罗兰特(Roland Daniels) 89,91

德波林(Deborin) 151—152,176

《德法年鉴》(*Deutsch-Französische Jahrbücher*) 5,6,25,300

《德国的社会主义》(*Socialism in Germany*) 242,246,251

德拉博,哈尔(Hal Draper) 283,305

德朗克,恩斯特(Ernst Dronke) 99,102

《德意志意识形态》(*The German Ideology*) 15,43,56,62,87—88,90—92,94,97,99,103,108—110,118

狄更斯,查尔斯(Charles Dickens) 71,221,226—227

迪茨,玛丽(Mary Dietz) 147

迪斯雷利(Disraeli) 216

丁纳斯坦,多萝西(Dorothy Dinnerstein) 186—189,191

东泰瑟利(East Tytherly) 136

杜娜叶夫斯卡娅,拉娅(Raya Dunayevskaya) 306

E

恩,艾米·冯(Emmy von N.) 194—195

恩格斯,弗劳(Frau Engels) 212

《恩格斯,曼彻斯特与工人阶级》(Engels, Manchester, and the Working Class) 2

《恩格斯与马克思主义的形成:历史,辩证法与革命》(Engels and the Formation of Marxism: History, Dialectics, and Revolution) 2

恩斯特,保尔(Paul Ernst) 244

F

《法兰西阶级斗争》(Class Struggle in France; The Class Struggles in France) 235,242,247,286

法威尔,杰瑞(Jerry Falwell) 193

《反杜林论》(Anti-Dühring) 150,155,159—161,163—165,167,282—283

《反社会党人法》(Sozialistengesetz; Anti-Socialist Law) 236,238,240,244—245

菲尔丁(Fielding) 231

费尔巴哈(Feuerbach) 38,45,47,59,90,92—93,96—98,101,106,159,178

《费加罗报》(Le Figaro) 247

费舍,理查德(Richard Fischer) 236—237

费谢尔(J. O. Fischer) 225

芬奇,约翰(John Finch) 136

弗格森(Ferguson) 48

弗雷利格拉特,费迪南德(Ferdinand Freiligrath) 117

弗雷维尔,让(Jean Fréville) 214—215,225,229—230

《弗里德里希·恩格斯:他的生平及思想》(Friedrich Engels: His Life and Thought) 2

《弗里德里希·恩格斯的生平和思想:一种再评价》(The Life and Thought of Friedrich Engels: A Reinterpretation) 3

弗里登,迈克尔(Michael Freeden) 147

弗洛姆,埃里希(Erich Fromm) 187,240

弗洛伊德(Freud) 179,190—191,193—199

福克斯,本(Ben Fowkes) 305—308

傅立叶(Fourier) 26,37,95,113—115,156

《福赛特传奇》(*The Forsyte Saga*) 202

G

戈德斯米德,艾萨克·里昂(Isaac Lyon Goldsmid) 136

《哥达纲领批判》(*Critique of the Gotha Program*) 249

格雷(Gray) 26,35,74

格律恩,卡尔(Karl Grün) 93,95,98—100,102

格林,威廉(Wilhelm Grimm) 219

格林,雅各布(Jacob Grimm) 219

《共产党宣言》(*Manifesto of the Communist Party*; *The Communist Manifesto*) 9—10,16—17,43,49,99,201,214,216,219,224,249,283

《共产主义原理》(*Principles of Communism*) 249

《古代社会,或人类从蒙昧时代经过野蛮时代到文明时代的发展过程的研究》(*Ancient Society, or Researches in the Lines of Human Progress from Savagery, through Barbarism to Civilization*) 206

古尔德纳,艾尔文(Alvin Gouldner) 2

《关于费尔巴哈的提纲》(*Thesis on Feuerbach*) 89,98,179

《国富论》(*Wealth of Nations*) 41,46

《政治经济学家的事实与虚构》(*The Facts and Fictions of Political Economists*) 21,26,33,43

《国民经济学批判大纲》(*Outlines of a Critique of Political Economy*; *Umrisse zu einer Kritik der Nationalökonomie*) 6,19,21,25,116,300

《过去和现在》(*Past and Present*) 8,224

H

哈克奈斯(Miss Harkness) 226

哈曼,克里斯(Chris Harman) 298

索引 339

哈尼(Harney) 41

海德门(Hyndman) 239

海因里希,米夏埃尔(Michael Heinrich) 268

汉利(J. D. Hunley) 3,59,311

汉普郡(Hampshire) 42,146

赫斯,莫泽斯(Moses Hess) 5,22,45,59,89,91,93—94,96—97,99—100,102,116,117

《黑格尔法哲学批判》(Critique of Hegel's Philosophy of Right) 46

亨德森(W. O. Henderson) 55,65

胡克(Hook) 152,175

《呼啸山庄》(Wuthering Heights) 228

霍夫曼(E. T. A. Hoffmann) 222—224

霍夫曼(Jorn Hoffman) 154,176

霍妮,卡伦(Karen Horney) 185

霍宁,邦妮(Bonnie Honig) 147

霍奇金(Hodgskin) 26

J

吉梅内斯,玛莎(Martha Gimenez) 192

加里森,威廉·劳埃德(William Lloyd Garrison) 144

《家庭、私有制和国家的起源》(The Origin of the Family, Private Property and the State) 178,180—181,183,185,190—195,199—202,204,212—213

《艰难时代》(Hard Times) 228

《简·爱》(Jane Eyre) 229

《阶级斗争》(The Class Struggle) 235

《精神分析与女权主义》(Psychoanalysis and Feminism) 190

K

卡贝(Cabet) 95

卡弗,特瑞尔(Terrell Carver) 2,16—17,59,66,153,176,282—283,311—312

卡莱尔,托马斯(Thomas Carlyle) 8,60,215—216,218,224—227

凯德洛夫(Kedrov) 155,175—176

凯因(P. Kain) 311

考茨基(Kautsky) 234,235—236,240,253,285,288,292,296—297

考克,保尔·德(Paul de Kock) 231

科贝特(Cobbett) 225

科莱蒂,卢西奥(Lucio Colletti) 284—288,291—292,296,298,299

克利盖,赫尔曼(Hermann Kriege) 94

科隆(Köln) 22

科米恩,玛丽安(Marian Comyn) 228

克莱因,梅兰妮(Melanie Klein) 186—188

孔德(Comte) 14—15

孔多塞(Condorcet) 14

库尔曼,格尔奥格(Georg Kuhlmann) 89,99

库格曼(Kugelmann) 223

L

拉比卡,乔治(Georges Labica) 21,40

拉布里奥拉(Labriola) 234

拉法格,保尔(Paul Lafargue) 223—235,238,245,247,292

拉法格,劳拉(Laura Lafargue) 223—234

拉康,雅克(Jacques Lacan) 190—191

拉马丁(Lamartine) 221

拉姆齐,卢辛达(Lucinda Rumsey) 147

拉普(Rapp) 132

莱奥·阿伦斯(Leo Arons) 156

莱文,诺曼(Norman Levine) 2,303—304

《莱茵年鉴》(*Rheinischen Jahrbüchern*) 95,98

《劳动在从猿到人的转变中的作用》(The Part Played by Labor in the Transition from Ape to Man) 156

李卜克内西(Liebknecht) 43,161,234—235,239,291—296

李嘉图(Ricardo) 28,30—31,46,285,327

里格比(Rigby) 2

里奇,阿德里安(Adrienne Rich) 185—186,191

《历史小说》(Le roman historique) 231

里威尔,查尔斯(Charles Lever) 231

里希特海姆,乔治(George Lichtheim) 2,152,176

《联盟条款》(Articles of Association) 132

梁赞诺夫,大卫(David Riazanov) 8,156—157,159

刘易斯,约翰(John Lewis) 153,175,206

《路德维希·费尔巴哈的特征》(Charakteristik Ludwig Feuerbachs) 89

《路德维希·费尔巴哈和德国古典哲学的终结》(Ludwig Feuerbach and the End of Classical German Philosophy) 160

卢格(Ruge) 5,89

卢卡奇(Lukács) 151,157,175,225,231

卢普波尔(Luppol) 158

卢森堡,罗莎(Rosa Luxemburg) 238

鲁宾,盖尔(Gayle Rubin) 191

鲁特恩,格特(Gerd Reuten) 266

《伦敦来信》(Letters from London) 23

《轮船补贴法案》(Steamship Subsidy Bill) 249

《论人类不平等的起源和基础》(Discours sur les origines de l'inégalité) 218

《论住宅问题》(The Housing Question) 238

《逻辑学》(Science of Logic;Logic) 173,314—316

罗克尔,汉斯(Hans Röckle) 223

洛里亚,阿基尔(Achille Loria) 258

吕宁,奥托(Otto Lüning) 94,100,102

M

马蒂诺,哈丽特(Harriet Martineau) 142

马尔萨斯(Malthus) 6,31,34—35,77,82

马克思,爱琳娜(Eleanor Marx) 223,228,230—231,257

《马克思以后的马克思主义》(*Marxism after Marx*) 291

马库斯,史蒂文(Steven Marcuse) 2,13

马特伊,鲁道夫(Rudolph Matthai) 98

玛兹丽施,布鲁斯(Bruce Mazlish) 2

麦耶尔,古斯塔夫(Gustav Mayer) 251

麦克库洛赫(McCulloch) 28

麦克莱伦,大卫(David McLellan) 291—292

《曼彻斯特卫报》(*The Manchester Guardian*) 63,83,247

曼德尔,厄涅斯特(Ernest Mandel) 325

毛勒(Georg Ludwig Maurer) 218—219

梅林,弗兰茨(Franz Mehring) 100

《每日纪事报》(*Daily Chronicle*) 242

米克,罗纳德(R. L. Meek) 302,310—311,316,319

米切尔,朱丽叶(Juliet Mitchell) 190—191

米歇尔斯,罗伯特(Robert Michels) 240

摩尔根(Morgan) 179,206,218

莫拉夫斯基,斯蒂芬(Stefan Morawski) 221

穆勒,伯恩哈德(Bernhard Müller) 132

穆勒,亚当(Adam Müller) 218

穆勒,詹姆斯(James Mill) 45—46,48

《母权论》(*Das Mutterrecht*;*Mother Right*) 185,207

N

南威尔,查尔斯(Charles Southwell) 23

尼布尔(Niebuhr) 218

年恩夫人(Mrs. Yearn) 183

纽文胡斯,费迪南(Ferdinand Domela Nieuwenhuis) 250—251

诺德霍夫,查尔斯(Charles Nordhoff) 129,145

《女人的出生》(*Of Woman Born*) 185

O

欧文(Owen) 24,42—43,95,113—115,135—137

《欧洲能否裁军?》(*Can Europe Disarm？*) 247

《欧洲三头政治》(*Die Europäische Triarchie*) 22,59

P

《派尔麦尔新闻》(*Pall Mall Gazelle*) 247

佩克库尔,康斯坦丁(Constantin Pecqueur) 46

彭斯,罗伯特(Robert Burns) 224

皮特曼,海尔曼(Hermann Püttmann) 100,117—118

蒲鲁东,皮埃尔·约瑟夫(Pierre—Joseph Proudhon) 16,20—23,25—27,29—33,37,39—41,43,48—49,111,218,321

普列汉诺夫(Plekhanov) 234,285,288,296—297

Q

齐默曼(Zimmermann) 154,176

《前进报》(*Vorwarts*) 235,292

乔多罗,南希(Nancy Chodorow) 188—191

《清教徒》(*Old Morality*) 231

琼斯,斯蒂德曼(Stedman Jones) 311

"青年德意志"(Young Germany) 5

R

《人间喜剧》(*Comédie Humaine*) 225,226

《人口原理》(*The Principles of Population*; *The Principles of Population and Their Connection with Human Happiness*, 2 vols.) 34

《人民报》(*Das Volk*) 310—312

S

萨金特,莱曼·塔尔(Lyman Tower Sargent) 147

萨默维尔,亚历山大(Alexander Somerville) 130,131,142

萨伊,让-巴蒂斯特(Jean-Baptiste Say) 28—30

塞万提斯(Cervantes) 225

赛克斯,比耳(Bill Sikes) 228

桑巴特,威(Werner Sombart) 323

《闪电报》(*L'Eclair*) 242,251

《社会改良还是社会革命》(*Social Reform or Revolution*) 238

《社会明镜》(*Gesellschaftsspiegel*) 89

《社会评论》(*Critica Sociale*) 237

《社会赞美诗》(*Social Hymns*) 135

《社会主义从空想到科学的发展》(*Socialism from Fantacy to Science*; *Socialism: Utopian and Scientific*) 70,160,234,249

《社会主义和社会民主》(*Socialism and Social-Democracy*) 285

《社会主义者报》(*Le Socialiste*) 246

《社会主义者雪莱》(*Shelley Socialiste*) 230

《什么是财产?》(*What Is Property?*) 20—21,25—26

《神灵世界中的自然研究》(*Natural Science in the Spirit World*) 156

《神圣家族》(*The Holy Family*) 15,25,49,56,88—89

圣西门(Saint-Simon) 14—15,114—115

施蒂纳,麦克斯(Max Stirner) 88—90,92,103—104,107,109—110

施莱格尔(A. W. Schlegel) 222

施米特,康拉德(Conrad Schmidt) 323—324

舒尔茨,威廉(Wilhelm Schulz) 46

司各特,沃尔特(Walter Scott) 230—231

斯蒂尔斯,马克(Marc Stears) 147

斯坦利(Stanley) 154,176

斯特鲁克,迪克(Dirk J. Struik) 8

斯特潘诺夫(Stepanov) 152,158,176

索斯韦尔,查尔斯(Charles Southwell) 135

T

《唐璜》(*Don Juan*) 230

汤普森,托·配(T. P. Thompson) 26,30,282

汤因比,阿诺德(Arnold Toynbee) 8

屠拉梯(Turati) 234

W

瓦茨,约翰(John Watts) 21—24,26—27,29—37,39—41,43

魏德迈,约瑟夫(Joseph Weydemeyer) 94

韦尔特,格奥尔格(Georg Weerth) 41,64—65,78,89,91

《维干德季刊》(*Wigand's Vierteljahrsschrift*) 88—91

维柯(Vico) 14

韦斯,希尔德(Hilde Weiss) 240

威斯特法伦(Westfalen) 91

魏特林(Weitling) 23,41,89,102

《唯一者及其所有物》(*Der Einzige und sein Eigenthum*) 89—90

温尼科特,唐纳德(Donald Winnicott) 188

沃尔夫,威廉(Wilhelm Wolff) 117

沃格尔,丽斯(Lise Vogel) 192

伍珀河谷(Wuppertal Valley) 3,4,57—58,66

《伍珀河谷来信》(*Letters from Wuppertal*) 3,4,58

《物理学》(*Physics*) 170—171,173

《雾都孤儿》(Oliver Twist) 228

X

西斯蒙第(Jean Charles Leonard Simonde de Sismondi) 217

夏多布里昂(Chateaubriand) 221

夏普,内森(Nathan Sharp) 129

《现代兴起的今日尚存的共产主义移民区记述》(Beschreibung der in neuerer Zeit entstandenen und noch bestehenden kommunistischen Ansiedlungen; Description of Recently Founded Communist Settlements Still in Existence) 42,113,115,117—123,125,133,139—140,146

《新道德世界》(The New Moral World) 23,42

辛格尔(Singer) 236

《新时代》(Die Neue Zeit) 236,252,292

《星期日》(The Sunday Times) 199

《雪莉》(Shirley) 229

Y

《英国工人阶级状况》(Die Lage der arbeitenden Klasse in England; The Condition of the Working Class in England) 8,11—12,16,19,42—43,50—51,53—54,56—57,60,61,63,65—66,70—73,76—78,80—83,85,117,183

《英国状况:十八世纪》(The Condition of England: The Eighteenth Century) 8

《英国状况:英国宪法》(The Condition of England: The English Contitution) 8

《英国状况》(The Condition of England) 8

约克郡(Yorkshire) 229

Z

泽米希,赫尔曼(Hermann Semmig) 96—97

《债务书》(Book of Debts) 132

《哲学的贫困》(The Poverty of Philosophy; Misère de la philosophie) 16,

43,49,111,219

《政治经济学批判大纲》(*Grundrisse der Kritik der politischen Ökonomie*) 217—218,221,224—225,310

《政治经济学批判》(*Zur Kritik der politischen Ökonomie*) 111

《政治经济学原理》(*Elements of Political Economy*) 45

《侏儒查尔斯》(*Klein Zaches genannt Zinnober*) 223

《资本论》(*Das Kapital*) 8,13,69,159,161,225,228,254—255,257,261,266,270,285,301—308,313,321—325,332—334

《自然辩证法》(*Dialectics of Nature*) 148,150,152,155—161,163—164,167,176

左尔格(Sorge) 234,240,241

左拉(Zola) 226